从天工开物到飞天巡洋

中国机械史中的课程思政

主编 耿俊浩 周计明 刘书暖

副主编 郭辉 黄利江

清华大学出版社

北京

内 容 简 介

本书以中国机械史中蕴含的家国情怀、工程伦理、科学精神、创新思维、团队意识五类思政要素为经，以中国机械史辉煌灿烂的古代、救亡图存的近代和追赶超越的现代三个历史主题为纬，以直接相关、辩证思考、历史发展、重点突出为甄选原则，以中国机械史料和大量专业文献为来源，分析了机械类专业课程思政的时代内涵和教学目标，全面整理、精心设计了 64 个机械领域典型课程思政案例，结合机械专业内涵对每个案例进行了评析和教学建议，并在未来课程思政发展、课程思政教学之 "度" 和课程思政的系统化建设方面给出了建议，最后在附录中给出了中国机械发展典型成果简史和中国制造业（含机械工业）发展现状。

全书正文共七章，包括导论、家国情怀、工程伦理、科学精神、创新思维、团队意识、其他思考。其后还有附录。本书内容覆盖面广、体系新颖、专业性强、细节丰富，可以作为高等院校机械类专业或相关工学类专业课程思政教学参考书，也可以作为机械类专业或相关专业学生课程思政自学用书。

图书在版编目 (CIP) 数据

从天工开物到飞天巡洋：中国机械史中的课程思政 / 耿俊浩，周计明，刘书暖主编；郭辉，黄利江副主编. -- 北京：清华大学出版社，2024.8. -- ISBN 978-7-302-67020-9

Ⅰ. G641

中国国家版本馆CIP数据核字第2024DZ2739号

责任编辑：苗庆波
封面设计：常雪影
责任校对：欧 洋
责任印制：丛怀宇

出版发行：清华大学出版社
　　　　网　　　址：https://www.tup.com.cn, https://www.wqxuetang.com
　　　　地　　　址：北京清华大学学研大厦A座　　　邮　　编：100084
　　　　社 总 机：010-83470000　　　　　　　　邮　　购：010-62786544
　　　　投稿与读者服务：010-62776969, c-service@tup.tsinghua.edu.cn
　　　　质量反馈：010-62772015, zhiliang@tup.tsinghua.edu.cn
印 装 者：北京鑫海金澳胶印有限公司
经　　销：全国新华书店
开　　本：185mm×260mm　　　印　张：21　　　字　数：391千字
版　　次：2024年8月第1版　　　印　次：2024年8月第1次印刷
定　　价：78.00元

产品编号：091488-01

　　全面推进高校课程思政建设，发挥好每门课程的育人作用，提高高校人才培养质量，是当下高等学校课程思政建设的主要目标，编写高质量的课程思政教材是实现该目标的重要抓手。本书作者通过挖掘中国机械史中所蕴藏的丰富思政素材，系统地整理出了面向机械类专业的高质量课程思政教学案例，并将其开展课程思政教学所获得的实践经验和收获融入其中，为高校教师开展机械类专业课程思政教学提供了优质资源。

　　中国是世界上最早发明并利用机械的国家之一，中国机械文明是中华文明的重要组成部分，其发展经历了辉煌灿烂、救亡图存和追赶超越三个阶段，其中蕴藏着大量的优秀人物和感人事迹，是机械类专业课程思政素材的重要来源。中国机械史料内容丰富，历史跨度大，涉及领域广，事件的集体性和渐进性强，有很多细节信息散落于不同的文献资料当中。从中国机械史中挖掘课程思政内容，既需要创新性做法，也需要大量深入细致的工作。本书作者创造性地以历史发展及相应的时代主题为纬、以大思政元素为经，通过查阅大量专业文献梳理了诸多史料信息，精心编写了逻辑体系清晰、思政内容丰富的典型案例，体现了专业课程思政之"专"；在案例整理的基础上，对每类思政要素的发展变化和时代内涵都进行了深入分析，形成了较为明确的机械类课程思政教学目标和每一类思政要素的时代内涵，为从更深、更高层次开展思政教学提供了非常有价值的参考与借鉴。

　　为培养机械领域德、智、体、美、劳全面发展的社会主义建设者和接班人，服务制造强国战略，高校通过采用高质量课程思政教材等方式，大力推进课程思政建设刻不容缓。本书的编写是针对课程思政建设的一次有益尝试，对推进课程思政教学将起到积极的作用。

国家"万人计划"教学名师

全国模范教师

全国三八红旗手

国务院政府特殊津贴专家

前 言

国际格局和全球治理体系正面临百年未有之大变局，以智能制造为核心的新工业革命在全球蓬勃兴起，制造业的高端回流和中低端分流加剧了国际竞争，由此导致制造业正在发生重大变化。我国通过制定《中国制造 2025》等新时代制造业战略，紧紧抓住智能制造技术机会均等的难得契机，力争在新工业革命竞争中建设制造强国，实现中华民族伟大复兴。因此，新时代机械类专业课程思政最鲜明的主旨是培养立足中国大地、认同中国理念、服务中国复兴的机械领域社会主义建设者、接班人，引导学生树立正确的世界观、人生观、价值观，能够在机械及相关领域自觉融入坚持和发展中国特色社会主义、建设社会主义现代化强国、实现中华民族伟大复兴的奋斗实践之中。可以看出，专业课程思政教学涉及个人情怀、个人与社会、个人与自然等多个方面，课程思政教学范围应在广度上合理扩展，教学内容应至少覆盖五个方面：家国情怀、工程伦理、科学精神、创新思维和团队意识。

立足中华大地，要求教学内容主要来自中国发展历程中的人物和事件；认同中国理念，要求教学内容能够揭示中国选择现行道路的必然性和正确性；服务中国复兴，要求教学内容能够激发报效祖国、造福社会的信念。中国机械史正是符合上述要求的最恰当、最重要的课程思政教学内容来源。机械技术是人类最古老的技术，其历史与国家的发展、社会的进步、文化的变迁息息相关，是中华文明的重要组成部分。几千年来，中国机械工业经历过古代的辉煌、近代的落伍和现代的复兴，走过了领先于世界—落后于时代—再度崛起这一兴衰过程。在 5000 多年的中华文明史、180 多年的近代斗争史、70 多年的中华人民共和国发展史中，中国机械史蕴含的成败教训和复兴历程所揭示的中国道路选择的必然性，优秀人物和重要历史事件所蕴含的家国情怀以及对科学真理的探索、追求精神，无私奉献、团结一致、创新探索的优秀品德，都值得细细品味、继承发扬。可以说，中国机械史中蕴含了丰富而又生动的典型案例，是围绕立足中国大地、认同中国理念、服务中国复兴这个核心主旨开展机械类专业课程思政教学的素材宝库。

因此，西北工业大学机械设计制造及其自动化专业组织骨干教师，以中国机械史中蕴含的家国情怀、工程伦理、科学精神、创新思维、团队意识五类思政要素为经，以中国机械工业所经历的古代之辉煌灿烂、近代之救亡图存和现代之追赶超越的时代主题为纬，按照直接相关、辩证思考、历史发展、重点突出的原则，以《中国机械史》《中国机械工程发明史》《中国之科学与文明——机械工程学》《中国工程师史》《机械工程简史》等多部与中国机械史相关的著作和260余篇机械史相关专业文献为来源；同时融入本专业教师近年来开展课程思政教学的思考、心得和教学改革实践经验，精心整理、设计了64个机械领域的典型课程思政案例，并结合机械专业内涵对每个案例进行了评析，提出了课程教学建议。

本书在导论部分全面分析了中国机械发展史与机械类专业课程思政之间的关系，总结了课程思政的教学目标；主体部分为五类思政元素案例：家国情怀、工程伦理、科学精神、创新思维、团队意识，并对每类思政要素在不同历史阶段的内涵和特点、与机械发展的关系及其课程思政教学要求进行了深入分析，按照古代、近代和现代的顺序精心整理、设计了典型案例；在第7章对专业课教师如何有效开展课程思政教学进行了分析，总结了八个教学之"度"；最后在附录中梳理了中国机械发展典型成果简史和中国制造业发展现状。

本书编写分工如下：耿俊浩负责第1章、第2章、第7章、附录，以及第3章、第4章和第6章的部分内容，刘书暖负责第3章，郭辉负责第4章，周计明负责第5章，黄利江负责第6章，耿俊浩负责全书统稿。本书的编写受到齐乐华教授、赵志龙教授的启发，在编写过程中得到西北工业大学及机电学院领导、所在专业教授的精心指导和大力支持，清华大学出版社苗庆波编辑也对本书的出版提出了许多建设性意见，在此一并表示衷心感谢。

本书在编写过程中参考了大量文献资料、网络资料和图片，限于篇幅未能在书后参考文献中一一列出。在此，编者对原作者表示真诚的感谢！引用如有疏漏、不妥之处，恳请原作者和广大读者指出。由于编者水平有限，书中难免存在不足之处，恳请广大读者批评指正。

作者

2024 年 6 月

目 录

第1章 导论

1.1 中国机械发展史与中华文明

机械技术是人类最古老的技术，其历史与人类文明的历史一样源远流长；同时，机械技术作为社会生产力发展水平的物质标准，作为自然学科等知识转化为直接现实生产力的载体，作为人类社会认识自然和改造自然的物质手段，不仅是当前人类社会新生产力的代表，也是人类社会面向未来不断发展的技术基础。

石质工具的制造和使用标志着机械技术的开始，深刻地影响着后来多种技术的形成，成为物质文化的基础。中国石器文明历史悠久，我国的石器时代可以前推到距今约243万年的西侯度文化。机械技术发展的背后有三个重要的推动力：社会经济的发展、国家安全的需要及人类对未知世界的探索，因此机械技术的发展与中华文明的发展息息相关。

机械技术的发展历程绝不仅仅是冷冰冰的图纸及人物和事件的记录，它与国家的发展、社会的进步、文化的变迁息息相关，是中华文明的重要组成部分。中国机械领域发展历程经历过古代的领先、近代的落伍和现代的追赶超越，也必将在不久的将来随着中华民族的伟大复兴而再创辉煌。

在古代，中国是世界上发明与利用机械最早的国家之一。中国新石器中期已经出现了金属工艺的萌芽，例如在仰韶前期姜寨遗址就发现了残黄铜片。仰韶文化后期，即公元前3500年后的一段时期，原始的铜器制作工艺已经出现，人们能够制造简单的小件铜器，基本掌握了铸铜技术。

春秋战国时期出现了"机械"一词。《庄子·天地》说："子贡南游于楚，反于晋，过汉阴，见一丈人方将为圃畦，凿隧而入井，抱瓮而出灌。搰搰然用力甚多而见功寡。子贡曰：'有械于此，一日浸百畦，用力甚寡而见功多，夫子不欲乎？'为圃者而视之，曰：'奈何？'曰：'凿木为机，后重前轻，挈水若抽，数如泆汤，其名曰槔。'"《韩非子·难二》说："舟车机械之利，用力少，至功大，则入多。"

以上记载表明，生活在公元前5世纪的子贡和公元前3世纪的韩非子，就已给"机械"下了最早的定义："用力甚寡而见功多"，为后人留下了关于"机械"的最早定义。西方第一位给出机械定义的人是凯撒时代（公元前 1 世纪）古罗马的建筑工程师维多维斯。他的定义是："机械是由木材制造，且由具有相互联系的几部分所组成的一个系统，它具有强大的推动物体的力量。"

中国古代劳动人民充分发挥聪明才智，在生产、军事等方面的机械发明、应用曾长时间居于世界前列。在机械原理、结构设计、材料利用、动力应用和工艺技术等方面都取得了较高的成就。商朝（前 1600—前 1046）就发明了蕴含杠杆原理的桔槔；自东汉开始，形状用途各异的齿轮就广泛应用于指南车、记里鼓车、水转连磨等机械上；失蜡铸造、球墨铸铁等铸造工艺、材料早在两千年前已在中国出现；在原动力方面，逐步从人力、畜力向利用水力、风力的方向发展；原始的机械自动化在汉朝已出现。中国古代许多机械制品的巧妙构思、精湛工艺，至今都令世人叹服。

中国先人对机械的大量发明、创造，有力地推动了生产力的发展和人类社会的进步。大量优秀的机械发明，不仅在国内产生了深远的影响，更是远播国外，推动了世界文明的进程。李约瑟在他的巨著《中国科学技术史》中，列举了 26 种传到欧洲、影响巨大的中国古代杰出发明，其中机械产品 19 种；国内一些研究中国古代机械史的学者，曾研究确定了中国古代十大机械发明，这些都是中国古代文明进步的标志，详见表 1.1。

表 1.1　中国古代杰出发明与十大机械发明

李约瑟提出的 26 种影响巨大的中国古代发明①		我国学者评选出的古代十大机械发明②
(1) 龙骨水车✿；	(14) 竹蜻蜓和走马灯✿；	(1) 秦陵铜马车；
(2) 石碾和水力在石碾上的应用✿；	(15) 深钻技术；	(2) 皇帝出行的仪仗车——指南车；
	(16) 铸铁✿；	(3) 三行条播机械——三角耧；
(3) 水排✿；	(17) 游动常平稳吊器✿；	(4) 水力驱动的多头碓——连机水碓；
(4) 风扇车和簸扬机✿；	(18) 拱桥；	(5) 连续提水的龙骨水车；
(5) 活塞风箱✿；	(19) 铁索吊桥；	(6) 水力驱动的冶金鼓风设备——水排；
(6) 平纺机和提花机✿；	(20) 河渠闸门；	(7) 栈道运粮用的独轮车——木牛流马；
(7) 缫丝、纺织和调丝机✿；	(21) 造船和航运✿；	(8) 风帆——船帆，可自动调节以适应风向的立轴式大风车；
(8) 独轮车✿；	(22) 船尾方向舵✿；	
(9) 加帆手推车✿；	(23) 火药；	(9) 天文仪器及机械——水运仪象台；
(10) 磨车✿；	(24) 罗盘✿；	(10) 高效的水力大纺车
(11) 高效马具✿；	(25) 纸和印刷术；	
(12) 弓弩✿；	(26) 瓷器	
(13) 风筝✿；		

注：① 带"✿"者为机械产品。
　　② （1）～（10）按时间顺序排列。

然而，中国古代机械技术的发展也有其不足。李约瑟在《中国科学技术史》一书的序言中说："在人类了解自然和控制自然方面，中国人民是有过贡献的，而且贡献是伟大的。"但是"欧洲在 16 世纪以后就诞生出现代科学……中国文明却没有能够在亚洲产生出与此相似的现代科学，其阻碍因素又是什么？"这一问题在国内外学术界引起了广泛关注，被称为"李约瑟难题"。究其根本原因，大致可以归结为以下三个方面：封建社会制度及其生产方式是近代科技没有在中国产生的根本原因；轻视科技的社会价值观念阻碍了人们对自然规律的认识；传统的思维方式禁锢着人们对科学技术的深入研究。因此，自明末、清初开始，中国的机械技术基本停滞不前，并远远落后于当时的西方国家。

近代以来，西方机械工程的进步从欧洲工业革命开始，由纺织机械和蒸汽机的改革引领，逐渐形成一整套机械工程体系和生产系统，而中国直到鸦片战争才感受到工业机械的强大力量。1840 年的鸦片战争给中华民族带来了深重灾难，整个民族的精神也受到了强烈刺激。西方用机械的力量战胜了中国人双手的力量，清朝统治者被迫认识到自己的落后，在万般无奈中开展了洋务运动，开始建设近代机械工业（主要是兵器制造），这是中国机械史上的一个转折点。自此，中国机械由传统的手工作坊式小生产逐步向使用动力机器的生产方式发展。

第二次鸦片战争的战败使中国社会被迫认真对待近代船炮，重新考虑"师夷之长技"。随着外国的军事入侵，外国厂商开始在广州、上海等沿海地区设厂，用近代机械修造船舶、印刷报纸、缫丝、磨面粉等。此后，清政府引进机器设备，开办了金陵机器局、福州船政局、天津机器局、汉阳枪炮厂等二十几个局厂，开创了中国的近代军事工业，制造了大量的枪炮、弹药和一些兵舰等，装备了清政府的陆军和海军，在机械制造技术方面取得了一些成绩。在此期间，也有大量仁人志士在机械领域前赴后继，以期通过工业化努力，实现对中国的"救亡图存"。

第一次世界大战期间，西方列强国家无暇东顾，使国产机械设备的市场得以扩大，刺激了民营机械工业的发展，为机械技术水平的提高创造了良机。此后，五四运动提倡国货，民国政府颁布奖励工业技术和工业品的条例，都对民营机械工业的发展有促进作用。抗日战争前，上海、广州等地出现了一些由工程师指导生产、从事机械制造的工厂。它们逐渐积累了技术经验和资金，初步具备了一般机械设备的仿制能力。但是随着抗日战争的爆发，大量机械工厂遭到严重破坏，机械生产能力再也无法满足国家发展和民生需求。

新中国成立后，针对中国机械工业落后的情况，毛泽东同志在 1954 年有过一段形象的描述："现在我们能制造什么？能造桌子、椅子，能造茶壶、茶碗，能种粮食还能磨成面粉，还能造纸，但是一辆汽车、一架飞机、一辆坦克、一辆拖拉机都不能制造。"自此，新社会制度的建立推动了机械工业快速向前发展，新中国的成立开启了中国机械工业的新篇章。

新中国成立初期，国家对饱受战争创伤的机械工业进行了一系列改革、改组工作，建立了初步的生产秩序，并通过实行计划经济，以苏联帮助中国设计的156项工业建设工程为核心，集中力量建设了一批大型现代化机械工业骨干企业（包括民用机械行业25项，轻工行业1项，航空航天行业4项，兵器行业16项，船舶行业4项）。经过广大机械工业工作者的艰苦创业，初步奠定了机械工业的基础，从无到有地建立了飞机、坦克、汽车、拖拉机、发电设备、石油化工设备、冶金矿山设备、新式机床、精密仪表等机械制造行业，船舶、兵器等行业也到了加强。后来，由于连续遭遇苏联撕毁合同、"大跃进"和"文化大革命"等事件，机械工业的发展受到了严重冲击，但是在机械工作者的艰苦努力下，仍然取得了重大成就，开发了大量重大基础装备，实现了"两弹一星"、核潜艇等大国重器的研制。

改革开放之后，伴随着新中国前进的步伐，在党的正确路线方针下，特别是在改革开放和中国特色社会主义理论体系的指引下，中国机械工业经历了自力更生、艰苦创业与改革开放40多年的跨越发展，经历了从计划经济向市场经济的转变，经历了调整振兴、转型升级、转向高质量发展的变革，整体面貌发生了历史性巨变。我国已经建成门类齐全、规模巨大、技术水平和成套水平较高的全世界最完整的工业体系，并连续14年成为世界第一制造业大国。

党的十八大以来，在以习近平同志为核心的党中央领导下，我国制造业发展取得了举世瞩目的巨大成就，总量规模大幅提升，转型升级快速推进，产业体系日趋完善，综合实力不断增强，为保障国民经济平稳健康发展提供了坚实的基础。当前，新一轮科技革命和产业变革蓬勃兴起，全球范围内创新资源快速流动，产业格局深度调整，我国制造业迎来了"由大变强"的难得机遇。加快发展先进制造业，推动互联网、大数据、人工智能和实体经济深度融合，突破制造业重点领域关键技术实现产业化，增强制造业核心竞争力，已经成为机械工业发展的主旋律。近年来，大国重器频出，中国正由机械大国向世界机械强国奋进。

● 2015年12月，中国发射暗物质探测卫星"悟空"，它是迄今为止观测能段范围最宽、能量分辨率最优的空间探测器。

● 2016年5月，500米口径球面射电望远镜（FAST）落成启用，这是世界上最大单口径、最灵敏的射电望远镜。

● 2016 年 8 月，中国研制的"墨子号"卫星成功发射，这是世界上第一颗量子科学实验卫星。

● 2016 年 9 月，中国首个真正意义上的太空实验室天宫二号成功发射，标志着中国迈向空间站时代。

● 2017 年 4 月，我国第一艘国产航空母舰下水，这标志着我国具备了独立建造航空母舰的能力。

● 2017 年 5 月，我国自主研制的新一代喷气式大型客机 C919 成功首飞。

● 2017 年 9 月，"复兴号"动车组在京沪高铁按时速 350 km 双向首发。

● 2018 年 12 月 8 日 2 时 23 分，嫦娥四号月球探测器在西昌卫星发射中心由长征三号乙运载火箭成功发射。

● 2018 年 4 月 23 日，全球首列智能动车组——京张高铁智能动车组在北京亮相，在世界上首次实现了时速 350 km 的自动驾驶。

● 2018 年 6 月 8 日，"天鲲号"驶离码头出港海试。这一具有中国自主知识产权的亚洲最大的重型自航绞吸挖泥船于 6 月 12 日成功完成首航。

● 2019 年 12 月 17 日，我国第一艘国产航空母舰山东舰交付海军，至此，中国正式迈进双航空母舰时代。

● 2020 年 7 月 26 日，由我国自主研制、目前世界上最大的大型灭火 / 水上救援水陆两栖飞机"鲲龙"AG600 驭风入海、踏浪腾空，成功实现海上首飞。

● 2020 年 11 月 24 日，嫦娥五号月球探测器成功升空，12 月 17 日凌晨，嫦娥五号返回器携带月球样品成功返回地面。

● 2020 年 7 月 23 日，天问一号探测器成功升空，开启了火星探测之旅，迈出了中国自主开展行星探测的第一步。

● 2020 年 6 月 23 日，北斗三号最后一颗全球组网卫星成功发射，北斗三号全球卫星导航系统星座部署全面完成，实现全球覆盖。

● 2020 年 10 月 27 日，"奋斗者"号万米载人潜水器在马里亚纳海沟成功下潜突破 10909 m，刷新了中国载人深潜的新纪录。

● 2021 年 5 月 28 日，全超导托卡马克核聚变实验装置——人造太阳实现可重复的 1.2 亿摄氏度 101 秒和 1.6 亿摄氏度 20 秒等离子体运行，创造了新的世界纪录。

● 2021 年 10 月，"海斗一号"全海深潜水器在马里亚纳海沟创造最大下潜深度 10908 m、海底连续巡航 8 h 等多项无缆模式世界纪录，填补了无人潜水器万米科考的空白。

● 2021 年 6 月 25 日，由我国自主研发建造的全球首座 10 万吨级深水半潜式生产储油平台"深海一号"正式投产。

● 2021 年 10 月 16 日，神舟十三号载人飞船与空间站组合体完成自主快速交会对接。航天员翟志刚、王亚平、叶光富进驻天和核心舱，中国空间站开启了有人长期驻留的时代。

● 2022 年 4 月 9 日起，中国在 4 天之内以 22 架次的运 -20 大型运输机往返塞尔维亚，单程 8000 km，向塞尔维亚交付中国制造的 FK-3 中远程防空导弹，凸显出运 -20 大型运输机的战略投送能力。

1.2　机械类人才培养与课程思政

当前国际格局和全球治理体系正面临百年未有之大变局，以智能制造为核心的第四次工业革命正在全球蓬勃兴起，制造业正在发生深刻变化。美国、德国、日本等发达国家强调制造业回归，印度、巴西等新兴工业国家全面推进制造业发展，制造业的高端回流和中低端分流加剧了国际竞争。中国则通过制定两化融合、《中国制造 2025》等新时代制造业战略，紧紧抓住智能制造技术、机会均等难得契机，力争在新工业革命竞争中赶超工业强国、助力中国复兴。

当前，我国正处于承前启后、继往开来的阶段。"两个一百年"奋斗目标的确立开启了中华儿女勠力同心、奋力实现伟大复兴中国梦的时代。工业化是实现中华民族伟大复兴的必由之路，而以机械为核心的制造业是立国之本、强国之基，在国民经济和中华民族伟大复兴中具有极其重要的战略地位。自 18 世纪中叶工业文明开启以来，世界强国的兴衰史和中华民族的奋斗史一再证明，没有强大的制造业，就没有国家和民族的强盛。打造具有国际竞争力的制造业，是我国提升综合国力、保障国家安全、建设世界强国的必由之路。党的十九届五中全会明确提出"坚持把发展经济着力点放在实体经济上，坚定不移建设制造强国、质量强国、网络强国、数字中国"，把制造业的重要地位提升到了前所未有的新高度。

机械是发展了的工具，是现代社会进行生产和服务的六大要素（人、资金、能源、信息、材料和机械）之一，并参与能量和材料的生产，机械工业领域涉及的范围极其广泛。我国现代机械工业有五大领域：

（1）研制和提供能量转换机械，包括将热能、化学能、原子能、电能、流体压力能和天然机械能转换为适合于应用的机械能，以及将机械能转换为所需要的其他形式的能量的各种动力机械。

（2）研制和提供用以生产各种产品的机械，包括农、林、牧、渔业机械和矿山机械，以及各种重工业机械和轻工业机械等。

（3）研制和提供从事各种服务的机械，如物料搬运机械，交通运输机械，医疗机械，办公机械，通风、采暖和空调设备，以及除尘、净化、消声等环境保护设备等。

（4）研制和提供家庭和个人生活用机械，如洗衣机、电冰箱、钟表、照相机、运动器械和娱乐器械等。

（5）研制和提供各种军事装备，包括航空航天装备、船舶、兵器等。

要在如此广泛的机械专业领域内实施制造强国战略，迫切需要大量高素质的机械类专业人才。从战略人才的需求数量上来看，根据教育部印发的《制造业人才发展规划指南》，仅与机械工业直接相关的专业人才缺口在 2025 年就将达到 1600 多万人。同时，在全球新一轮科技革命和产业变革中，世界各国纷纷将发展制造业作为抢占未来竞争制高点的重要战略，把人才作为实施制造业发展战略的重要支撑。作为制造业的基础性和支柱性人才，高素质的机械类相关人才成为新工业革命人才培养的核心。制造业十大重点领域人才需求预测见表 1.2。

表 1.2　制造业十大重点领域人才需求预测　　　　　万人

序号	十大重点领域	2015 年	2025 年	
		人才总量	人才总量预测	人才缺口预测
1	新一代信息技术产业	1050	2000	950
2	高档数控机床和机器人	450	900	450
3	航空航天装备	49.1	96.6	47.5
4	海洋工程装备及高技术船舶	102.2	128.8	26.6
5	先进轨道交通装备	32.4	43	10.6
6	节能与新能源汽车	17	120	103
7	电力装备	822	1731	909
8	农机装备	28.3	72.3	44
9	新材料	600	1000	400
10	生物医药及高性能医疗器械	55	100	45

因此，如何正确站在新时代的历史方位，着眼中华民族伟大复兴的时代诉求，培养制造领域的社会主义建设者和接班人，就成为新时代机械类专业人才培养的根本任务，也是思政课程和课程思政的最高目标。高素质的机械人才是新中国成立一百年全面建成社会主义现代化强国、实现中华民族伟大复兴的重要力量，是能够应用机械专业能力和

综合素养为国家富强和机械工业现代化贡献自己力量的社会主义建设者和接班人。由于高校教师的 80% 是专业教师，课程的 80% 是专业课程，学生学习时间的 80% 用于专业学习，因此专业课程思政教学是达成新时代机械类人才思政教育目标的关键所在，是思政课程最重要的补充，甚至从某种意义上来说更能激发机械类专业学生的思想共鸣。

思政教育最根本的是要全面贯彻党的教育方针，解决好培养什么人、怎样培养人、为谁培养人这个根本问题。机械类专业课程思政最鲜明的主旨就是培养立足中国大地、认同中国理念、服务中国复兴的社会主义建设者、接班人和制造领域时代新人。因此，机械类课程思政的核心内涵就是要对机械类专业学生进行社会主义核心价值观教育，帮助大学生树立正确的世界观、人生观、价值观，自觉融入坚持和发展中国特色社会主义、建设社会主义现代化强国、实现中华民族伟大复兴的奋斗之中。

然而，三观涉及个人情怀、个人与他人、个人与自然多个方面，传统的家国情怀教育并不能完全覆盖三观教育，所以，课程思政教育的教学范围应该合理扩展，构建专业课程大思政观。因此，机械类课程思政教学应至少覆盖五个方面：家国情怀、工程伦理、科学精神、创新思维和团队意识。其总体教学目标可以概括为：

将专业素养培育融入机械专业知识传授和能力培养之中，引导学生塑造符合时代要求的价值观、世界观、人生观。以家国情怀为主塑造价值观，激发学生实现机械报国的责任感和使命感，把爱国情、强国志、报国行自觉融入机械相关领域的建设工作。以科学精神和创新思维为主塑造世界观，培养学生在机械相关领域追求真理、创新探索、勇攀高峰的意识并掌握相关的科学研究方法和技能。以工程伦理和团队意识为主塑造人生观，使学生深刻、系统地理解并自觉践行机械相关领域的职业道德要求，具备团队意识并能有效开展团队合作。

1.3　机械类专业课程思政案例教学

开展专业课程思政教学，要根据不同学科专业的特色和优势，深入研究不同专业的育人目标，深度挖掘提炼专业知识体系中所蕴含的思想价值和精神内涵，科学合理地拓展专业课程的广度、深度和温度，从课程所涉专业、行业、国家、国际、文化、历史等角度，增加课程的知识性、人文性，提升引领性、时代性和开放性。开展专业课程思政教学有多种方式，通过与机械相关的典型案例，使学生能够感受、理解、传承并发扬典型案例中蕴藏的精神、情怀和方式，是开展专业课程思政教学的主要方式之一。

中国古代曾经创造了许多杰出的科技成就，中国古代机械的种类多、数量大、水平先进、内容丰富，在发展过程中，涌现出了一大批辉煌成果，产生了许多古代机械瑰宝与优秀科学家。回顾中国古代机械的发展盛况，常使我们感到自豪和振奋，因为这也推动了世界文明的发展。正如李约瑟所说："在公元最初的 14 个世纪里，中国向欧洲传播了许多发现和发明……这些发明对文艺复兴时期新生的近代科学有重大影响，而这种影响在 18 世纪仍然存在着。"

1840 年以后，中国逐步沦为半殖民地半封建社会，至 1949 年新中国成立，短短109 年的时间，帝国主义用坚船利炮强加给中华民族的不平等条约就达到了 1100 多个，可谓民不聊生，山河破碎。为图国家富强、为求民族振兴、为谋人民幸福，不屈不挠的中华民族苦苦追寻，机械领域的爱国先驱们也历尽艰难，奋起抗争，苦苦探索。虽有洋务运动"师夷长技以制夷"之理想，一腔"兴业殖产、富国强兵"的梦想，最终却仍未改变战乱频仍、山河破碎的旧貌。

新中国成立 70 多年来，在党的正确领导下，通过坚持中国特色社会主义现代化建设，全国机械工业工作者自力更生、努力奋斗，基本实现了机械领域的工业化，连续14 年成为世界第一制造业大国，并正在向制造强国之列稳步前进。"两弹一星"、大型飞机和舰船、高铁动车、特高压输变电、神舟飞天与北斗导航等重大成就，以及在这些重大成就中蕴含的伟大精神和情怀，不断激励着广大机械工业工作者继续努力奋进。

中华民族是一个伟大的民族，中国是一个伟大的国家，我们有着悠久的历史和灿烂的文化。几千年来，中国机械工业的发展，经历了领先于世界—落后于时代—再度崛起这一兴衰过程，其中的成败教训和复兴历程，优秀人物的精神和情怀，蕴含的创新精神、团队意识、职业道德，对科学真理的探索和追求，值得我们细细品味、继承发扬。可以说，中国的机械发展历史蕴含了丰富的典型案例，是开展专业课程思政教学的宝库。

机械工程领域课程思政案例涉及的历史跨度大、领域广、事件多、渐进性和集体性强。就历史跨度来看，自铸铜技术出现到现代大型飞机的研制，跨度几千年。就领域来讲，机械工程几乎涉及所有与制造相关的 31 大类、191 中类、525 小类行业。就事件来讲，从农业生产到探索太空，从房屋建筑到国防安全，人类的主要生产生活均与机械息息相关。另外，机械技术与产品的发明和使用，往往是集体智慧的结晶，从无到有、从差到优需要经历较长时间。因此，课程思政教学案例必须经过甄选才可以获得最有教育意义的内容。甄选案例要分两个层次：一个是不同历史阶段的案例要突出时代主题；另一个是要依据一定的原则进行思政元素挖掘和设计。

中国机械史的发展大致经历了三个大的阶段：从远古到明朝为辉煌期（天工开物），

从清末到民国为落伍期（救亡图存），从中华人民共和国成立到当前为复兴期（追赶超越）。不同时期的案例思政要素挖掘要依据历史时期特点有所侧重。中国古代涌现出一大批辉煌成果，产生了许多机械瑰宝与优秀科学家，该时期案例能极大地提升我们的荣誉感和自信心。1840年鸦片战争后，中华大地民不聊生，山河破碎，机械领域的爱国先驱们奋起抗争、苦苦探索，以期"实业救国"，该阶段救亡图存、奋勇牺牲的精神永远值得学习。新中国成立70多年来，全国机械工业工作者在党的正确领导下自力更生、奋勇拼搏，自2010年起，已连续14年成为世界制造第一大国，这些伟大的奋斗精神和情怀是激励广大机械专业学子创新争先、复兴超越的宝贵财富。

同时，在案例设计时，也要遵循一定的原则。第一为直接相关原则，应尽量使用与机械直接相关的内容，例如中华人文始祖黄帝荆山铸鼎和热工艺铸造技术及其促进中华文明发展是直接相关的，这样才能强化思政教学的相关性和有效性。第二为辩证思考原则，要客观看待个人和集体、领先和落后、成功与失败等内容之间的关系及其所表现出来的思政元素。例如北宋苏颂领创的水运仪象台领先世界固然值得自豪，但是清末丁拱辰仿制火炮以御外敌也能激发救亡图存之精神。第三为历史发展原则，要注重分析历史背景和时代因素，才能以史为鉴、总结经验、展望未来，坚定道路自信。例如民国支秉渊虽然成功研制了柴油发动机，但只有在新中国才实现了"实业救国"梦。第四为重点突出原则，一个案例可能会蕴含多种思政元素，要抓住其符合当前专业课程特点的思政内涵深入挖掘和设计，才能收效最大。例如在智能制造课程中要突出研制运-20时，国内第一个运用MBD技术进行智能制造所表现出的创新精神，而在新生研讨课中则要强调运-20总设计师唐长红院士"再难也要做"的家国情怀。

参考文献

[1] 中国机械工程学会.中国机械史：通史卷[M].北京：中国科学技术出版社,2015.

[2] 中国机械工程学会.中国机械史：图志卷[M].北京：中国科学技术出版社,2014.

[3] 刘仙洲.中国机械工程发明史[M].北京：北京出版社,2020.

[4] 李约瑟.中国之科学与文明：第八册[M].陈立夫,译.台北：台湾商务印书馆,1977.

[5] 中华人民共和国教育部,人力资源社会保障部,工业和信息化部.教育部 人力资源社会保障部 工业和信息化部关于印发《制造人才发展规划指南》的通知[EB/

OL].(2017-01-11)[2022-06-29].http://www.moe.gov.cn/srcsite/A07/moe_953/201702/
t20170214_296162.html.

[6]　张策 . 机械工程简史 [M]. 北京 : 清华大学出版社 ,2015.

[7]　张柏春 . 中国近代机械工程一百年 [J]. 自然辩证法通讯 ,1991(3):59-65.

[8]　钟少华 . 中国近代机械工程发展史要 (一)[J]. 机械工程 ,1986(6):39-41.

[9]　王俊 . 近代科学技术为何没有在中国产生的几点思考 [J]. 湖北第二师范学院学报 ,
　　　2010, 27(6):57-59.

[10]　中华人民共和国国家发展和改革委 . 国家发展改革委办公厅关于印发《增强制造业
　　　核心竞争力三年行动计划 (2018—2020 年)》重点领域关键技术产业化实施方案的
　　　通 知 [EB/OL].(2017-12-26)[2022-06-29].https://www.ndrc.gov.cn/xxgk/zcfb/tz/201712/
　　　t20171226_962627.html.

[11]　习近平 . 思政课是落实立德树人根本任务的关键课程 [EB/OL].(2020-08-31)[2022-
　　　03-27].https://www.ccps.gov.cn/xxsxk/zyls/202008/t20200831_143011.shtml.

[12]　中华人民共和国教育部 . 教育部关于印发《高等学校课程思政建设指导纲要》的通
　　　知 [EB/OL].(2020-06-05)[2022-06-29].http://www.moe.gov.cn/srcsite/A08/s7056/202006/
　　　t20200603_462437.html.

[13]　王素兰 . 中国古代机械发展述考 [J]. 兰台世界 ,2010(19):64-65.

[14]　陆敬严 . 中国古代机械发展概况 [J]. 机械工程 ,1989(2):39-42.

第 2 章　家国情怀

2.1　引言

2.1.1　家国情怀内涵的演变

中华文明绵延传承 5000 年，源远流长，从未中断，并且直接演化成为现代文明的世界顶级文明。中华文明之所以能够历久弥新，其根源就在于炎黄子孙的家国情怀。家国情怀宛如川流不息的长江黄河，流淌着中华民族的精神道统，滋润着每个炎黄子孙的精神家园。家国情怀是中华民族历经磨难，百折不挠，生生不息的不竭动力。

家国情怀内容博大，总体上可以将其理解为个体在中国文化影响下，对国家、民族和国家发展道路持有高度认同感、归属感、责任感和使命感，从而自觉将自身发展和国家民族发展紧密相连，并能够勇于担当、奋发进取的思想和理念。家国情怀具有时代性，随着时间的推移，这种超越民族、历史的优秀文化传统在社会建设、国家统一、展现民族凝聚力方面都发挥着极其重要的作用。家国情怀除了上述基本内涵外，在中华文明的不同历史阶段还具有不同的表现和变化。

1. 古代家国情怀的内涵

中国古代生产力落后，民生困苦，国家分分合合，战乱频仍。古人认为，国与家紧密相连、休戚与共，家是缩小的国，国是放大的家，个人命运与民族存亡息息相关，《孟子·离娄上》做了精辟阐述："天下之本在国，国之本在家，家之本在身。"因此，在中国古代，以民为本、家国同构、国家一统是家国情怀的重要特点，忠孝一体、家国同构是古人家国情怀的核心要义，国家统一、民族兴盛是古人家国情怀的终极价值，忧患意识、入世精神是古人家国情怀的重要标识。特别是一代代仁人志士怀揣"修身齐家治国平天下"的道德理想，遵奉"先天下之忧而忧，后天下之乐而乐"的政治操守，秉持"为天地立心，为生民立命，为往圣继绝学，为万世开太平"的人生志向，以家庭为根基，以天下为己任，竭诚担当，勤笃作为，书写着绵长醇厚、历久弥新的家国情怀。

2. 近代家国情怀的内涵

中国近代自鸦片战争以后，西方列强入侵，内忧外患，民不聊生。家国情怀主要体现在对亡国灭种的深刻自省和忧患意识，以及前赴后继、救亡图存、自强不息的精神气质，可以认为忧患意识奠定了近代家国情怀的人文底蕴。鸦片战争以后，魏源提出"师夷长技以制夷"，洋务派高呼"自强""求富"，主张学习先进技术来富国强兵。在民族危难之际，以忧患意识为底蕴的家国情怀激发起个体以身报国的态度和担当，释放出巨大的凝聚力，鼓舞全体民众共赴国难。同时，与传统的基于道德而言的家国意识相比较，近代家国情怀增加了对于科学技术和民主制度的追求，在传统的情感认同中加入了对国家强大、民族振兴的真诚向往，具有更加鲜明的近代特征。

3. 现代家国情怀的内涵

自新中国成立以来，中国日益走向世界舞台中央，但是中华民族伟大复兴之路仍然阻碍重重。因此，新时代的家国情怀更加突出地表现为对国家富强、人民幸福所展现出来的理想追求，表现为爱国、爱党、爱社会主义的统一，表现为在中国特色社会主义建设过程中实现自己的人生价值。当今世界正经历百年未有之大变局，大变局主要表现为新一轮科技革命给了各个国家又一次历史机遇，经济全球化与逆全球化的相互争锋使得全球经济贸易发展体系加速变革，世界多极化与单极垄断霸权地位的斗争使国际力量的对比更加平衡，大国之间的博弈也使得全球治理体系发生了深刻变革。在面临新一轮发展机遇时，新时代的家国情怀能使个人才能最大限度地应用于国家需求；在面临外部威胁时，新时代的家国情怀能积聚起整个国家的力量与之抗衡；在中国走向世界时，新时代的家国情怀能够赋予中国更具特色的民族品格、文化自信与独特魅力。

综上，家国情怀是中华民族的精神标识，是中华儿女的精神境界，更是推动中华民族伟大复兴的精神力量。古往今来，这种情怀对国家、民族和个人的发展都发挥着不可磨灭的、根本性的作用。家国情怀对于社会各个领域的各个阶段都有重大的影响和促进，对于机械领域也是如此。

2.1.2 机械工程与家国情怀

机械领域是社会发展的基础和核心领域，机械产品和技术是国家富强、社会进步的主要推动力量。家国情怀作为一种个人内在的精神力量，能够推动机械领域的发展；同时机械领域的发展和进步也能够进一步激发和发展家国情怀，使其具有鲜明的时代特点和功效。不同的历史时期，家国情怀有不同的内涵和特点，和机械领域的相互作用也不尽相同。

中国古代创造了许多杰出的机械工程科技成果，种类多，数量大，水平先进，内容丰富。上自中华始祖，下至士子工匠，抱着以民为本、家国一统的情怀，发明了金属铸锻、舟车兵矢、农耕机械等古代机械工程技术和产品，奠基了中华文明，并深刻影响着其发展进程。同时，这些机械技术的应用，帮助古人战胜大自然、提高生产力、抵御外敌、统一国家、实现民族融合和大发展，进一步巩固和强化了"修身、齐家、治国、平天下"的家国情怀。

1840年的鸦片战争给中华民族带来了深重的灾难，也是中国机械史上的一个转折点，从国人救亡图存和国外军事、经济入侵内外两个方面，促使中国从传统机械时期发展为近、现代机械时期。当时洋务派兴起洋务运动，民族资产阶级和一批仁人志士在振兴中国、救亡图存、恢复河山等家国情怀的激励下，在新兴的兵工、冶金、交通运输、轻纺等多个工业领域创办了一批企业，进行了相应的机械技术研究和革新。在抗日战争时期和解放战争时期，中国共产党领导下的各革命根据地也大力发展了兵工和民用机械等工业。自此，中国机械领域的生产方式逐步由手工业作坊式小生产向使用动力机器的规模化生产方式转变，现代机械产品的应用在中华民族抵御外辱、推翻半殖民地半封建统治、统一国家的过程中发挥了一定的作用，增强了民族救亡图存的信心，也埋下了追求科技进步思想、追求更加合理的国家制度和发展道路意识的萌芽。

新中国的成立开启了中国机械工业的新篇章。广大机械领域工作者艰苦奋斗、自力更生、无私奉献，经过70多年的努力，我国的机械工业从小到大，从修配到制造，从制造到创造，已建成门类齐全、规模巨大、技术水平和成套水平高、全世界最完整的工业体系，中国已连续14年成为世界制造业第一大国。"两弹一星"、大型飞机和舰船、高铁动车、特高压输变电、神舟飞天与北斗导航等重大成就，以及在这些重大成就中蕴含的伟大精神，不断激励着广大机械工业工作者继续努力奋进。这是机械领域和家国情怀互相促进发展的最好写照，也深刻说明了在广大机械类专业学生中开展家国情怀教育的重要性和必要性。

2.1.3 机械工程领域的家国情怀内涵及其教学要求

家国情怀在不同历史阶段有不同的特点，但是总的来讲，通过弃其糟粕、取其精华，家国情怀代代传承，时至今日也已有其时代特色内涵。对于机械相关领域的专业课程思政教学来讲，其教学内容应该继承家国情怀的优秀内容，明确自己的专业属性，以"国"为重点，挖掘具有专业自身特色和当前时代特点的家国情怀内涵，从而能够更好地将家国情怀进行传承、发扬，并在高素质机械相关人才的人生历程中发挥积极作用。

机械领域当代家国情怀的内涵可以总结为：以新时代爱国主义和爱国、爱党、爱社会主义的统一认识为基础，对我国机械领域过去拥有的灿烂文明和当前取得的巨大成就有高度的荣誉感和自信心，对通过社会主义道路和中国共产党的领导建设、发展机械工业有高度的认同感和信念感，对应用机械及相关专业知识为民众谋福利、为国家谋富强、维护国家利益、造福人类社会有高度的责任感和使命感。

因此，应该通过各种方式，在相应的课程中适时引入相关案例，从机械专业自身的角度，引导学生了解案例背景，了解案例人物的家国情怀，知晓案例事件或成果发挥的作用，从而将价值塑造融入专业知识传授和专业能力培养之中，帮助学生自觉地把小我融入大我，将家国情怀内化为精神追求、外化为自觉行动，激发学生在机械领域实现科技报国的家国情怀和使命担当，把爱国情、强国志、报国行自觉融入机械领域的建设工作中。

2.2 家国情怀之古代部分

2.2.1 中华始祖铸鼎　奠基中华文明

1. 案例介绍

中华文明肇始于诸位中华始祖，黄帝可称为中华人文始祖。之后历代先贤披荆斩棘奠定中华文明之根基，开创家国情怀之滥觞。在此过程中，中华始祖运用铸造技术铸造铜鼎，给抽象的文明赋予具体的形象，是机械技术与中华文明的完美交融，是机械技术与文明发展相辅相成的最佳实践。特别是夏、商、周三朝随着金属铸造技术的进步，以青铜礼器为核心的青铜器大量铸造并发展到极致，成为象征国家、社稷及旌功铭德的重器，成为悠久历史文化的载体、古代文明的见证，有着永恒的历史价值、科学价值与艺术价值。其中具有代表性的事件有两个：一个是黄帝铸鼎；另一个是禹铸九鼎。

在 5000 年前我国新石器时代的仰韶文化时期，黄帝统一中原，第一次在黄河流域广大地区实现了民族大融合，为华夏民族的形成奠定了基础。黄帝在位期间，播百谷草木，大力发展生产，始制衣冠、建舟车、制音律、作《黄帝内经》等。"百官正而无私，上下调而无尤；法令明而不暗，辅佐公而不阿；田者不侵畔，渔者不争隈；道不拾遗，市不豫贾。"为纪念国家之鼎盛，昭告民族之兴旺，黄帝采首山之铜，铸天、地、人三鼎，并在铸鼎原上举行隆重的祭祀仪式，祭告天、地、先祖，铭功纪盛。《史记·封禅书》曰："黄帝采首山铜，铸鼎于荆山下。"又曰："黄帝作宝鼎三，象天地人也。"《纲鉴易知录》也记载："帝采首山之铜，铸三鼎于荆山之阳，鼎成，崩焉。其臣左彻取其衣、冠、几、杖而庙祀之。"黄帝铸鼎意义重大，它象征民族融合、国家一统。自此"国"的概念逐步萌芽，家国一体的思想逐渐产生。黄帝雕像如图2.1所示。

大禹是在4000多年前的上古时代与伏羲、黄帝比肩的贤圣帝王，其最卓著的功绩就是历来被传颂的治理滔天洪水，并划定九州。大禹定九州之后，用九州之贡金铸造九鼎，把各州山川象物刻于鼎上，使民能知神奸，以永保国泰民安。《左传·宣公三年》记曰："在德不在鼎。昔夏之方有德也，远方图物，贡金九牧，铸鼎象物，百物而为之备，使民知神奸。故民入川泽山林，不逢不若；魑魅罔两，莫能逢之。用能协于上下，以承天休。"后来的《汉书·郊祀志》也讲："禹收九牧之金，铸九鼎，象九州。"大禹铸鼎的意义不仅仅在于"象九州"，更重要的是代表了中国原始社会部落联盟社会组织形态的结束，"国家"这一新型社会政治形态的明确出现，从而用阶级代替原始社会，以文明社会代替野蛮社会，推动了中国历史的传承发展。汉朝大禹治水石刻如图2.2所示。

自此，使用铸造技术制作的鼎就成为一种国家和团结的象征，和中华文明有了密切的关联。1995年10月21日，中华人民共和国向联合国赠送一尊"世纪宝鼎"，以纪念

图2.1　以山东嘉祥汉朝武氏祠石
　　　　刻为蓝本的黄帝雕像

图2.2　汉朝大禹治水石刻

联合国成立 50 周年。江泽民同志在赠鼎仪式上说："鼎作为一种重要礼器，象征着团结、统一和权威，是代表和平、发展、昌盛的吉祥物。"当时联合国秘书长加利致辞说："这尊宝鼎体现了中国文明的伟大品格和值得自豪的古老历史，体现了中国文化的博大精深和辉煌灿烂。体现了它在辉煌历史的基础上，再接再厉，创造更加伟大未来的决心。"

2. 案例评析

黄帝铸鼎和禹铸九鼎首先反映的是中华民族的祖先对国家统一、民族兴盛的艰苦探索和实践。同时，以铸造工艺形成的鼎成为一个具体的符号，为民族融合、国家统一、以民为本的家国情怀奠定了底色。

黄帝一生惜物爱民，勤俭节约，公而无私，"时播百谷草木，淳化鸟兽虫蛾，旁罗日月星辰水波土石金玉，劳勤心力耳目，节用水火材物"。黄帝一生致力于反对暴虐百姓，尽最大努力统一国家，"天下有不顺者，黄帝从而征之，平者去之。披山通道，未尝宁居"。黄帝铸鼎象征着黄帝、炎帝、蚩尤三大部落的统一，从此多元一体的中华民族屹立于世界民族之林，中华民族从蛮荒时代跨入了有政权、有文字、有金属冶炼技术的人类文明之门。

大禹同样以德修身，以国家为重，为人"敏给克勤，其德不违，其仁可亲，其言可信"。为了根治洪水，"劳身焦思，居外十三年，过家门不敢入"。大禹治水时，走遍了九州大地，掌握了各地山川地理，"陆行乘车，水行乘船，泥行乘橇，山行乘樏。左准绳，右规矩，载四时，以开九州，通九道，陂九泽，度九山"。因此，才能在铸九鼎时，"铸鼎象物，百物而为之备，使民知神奸。故民入川泽山林，不逢不若。魑魅罔两，莫能逢之"。大禹通过铸鼎，不仅给国家一统刻画了具象的符号，也为民众生活提供了一个百科指南，可以称得上是"家国一体"的形象表达。至此，国家统一、民族兴盛的信念就成为每一个炎黄子孙的遗传基因，代代流传而历久弥新。

3. 教学设计

鼎的制造采用的是青铜铸造技术，属于青铜冶金的一部分。青铜冶金一般包括选矿、熔炼、铸造等过程。青铜铸造工艺主要指青铜器最后成形的过程工艺。我国商周时期，青铜的铸造工艺为范铸技术，此时的铸造工艺过程主要包括制模、制范、制芯、浇铸、加工等过程。因此，涉及材料、工艺等机械领域，可以在相关课程授课时引入该案例。

可以通过引入该案例，讲解相关材料与工艺知识，说明铸鼎的工艺过程。在讲解案例时，自然引入黄帝、大禹铸鼎的起因，介绍黄帝、大禹的德行和功绩，分享对他们家国情怀的理解，并分析鼎成后对社会发展和文化传承所起到的作用。

黄帝铸鼎和禹铸九鼎的案例应该向学生传达国家统一、民族兴盛的信念和为国奉献的情怀，尤其是在当下中国仍未完全统一、复兴之路遭遇层层阻碍的情况下，更要坚定自己的使命感。同时也要使学生认识到机械技术对社会发展的促进作用，尤其是与政治、文化相结合，能够发挥更大的作用。

2.2.2　墨子拟械救宋　践行兼爱非攻

1. 案例介绍

墨子（前 476 年或 480 年—前 390 年或 420 年），名翟，春秋末期战国初期鲁国人，是战国时期著名的思想家、教育家、军事家，墨家学派的创始人。墨子不但创立了以几何学、物理学、光学为主的一整套科学理论，而且在军事机械方面也有非常高的造诣，墨家机关术和守城术（也叫"墨守"）闻名古今。墨子几乎谙熟当时各种兵器、机械和工程建筑的制造技术，并有不少创造。在《墨子》一书中的"备城门""备水""备穴""备蛾""迎敌祠""杂守"等篇中，他详细介绍和阐述了城门的悬门结构，城门和城内外各种防御设施的构造，弩、桔槔和各种攻守器械的制造工艺，以及水道和地道的构筑技术。他所论及的这些器械和设施，对后世的军事器械发展有很大的影响。

根据《墨子》中关于机关术的记载，当时墨家发明出来的机关器械多种多样，其中具有代表性的 3 种为连弩车、转射机和藉车。连弩车是一种置于城墙上的可同时放出大弩箭 60 支、小弩箭无数的大型机械装置，需 10 个人操作，最为巧妙的是长为 10 尺（1 尺 ≈ 0.3333 m）的弩箭的箭尾用绳子系住，射出后能用辘轳迅速卷起收回。《墨子·备高临》中记载："备临以连弩之车……矢高弩臂三尺，用弩无数，出人六十枚，用小矢无留。十人主此车。"转射机也是一种置于城墙上的大型发射机，机长 6 尺，由两人操纵，与连弩车不同的是转射机更为灵活，能够在一人射箭的同时由另一人将机座旋转，如图 2.3（a）所示。《墨子·备城门》中记载："转射机，机长六尺，狸一尺。两材合而为之辊，辊长二尺，中凿夫之为道臂，臂长至桓。二十步一，令善射之者，佐一人，皆勿离。"藉车外部包铁，一部分埋在地下，是能够投射炭火的机器，由多人操纵用来防备敌方的攻城士兵，如图 2.3（b）所示。《墨子·备城门》中记载："藉车之柱长丈（1 丈 ≈ 3.3333 m）七尺，其狸者四尺；夫长三丈以上至三丈五尺，马颊长二尺八寸（1 寸 ≈ 0.0333 m）……藉车桓长丈二尺半……以木大围长二尺四分而早凿之，置炭火其中合慕之，而以藉车投之。"除此之外，墨家还有很多发明，如桔槔（用于取水）、运输车、钻辘等。

（a）转射机示意图　　　　　　　　（b）藉车示意图

图 2.3　墨子发明的典型守城机械

　　墨子具有高超的机械设计和制造技艺，但是我们可以看出他所设计的这些军事器械基本上都是守城器械，而非攻城器械。这与他秉持兼爱、非攻之理念密切相关。同时，他还能置生死于度外，善于运用杰出的智慧、英勇的胆略和高超的技艺去实践自己的理想。《墨子·公输》中记载的墨子救宋的故事，就是墨子以兼爱、非攻之理念，借机械技术之功效，创造的一个奇迹。公元前 440 年前后，墨子约 29 岁时，楚国准备攻打宋国，请工匠鲁班制造了攻城的云梯等器械。墨子一方面安排大弟子禽滑釐带领 300 名弟子，帮助宋国守城；另一方面亲自出马劝阻楚王。楚王借鲁班已造好攻城器械为由，拒绝放弃攻宋的决定。墨子对楚王说："鲁班制造的攻城器械也不是取胜的法宝。大王如果不信，就让我与他当面演习一下攻与守的战阵，看我如何破解它！"楚王答应后，墨子就用腰带模拟城墙，以木片表示各种器械，同鲁班演习各种攻守战阵。鲁班组织了多次进攻，均被墨子击退，当鲁班攻城的器械用尽时，墨子守城的器械还有剩余。最后，墨子告诉楚王，其弟子携带墨家制造的器械已在宋国帮助军民守城，即使杀了他，楚国也无法取胜。楚王知道取胜无望，被迫放弃了攻打宋国的计划。墨子救宋插画如图 2.4 所示。

图 2.4　墨子救宋插画

2. 案例评析

　　墨子因其研究涉及几何学、物理学、光学、机械学等方面，且有突出成就，被称为

"科圣"。而其兼爱、非攻的思想，以及"兴万民之利，除天下之害"的精神对后世影响更大。墨子的思想体系很丰富，"兼爱"与"非攻"是其中两个很重要的方面。

兼爱其实质是"爱利百姓"，凡事的出发点都以国家、百姓、人民之利为准绳。但是兼爱不是只爱别人、不爱自己。《墨子·大取》中讲："爱人不外己，己在所爱之中；己在所爱，爱加于己。"也就是说爱别人并不是不爱自己，自己也在所爱之中；自己既在所爱之中，爱也就加于自身。同样，兼爱也不是盲目的博爱，兼爱不爱敌人，不爱侵略国家、危害民族利益之人，如果面对坏人就不讲兼爱，而是要"除天下之害"。如果自己的利益与众人之利有冲突，墨家甚至还认为应该做出自我牺牲，以成全众人之利，要懂得如何于"害之中取小"及"利之中取大"，这种牺牲小我的精神与孟子的"舍生取义"相同。

非攻，指的是反对不正义的战争，即"大不攻小也，强不侮弱也，众不贼寡也，诈不欺愚也，贵不傲贱也，富不骄贫也，壮不夺老也。是以天下庶国，莫以水火毒药兵刃以相害也"。当然，非攻并不等于非战，而是反对侵略战争，很注重自卫战争。非攻的核心是不首先发起攻击，但是当别人攻击自己的时候，一定要给予有力的回击。

正是有了上述的兼爱和非攻思想，墨子在机械设计与制造方面的成就才与众不同。墨子的这种爱己、爱人、爱国家，反对霸权、反对侵略，为了国家利益能够牺牲小我、奋起反击的精神，正是家国情怀的生动写照。这种精神同时也使其具有责任感和使命感，促使其研制守城器械，反抗侵略，维护国家和人民的利益。同时，通过利用守城器械反抗霸权的斗争，又促使其兼爱、非攻的思想广为流传，为后世留下了宝贵的精神财富。

3. 教学设计

守城器械的设计与制造是典型的机械设计与制造技术，其设计驱动力来自墨子的兼爱、非攻思想。其实墨子从其关心民生、忧国忧民的情怀出发，还提出了很多独到的机械设计思想和设计方法，至今仍有宝贵的借鉴意义。

例如，墨子在从事机械设计和机械制造的过程中，认识到"兴利"是机械的目标，在保证实现预定的机械功能、满足运动和动力性能的要求下，应该注重"兴利"，即便捷易用且实用。设计和制造车辆、舟船就是要使其更加轻快便利，如果达不到这个目标，就要改进设计，重新制作，即"不加者，去之"。同时认为，在机械、建筑等设计过程中，应坚持"节用"的原则，将一切设计成本减至最低限度，超乎此者皆为"无用之费"，只有去"无用之费"，才能达到"天下之大利也"。"圣人者，事无辞也，物无违也，故能为天下器。"墨子认为对从事机械设计与制造的人来说，应有"事无辞""物无违"的品格，才能"为天下器"。只有具备"为天下器"的素质，才能发挥机械在人类社会生活中的地位和作用。

又如，墨子和鲁班（公输般）实施的攻防演习是最早进行机械模拟试验的典范。"公输般设攻宋之械，墨子设守宋之备"，可见双方的这次攻防演练规定了试验目的、任务、规模和使用的兵器，甚至"解带为城，以牒为械"，模拟战时条件下真实战斗的行动次序。鲁班和墨子进行这次模拟试验，彻底打破了楚"将以攻宋"的企图，鲁班之失，就在于他在此之前，对自己制造的攻城器械未做模拟试验，也未做实战演习，尽管他是"天下之巧工"。而墨子之得就得在他掌握了模拟方法，因而能胸有成竹地"请"与鲁班进行一次攻与守的演习，鲁班试攻之，墨子试守之。这表明用模拟的方法进行试验是检验机械工程与设计制造的重要手段，也是提高机械设计水平的重要程序，这对科学技术的发展具有重要意义。

因此，该案例涉及机械设计、机械原理、机械制造等相关专业领域，可以在授课时引入该案例。通过引入该案例，在讲解机械设计与制造知识时，自然引入墨子兼爱、非攻之思想，以及在该思想的引导下对机械技术的研究与运用，分享对墨子家国情怀的理解，并分析墨子的思想对后世的影响和重要作用。同时，可以引入我国发射的"墨子号"量子科学实验卫星（简称"墨子号"）案例。我国首颗量子通信卫星以我国古代科学家墨子的名字来命名，既是纪念他最早提出光线沿直线传播的观点、进行小孔成像实验的成就，也是对他伟大品德的颂扬，更是体现了对中华优秀传统文化的自信。

墨子兼爱非攻的案例应该向学生传递为国为民无私奉献、奋起反击霸权、为国民之利益而发挥专业技能的情怀。尤其是在当前一些国家奉行霸权主义、肆意干涉我国发展的时期，既要通过墨子等先贤的开创性贡献增强民族自信和文化自信，激励斗志，也要将国家的发展和自己的能力结合起来，为突破新时期的技术封锁、维护国家利益，在机械相关领域做出自己独特的贡献而奋斗。

2.2.3　杜诗省爱民役　造作水排便民

1. 案例介绍

杜诗（出生不详，卒于公元 38 年），字君公，东汉官员及发明家，河南汲县（今河南省卫辉市）人，历任功曹、侍御史、成泉令、沛郡都尉、汝商都尉等职。建武七年（公元 31 年），杜诗调任南阳太守，领导百姓兴修水利，开耕农田，发展农业生产，为人民做了许多好事，很受南阳人民的拥护，被尊称为"杜母"。南阳人称赞说："前有召父（召信臣），后有杜母。"杜诗在总结当地劳动人民冶铁生产经验的基础上发明了水排，大力推动了当地的生产，并对后世影响深远。《后汉书·杜诗传》记载："造作水排，铸为农器，用力少，见功多，百姓便之。"

南阳是我国古代具有冶铁手工业传统的地区，早在战国时期就能锻炼钢铁，制造锋利的兵器。冶金技术的发展与鼓风技术的改进是密切相关的。为了提高炉温，缩短冶炼时间，我国很早就发明了向炉内鼓风的技术和工具。早期的鼓风工具是囊，后来又发明了多管鼓风装置，把许多囊排在一起，简称为排囊或排。排囊鼓风，起初使用的是人力，后来发展到畜力，称为马排。但是无论是人力还是畜力，都需要较大的成本，对冶铸业的发展是一个严重的障碍。在西汉时期，政府实行盐铁官营政策，冶铸规模日益扩大，冶铸场所和数量大为增加，因而节省人力、畜力，改革鼓风工艺就成为亟待解决的技术问题。杜诗就是在这种需求的推动下，主持制造了水排（见图2.5），即以水流为动力的鼓风装置。

图 2.5　杜诗水排插画

杜诗发明的水排是以河水为动力，通过机械装置，将水轮的圆周运动变为连杆的直线运动，往复循环，使风囊连续开合，不断将空气送入冶炼炉内。元朝王祯的《农书》中对其有详细地说明："其制，当选湍流之侧，架木立轴，作二卧轮；用水激转下轮。则上轮所周弦通缴轮前旋鼓，棹枝一侧随转。其棹枝所贯行桄而推挽卧轴左右攀耳，以及排前直木，则排随来去，扇冶甚速，过于人力。"水排鼓风技术的广泛应用，不但把人力、畜力解放了出来，而且工效提高多倍，有力地推动了冶炼业的发展。

水排作为一种完整的水力机械出现在1900多年前的东汉初年，显示了我国劳动人民的高度智慧和创造才能，是人类利用自然力量的伟大创举。它不仅在我国科技史上留下了光辉的一页，在世界科技史上也占有重要的地位。在欧洲，水力鼓风设备到公元11—12世纪才出现，普遍使用已经到了14世纪。

2. 案例评析

杜诗是一名官员而不是工匠，他之所以能够发明水排，根本原因在于他具有"省爱民役"的思想，根据民众的需要而发挥自己的聪明才智，利用专业技能为百姓谋福利。

除此之外，杜诗还是一个有法家思想倾向的人物。他崇尚法家、墨家的耕战思想，在他任南阳太守时，重视技术、发展经济，发动当地人民"修治陂（蓄水）池，广拓土田"，结果"郡内比室殷足"；同时，他也不畏强权，坚决维护国家统一。当时将军萧广放纵士兵横行，惊扰百姓。杜诗劝谕萧广，萧广不知收敛，于是击杀萧广。杜诗巡视河东，去诛杀反叛的贼人杨异等，听说贼人企图北渡，于是和长史迅速焚毁船只，调集部署郡中士兵，派骑兵突袭贼兵，杀死杨异等人。

然而，我们也必须看到，水排这项冶铁机械技术的重大革新，虽然是世界科学技术史上的重大发明之一，但是在东汉初年并未在全国得到大力推广，直到曹魏时期才得到重视和发展，期间被埋没了近 200 年。曹操在"河北始开冶"后，于公元 215 年任用韩暨为"监冶谒者"，把荒废了近 200 年的"水排"做了改进并加以推广。韩暨被曹操任用后，"暨乃因长流为水排，计其利益，三倍于前。在职七年，器用充实"。曹操在全国兴修水利，构筑许多陂池，不仅可以灌溉稻田，还为这种革新了的"水排"的推广创造了条件。自此之后，这种水力鼓风机才被长期流传并推广开来。因而元朝王祯的《农书》、明朝徐光启的《农政全书》才能详细记载下"水排"的构造，绘制出"水排"的图谱。

这是一个很有意义的案例，它生动地说明了在一定的社会生产条件下，科学技术能否取得长足发展还取决于当时历史条件下思想路线的正确与否。因此，正确的国家战略和科技发展路线是推进技术发展的纲领。

3. 教学设计

水排的创制是我国机械史上一项具有重大意义的发明。无论哪种形制的水排，都是以自然力为原动力的，在构造上具有动力机构、传动机构和工作机构三个主要部分，实际上是一种自动机的雏形。这表明我国古代劳动人民已在寻求用机械代替手工工具，从笨重的体力劳动中解放出来的道路上迈出了一大步。水排的出现不仅仅是冶金技术上的发明，它对后来的机械设计制造有深远的影响。东汉张衡创制的水运浑象仪、三国时期马钧改进的翻车、晋朝杜预发明的连机水碓和水转连磨、元朝出现的水转翻车等，都与杜诗创制的水排有着密切的技术联系。

因此，可以在机械设计、机械原理、机械制造、自动控制、传动学等相关课程授课时引入该案例。通过引入该案例，向学生传递机械技术要取之于民（从社会发现需求、获得经验基础）、用之于民（为社会发展提供助力）的思想。同时，分享杜诗作为官员能够急民所急、想民所想，充分发挥自己的知识和组织动员能力，利用专业技术发展民生的情怀。

最后，也要向学生说明，科技的发展必然受当时国家发展道路和科技发展战略的影响和制约，重视科技及其在发展经济和民生中的作用，将科技作为第一生产力，是我们国家当前的重要战略。在今天习近平新时代中国特色社会主义思想的指引下，在充分重视科技创新的氛围中，我们在机械工程领域坚持独立自主、大胆创新，一定会取得更大的成就。

2.2.4　苏颂道德博闻　领创天文仪器

1. 案例介绍

苏颂（1020—1101 年）生于同安县（今福建厦门同安区），宋仁宗庆历二年（1042 年）和王安石同榜中进士，担任过地方和中央政府官员，做过吏部尚书和右宰相，在本草学、仪器制造和天文学等领域取得了非凡成就，晚年定居润州（今江苏镇江）。他是载入史册的名臣和科学家。"惠爱于民此最亲"，这是苏颂任地方官时所写的《次韵王伯益同年留别诗》中的一句。"诗言志"，苏颂把"惠爱于民"作为当官的最高使命。他一生尽其所能，身体力行，为民造福。即使在天文仪器这样的非本职工作领域，他也主动承担重任并竭尽全力、尽善尽美地完成工作。他主持创制了世界上最早的天文钟——水运仪象台。编写了我国现存最早的水力运转天文仪器专著——《新仪象法要》。南宋理学大师朱熹这样评价他："赵郡苏公，道德博闻，号称贤相，立朝一节，终始不亏。"

元祐元年（1086 年），苏颂奉命去检验太史局的各种浑仪。苏颂做出鉴定之后，发现这些仪器只能单独使用，无法相互配合，于是就主动向朝廷建议添造一套能将浑仪、浑象和报时装置结合在一起的综合性仪器。1087 年，朝廷批准了这个建议，并指派苏颂负责此事。其实，这项原创性工作具有很大风险，也非苏颂的本职工作，但是苏颂不避艰难、勇担重任。

作为吏部尚书，他慧眼识才，发现了精于数学和天文学的韩公廉，选派这位中下级官员负责设计制造天文仪器，并介绍了张衡、一行、梁令瓒、张思训等前人所造水运仪器的法式要点。就这样，苏颂作为"总工程师"，提出了仪器的功能要求和工程的实施目标。

韩公廉不但精通数学，而且擅长制作"机巧之器"。他根据"总工程师"苏颂的构想，写出了《九章勾股测验浑天书》，从理论上证明了这种构想是可行的，然后设计制作了关键装置"机轮"的模型。苏颂认为韩公廉的设计有可取之处，又在此基础上提出了改进意见。经过反复论证和不断改进，新仪器的设计方案最终敲定。从 1088 年开始，仪象台的设计制造经历了计算、机轮模型试制、小木样试制、大木样试制、实际仪器制作等阶段。1092 年 7 月，这个团队成功制造出了水运仪象台。

根据《新仪象法要》记载，水运仪象台是一个座底为正方形、下宽上窄略有收分的木结构建筑，高大约有 12 m，底宽大约有 7 m，共分为三大层。上层是一个露天的平台，设有浑仪一座，用龙柱支持，下面有水槽以定水平。浑仪上面覆盖有遮蔽日晒雨淋的木板屋顶，为了便于观测，屋顶可以随意开闭，构思比较巧妙。露台到仪象台的台基有 7 m 多高。中层是一间没有窗户的"密室"，里面放置浑象。天球的一半隐没在"地平"之下，另一半露在"地平"的上面，靠机轮带动旋转，一昼夜转动一圈，真实地再现了星辰的起落等天象的变化。下层包括报时装置和全台的动力机构等。设有向南打开的大门，门里装置有五层木阁，木阁后面是机械传动系统。因为该装置可利用水力自动运行，集浑仪、浑象和报时器为一体，所以苏颂将其命名为"水运仪象台"（见图 2.6）。观测、演绎天象及计时的功能，是现代天文台的标准配置。水运仪象台同样具备以上三项功能，因此可算得上是现代天文台的鼻祖了，也可以称之为古代的大型天文科学装置。

图 2.6　同安县苏颂公园里的水运仪象台

苏颂和韩公廉率领的团队将漏刻、水轮、筒车、秤漏、杆系、齿轮传动、凸轮传动等多种技术整合在一起，实现了集成创新。整座装置以一个非常精致的水轮同时驱动计时装置、浑象和浑仪，这是一项重要的技术突破。最值得称道的是，制作者们发明了"天衡"机构——"水轮－秤漏－杆系擒纵机构"，这是世界上有明确结构记载的、最早的时钟擒纵机构。

苏颂另一项突出成就是编撰《新仪象法要》，用几十幅机械图全面描绘了水运仪象台的整体构造和零部件结构。这些图是工业革命之前描绘一台机械装置的最复杂的成套技术图，与水运仪象台一样，在世界科技史上占有重要地位。《新仪象法要》的图说成为今人复原水运仪象台的主要依据，全尺寸水运仪象台的成功复原也证明了《新仪象法要》的内容翔实可靠。

2. 案例评析

苏颂能够以一名官员的身份领导、制造代表当时世界最高水平的天文仪器，与其"惠爱于民"、恪尽职守、尽忠国家的个人道德素养、家国情怀是分不开的，与他善于利用工程技术改善民生的思路也关系密切。例如，在杭州任内，他记挂市区水涩，百姓饮水不便，把凤凰山的甘泉水引入市区，造出了当时的"自来水"，黎民百姓皆大欢喜。

苏颂认为道德先于文华。在"万般皆下品，唯有读书高"的科举社会中，苏颂虽然重视文化知识的学习，但更注重道德操守的培养。苏颂"道德为先"的核心是恪尽职守，忠于国家，国家需要时，能毫不犹豫地为国奉献。他在《苏魏公文集》中不止一次地褒扬他的叔父苏缄为国捐躯的壮烈事迹，要求子孙世代牢记并发扬光大。

技术创新必然有风险，作为领导者更是要承担主要责任。但是苏颂敢于直面问题，有问题主动提出，同时能够不避艰难、勇担重任、尽忠职守、精益求精地完成工作。正是有"惠爱于民"和"道德为先"的家国情怀才能够为他提供无尽的动力。

3. 教学设计

水运仪象台的构思广泛吸收了以前各家仪器的优点，尤其是汲取了北宋初年天文学家张思训所改进的自动报时装置的长处；在机械结构方面，采用了民间使用的水车、筒车、桔槔、凸轮和天平秤杆等机械原理，把观测、演示和报时设备集中起来，组成了一个整体，成为一部自动化的天文台。水运仪象台是中国古代天文学和天文仪器技术的集大成者，成功地将浑仪、浑象、时钟三合一。其顶部的9块活动屋板、浑仪的四游仪窥管和擒纵控制枢轮的"天衡"系统三项技术均为世界首创。

《新仪象法要》不仅讲述了建造水运仪象台的原因和经过，还用图解的形式详细介绍了它的总体构造和各个部件。该书是我国现存最早的水力运转天文仪器专著，书中的结构图是现存最古老的机械图纸，真实地反映出当时的天文学和机械制造技术水平。

也正因为此，水运仪象台被誉为中国古代第五大发明。英国科学家李约瑟认为水运仪象台可能是欧洲中世纪天文钟的祖先。瑞士钟表界的权威刊物《百达翡丽》也表示，水运仪象台里边装置了全世界第一个擒纵器，而欧洲运用这一原理制造钟表则是在中国这个擒纵器问世3个世纪以后的事情了。

因此，可以在工程制图、机械设计、机械原理、机械制造、自动化、传动等相关课程授课时引入该案例。通过引入该案例，向学生分享苏颂敢于直面问题、不避艰难、勇担重任、尽忠职守的精神，说明其"惠爱于民"和"道德为先"的家国情怀。同时也要说明中国古代科技文化的灿烂繁盛，引导同学们树立文化自信。

2.2.5 宋应星撰百科 《天工开物》大成

1. 案例介绍

宋应星（1587—1666 年），字长庚，江西奉新（今江西省宜春市）人，明朝万历四十三年（1615 年）举人，明末清初著名科学家。曾任江西省袁州府分宜县教谕、福建省汀州府推官、南直隶凤阳府亳州知州等职，明亡后曾任职抗清政权的滁和道和南瑞兵巡道，后不知所终。

宋应星一生著作颇丰，目前仅存《天工开物》《野议》《谈天》《论气》《思怜诗》五部，十分珍贵。这些著作中，以《天工开物》最具影响力。宋应星受当时进步思潮的影响，弃经问艺，弃虚务实，转投于"与功名进取毫不相关"而"与人们生活日息相关"的技艺之学，由此编撰出世界上第一部全面系统地介绍农业和手工业生产技术的专书。《天工开物》初刻于明崇祯十年（1637 年），分为上、中、下三卷，计有《乃粒》《粹精》《作咸》《甘嗜》《膏液》《乃服》《彰施》《五金》《冶铸》《锤锻》《陶埏》《燔石》《杀青》《丹青》《舟车》《佳兵》《曲蘖》《珠玉》18 篇。除文字外还附有 123 幅生动的插图，描绘了 130 多项生产技术和工具的名称、形状、工序，系统地总结了中国古代劳动人民丰富的生产实践经验和科技成就。因其涉及门类众多，内容广泛，被誉为"中国十七世纪的科技百科全书"。

《天工开物》全书大量涉及机械制造工艺，除《曲蘖》外，其余各篇皆含有机械相关技术和工艺内容。与其他古籍相比，以该书对当时机械技术的记载最丰富、最全面、最重要。若按现代机械工程学的分类方法，则包括农业机械、纺织机械、冶铸机械、锻造机械、运输机械、采矿机械、冶金机械、军事机械及其他轻工机械等。

（1）农业机械：介绍了稻、麦、豆等主要粮食作物的种植、中耕、灌溉、脱粒、清选及粮食加工方面的机械，绘图表示的约有 21 种。

（2）纺织机械：介绍了丝、棉、麻、皮、毛毡等原料的加工方法及设备，绘图表示的纺织机械约有 10 种。

（3）冶铸机械：介绍了包括鼎、钟等大型工件在内的铸造工艺及设备，其中包括失蜡法、实模和无模铸造方法及鼓风设备。

（4）锻造机械：介绍了大中小型工件自由锻生产工艺及淬火、渗碳、锻焊方法，绘图表示了 3 种锻造机械。

（5）运输机械：介绍了几种主要车船结构的使用及其制造技术，绘有 5 种车船图形。

（6）采矿机械：介绍了煤、石灰、硫黄等主要非金属矿的开采、提升及烧制方法，包括提升图、通风图 4 幅，其中关于煤矿的记载尤为详细。

（7）冶金机械：介绍了金、银、铜、铁、锡、铅及锌等金属的采矿、选矿、冶炼加工过程及加工设备，绘有 5 种冶金机械图形。

（8）军事机械：介绍了弓、弩等冷兵器及各种火器的选用及制造技术。在 14 幅图中展现了 19 种兵器。

（9）其他轻工机械：介绍了颜料、食盐、食糖、陶瓷、食油、纸类、酒类、珠玉等的生产过程及设备。绘图说明了以上各种生产设备约 15 种。

《天工开物》中有关机械工程的记载大体反映了中国古代机械工程的最高水平，其中许多内容都是刚产生不久的先进技术与设备。例如《舟车》中记载了当时帆船使帆中的抢风技术，《粹精》中记载了当时上饶地区巧妙的船碓及一机三用（可以磨面、舂米、灌溉）的连机水碓，《乃服》中记载了提花机的构造及使用，《冶铸》中相当全面地记载了精密铸造工艺。《锤锻》中对大至千斤（1 斤 = 500 ｇ）铁锚、小到绣花针等多种铁器的锻造方法都有记载，其中的锻焊技术、"生铁淋口"渗碳技术及淬火技术更是当时世界独创。宋应星十分敏感地发现了这些技术并加以整理与记录，为后世研究保存了重要资料。《天工开物》明刻本如图 2.7 所示。

图 2.7 《天工开物》明刻本（涂本）

2. 案例评析

宋应星著《天工开物》与其家国情怀密切相关，两个方面可以体现出他这种情怀：一是贵民爱民；二是忧国报国。

"天工开物"四个字由《尚书·皋陶谟》中的"天工人代"（无旷庶官，天工人其代之）和《周易·系辞上》中的"开物成务"两句古成语合并而成。前者的意思是，天的职责与功能是由人来代替行使的；后者的意思是说，如果人通晓万物的道理、规律并照其行事，就能获得成功。宋应星将这四个字合用并对其赋予新的含义，即人们在遵循事物发展规律的前提下，利用自己的智慧和手艺，在劳动中收获知识、提高技能，就能从自然界中不断开发创造出生活所需，过上富足的日子。该书充分体现了对劳动人民的尊重和关爱。

首先，《天工开物》各卷的次序是根据"贵五谷而贱金玉"的观点编排的，重视人民的实际需求，按照人民的日常需要顺序编排。通俗地说，吃饭穿衣的农业技术占有最重要的位置，次者为手工业技术，对于珠玉装饰的制造则放在最后。关于粮食和副食品的生产技术占了全书1/3的篇幅，体现了以农业为第一位的传统思想。同时，用大量的画面表现劳动生产与劳动者，这无论在我国还是在世界科技史上都是前所未有的。

其次，宋应星赞颂农工技艺，体恤百姓疾苦。宋应星常常深入农田作坊，探知耕作制器之法，赞叹农工技艺之巧，如《乃服》中称颂结花本的工匠"心计最精巧"。他坚决反对传统儒家将技艺视为"奇器淫巧"、将工匠视为"下愚小人"的错误观念，对技艺高超的工匠未能受到应有的尊重表示极大不满，如《舟车》中言道："何其始造舟车者，不食尸祝之报也？"对"以赭衣视笠蓑"的纨绔之子和"以农夫为诟詈"的经生之家表示强烈愤慨，批斥他们"知其味而忘其源"。同时，宋应星反对奢侈浮华，反对皇家不惜工本制造器物，深切同情农匠生活，体恤百姓疾苦。如《陶埏》中谈到皇家宫殿所用琉璃瓦原料时言："其土必取于太平府，舟运三千里方达京师。参沙之伪，雇役掳船之扰，害不可极。即承天皇陵，亦取于此，无人议正。"

宋应星编著《天工开物》之时，明王朝在政治上风雨飘摇、内忧外患而且国弱民穷，江山已摇摇欲坠，明王朝的灭亡已是积重难返。宋应星忧虑国家，希望能够记录我国古代的先进技术，并用于解决当时国家、社会的实际问题。这也促使他加快将所学、所见、所闻编纂成书，赶在明亡之前将其作品公之于世。因此《天工开物》是一本应用型技术百科全书，而非一本社会文化艺术书籍或儒家经典著作。后来他任职滁和道和南瑞兵巡道，抵抗清兵入侵的事迹也能印证他这种忧国报国精神。

然而就是这样一本综合性的科技巨著，在清朝被冷落，却被译为多种文字，在东洋（日本、朝鲜）与西洋各国成为走俏的大众读物。直到清末至民国初年，这部著作才为中国学者所关注。《天工开物》呈现出的这种典型的"墙内开花墙外香"的非正常现象值得深思。当一个国家不重视科技发展、当一个政府缺乏对科技创新的支持时，落后必然不可避免，挨打必然无力反抗。

3. 教学设计

我国古代，许多科学技术领域曾居于世界先进水平。自秦汉到宋元的1000多年间，机械技术就领先于世界，在农业、轻纺、陶瓷机械及冷热加工等方面更具有很大优势，这种领先的地位一直保持到明朝，但发展速度已变得缓慢。大约从16世纪起，西方产生并发展了近代科学技术，18世纪60年代起西方发生了产业革命，中国丧失了科学技术的先进地位。19世纪西方先进的生产技术与机械设备大批传入中国，中断了中国传统机械的发展途径，这是中国机械史上的一次大转折。而《天工开物》一书产生于西方产业革命前夕，既保持了中国古代机械工程领先的势头，又处于丧失领先地位的前夕。《天工开物》中有关机械的记载，可以大体反映中国古代（以南方为主）机械的最高水平，部分成果也是当时世界的最高水平，如锻焊技术、"生铁淋口"渗碳技术及淬火技术就是当时的世界独创。

《天工开物》涉及的机械领域非常广泛，可以在设计、原理、制造、自动化、传动、材料等相关课程授课时引入该案例，在交通运输、轻工业生产、采矿冶炼、铸锻冶金、军事国防等多个领域的机械类课程中，也可以引入该案例。案例中有很多具体的实例，可以与自己讲述的内容结合起来讲解。

通过引入该案例，向学生充分展示宋应星以下几个方面的家国情怀：一是充分尊重劳动人民，体恤百姓疾苦，关爱民生；二是忧国报国，具有崇高的使命感，主动采集资料、编撰著作；三是充分尊重科技，善于利用科技的力量推进社会发展。同时也要帮助学生思考两方面的问题：一是什么样的社会制度和国家领导能够充分重视科技，以科技促民生；二是中国古代机械技术的领先地位为什么走向低谷，又如何才能走向巅峰。要帮助同学们梳理文化自信和道路自信。

2.3　家国情怀之近代部分

2.3.1　左宗棠办洋务　维护民族利益

1. 案例介绍

左宗棠（1812—1885 年），字季高，湖南湘阴人，晚清政治家、军事家、民族英雄，洋务派代表人物之一，与曾国藩等人并称"晚清中兴四大名臣"。清朝政府通过洋务运动，在客观上推动了生产力的发展，促进了中国民族资本主义的产生与发展，在一定程度上抵制了外国资本主义的经济输入，促进了中国教育的近代化和国防的近代化。左宗棠是洋务派代表人物之一，在国防工业、民用工业等方面做出了重要贡献。下面仅从与机械密切相关的方面进行简要介绍。

左宗棠在担任闽浙总督时期（1864—1867 年），其主要活动有创建福州船政局和福州船政学堂。1840 年，当英国以其坚船利炮发动鸦片战争时，他就提出了"造炮船火船"这一设想。1864 年，他在杭州把试制的蒸汽轮船放入西湖中试航，1866 年 6 月正式向清朝政府呈递设厂造船的奏章。这个设厂造船方案的酝酿与筹划过程，正如他自己所说："思之十余年，谘之洋人，谋之海疆官绅者又已三载。"从而把造船设想转化为实践活动，创办了福州船政局。为了迅速办好船厂，他不走由工场手工业向机器工业缓慢发展的道路，而是向法国购买机器，雇聘工程技术人员，在马尾迅速建成我国近代第一个造船综合企业，使中国造船业由旧式木质风帆船一跃成为近代机器动力船（见图 2.8）。这是中国造船业的转折点。

图 2.8　左宗棠和福州船政局马尾船厂旧照

在创办福州船政局时，左宗棠深感中西方科技的巨大差距和学习西方先进技术的重要性，因此特别重视引进和学习西方的先进科学技术。他的目的是"造轮船，非为造轮船也，欲尽其制造驾驶之术耳"。这反映了左宗棠重视学习科学技术和注重开办学堂，以求迅速掌握该门技术，力图自立自强的正确思想。1866 年 12 月，福州船政局破土动工兴建时，"求是堂艺局"就已招收学生，求是堂分学习法文制船和学习英文驾驶两个部分，后称前后学堂，是我国最早的近代工业（制船）和军事（海军）专门学校。左宗棠创办的"求是堂艺局"是中国最先以学习西方先进科学技术为主要目的的近代学堂，是中国旧式的封建传统教育走向近代化的真正起点之一。

左宗棠在担任陕甘总督时期（1867—1880 年），在西安、兰州、阿克苏设立制造局和兰州、库车火药局，将在福州船政局的单一军用造船，发展到制造枪炮、弹药等多种军用产品，并因制造纺织机器和抽水机，将军用工业推广到民用工业，成为西北工业近代化的开端。左宗棠在任两江总督和督办福建军务时期（1880—1885 年），所从事的洋务活动则具有向纵深化发展的特点。他支持与发展原有的洋务企业，如安排懂制造技术、懂洋务的潘露、聂缉规为江南制造总局、金陵机器局总理或会办，加强对原有企业的领导和管理。同时，他在加强江海防务时，让福州船政局代造开济、镜清、寰泰等铁肋双层快轮，使所造轮船与当时向英德购买的船舰相比，"似尚足以相埒"，造船技术提高了一步。

2. 案例评析

左宗棠作为著名的政治家、军事家、民族英雄，具有强烈的忧患意识、自强意识和反对列强入侵、维护民族利益的精神。他以一名决策者和领导者的身份，通过洋务运动积极推动国防和民生方面的机械化、工业化，也是这种家国情怀的真实写照。

左宗棠在倡导引进和学习西方科技时，特别突出地强调了坚持独立自主的原则。左宗棠主张造船和创设福州船政局，为的就是要自立自强，"御外侮""敌洋商"，反对帝国主义的军事侵略。他创办兰州机器织呢局也是为了打破外国毛纺织品对国内市场的控制和垄断。他认为："自强之道，宜求诸己，不可求诸人。"他主张轮船应自造，"既能造船，必期能自驾驶"，以免因过分依靠外国人而反受其牵制，力图依靠自己的力量达到"自强"的目的。

左宗棠办洋务具有强烈的自强御侮的性质。当英国以其坚船利炮发动鸦片战争时，左宗棠就把"造炮船火船"作为"制敌"要策的重要内容，以求"海上屹然有金汤之固"。1866 年，他奏请设厂造船，亦是因国外船舰横冲直撞，直达天津，"无足当之"。后来，他在西北创办兰州制造局亦是如此。故他在 1875 年为魏源《海国图志》再版作序时说：
"同、光间，福建设局造轮船，陇中用华匠制枪炮""此魏子所谓师其长技以制之也"。

左宗棠担任陕甘总督时，已经年近七旬，体衰多病，终日忙于战事，但他仍然在
边远地区兴办洋务事业，把新兴的洋务工业推进到了边远落后的西北地区，创办了西安、
兰州、阿克苏制造局和兰州、库车火药局等军工企业和兰州机器织呢局等民用企业，使
古老的西北地区第一次响起了轰轰隆隆的机器声，从而扩大了洋务运动的范围，使洋务
运动具有了全国性的规模。

左宗棠在洋务运动中的成就是有目共睹的，他兴办洋务的丰硕成果和鲜明特色，为
中国近代化的进程增色不少，值得后人铭记。他作为一名大权在握的高级官员和政治家，
对于机械制造业发展的影响是全局性的。他能够清醒地认识到机械化对于国防安全和民
生发展的重要性，并愿意身体力行地去推行，这种使命感和责任感实属难能可贵。

然而，1894 年甲午中日战争中北洋海军的全军覆没，标志着历时 30 余年的洋务运
动以失败而告终，其中原因值得我们深思。如果上层建筑不能符合生产力发展的阶段、
水平和中国的特点，那么必然会面临改革的失败，即使在特定的技术领域也是如此。今
天，正是在具有中国特色的社会主义制度下、在中国共产党的坚强领导下，我国的机械
工业才发生了天翻地覆的变化，充分体现了制度的优越性和道路的正确性。

3. 教学设计

左宗棠所创办的工厂涉及较多机械领域，例如福州船政局就涉及多种机械制造设备
和工艺。福州船政局与李鸿章在上海创办的江南制造局一样，都是当时采用大机器生产
的全国最大的洋务工厂。但与后者不同，它是以专门制造近代船舶为主要任务的。它除
了制造船舶和生产各种船用设备的各个车间（工厂）、船台外，还拥有一个轧制各类铁板、
铁条、铁管的锻造厂。福州船政局不但规模大、设备完整，而且就当时而言机械化程度
也较高。机床包括车、削、刨、旋、钻、剪、钳等。工人也初步分工为"锯木之匠、造
船之匠、冷铁之匠、铸铁之匠、刻模之匠、铸铜之匠、水缸之匠、翻砂之匠、车床之匠、
钳床之匠"，人数达两三千人。1887 年开始兴建的石船坞，是我国除旅顺船坞之外最大
的一个船坞，坞长 420 英尺（1 英尺 =0.3048 m），宽 110 英尺，可容纳当时我国最大的
战舰定远、镇远铁甲舰的修理。美国西能达号大夹板船、法国兵商船均曾入坞修理，因
而"石坞之名大著于欧洲"，成为当时远东最大的轮船制造工厂。

因此可以在设计、原理、制造、生产管理等相关课程授课时引入该案例，也可以
结合案例所制造的具体产品和应用的工艺技术进行讲解。通过引入该案例，向学生充分

展示左宗棠以下几个方面的家国情怀:一是具有强烈的忧患意识,能够清醒地认识到自身的不足并愿意学习先进技术;二是具有强烈的自主、独立、自强意识,绝不依附他人、受制于他人;三是有强烈的使命感和责任感,无论职位高低、健康与否,都主动争取、积极施为,将维护民族利益、国家大义置于个人利益之上。同时,也要帮助同学们思考,为什么洋务派前赴后继,但是洋务运动仍然以失败而告终;为什么在中国共产党的坚强领导下,在建设具有中国特色的社会主义的过程中,我国的机械工业就能够发生天翻地覆的变化,从而增强道路自信。

2.3.2 丁拱辰演火炮 以军械御外辱

1. 案例介绍

丁拱辰(1800—1875年),福建晋江人,字淑原,号星南,近代火炮制造专家。鸦片战争爆发后,英国侵略军凭借坚船利炮的优势,在战争中取得主动权。一些爱国知识分子为改变清军在装备上落后挨打的局面,全力探研先进的军事技术,以抵御外国侵略,保家卫国,丁拱辰就是其中的一位佼佼者。

丁拱辰生活在嘉庆、道光、咸丰、同治年代,外国军队屡屡入侵我国,大多是用火炮开道。隆隆炮声回荡在东南海疆,激发了丁拱辰的拳拳爱国之心,使他忧心如焚。正如他在《演炮图说辑要》自序中所说:"适红夷肆逆,蕃舶所向,炮火为先。宇内同仇,共图扑灭。"丁拱辰认为:"炮诚行军制胜之第一要着也。"目睹了我国武器设备落后被动挨打的局面,为加快我国的武器发展进程,有丰富出国游学经历的丁拱辰夜以继日地整理、绘制他所积累的西式武器资料,"为防夷而作",编著成《演炮图说》一书,阐述了各种火炮的设计、装配、制造和应用方法,并设计出点炮时用的象限仪。

当时清朝诸朝贵看出《演炮图说》是一部很有价值的书,评价极高,认为此书"图说相辅,如指诸掌,其中备详立表测望之理,参以中西算术,且俱亲历演放试验不爽,实为明张涛西洋火攻图说及近世火龙经诸书所未逮至"。《演炮图说》中所阐述的炮法,在军中很快就被广泛采用。在实践中,丁拱辰认真加以修订补充,于道光二十三年(1843年)重刊问世,定名为《演炮图说辑要》,共4卷49篇,附图110幅,是中国近代史上第一部以图文并茂的方式,详细介绍与研究西方"坚船利炮"的专业性著作,使国人对"坚船利炮"尤其是西洋火炮有了初步与直观的了解。其中,所绘卡龙炮及仿制成品如图2.9所示。

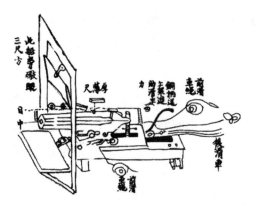

图 2.9 《演炮图说辑要》中绘制的卡龙炮和丁拱辰指导铸造的新炮（仿制）

1849 年，丁拱辰应钦差大臣赛尚阿之聘，赴桂林从事各种类型的火炮、火箭、火喷筒等军器的设计、制造工作，进入这些军备设施批量化制造的实践阶段，共铸造大小火炮 106 门，全部演放有效；所制的抬枪、乌枪、火箭、火喷筒、火药等器物全部适用。

同时，丁拱辰继续对《演炮图说辑要》加以补充阐述，写成《演炮图说后编》2 卷，专门就火炮和其他各种小型火器的制造方法、操作技能、目标测量、教习演练及西式练兵与火药库的制式进行了补充说明。在此期间，他还对由传教士汤若望等人于清初编纂的火器专著《则克录》一书进行检校、修订、补充，成《增补则克录》1 册 3 卷，附图 88 幅。1863 年，丁拱辰被江苏巡抚李鸿章调到上海襄办军器。他总结了太平天国起义和第二次鸦片战争中的炮战实例，又编著成《西洋军火图编》6 卷 12 万字，附图 150 余幅，对普及近代化武器知识起到了极为重要的作用。

丁拱辰一生读书千卷，行程万里，测天有仪，制炮有方。在国难当头的年代里，为了国家和民族的利益，他义无反顾，锲而不舍，从《演炮图说》《演炮图说辑要》《演炮图说后编》到《西洋军火图编》，建立了一套较为系统的近代化"演炮"理论，是我国近代火炮制造的第一人，也是中国近代军事科技创新的先驱之一。

2. 案例评析

19 世纪中叶，中国正面临着深刻的社会变革，林则徐和魏源提出了"师夷长技以制夷"的思想，主张大力学习和引进西方的现代科学技术以应对西方资本主义势力在中国的侵略扩张。在这样的背景下，那些有机会接触西方科学技术的知识分子开始介绍西方军工、船舶、机械等知识，并进行仿制设计，这可以说是我国现代机械工程的开端，而丁拱辰就是其中身先士卒的践行者。

1831 年，丁拱辰随海舶出国经商，他看到中国船炮大大落后于西方，于是在途经各地时，留心西方各式火炮和船舶的构造原理和操作方法，并学习西方数学，用以推算。经过多年努力，丁拱辰基本掌握了西方的火炮知识和技术。1840 年，英国侵略者挑起鸦片战争。丁拱辰"身处草泽之中，常怀报国之志"，他当机立断，放弃"持筹握算，辄操奇赢"的经商致富之道，带着亲手绘制并配有文字说明的近代火炮图片和自制的炮位测量仪，赶往广州前线投效军营，从事训练炮手、监制火炮的工作。他于鸦片战争期间制造的 500 ~ 4000 kg 大炮，应用了许多机械、测量原理，使大炮灵巧坚固，操纵自如，射击准确率很高，受到前线官兵的普遍好评。同时，他还夜以继日地整理所积累的西洋火器资料，将铸炮、制弹、操炮等要领深入浅出地编纂成书，自费刊印于世，对鸦片战争中的清军炮手起到了指导作用。丁拱辰的爱国行为曾得到清朝政府"矢志同仇，留心时务"的表彰。

因此，丁拱辰是一位"师夷长技以制夷"的真正践行者，力图富国强兵的爱国先驱。

3. 教学设计

丁拱辰著作的《演炮图说》《演炮图说辑要》《演炮图说后编》和《西洋军火图编》内容丰富，主要包括：各种西式火炮、轮船、火药、炮弹的仿制、设计、铸造方法与应用；炮位的设计和安置方法；准确测量各种火炮演放远近高低的方法；各种火炮的类型、使用说明；火炮附加的滑车、炮架的设计和使用方法；面对不同自然环境的炮台、炮位依势而变的设计、制造和使用；演放火炮时各种注意事项的图解说明。丁拱辰的著述中大量采用图标、图表等图示配合文字加以说明，图文并茂，有效地促进了设计方案的推广和应用。

可以看出，丁拱辰的演炮案例涉及机械工程领域的知识范围很广，设计、原理、制造、运维及兵器领域等相关课程授课时都可以引入该案例。通过该案例，应向学生充分传递丁拱辰的家国情怀：一是有强烈的忧患意识，自强自信，并将其转化为行动力，通过刻苦自学，掌握了西方先进的火炮设计和制造技术；二是以国家利益为重，投身报国，自费刊印专著，铸造火炮，不计名利；三是具有强烈的使命感和责任感，主动总结实践，钻研火炮的制造和使用优化方法，编著和校对相关著作。正是这种爱国进取的精神，促使丁拱辰成为一名近代火炮制造工程专家和传播先进技术的先驱。

2.3.3 徐寿制造"黄鹄" 开创造船工业

1. 案例介绍

徐寿（1818—1884 年），字生元，号雪村，江苏无锡人，清末著名科学家，一生成就颇丰。他是中国近代化学的启蒙者，是传播现代科技知识的翻译家，是创办了中国第一所科技学校、第一个科技期刊的教育家，也是中国近代造船工业的先驱，完全自主研制出了中国历史上第一台蒸汽机、第一艘蒸汽船"黄鹄号"和第一艘明轮军舰。

青少年时，徐寿不喜欢读八股文，喜欢研读格致之学（自然科学）。徐寿学习近代科学知识的唯一方法是自学。坚持自学需要坚韧不拔的毅力，徐寿有这种毅力，因为他对知识和科学有着真挚的追求。他广泛阅读中国古代自然科学论著，去上海从外国传教士开办的墨海书馆买回一批物理、化学、数学、矿物学等科技书籍自学，并制成简易仪器进行实验。经过多年苦学，徐寿掌握了化学、物理、机械、数学、医学等多门学科的基础知识，对化学研究尤深，成为"通晓制造与格致"的"异才奇能之士"。

1862 年（清同治元年）年初，经曾国藩向朝廷保荐，徐寿带领华蘅芳和年仅 17 岁的次子徐建寅，赴安庆军械所主持科技工作。不久，他们为实践魏源"师夷长技以制夷"的主张，接受了自行设计制造蒸汽机的任务。这是一项艰巨的任务，他们谁都没有见过蒸汽机，只是从《博物新编》中了解到一些有限的蒸汽机和蒸汽轮船的基本知识。但他们没有退缩，而是抱着攻克科学难关、为中国人争光的爱国之心迎难而上。他们做了明确分工：徐寿负责制造机器，华蘅芳负责测算。他们用原始的手工方法制造出建造蒸汽机模型所需的各类零部件。经过 3 个月的奋战，完全由中国人自己制造的第一台蒸汽机终于研制成功。该机以锌类合金制造，气缸直径 1.7 英寸（1 英寸 = 0.0254 m），引擎转速 240 r/min，从蒸汽机的结构来看，与当时世界先进水平的往复式蒸汽机相差无几。

蒸汽机的研制成功，为制造蒸汽轮船创造了条件。慎重起见，徐寿先主持试制了一艘小型木质轮船。他在小型木质蒸汽船的基础上，改进设计方案，边学习，边绘图，精心研制。在多次失败的基础上，经过近两年的努力，中国第一艘自行设计的木质蒸汽轮船——"黄鹄号"于 1865 年试制成功（见图 2.10）。这艘船载重 25 t，长超过 18 m；船舱在主轴后面，机器都集中在船的前半部。这艘轮船所用材料除了"用于主轴、锅炉及气缸配件之铁"购自外洋，其他一切器材，包括"雌雄螺旋、螺丝钉、活塞、气压计等，均由徐氏父子之亲自监制，并无外洋模型及外人之助"。"黄鹄号"是中国人自行研制，并以手工劳动为主建造成功的第一艘机动轮船，由此揭开了中国近代船舶工业发展的帷幕。

图 2.10　徐寿和"黄鹄号"复原模型

　　1865 年 6 月 3 日，江南制造总局成立，徐寿等人开始制造大型兵舰。由于有以往的造船经验及大机器生产作依托，徐寿等人不负所望，于 1868 年 8 月在该局建成中国第一艘明轮兵船——"惠吉号"。该船长 185 尺，宽 27.2 尺，吃水 8 尺许，功率 392 马力（1 马力 ≈ 735 W），载重 600 t，配炮 8 门，航速约 9 节。此船在大小、航速及建造周期上都较"黄鹄号"有了显著的提高。此后，徐寿父子与华蘅芳继续合作，1869—1873 年陆续建造了"操江号""测海号""威靖号""海安号"等兵船。其中"海安号"兵船，载重 2800 t，功率 1800 马力，配炮 26 门，可载兵 500 人，航速 12 节，是当时国产木壳蒸汽军舰中最大的一艘，使我国的造船技术有了新的飞跃。

　　徐寿父子从事造船事业，是从无到有、从试制到建成、从木质船到铁甲船、从明轮到暗轮、从低压到高压蒸汽机、从民轮到兵轮、航速从低到高的过程。徐寿在中国造船、造舰、造蒸汽机和军事工业领域开创奠基，推动了近代造船业的发展。

2. 案例评析

　　徐寿生活的时代正是中华民族危机重重的时代。为了挽救中华民族的危亡，救亡图存的先驱们在科学救国的道路上进行了伟大的尝试。徐寿受林则徐、魏源等"师夷长技以制夷"思想的影响，走上了学习西方科技、运用科技救国的道路，其目的就是"带砺山河，边疆巩固"，使"民生日用之事，措置有方而设施有力"，是对"国家大有裨益"。

　　正是在这种家国情怀的激励下，徐寿充分发挥自己的聪明才智，通过开创性的造船实践，为近代中国自力更生建造轮船写下了耀眼的篇章。他还译著化学书籍和工艺书籍

13 部，使得近代化学和工艺在我国广泛传播；在创办的格致书院中，开设诸多近代科技课目，为传授科学技术知识、兴办近代科学教育起到了示范作用。除此之外，徐寿在枪炮、弹药等中国近代兵工制造方面，亦颇有建树。他的成就和贡献，在中国近代科技发展史上，产生了巨大而深远的影响。

徐寿这种勇于开拓、报效祖国、顽强进取的精神，对其子孙后代也产生了巨大而深远的影响。他的儿子徐建寅和徐华封，不但是他在江南制造总局的重要助手，而且毕生也从事科学事业，成为近代著名的技术专家和学者。至于他的孙辈、曾孙辈等，从事科学事业而有成就者更是多达数十人，可以说是中国近代的一个科技世家。

3. 教学设计

徐寿所造各种船、舰涉及制造的多个方面，且大部分零部件为自行制造。如"黄鹄号"蒸汽轮船的蒸汽机为双联卧式蒸汽机复机，单式气缸，倾斜装置，气缸直径 1 尺，长 2 尺；锅炉为苏格兰式回烟烟管汽锅，长 11 尺，直径 2.6 尺；锅炉管 49 条，长 8 尺，直径 2 寸；主轴长 14 尺，直径 2.4 寸。船舱在主轴后面，机器都集中在船的前半部。可以在设计、原理、制造、传动、动力等相关课程授课时引入该案例。

徐寿靠着顽强的毅力和不屈的品格，在极其困难的条件下，通过刻苦自学，掌握了西方先进的机械制造技术，将它用来为国家的独立富强服务，做出了巨大贡献。这在半封建半殖民地社会里，对于一个没有功名的知识分子来说，是一件非常不容易的事情。徐寿科技报国的案例，应向学生充分传达其通过学习先进技术以图自强、自己动手不依赖外力、不屈不挠科技报国等家国情怀。

2.3.4　冯如研制飞机　航空报国丰碑

1. 案例介绍

冯如（1884—1912 年），原名冯九如，字鼎三，广东恩平人，是中国第一位飞机设计师、制造师和飞行家，被誉为"中国航空之父"。

1909 年 9 月 21 日，冯如在旅美期间，在美国设计、制造了中国人的第一架飞机，并亲自驾驶它飞上了蓝天，实现了中国人的首次载人动力飞行。此后，为报效祖国，冯如毅然放弃了在国外历尽千辛万苦所开拓的大好局面，带着自制的飞机返回风雨飘摇的祖国，领导了中国第一支飞机队。后来，为了促进中国的航空事业，冯如将全部精力投入飞机的研制中，并多次参加飞行表演。在 1912 年 8 月 25 日的一次飞行表演中，飞机不幸失事，冯如未能幸免，那时他年仅 28 岁。

冯如所处的时代，正值中华民族积贫积弱，清朝政府腐败无能，祖国河山惨遭列强涂炭的危难关头。冯如 12 岁那年，被在美国做小生意的舅舅带到旧金山。在那里，冯如见识了美国的先进和发达，也逐渐明白了西方国家之所以敢欺辱我们的根源在于它们的工业先进发达。当冯如看到列强蚕食我国领土而腐败的清朝政府却麻木不仁的时候，他深感羞耻、痛心与不安。于是，他发誓要用自己的一技之长报效祖国。起初，他想制造一艘军舰，但鉴于当时莱特兄弟发明了飞机，冯如从中敏锐地意识到飞机在未来世界发展中的地位和作用，于是他决定改造飞机。他立下"誓必身为之倡，成一绝艺"的誓言，决心用"千百只飞机分守中国港口"，实现"固吾圉，慑强邻"的夙愿。

冯如租得美国奥克兰市东九街 359 号一间面积仅 7.4 m² 的屋子作为厂房，定名为"广东制造机器厂"。年仅 25 岁的冯如，怀着"固吾圉，慑强邻；壮国体，挽利权"的雄心壮志，带领 3 位志同道合的助手，以坚毅沉着的精神，在这里开创中国人前所未有的伟业——制造飞机。飞机制造过程中，经历了 6 次失败、厂房失火、资金不足等重重难题，但是冯如矢志不渝。他们搜集了大量资料，并将之汇集成册。经过周密的计算，重新设计了零件制作图，精心生产出机翼、方向舵、螺旋桨、内燃机等部件，经过组装，开始了第 7 次试飞。据记载，冯如的飞机首飞达 2640 英尺，比莱特兄弟的首飞纪录远 1788 英尺。

后来，冯如在美国又设计和制造了一种性能更好的飞机。在旧金山举办的国际飞行比赛上，冯如驾驶着他新设计的飞机参赛，以 700 多英尺的飞行高度和 65 英里（1 英里 ≈ 1609.344 m）的时速分别打破了一年前在法国举办的第一届国际飞行比赛的世界纪录，荣获优等奖，再次使中国人的航空技术超过了西方。此时的冯如，已成为举世公认的飞机设计师、制造家和飞行家了。

成功使冯如的名声越来越大。当时，为争夺制空权，欧美各国都在积极发展航空事业，拼命网罗专业人才，不惜重金聘用冯如的外国公司越来越多。而冯如一心想的是发展中国的航空事业，为祖国制造飞机。他断然拒绝各国聘请，努力寻找回国服务的机会。1911 年 2 月，冯如和他的助手朱竹泉等携带自制的两架飞机及制造飞机的机器，踏上了归国的航程，3 月 22 日抵达香港。11 月 9 日，广州光复，广东革命政府成立。冯如毅然率助手参加革命，并被任命为广东革命军飞机长。他立即在广州燕塘建立飞行器公司，成立国内第一家飞机制造厂。冯如积极组织飞行侦察队，配合革命军对驻守北方的清王朝实施空袭。1912 年 3 月，冯如和同事终于精心生产出中国国内首架飞机（见图 2.11），揭开了中国航空工业史的第一页。

图 2.11 冯如及其设计、制造的飞机

冯如曾数度经历飞机坠毁，险遭身亡，仍无怨无悔，冒险犯难，为发展祖国的航空事业奋勇向前，以实际行动践行着自己"苟无成，毋宁死"的承诺。1912 年 8 月 25 日，在国内做飞行表演时，冯如因躲避儿童导致飞机操纵系统失灵而不幸失事，身受重伤，又因救治不及时而牺牲。弥留之际，冯如仍心系祖国的航空事业，吃力地把失事原因告诉助手，并勉励他们"勿因吾毙而阻其进取心，须知此为必有之阶段"。

2. 案例评析

冯如身上闪烁着伟大的爱国精神，"冯如精神"内蕴非常丰富，既有自强自立之精神，又有科技报国之情怀。

冯如研制成功的飞机是第一架在没有外国人指导下完成的载人动力飞机。据史料记载，他的飞机在机翼、起落架、机体结构等方面，都做了许多独特的改进，最终成就了当时世界上独一无二的"冯如型"飞机。他的第一次飞行，高度、距离都超过了莱特兄弟的首次飞行，是当时世界上一流的。而且，当时航空在全世界范围内都还是一个少有人涉足的尖端领域，从科学技术相对落后，甚至封建迷信思想尚很深厚的国度走出来的冯如，自信地涉足高科技领域，不自卑，不妄自菲薄，不空谈，低调而扎实地努力，大胆探索，敢于创新，敢于抢立世界科技前沿，这样的精神尤其值得后人学习和思考。

冯如从小就立有大志，在当时中华民族积贫积弱，清朝政府腐败无能导致丧权辱国的时代背景下，侨居海外的他，决意以振兴中华为己任，并立下科技报国的宏愿。可贵的是，在试制成功世界上先进的载人飞机，并成为世界知名飞行家之后，他拒绝了外国公司的高薪聘请，不顾国内航空环境空白、器材严重不足等困难，毅然将自己在美国创办的飞机制造厂迁回祖国，将自己研制的两架飞机带回祖国，为祖国开拓航空事业。

除此之外，他还是第一个提出航空救国思想的中国人。回国后，他奔走呼吁，大力倡导航空救国思想。他说："吾军用利器，莫飞机若，誓必身为之倡，成一绝艺，以归飨祖国。"并认为"倘得千百只飞机分守中国港口，内地可保无虞""中国之强，必空中全用飞机，如水路全用轮船"。为此，特提出以"壮国体，挽利权"的口号作为开创航空事业的宗旨，号召国人共同努力，强大国家，抵御外侮。

冯如短暂的一生，创下了多个第一：中国第一位飞机设计师，中国第一位飞机制造家，中国第一位飞行家，中国第一位民营航空企业创始人，中国第一位提出和实践航空救国思想的人，中国第一位携带自制飞机回国效力的华侨，中国第一位飞机长（飞机队长），中国第一位驾驶本国制造的飞机并于本国成功飞行的飞行员。

3. 教学设计

飞机研制涉及机械工程的方方面面，因此在机械设计与制造、动力与控制、航空航天工程等专业大部分课程中均可以引入该案例。通过案例的讲解向学生充分传递"冯如精神"。国家的复兴首先需要的是民族精神的崛起，其次是需要号召一大批志向远大、忧国忧民的青年英才投身报国的洪流。

当冯如逝世时，已届92岁高龄的文学家何淡如先生悲痛不已，赠挽联："殉社会者则甚易，殉工艺者则尤难，一霎坠飞机，青冢那堪埋伟士；论事之成固可嘉，论事之败亦可喜，千秋留实学，黄花又见泣秋风。"这是对冯如波澜壮阔人生的写照。

"壮国体，挽利权""苟无成，毋宁死"——这种心系民族、航空报国的赤子情怀，就是"冯如精神"的核心。大力提倡冯如精神，对于鼓励莘莘学子树立远大志向、强化爱国主义精神、积极投身航空事业可以产生很好的影响和作用，对于号召海外侨胞关心祖国建设也有着一定的作用。

2.4　家国情怀之现代部分

2.4.1　"两弹一星"元勋任新民　一生只干一件事

1. 案例介绍

任新民（1915—2017年），安徽宁国人，导弹总体和液体发动机技术专家，中国导弹与航天技术的重要开拓者之一。20世纪50年代起从事导弹与航天型号研制工作，在液体发动机和型号总体技术上贡献卓著。他曾作为运载火箭的技术负责人领导了中国第一颗人造卫星的发射；曾担任试验卫星通信、实用卫星通信、风云一号气象卫星、发射外国卫星等六项大型航天工程的总设计师，主持研制和发射工作，是"两弹一星"元勋之一。

1949 年，在美国获得密歇根大学研究院机械工程硕士和工程力学博士学位的任新民，本有一份衣食无忧的安稳工作——美国布法罗大学机械工程系讲师，可是，他始终放不下自己的赤子之心，想为刚诞生的新中国贡献一份力量。于是，他选择放弃工作，抓住机会返回了祖国。

1955 年 11 月 25 日，在哈尔滨军事工程学院（简称"哈军工"）炮兵工程系任副主任的任新民，见到了由陈赓院长亲自陪同、刚从美国回到祖国两个月、前来学院参观考察的钱学森。钱学森对任新民关于炮兵工程系发展的设想非常赞赏。之后，任新民会同金家骏、周曼殊一起起草了《对我国研制火箭武器和发展火箭技术的建议》，上报学院。这份报告经学院研究、修改后转报中央军委。钱学森主持对我国研制火箭武器和发展火箭技术的有利条件和需要解决的问题进行了分析，向中央递交了《关于研究与制造火箭武器的报告》。1956 年 1 月 20 日，中央军委扩大会议专题研究了这个报告。这是国家领导人首次对研制火箭和导弹武器进行的讨论，任新民则是我国最早提出发展火箭与导弹技术书面报告的航天先行者。

1956 年 1 月 25 日，毛泽东同志在最高国务会议上发出号召："要在几十年内，努力改变我国在经济和科学文化上的落后状况，迅速达到世界先进水平。" 1 月 30 日，周恩来总理在全国政协会议上提出："向科学技术大进军。"国务院成立了由周恩来总理任主任委员的科学规划委员会，开始编制《1956—1967 年科学技术发展远景规划纲要》，在钱学森的主持下，任新民等人着手制定了规划纲要第 37 项——喷气和火箭技术的建立。这项规划纲要对推动我国航天事业的起步起到了奠基作用。

1956 年 5 月 26 日，周恩来主持中央军委会议，指定钟夫翔、钱学森负责筹建我国的导弹专门研究机构——国防部第五研究院，钱学森力邀任新民一起参与开创中国的航天大业。1956 年 8 月，任新民奉命从哈尔滨来到北京，开启了他的航天生涯。从此，任新民在中国航天工业发展中创造了多个第一：

（1）1956 年 10 月 8 日，我国专门负责导弹、火箭研究管理的国防部第五研究院宣告成立，任新民参加了成立大会，并受命主管导弹总体技术研究的总设计师室（六室）主任，他是我国火箭总体设计第一人。

（2）1960 年 3 月，苏联背信弃义、撕毁合同、撤走专家。任新民义愤填膺，在导弹副总设计师兼发动机总设计师任上憋着一口气，全身心投入导弹研制。不到 3 个月，中国仿制导弹在酒泉基地发射成功。这是他在中国航天征程上迈出成功之路的第一步。

（3）1961年9月，任新民在国防部五院火箭分院副院长兼导弹型号副主任委员任上，率队自主研制火箭发动机，首次试车成功。接着，在兼任液体火箭发动机研究所所长任上对发动机进行挖潜改造，提高导弹的射程，研制成功了大推力液体火箭发动机，成为中国导弹发动机第一人。

（4）1970年4月24日，中国成功发射了第一颗人造卫星，而运载卫星的长征一号运载火箭是中国第一枚用于发射卫星的火箭，任新民担任该火箭的技术总负责人，成为中国运载火箭第一人。

（5）1978年1月，任新民在第七机械工业部副部长任上，专门负责运载火箭、卫星的研制、发射工作。此时中国航天启动了总师管理制，他出任中国试验通信卫星工程总设计师、中国实用通信卫星工程总设计师，堪称中国通信卫星第一人。

（6）1980年5月18日，中国向南太平洋预定海域成功发射了第一枚远程运载火箭，任新民担任发射场区总指挥，成为中国远程运载火箭发射第一人。

（7）1984年8月，随着中国航天进入应用阶段，任新民受命担任风云一号气象卫星工程、新型返回式遥感卫星工程总设计师，成为气象卫星、新型遥感卫星第一人（见图2.12）。

（8）1986年11月，中国航天宣告进军国际市场，用中国的运载火箭承揽外国卫星发射任务，任新民出任发射外国卫星工程总设计师，是发射外国卫星第一人。

20世纪50年代至今，从新中国第一枚导弹的成功研制到第一颗地球卫星——"东方红一号"被送入太空，再到风云一号卫星乃至神舟飞船升空，中国航天事业的每一座里程碑和每一本功勋簿上，几乎都能找到任新民的名字。2017年2月12日，任新民因

图2.12　任新民和风云一号气象卫星

病逝世，享年 102 岁。在他的遗体告别仪式上，八宝山革命公墓东礼堂的门口挂着黑底白字的横幅："我一生只干了航天这一件事。"

2. 案例评析

任新民几乎参加了我国所有的第一代液体弹道导弹和运载火箭的研制工作，东风系列导弹、长征系列火箭等项目里都能找到他奔波劳碌的身影。由于担任了许多大型航天项目的总设计师，他被人们誉为航天"总总师"。爱国的精神和自强的信念是他取得这些成就的不竭动力。

热爱祖国、报效祖国，为国家做奉献不计名利是任新民刻在心中的情怀。1929 年 10 月，年仅 14 岁的任新民怀着满腔的热血秘密加入了中国共产主义青年团。但随后的"冒埠暴动"失败，牺牲了近百名地下党党员和团员骨干。任新民在迷惘、痛苦、困惑和彷徨中度日如年，冥思苦想，默默求索，"中国该向何处去？"最终他抱定"贫穷、落后、蛮荒、战火纷飞的祖国将在我们这一代人的手中改变"的信念，利用业余时间复习功课，积蓄知识，寻找机会学习和深造，探求科技救国、强国、富国、富民之路。后来，他赴美国密歇根大学研究院留学，先后获机械工程硕士和工程力学博士学位。1948 年 9 月，美国布法罗大学第一次聘任了一位年轻的中国人为讲师，他就是任新民。然而，在此执教不到一年时间，新中国即将成立的消息震动了大洋彼岸，任新民辞去美国大学的教职，辗转回国投身新中国的建设事业。

1956 年，中央发出"向科学技术大进军"的号召，提出发展火箭、原子弹等新兴技术，并于当年 10 月成立了我国第一个专门的导弹研究机构——国防部第五研究院（以下简称"五院"），决定先调任新民、梁守槃、庄逢甘、朱正 4 位专家，以解五院筹建初期的燃眉之急。五院筹备初期的办公地点设在两座下马了的野战医院，位于北京阜成门外的马神庙。当年那里一片荒凉，办公室也非常简陋，什么都没有，院里安排他们住市里的招待所。住招待所每天要花上 2 小时来往，任新民和庄逢甘工作心切，一心想着工作，力争时间，就从一座仓库里找来破旧的桌椅、木板及砖头（支床板用）搭起床铺，作为办公室兼宿舍。多年以后，聂荣臻元帅不忘此事："我对任新民和庄逢甘打地铺的事极为感动，始终铭记不忘。"

坚信中国人行、中国人要自立自强是任新民始终坚守的信念。1957 年，五院引进了两枚苏联导弹，开始进行仿制。任新民担任液体火箭发动机总设计师。他们发现，苏联根本没有提供试车台等关键性技术图纸，多种金属、非金属材料，以及高压减压器、特种橡胶膜片等关键零件都需要从苏联订购。不掌握关键技术就意味着永远被他人左右。

为了突破封锁，任新民带领技术人员硬是凭着蚂蚁啃骨头的精神，潜心研究和试验，先后与协作单位开展了 155 项金属材料研制项目和 82 项非金属材料研制项目。任新民带领研究人员同有关协作单位的科技人员反复讨论、反复研究、反复试验，终于研制出中国国产的相关材料、推进剂、高压减压器、特种橡胶膜片等产品。这不仅保证了导弹仿制工作的顺利进行，也为后续导弹事业的发展发挥了重要作用，还为我国导弹事业走上独立自主地研制道路奠定了基础。

1985—1986 年，我国拟购买外国通信卫星，并用其他国家运载工具发射的消息传得沸沸扬扬。得知这一消息后，任新民急速从外地返京，组织起草了《关于发展我国通信卫星事业的建议》。他说，尽管有差距，但只有通过研制的实践才能真正掌握和提高技术水平，"不干就永远不会干"。事实证明，依靠自己的力量研制通信卫星，终止购买外国卫星的建议是十分正确的。现在，我国的运载火箭不仅能发射自己的各种卫星，还承揽了很多国际商业发射任务。

3. 教学设计

任新民领导和参加了第一个我国自行设计的液体中近程弹道式地地导弹液体火箭发动机的研制工作，相继领导组织了中程、中远程、远程液体弹道式地地导弹的多种液体火箭发动机的研制、试验工作，组织研制长征一号运载火箭，领导组织了氢氧发动机、长征三号运载火箭和整个通信卫星工程的研制试验，领导组织了中国运载火箭首次国际发射服务，是风云一号气象卫星工程、改进的返回式遥感卫星工程、新型返回式遥感卫星工程、发射外国卫星工程等五项工程的总设计师，是风云一号 02 批（风云一号改进型）工程的总设计师，还是另外两项返回式科学技术试验卫星工程的总设计师。任新民案例涉及机械工程领域的知识范围极其广泛，设计、制造、管理等大部分机械工程课程授课时都可以引入该案例。

通过该案例，应向学生充分传递"两弹一星"元勋的崇高精神，这就是热爱祖国、无私奉献，自力更生、艰苦奋斗，大力协同、勇于登攀的"两弹一星"精神。它是爱国主义、集体主义、社会主义精神和科学精神的体现，是中国人民在 20 世纪为中华民族创造的新的宝贵精神财富。自力更生、艰苦奋斗是创造"两弹一星"伟业的广大建设者和创业者的立足基点；大力协同、勇于登攀是创造"两弹一星"伟业的广大建设者和创业者的科学态度和"两弹一星"事业取得成功的重要保证；"热爱祖国、无私奉献"是创造"两弹一星"伟业的广大建设者和创业者的高贵品质和精神支柱。研制者们心有大我、至诚报国，淡泊名利、无私奉献，自觉把个人理想与祖国命运、个人志向与民族复兴紧紧联系起来，把爱国之情、报国之志融入建设祖国的伟大事业中，融入人民创造历史伟业的伟大奋斗中。

2.4.2 歼 -10 战斗机之父宋文骢 澎湃强国雄心

1. 案例介绍

宋文骢（1930—2016 年），中国歼击机设计战术技术论证创始人，中国战机气动布局专业组创始人，歼 -7C 战斗机总设计师，歼 -10 战斗机总设计师，中国工程院院士，中国"歼 -10 战斗机之父"。

1958 年秋冬之际，哈尔滨军事工程学院第三期空军工程系一科学生宋文骢在毕业设计阶段就参加了东风 113 歼击机的研制项目，并因为常规计算分析上手快、打样画图有一定的基础，技术上也有独到之处，担任了该型飞机总体设计组组长。

1964 年 10 月 9 日，米格 -21 飞机改进、改型预备会议在沈阳 601 所召开，宋文骢提出双发方案，采用两台带空心气冷涡轮叶片改进的 815 发动机作为动力装置。1965 年 3 月，601 所向六院呈报了《"双发"新型战斗机战术技术指标的报告》；4 月，罗瑞卿总参谋长批准了方案报告，并正式命名为歼 -8 战斗机。至此，中国第一架超声速战斗机研制由国家正式批准立项。

1981 年 10 月，国务院国防工办任命 611 所副所长、总设计师宋文骢为歼 -7 Ⅲ（现称歼 -7C）战斗机型号总设计师。同时，将歼 -7 Ⅲ型战斗机列为"六五"期间第一个国家重点型号。歼 -7 Ⅲ战斗机从研制到首飞，前后经历了 6 年时间，涉及全国 100 多个厂所院校提供的 400 多项成品，提升了我国自行研制飞机、发动机、武器火控系统的能力和水平。歼 -7 Ⅲ战斗机打下的技术基础，发动机、大量新成品、新材料、新工艺的应用，支撑了我国 20 世纪 80 年代以后的第 2 代战斗机的研制和改进。宋文骢在歼 -7 Ⅲ战斗机研制中，逐渐摸索出了一些适合大型系统工程管理的新道路。这些行之有效的科学管理制度，保证了飞机总装一次成功、通电一次成功、全机静力试验一次成功、首飞一次成功的好战绩。这也为他后来担任歼 -10 战斗机总设计师，领导更复杂、更先进的第 3 代战斗机研制打下了坚实的基础。

1984 年 2 月，航空部科技委在河北涿县桃园宾馆召开了新型歼击机布局方案会议，国防科工委、空军及有关专家等 119 名代表参加，会议重点讨论了新型歼击机先期方案和发动机的选型问题。会上，611 所设计的鸭式布局方案获得一致好评。1986 年 1 月，国务院、中央军委联合发文，批准新歼研制，并列为国家重大专项。时年 56 岁的宋文

骢被任命为歼 -10 战斗机总设计师，肩负起了我国自主研发新一代先进战斗机的历史重任。

歼 -10 战斗机是我国军机研制史上第一架由我国完全自主设计研制的第 3 代先进战斗机。没有原准机可供参考，再加上飞机采用了大量新技术、新结构、新系统、新成品、新工艺，设计制造难度大、协调关系十分复杂，需要在原型机研制前制造一架全尺寸样机。宋文骢带领"两师系统"，不到一年就完成了样机图样的设计工作，绘制全套系统设计图样和地面设备图样近 2 万张。样机总装时，宋文骢和技术人员、工人一样，穿着工作服，在机身里钻来钻去，指导着新型歼击机的协调，也印证着自己的设计思想。有时他还拿上扳手、管钳，和大家一起装配，适时做出必要的决策。经过设计、工艺和质检人员密切配合，奋战 27 天，在样机上共安装了 515 件成品附件、1000 多条导管、30 km 电缆，取得了机身与机翼对合一次成功、座舱与舱盖安装协调一次成功、垂尾与后机身对合一次成功、发动机安装一次成功、起落架安装收放一次成功的胜利，顺利完成了样机总装。

新型歼击机的主起落架装在中机身两侧，为满足总体设计要求，在设计中采用了从未有过的外八字形状，其侧伸角几乎达到 18°。这样的结构，如何解决缓冲器伸缩运动的防卡滞问题，是起落架能否成功的关键和难点。"你们的技术不行，你们的方案不行，你们的人员不行。这样的起落架，你们是搞不出来的！"国外某飞机起落架公司的专家曾这样告诉宋文骢，并提出了仅仅评审费就需要 265 万美元的要求。临走时，外国专家告诉宋文骢："等你们干不了的时候，随时可以再来找我们。但那时候的价钱我们只能再协商了。"外国专家意味深长地走了。宋文骢拿定主意，不管多难，这个起落架我们自己也要研制出来！经过半年多、200 多次落震试验，歼 -10 技术团队终于圆满完成了研制，而且研制经费只用了 28 万元人民币。它的试验成功，不仅为国家节约了大量外汇，还打破了外国人说中国人做不出这种起落架的预言。

在研制初期，宋文骢就指出，要重点突破第 3 代飞机的四大关键技术，即放宽安定度的短间距鸭式气动布局，四余度数字化电传操纵飞控系统，高度数字化、综合化的航空电子系统，计算机辅助设计与制造技术。与四大关键技术相关的一批新结构、新系统、新成品，以至于原材料、元器件都要上一个陡峭的台阶。作为总设计师的宋文骢，虽然已年过花甲，但是他在繁忙的工作之余，还在抓紧时间学习新的知识、新的理论，力争成为新型歼击机的一本百科全书。"不学习不行啊，你不了解飞机设计研制的最新成果，不站在飞机研制的前沿，自己搞出来的东西，说不定就是落后的呀。"在新型歼击机研制整整 18 年的漫长过程中，他的能力、知识、智慧、经验、技术、身体，最重要的是意志，每天都在经受考验，每天都要接受挑战。

1998 年 3 月 23 日是我国航空史上具有标志性的一天，歼 -10 战斗机成功首飞（见图 2.13）。当然这一天也是宋文骢人生中最重要的一天，他这一生的全部心血、智慧、精力、情感和宝贵的年华都倾注在了这架战斗机上。宋文骢的生日原本是 3 月 26 日，从这一天起，他把自己的生日改在了 3 月 23 日——他要永远纪念这个非同寻常的日子。

图 2.13　宋文骢和歼 -10 战斗机

2. 案例评析

少年伤痛，心怀救国壮志；中年发奋，澎湃强国雄心。这是对宋文骢光辉一生的写照，也是对他家国情怀最生动的描述。

少年时代，宋文骢是在防空警报和硝烟战火中度过的，他印象最深的就是日本飞机对昆明没完没了地轰炸。"防空警报，警报什么呢？——中国飞机跑了，日本飞机来了。我们没有抵抗力啊！"几十年后，回忆往昔，宋文骢依然忍不住扼腕："那个时候，我们国家航空落后啊，那个挨打是没完没了的！"日睹美丽的古城经常遭遇日军轰炸，一个念头在少年宋文骢心中潜滋暗长："长大了要当飞行员！我们一定要有很好的飞机。"梦想如同种子般在幼小的宋文骢的心底萌芽。

1949 年，宋文骢成为中国人民解放军滇桂黔边区纵队的一名侦察员，开始了他的革命生涯。1950 年，宋文骢担任云南军区情报处谍报组长，同年进入空军二航校学习——这个时候，儿时的梦想曙光初现。1951 年，作为空军机械师的一员，宋文骢参加抗美援朝，回国后第二年，不忘初心的他，如愿考入了哈尔滨军事工程学院，进入空军工程系学习，开始了他的飞机设计生涯。

1986 年，时年 56 岁的宋文骢被任命为歼 -10 战斗机总设计师，肩负起我国自主研发新一代先进战斗机的历史重任。歼 -10 战斗机是我国自主研制的当时唯一具有国际先进水平的战斗机，技术跨度大、难度高，其战技要求集中体现了西方先进国家当时开发的 2000 年左右装备的先进战斗机的特点。对于这一极具挑战性的任务，有人问宋文骢："宋总啊，恕我冒昧，据我所知，搞一个型号飞机少则 10 年、8 年，多则 10 年、20 年。你今年已经 50 多岁了，年龄不饶人啊，这架飞机在你手里最终能设计定型吗？"说话人的意思很明显，言下之意就是宋文骢可能到死都搞不成歼 -10！对于这一充满"善意"的关怀，宋文骢这样回答："哈，这个问题有意思。我老宋还能活多少年，这架飞机能不能在我手里定型，我说了不算。但可以肯定的是，通过这架飞机的研制，中国一大批现代飞机设计研制的人才肯定会成长起来！对此，我深信不疑。我们只要为他们铺好了路，到时候我老宋在不在没关系，自然会有比我宋文骢更高明的人来接着干。"

1989 年，中央军委组织了一个庞大的军事代表团前往苏联考察，宋文骢也受邀参加了代表团。考察期间，苏 -27SK 战斗机给军事代表团留下了极为深刻的印象。回国后，在北京召开的一次会议上，有不少空军将领提出："歼 -10 干脆下马别搞了，把钱省出来买苏 -27 SK 更合算。"会上，刘华清将军笑而不语，让在场的宋文骢发言。宋文骢起身道："苏 -27 SK 的确性能优异，但是和歼 -10 相比，二者性能各有所长，苏 -27 SK 是替代不了歼 -10 的，两者应该是相互配合。"刘华清点头赞许，然后才亮明自己的观点："苏 -27 SK 再好，也是别人家的孩子；歼 -10 就是再困难，也要搞下去！"

3. 教学设计

战斗机可以说是集机械工程之大成。歼 -10 战斗机采用了三角翼加三角鸭翼的近距耦合鸭式气动布局，主翼为三角中下单翼，采用机动前缘襟翼。切尖三角鸭翼位于进气道上方机身，矩形带附面层的发动机进气道位于机身腹部，进气道口与机身之间有加强筋，机身上有气泡式驾驶员座舱，机身向后自然过渡，机翼与机身之间平滑过渡，后机身为发动机舱，采用单垂直尾翼及两片向外侧倾斜的面积较小的腹鳍。歼 -10 战斗机采用放宽静安定度设计，战斗机的主要控制面由全权限数字式电传飞控系统实现自动和综合控制。歼 -10 战斗机大量采用了复合材料，机头设备舱两侧、鸭翼、襟副翼、垂直尾翼、腹鳍、发动机尾喷口均使用复合材料制造。歼 -10 战斗机配备 1 台平视显示器（HUD）及 3 台黑白或彩色下视多功能显示屏（MFD），装备 1 台全相参的脉冲多普勒火控雷达，具备多种工作模式，具备超视距、多目标能力，装备一门 23 mm 口径航炮，机身具有 11 个机外武器挂架，可以外挂中程空对空导弹、近距空空格斗导弹、导航 / 目标指示吊舱、精确制导武器等。

因此，宋文骢案例涉及机械工程领域的知识范围极其广泛，设计、制造、动力、控制、材料、管理等课程授课时都可以引入该案例。通过该案例，应让学生了解以宋文骢为代表的航空科技战线上的科技工作者的光辉事迹，尤其要让学生读懂宋文骢忠诚爱国、敬业奉献、协同创新、勇于担当，百折不挠、矢志不渝，好学上进、求真务实，敢为人先、追求卓越，埋头苦干、淡泊名利，谦虚谨慎、甘当人梯的精神。他这种自强自信、航空报国的情怀，必将激励着一代又一代航空人为实现中华民族的伟大复兴而矢志不渝、继续奋斗。

2.4.3　核潜艇总设计师黄旭华　为国尽忠就是孝

1. 案例介绍

黄旭华，1924 年 2 月出生于广东省汕尾市海丰县，中国核潜艇之父，中国第一代攻击型核潜艇和战略导弹核潜艇总设计师，荣获"共和国勋章"和"国家最高科学技术奖"。

1958 年，中国核潜艇研制事业的大幕拉开。黄旭华因其优秀的专业能力被秘密召集至北京，开始了我国第一代核潜艇的论证与设计工作。1959 年，赫鲁晓夫访华期间，我国提出请苏联帮助研制核潜艇，赫鲁晓夫傲慢地说："核潜艇技术复杂，价格昂贵，你们搞不了！"毛泽东同志听后下定决心："核潜艇，一万年也要搞出来！"

开始论证和设计工作时，黄旭华坦言，严格说来，我国缺乏研制核潜艇的基本条件。他和研发团队一边摸底国内的科研技术，一边寻遍蛛丝马迹，搜集一切资料，一点一滴积累，开始了核潜艇的图纸设计。一次，有人从国外带回两个美国"华盛顿"号核潜艇的儿童模型玩具。他如获至宝，把玩具拆开、分解，兴奋地发现，里面密密麻麻的设备竟与他们一半靠零散资料、一半靠想象推演出的设计图基本一样。这给了他信心，也激起了他不服输的倔强："再尖端的东西，都是在常规设备的基础上发展、创新出来的，没那么神秘。"

黄旭华至今还珍藏着一把"前进"牌算盘。在研发团队拥有计算机之前，研制核潜艇的许多关键数据，就是从这把算盘上跳出来的。为了保证计算结果的精确性，黄旭华和同事们组织三组人马同时计算，如果三组人的计算结果都一样就通过；三组人得出的数据稍有出入，就必须重算，直到得出同一数值。除此之外，黄旭华还用最"土"的办法解决了许多尖端技术问题。核潜艇容积有限，而装艇设备和管线数以万计，如何知道艇体和设备的精确质量、确保重心稳定？土办法就是"斤斤计较"，即所有设备、管道、电缆等上艇前都要称重备案，安装完毕切下的边角废料、剩下的管道和电缆等拿下艇时也要过秤，并从总质量中扣除。这样的土办法坚持了几年，潜艇下水做定重试潜时，重心和浮心完全在控制范围内。凭着这样的精神，团队攻克了一个个技术难题。

凭着认真细致的工作态度、智慧灵感及顽强拼搏的奉献精神，黄旭华和同事们突破了核潜艇中最为关键的核动力装置、水滴线型艇体、艇体结构、发射装置等技术。1970年12月26日，中国第一艘鱼雷攻击型核潜艇下水。当凝结了成千上万研制人员心血的庞然大物稳稳浮出水面时，黄旭华难掩欣喜和激动，一任幸福的泪水长流……是他和同事们呕心沥血书写了共和国核潜艇从无到有的历史！1974年8月1日，中国第一艘核潜艇被命名为长征一号，正式列入海军战斗序列。至此，中国成为继美、苏、英、法之后世界上第5个拥有核潜艇的国家，辽阔海疆有了护卫国土的"水下移动长城"。

1988年，中国第一代核潜艇首次进行深潜试验，那是中国核潜艇发展历程上的"史诗级时刻"——由于北方水浅，中国核潜艇在问世18年后，才到南海开始这项试验。有了第一次深潜，中国核潜艇才算走完它研制的全过程。当时，美国"长尾鲨"深潜试验的失败引起了乘试人员的情绪波动。对参试人员来说，这无疑是个巨大的心理考验。黄旭华为了稳定人心，增强参试人员的信心、减小压力，这位64岁的总设计师做出了惊人的决定：亲自随核潜艇下潜，亲自参与这次重要而危险的试验。黄旭华说："我不是充英雄好汉，要跟大家一起去牺牲，而是确保人、艇安全。"他说，核潜艇里里外外，没有一件设备、材料、管道是进口的，都是中国自己造的，设计上留有相当的余量，建造过程中也经过严密的检查和及时复查，按说是有把握的。"但是否还有哪些超出知识范围、没有认识到的潜在危险？我也担心深潜时出现超出了我现在认知水平的问题。我只能跟它一道下去，在深潜的过程中，如果出现了不正常现象，我就可以在下面及时协助艇长判断和处置。"1小时、2小时、3小时，核潜艇不断向极限深度下潜。海水挤压着艇体，舱内不时发出"咔嗒、咔嗒"的巨大声响，直往参试人员的耳朵里钻。时任深潜队队长的尤庆文回忆当时情景："每一秒都惊心动魄。"尤庆文抱着录音机录下了舱室发出的声音和下潜指令。黄旭华全神贯注地记录和测量着各种数据。成功了！当核潜艇浮出水面时，现场的人群沸腾了。人们握手、拥抱，喜极而泣。黄旭华挥笔写下了四句诗："花甲痴翁，志探龙宫，惊涛骇浪，乐在其中！"同年，核潜艇水下发射运载火箭试验成功，中国成为继美、苏、英、法之后，世界上第5个拥有第二次核报复能力的国家。

中国创造了核潜艇下潜的新纪录，且在此深度下核潜艇的耐压艇体结构和海通系统安全可靠，全船设备运转正常。中国人民海军潜艇史上首个深潜纪录由此诞生，中国核潜艇的总设计师随同首艇一起深潜也成了719研究所的"光荣传统"。

图2.14为黄旭华与他研制的核潜艇。

图 2.14 黄旭华和核潜艇

作为我国核潜艇总体设计研究专家，黄旭华为我国第一代核潜艇的从无到有、第二代核潜艇的跨越发展和第三代核潜艇的探索赶超做出了卓越贡献。他主持制定了一代核潜艇与核动力协调总体方案；主持完成了一代核潜艇现代化改装；主持开展了二代核潜艇预研工作。作为战略科学家，为我国未来核潜艇发展战略目标的制定、装备的持续创新提出了建设性意见和建议。

2. 案例评析

黄旭华许身报国的"深潜"传奇，源自他对祖国深沉的爱。黄旭华上小学时，正值日寇犯我中华，家乡饱受日本飞机的轰炸。"想轰炸就轰炸，因为我们国家太弱了！我要学航空、学造船，我要科学救国！"他从此立下了科技报国之志。1958 年，他从上海到北京报到参与核潜艇设计工作后，支部书记同他谈话，问他能接受这种工作吗？因为"这项工作保密性强，这个工作领域进去了就出不来，犯了错误也出不来，出来了就泄密了"，而且"一辈子出不了名，当无名英雄"。黄旭华毫不犹豫地回答："能适应，而且是自然适应。"1986 年年底，两鬓斑白的黄旭华再次回到广东老家，见到 93 岁的老母亲。他眼含泪花说："人们常说忠孝不能两全，我说对国家的忠，就是对父母最大的孝。"很多人可能认为这不可思议，为了保守国家秘密，黄旭华像核潜艇一样，整整"潜入"水下 30 年没有回家。离家研制核潜艇时，刚 30 出头，等回家见到亲人时，他已是 60 多岁的白发老人了。

黄旭华许身报国的"深潜"传奇，源自他的使命感和自信心。因为与水的摩擦面积最小，水滴线型核潜艇被认为稳定性最好。为实现这一先进的设计，美国人谨慎地走了三步，即先从常规动力水滴线型到核动力常规线型，再到核动力水滴线型。苏联人的步数更多。我国工业技术落后，当时有人提出，为保险起见，我们是不是也要多走几步？"三步并作一步走！"他提出直捣龙潭的大胆想法。我国国力薄弱，核潜艇研制时间紧迫，没钱拖，也拖不起。他的决定不是鲁莽得出的：既然别人证明了核潜艇做成水滴线型可行，何必要再走弯路？事实证明，他的大胆决策是正确的，他带领团队，的的确确做到了，而且"我们的核潜艇没有一件设备、仪表、原料来自国外，艇体的每一部分都是国产"。

"试问大海碧波，何谓以身许国。青丝化作白发，依旧铁马冰河。磊落平生无限爱，尽付无言高歌。"黄旭华从不讳言"爱"字："我爱我的妻子、母亲和女儿，我很爱她们。"他顿了顿说，"但我更爱核潜艇，更爱国家。党把研制核潜艇的任务交给我，让我有机会实现梦想，兑现入党时的誓言，我就要为党和国家流尽最后一滴血！"

3. 教学设计

核潜艇是极其复杂的机械化国防装备，涉及与机械工程相关的几乎所有方面。例如，美国海军弗吉尼亚级潜艇由4个超大模块组成，艇长达115 m，内部包含约100万个零件，耗时1000万工时制造。黄旭华案例涉及机械工程领域的知识范围极其广泛，设计、制造、动力、材料、管理等大部分课程授课时都可以引入该案例。

通过该案例，让学生了解国防科技战线上有无数像黄旭华这样的无名英雄，他们隐姓埋名、悄然奉献，一生许国，成就辉煌，用自己的人生经历，完美诠释了"自力更生、艰苦奋斗、大力协同、无私奉献"的核潜艇精神，为捍卫国家安全和推动国防事业的发展，为中华民族的伟大复兴做出了不可磨灭的贡献。中华民族是了不起的民族，只要有坚强的领导，只要下定了决心，要干什么事情，一定能够干成。"两弹一星"、核潜艇……哪一个不是这样！所以钱学森讲过一句话："外国人能干的，中国人为什么不能干？"毛主席讲了一句话："还可能比人家干得更好！"

2.4.4 航天"大总师"孙家栋 国家需要就去做

1. 案例介绍

孙家栋，1929年4月生，辽宁复县（今辽宁省瓦房店市）人，主持我国月球探测、北斗导航重大航天工程的研制工作，中国第一颗人造地球卫星技术负责人，风云二号气象卫星工程总设计师，我国北斗导航系统第一代和第二代工程总设计师，中国绕月探测工程总设计师，共主持了我国 45 颗卫星的研制和发射，"两弹一星"功勋奖章获得者，"共和国勋章"获得者，被大家尊称为航天"大总师"。他是我国人造卫星技术、深空探测技术和卫星导航技术的开创者之一，为我国突破人造卫星技术、卫星遥感技术、地球静止轨道卫星发射和定点技术、导航卫星组网技术和深空探测技术做出了重大贡献。孙家栋这样总结自己的职业生涯：7 年学飞机，9 年造导弹，50 年放卫星。说到关键的几次人生选择，他概括为一句话，就是："国家需要，我就去做。"

辽沈战役后，东北解放，孙家栋于 1948 年 9 月考入哈尔滨工业大学预科班。1950 年正月十五，孙家栋正在学校食堂晚饭加餐，"中国人民解放军空军招募精英！有意愿的同学，可以马上报名"。学校主管人员在食堂宣读通知。孙家栋起身找到相关负责人："我要报名"。他从小在战争烽火中长大，曾经目睹祖国山河沦陷、同胞遭到惨绝人寰的杀戮……那时候，当兵保家卫国的种子就埋在了孙家栋的心底。如今机会就在眼前，孙家栋立即做出了参军的决定。当天晚上，孙家栋就坐上了开往空军第四航校的列车。

1951 年 7 月，孙家栋被选送到苏联茹柯夫斯基空军工程学院攻读飞机设计专业。但是孙家栋还没有从苏联回国，就已经被列入新组建的国防部第五研究院名单里。这意味着孙家栋必须放弃学了 7 年的飞机发动机专业，转行搞导弹研究。1966 年 10 月 27 日，中国用改型的中近程地地导弹运载核弹头拔地升空，9 分 14 秒后，"在预定高度实现核爆炸，精准命中目标"。《人民日报》发出套红号外，向全世界公告：中国成功地试验了导弹核武器！这一次成功，正是时任中国第一枚自行设计中程导弹总体设计师的孙家栋带队用了半年多时间，完成改型的结果。

1967 年 7 月 29 日，时任国防科委参谋的汪永肃突然造访，告诉孙家栋，经钱学森推荐，上级决定由他负责我国第一颗人造地球卫星的总体设计工作。在"东方红一号"卫星研制时，总体方案里要在许多仪器上镶嵌毛主席金属像章，这会使卫星超重，从而降低卫星、火箭的可靠性。参与研制的人员没有人敢提出异议。"从政治感情上来说，我们出于对毛主席的热爱，在卫星仪器上装毛主席像章，我们支持；但是从技术角度讲，这样做，一是会使卫星重量超限，二是卫星上天后将会影响它的正常工作。"孙家栋向周总理大胆陈词。"搞卫星一定要讲科学，要有科学的态度。"1970 年 4 月 24 日，"东方红一号"卫星成功发射，中国成为世界上第五个发射人造卫星的国家。那一年，孙家栋 41 岁。

早在 20 世纪 90 年代，孙家栋就意识到，卫星导航定位系统对于国家安全、军队保障和民间应用非常重要。时任国防科工委副主任沈荣骏中将与孙家栋联名写信给中央军委委员、总装备部部长曹刚川，说明了他们对国家发展卫星导航系统重要意义的分析及实现方法和途径的建议。在孙家栋和沈荣骏的积极推动下，北斗导航卫星工程顺利立项，并列入国家科技重大专项。1994 年 12 月，孙家栋被任命为北斗导航试验卫星工程总设计师，系统研制、建设全面启动。那一年，孙家栋 65 岁。

2000 年 10 月 31 日，长征三号甲运载火箭将第一颗北斗导航试验卫星送入地球同步轨道，标志着北斗工程迈出了重要的一步；仅仅 50 天后的 12 月 21 日，第二颗北斗导航试验卫星成功进入地球同步轨道；紧接着，第三颗北斗导航卫星成功入轨。2003 年，北斗一号卫星导航定位系统完全组成，标志着我国拥有了自主研制的第一代卫星导航定位系统，成为继美国、俄罗斯之后世界上第三个拥有自主卫星导航系统的国家。在带领团队出色完成北斗一号任务之后，孙家栋又出任北斗二号总设计师，带领一代代北斗人攻坚克难，为我国北斗卫星工程的建设打下了坚实的基础。

进入 21 世纪，我国已经成功发射了人造地球卫星和载人航天器，但是深空探测活动还是空白。经过两年多的综合论证后，2004 年 1 月 23 日，时任总理温家宝批准绕月探测工程立项，总设计师孙家栋负责工程和技术的突破与实现。孙家栋深知，虽然嫦娥奔月神话浪漫，但绕月探测路途艰辛。在他的技术协调下，月球探测卫星、运载火箭、发射场、测控和地面应用五大系统工程有条不紊地开始了研制工作。那一年，孙家栋 7 岁。

2007 年 10 月 24 日，嫦娥一号在万众瞩目下，发射成功。11 月 7 日 8 时 34 分，嫦娥一号卫星成功实施了第三次近月制动，带着中国人的奔月梦想，成功进入经过月球南北两极、周期为 127 min 的圆形轨道（见图 2.15）。至此，嫦娥一号卫星经过 326 h 的飞行，顺利实施了 4 次加速、1 次中途轨道修正、3 次近月制动共 8 次变轨，总飞行距离约 180 万 km，成功进入环月轨道。此时的北京航天飞行指挥控制中心里，人们鼓掌、

图 2.15　孙家栋和嫦娥一号卫星

欢呼、拥抱……很少有人注意到，一位满头白发、身着夹克的老人，避进角落里，背过身去，掏出白色的手绢擦去眼角的泪水。孙家栋搞科研以来，遇到的困难数以万计，却只哭过一次，因为第一颗返回式遥感卫星发射失利。这一次，他是喜极而泣：为了中国航天事业的一路艰辛、为了中国探月工程的今朝辉煌，为了自己一生倾心祖国航天事业的酸甜苦辣……2007 年是嫦娥一号卫星发射的关键一年，也是考验这位 78 岁"老航天人"最繁忙的一年。为了探月工程能够按计划实施，孙家栋一周往返三四座城市，一年穿破四五双布鞋、参加将近百场会议、5 次现场指导卫星发射……这里饱含着孙家栋为祖国奉献的赤子情怀。

中央电视台《感动中国》2016 年度人物为他写的颁奖词是他一生最好的写照："少年勤学，青年担纲，你是国家的栋梁。导弹、卫星、嫦娥、北斗，满天星斗璀璨，写下你的传奇。年过古稀未伏枥，犹向苍穹寄深情。"当有人问及他，你一辈子搞航天为什么无怨无悔？他笑着说："国家需要，我就去做！"

2. 案例评析

提起"两弹一星"功勋科学家孙家栋，有无数个"中国第一"跟他的名字紧紧联系在一起：中国第一颗导弹、第一颗人造卫星、第一颗科学实验卫星、第一颗返回式遥感卫星、第一颗通信卫星、第一颗资源探测卫星、第一颗北斗导航卫星、第一颗探月卫星……有人说，翻开孙家栋的人生履历，就如同阅读一部新中国航天事业的发展史，这与他强烈的家国情怀是分不开的。

伟大的人生目标往往产生于对祖国的深厚感情，我国知识分子历来具有浓厚的爱国情怀，这一点在孙家栋身上体现得尤为突出。1958 年，孙家栋从苏联学成回国后，被安排去搞导弹研究。1967 年 7 月，钱学森推荐 38 岁的孙家栋担任中国第一颗人造地球卫星"东方红一号"的技术总负责人。搞了 9 年导弹的孙家栋开始"转向"，他说："当时我们做事情根本不需要动员，只要国家需要，我就去做，并且要做好。"很多人不理解，问他：早已功成名就的您为什么还要接受一项又一项充满风险的工作？万一失败了，辉煌的航天生涯就有可能蒙上阴影。但孙家栋没有一丝犹豫，他说这是一个航天人最基本也是最重要的素质，任何时候，首先考虑的都是国家需要，至于个人得失，永远往后排。

自强自立、艰苦奋斗是他奋斗的动力之源。孙家栋常说，几十年的实践证明，最先进的武器是买不来的，军工核心技术是买不来的，航天尖端产品也是买不来的，所有的核心技术必须靠自己研发，核心技术必须牢牢掌握在自己手里。所以，在北斗三号系统建设时，孙家栋就提出，所有星载产品必须百分之百国产化。而这一切靠什么？靠的就是"宁可掉下十斤肉，也要啃下硬骨头"的艰苦奋斗精神，靠的就是坐得住冷板凳，耐得住寂寞，有一股钉钉子的精神和十年磨一剑的定力。就像孙家栋自己所说，要把航天事业作为报效祖国的舞台，以干惊天动地事、做隐姓埋名人的品格，在自己的工作岗位上忠于职守、尽职尽责，为实现中国梦、航天梦贡献自己的聪明与智慧、心血与汗水，不负人民的期望。

3. 教学设计

导弹、卫星都是极其复杂的大型机械装备，涉及与机械工程相关的几乎所有方面。孙家栋案例涉及机械工程领域知识的范围极其广泛，设计、制造、动力、材料、管理等大部分课程授课时可以引入该案例。

引入该案例，要充分向学生传递在我国航天事业中形成的家国情怀。在我国航天事业从无到有、从小到大、从弱到强的发展历程中，先后孕育形成了"自力更生、艰苦奋斗、大力协同、无私奉献、严谨务实、勇于攀登"的航天传统精神，"热爱祖国、无私奉献、自力更生、艰苦奋斗、大力协同、勇于登攀"的"两弹一星"精神和"特别能吃苦、特别能战斗、特别能攻关、特别能奉献"的载人航天精神。航天精神在不同历史时期和不同的发展阶段经过提炼和总结，尽管表述方式不尽相同，但其本质是相同的。爱国奋斗是航天精神的核心和精髓，祖国的利益高于一切，祖国的荣誉高于一切。

2.4.5 运 -20 总设计师唐长红 坚决执行国家意志

1. 案例介绍

唐长红，1959 年出生，长期从事飞机总体气动、结构强度、系统综合等领域的研究，"歼轰 -7A"（新飞豹）总设计师，大型运输机"运 -20"总设计师，中国工程院院士，带领团队研制出了我国具有完全自主知识产权的歼击轰炸机，带动了我国大飞机整体研制水平的提升。

1978 年，唐长红以全省物理最高分的成绩考入西北工业大学空气动力学专业，学习飞机设计。1988 年，某重点型号飞机装上飞控系统，在做地面试验时，平尾出现剧烈抖振，一时难以解决。之前国外有飞机因为这个问题出现过空中解体的惨剧。为了解决这一飞机设计中的难题，唐长红全身心投入飞机伺服气动弹性稳定性的研究中。这一技术难题的解决使得他逐渐获得了业界的认可。

世纪之交，面对复杂多变的国际局势，新一代航空武器装备的研制迫在眉睫。40

岁出头的唐长红被任命为"新飞豹"的总设计师，成为当时航空工业内最年轻的总设计师。面对研制时间短，飞机的战术、技术性能指标要求高、技术台阶跨越大的问题，唐长红和他的总师团队，在国内首次采用国际上最先进的飞机设计软件进行全机三维数字化设计。面对来自各方的疑虑，唐长红抽调专业人员，组建攻关组，和大家一起奋战，饿了啃几口饼干，困了轮流在沙发上打个盹儿。在 2000 年 9 月设计出国内第一架全机电子样机，仅用一年时间就实现了国外需 3 ~ 5 年才能实现的设计技术革命，使我国航空工业的设计手段与世界先进水平全面接轨。

"技术突破只能靠自身力量"，作为总设计师，唐长红有个坚定而朴素的想法：关键、核心技术是买不来的，技术的突破只能依靠自身力量。在"新飞豹"飞机研制期间，唐长红坚持要求团队自主研发。中航工业第一飞机设计研究院在零经验的情况下突破关键技术难关，成功研制出综合航电火控系统，使我国在这一技术上达到了飞机设计国际第三代水平。在飞机设计过程中，他严谨细致，对飞机设计中的关键曲线、关键数据、关键试验结论，不仅要看、要问、要审，有的还要查找原始方法和原始数据。"新飞豹"从型号立项到装备部队，只用了短短五年的时间，创造了航空工业发展史上的奇迹。"新飞豹"的研制成功，标志着我国已拥有具有完全自主知识产权、具备空中立体精确打击能力的主战机种，我国自主研制新型歼击轰炸机的能力实现了又一次跨越。

2007 年夏天，唐长红正带领试飞团队在新疆进行一次重点科目的试飞时，接到了来自北京的电话，要求他和几位院领导即刻赶赴北京，参加翌日召开的大型运输机研制动员部署会。经过一夜雨中行军，他们终于赶到了北京。但还是晚了，他们到达会场的时候，会议已经开始一会儿了。坐在主席台中央的军委首长示意会议先停一下，对唐长红他们说："你们辛苦了。""刚才宣布了任命，唐长红你被任命为大运的总设计师。"

大飞机的研制面临巨大的压力，吨数从数十吨一下子跨越到 200 吨级，技术难度增加了一个数量级；一般来讲新机新成品的比例不能超过 30%，而大型运输机的新成品超过了 90%；大型运输机需要的新材料在国内几乎是空白；大型运输机是军机，美国、欧盟甚至俄罗斯处处在相关技术方面进行封锁，无法通过全球供应链进行关键技术、原材料、制成品的合作和采购；美国 C-17 从方案确定到首飞用了 14 年，俄罗斯的伊尔 -76 用了大约 11 年，欧洲的 A400M 用了 8 年还没有飞起来，而大运的研制周期只有 5 年……中国人要想登上顶峰，必须从山脚下一步步向上爬。

"大飞机是新中国几代人的梦，是航空工业追求了几十年的目标，再难也要做！我们有信心让它站在国际舞台上，履行好国家赋予的使命。"对于搞一型什么样的飞机，上级机关、用户及总师系统内存在两种不同的态度：一是主张先解决有无的问题；二是以中航工业第一飞机设计研究院为代表，主张搞一型"三十年不落后、五十年可用"的飞机。唐长红在总师系统会议上铿锵发声："始终拄着拐棍的人，永远都跑不起来。研制运-20是国家意志，现在责任交到我们手上，我们就要从实现中国人能自主研制大型运输机这个高度去认识、考虑，克服一切困难将接近世界先进水平的飞机拿出来！"

型号立项之初，唐长红便提出了"面向使用、面向制造、面向市场"的"三个面向"原则，引入适航理念，并带领总师系统着手梳理关键技术路径，明确了要突破包括先进超临界机翼设计、先进电传飞行控制系统研制、数字化生产装配和检测等在内的六大关键技术以及由此衍生出的几百项技术难关。在总师系统的统一安排下，方案论证与关键技术攻关得以同步展开。

如何缓解工作量大、人员不足的矛盾？如何保证"一院六厂"这一新研制模式下的有效沟通及飞机的装配质量？唐长红决定采用先进的数字化手段，依靠手段的创新！第一次研制这么大、这么复杂、技术要求这么高的飞机，由于团队积累不够，出现反复不可避免。为了加快设计迭代速度，抢回一些时间，唐长红和他的团队大胆创新，通过技术攻关，将当时仅在波音787上应用过的关联设计技术应用到型号研制中，不仅确保了设计信息传递的准确性，还大大缩短了研制周期。与此同时，强度专业在唐长红指导下用两年多时间开发出国内第一个强度分析自动化平台，实现了结构强度设计的快速循环迭代，解决了全机强度计算多轮次自动优化、迭代的难题，设计效率提升3倍以上，也为载荷、结构、强度的专业协同和互动优化奠定了基础。

运-20是国内第一个运用MBD技术（基于模型的全三维设计）的型号，也是国内首个通过协同平台全线使用，建立了面向型号研制的数字化多厂所研制环境的型号。为确保研制质量，总师系统会上明确提出：没有MBD这套技术，就没有资格参与配套研制！刚性的要求促使所有协作配套厂所在数字化制造技术上迅速填平补齐，急起直追。

运-20研制的最大压力源于没有基础、没有规范、没有标准，很多单位水平参差不齐。如何把各厂家的水平提升到满足飞机研制需求这个基础上来，以唐长红为代表的总师系统提出"填平补齐"与"基础提升"二者同步的方案。面对国内装机成品参差不齐的现状，总师系统提前启动了近百项成品研制，并对关键技术、关键设备的研究工作进行重点扶持，加大技术和经费的投入力度。同时，引入竞争机制，开展了23项重要机载设备的竞争评比，促使研制单位提高产品质量、缩短研制周期、降低成本；对部分重要机载设备采取"双线并行，同时装备，互为备份"的研制模式，通过保持竞争关系，鼓励研制单位进一步提升技术。此外，在研制过程中全面推行产品成熟度管理，特别是在C型件研制当中，通过对成熟度的梳理，及时发现了很多高风险项目，并投入大量人力和物力重点突破，有效规避了风险。这些国产新品的研制，对材料工业及成品单位的技术拉动和能力提升都产生了深远影响。

飞控系统是运 –20 最为关键的系统，既要保证空投空运货物的任务需求，又要满足载客的安全可靠性要求。从研制先进飞机的角度出发，唐长红提出，将具有机械备份操纵功能的电传飞控系统作为大运主飞控系统的方案。经验不足且年轻的飞控设计团队感受到前所未有的压力。唐长红勉励大家："这是型号工程必然要走的路，只要我们咬紧牙关，坚持探求，就一定能走过去。"遇到可改可不改的地方，唐长红从不轻易放过，给时间、给经费、给人力，一定要改！技术上出现难题时，他则耐心与大家讨论，分析原理、建立模型，甚至亲自动手编写程序。飞控系统在唐长红"精细机构设计"理念的指导下，进行了多轮次的迭代与优化，一些机载设备经过了翻天覆地的优化改进。"我们就是要用这种多轮次更改来弥补原有设计能力的不足，把飞机做成精品！"

2013 年 1 月 26 日，运 –20 飞机首飞成功（见图 2.16）。2016 年 7 月 6 日，空军运 –20 飞机授装接装仪式举行，中国自主研发的运 –20 飞机正式列装空军航空兵部队，标志着空军战略投送能力迈出了关键性一步。运 –20 飞机的研制在中国航空发展史上是一个奇迹——五年的首飞周期、"三十年不落后、五十年可用"的研制要求，这在一支年轻且人数远远不足的设计团队手中成为了现实。伴随着运 –20 飞机的首飞及列装部队，中国成功跻身"大飞机俱乐部"，成为世界上少数几个能独立自主研制大飞机的国家。

图 2.16　唐长红和运 –20 飞机

2. 案例评析

唐长红 1959 年出生于陕西蓝田县，1978 年赶上了"恢复高考"这一"改变命运的机遇"。在之前的很长一段时间，胸怀大志的他在农村过着"白天锄地、修路、打土坯，晚上学习"的生活，但当时这位少年却有着恢宏的报国之志——"要干造飞机、造舰船、造原子弹的事"。

20世纪80年代，航空工业经历了一段令人窒息的萧条期，军品订货锐减，许多单位连工资都发不出来，不少人选择了离开。唐长红没有离开，他选择了"充电"——到北京航空航天大学读研究生。他心中的那颗种子等待着发芽。河出伏流，一泻汪洋，改革开放让中国社会的发展进入了快车道，综合国力快速提升，每个人都感受到了生活的变化。

"我们每个人都有一个让国家强盛的梦，大家的力量合到一起时，就是排山倒海的力量。"唐长红说。正是这种力量，让新中国几代人的大飞机梦在"五年首飞，八年交付"的奇迹中成为现实。在这几年的研制中，时间被淡化为工程的背景色，整个团队都变成"将黑夜过成白天"的大运节奏。作为运-20的总设计师，唐长红说："不是我们傻，不知道累，这是每个中国人都有的家国情怀。"多年来我国航空装备发展处在受制于人的状态，要真正实现国家空天安全，关键装备型号都要实现完全自主研发。大运作为中国的第一型大型军用运输机，意味着中国空军向战略空军的层次迈出了坚实的一步。唐长红认为，航空装备制造业作为工业文明的代表，它的意义也绝不限于"造出了几架新飞机"。航空工业的跨越式发展折射出的是国家工业水平的强大，是人才实力的提升，更是文化自信的展现。

3. 教学设计

就工业技术而言，大飞机研制涉及空气动力学、材料科学、机械制造、通信导航等40大类、200多个技术单元的课题，制造一架大型运输机等于是对一个国家基础工业的"集体考试"。因此，唐长红案例涉及机械工程领域的知识范围极其广泛，设计、制造、动力、材料、管理等大部分课程授课时可以引入该案例。

通过该案例的引入，充分向学生传递如何将个人的发展和国家的命运紧紧关联，与国家同呼吸、共命运这样一种家国情怀。唐长红曾经说过："我们所做过的每一件事都与国家的安全和军队的发展息息相关，我们每个人都有一个让国家强盛的梦，大家的力量合到一起时，就是排山倒海的力量。实现高水平科技自立自强，实质上就是在国家需要的时候，想用我们就有，想干就能。这是我的内心感受，更是老一辈科技工作者们让我认识到了这一点。"对于他所从事的事业，唐长红仍满怀热情，他说："如果有一项工作可以把这些潜力与个人理想、国家发展、社会责任结合起来，那就再完美不过了，而航空工业完美地实现了这种结合。我们将继续把飞机做得更好，继续向部队提供好用、管用、实用的装备。"

参考文献

[1] 钱乘旦.西方的那一块土:钱乘旦讲西方文化通论 [M].北京:北京大学出版社,2015.

[2] 梁漱溟.中国文化要义 [M].上海:上海人民出版社,2005.

[3] 李斌.家国情怀是立身养德之本:谈谈领导干部的家风 [N/OL].人民日报,2016-01-24. [2022-03-27]. http://opinion.people.com.cn/gb/n1/2016/0120/c1003-28068416.html.

[4] 杨清虎.家国情怀的内涵与现代价值 [J].中共桂林市委党校学报,2016,16(2):73-76.

[5] 张文彬.培育大学生家国情怀的价值意蕴与路径选择 [J].中共乐山市委党校学报(新论),2021,23(1):101-106.

[6] 刘金祥.中国古代文人的家国情怀 [N/OL].文艺报,(2019-02-18)[2022-03-27]. http://wyb.chinawriter.com.cn/content/201902/18/content48324.html.

[7] 张倩.家国情怀与忧患意识 [N].光明日报,2018-09-08(11).

[8] 陈始发,张剑锋.以爱国主义精神厚植新时代中国青年家国情怀 [N/OL].光明日报,2019-05-08(6). [2022-03-27]. https://news.gmw.cn/2019-05/08/content-32813859.htm.

[9] 司马迁.史记 [M].北京:中华书局,2011.

[10] 刘凯.墨子诠解:全 6 册 [M].北京:线装书局,2016.

[11] 刘克明,杨叔子.《墨子》中的机械设计思想和设计方法 [J].河南科技大学学报(自然科学版),2003(4):27-31.

[12] 吴启迪.中国工程师史:第一卷 天工开物:古代工匠传统与工程成就 [M].上海:同济大学出版社,2017.

[13] 杨明扬.水排和杜诗 [J].中国水利,1992(6):41.

[14] 延祥.杜诗与水排 [J].金属世界,1997(4):29.

[15] 薛源.从"水排"看儒法斗争对古代机械发展的影响 [J].力学学报,1975(1):4-5.

[16] 范晔.后汉书 [M].北京:中华书局,2012.

[17] 宋时雁,孙强,马丹红.集大成的水运仪象台 [J].百科探秘(海底世界),2019(Z2):81-84.

[18] 张柏春.回望北宋科学重器 纪念苏颂诞辰千年 [J].科学新闻,2020,22(6):42-45.

[19] 周丰,吴晓莉,李怡.宋代水运仪象台的 3D 复原与展示 [J].创意与设计,2019(3):28-39.

[20] 张沧海.苏颂:博学爱民 清白传家 [J].人民周刊,2019(11):70-71.

[21] 王芊芊,刘迎春.《天工开物》中生态文明思想的当代阐释与国际传播研究 [J]. 理论界 , 2020(7):83-88.

[22] 陈宁.天工人代　开物成务:论宋应星《天工开物》的工艺编撰思想 [J]. 中国港口 , 2020(S2):80-84.

[23] 周曙光,郑玉刚.论宋应星的技术思想 [J]. 宜春学院学报 , 2004(3):10-13.

[24] 曹国庆,刘良群.近十年宋应星与《天工开物》研究概述 [J]. 江西社会科学 , 1987(6): 105-109, 112.

[25] 廖丽华,胡新富,彭白云.《天工开物》成书背景探析 [J]. 宜春学院学报 , 2012, 34(3):68-70.

[26] 孙明晶,廖志刚.《天工开物》的现代教学启示 [J]. 林区教学 , 2018(11):92-94.

[27] 赵承泽,何堂坤.宋应星和《天工开物》[J]. 中国科技史料 , 1987(6):28-32.

[28] 陆敬严.《天工开物》关于机械工程方面的记载 [J]. 农业考古 , 1987(1):363-367.

[29] 吴启迪.中国工程师史:第二卷 师夷制夷:近现代工程师群体的形成与工程成就 [M]. 上海:同济大学出版社 , 2017.

[30] 吴启迪.中国工程师史:第三卷 创新超越:当代工程师群体的崛起与工程成就 [M]. 上海:同济大学出版社 , 2017.

[31] 林庆元.论左宗棠与洋务运动 [J]. 社会科学战线 ,1986(1):252-260.

[32] 马啸,王昭义.试论左宗棠兴办洋务的内容与特点 [J]. 甘肃高师学报 , 2003(3):66-68.

[33] 孙秋香,程翔章.中国近代卓越的化学启蒙者和造船专家:徐寿 [J]. 培训与研究 (湖北教育学院学报),1998(5):85-88.

[34] 赵敏.徐寿与中国近代造船业 [J]. 中国中小企业 , 2012(8):58-61.

[35] 徐泓,包正义.徐寿、徐建寅与中国近代造船工业的兴起 [J]. 船舶工程 , 2019, 41(8):8-11.

[36] 冯培德.国人不可忘却之"冯如精神":于中国航空百年之际的反思及提醒 [J]. 中国民用航空 , 2009(9):88-89.

[37] 马健,张学义.中国航空百年沉思:"冯如精神"的当代意义及启示 [J]. 国防科技 , 2009, 30(4):1-4.

[38] 青冢那堪埋伟士:中国航空之父冯如人生秘闻 [J]. 中国人才 , 2013(22):66-69.

[39] 王杰婷.冯如 东方的莱特 [J]. 科学家 , 2014(4):42-45.

[40] 占炜,李朔.丁拱辰设计思想探析 [J]. 艺术百家 , 2015,31(3):212-214.

[41] 郭金彬.丁拱辰及其《演礮图说辑要》[J]. 自然辩证法通讯 , 2003(3):79-83,111.

[42] 陈名实 . 清代回族火炮专家：丁拱辰 [C]// . 万辅彬 . 杜建录 . 历史深处的民族科技之光：第六届中国少数民族科技史暨西夏科技史国际会议文集 . 银川，宁夏人民出版社，2003:101-103.

[43] 朱钰华，吴树利 . 历尽艰辛报效新中国：任新民的爱国梦 [J]. 神剑，2015(1):2,40-49.

[44] 苏晓禾 . 任新民：航天"总总师" [J]. 太空探索，2019(2):70-71.

[45] 朱钰华，吴树利 . 任新民的强国梦 [J]. 神剑，2019(3):56-67.

[46] 郝俊 . 任新民：中国航天的"总总师" [J]. 党员干部之友，2017(4):36-37.

[47] 谭邦治 . 任新民：革命受挫　苦苦求索 [J]. 太空探索，2019(5):64.

[48] 余玮 . 黄旭华：许身报国的"深潜"传奇 [J]. 国际人才交流，2020(5):32-35.

[49] 昆仑 . 中国第一代核潜艇总设计师、中国工程院院士、中国船舶集团所属 719 所名誉所长黄旭华：矢志潜艇　铸造国器 [J]. 中国高新科技，2020(3):6-9.

[50] 人民日报 . 船舶行业第一人：国家最高科学技术奖得主黄旭华的"沉浮"人生 [J]. 珠江水运，2020(2):104-107.

[51] 李岩春 . 黄旭华：隐姓埋名 30 年为国铸重器 [J]. 时代邮刊，2020(15):44-46.

[52] 黄传会 . "北斗"璀璨：共和国勋章获得者孙家栋的故事 [J]. 记者观察（上），2021(1):77-81.

[53] 郭宇廷 . "两弹一星"功勋奖章获得者、国家最高科学技术奖获得者、"共和国勋章"获得者　孙家栋：从事航天六十年　镶星探月问天穹 [J]. 中国高新科技，2020(17):5-11.

[54] 郭宇廷 . 一辈子搞航天无怨无悔：记"中国探月工程"首任总设计师、"两弹一星"勋章获得者孙家栋 [J]. 中国科技奖励，2020(8):43-45.

[55] 刘保林 . 孙家栋：几十载不变航天报国心 [J]. 中国产经，2020(9):21,22-26.

[56] 杨关，高丽萍 . 唐长红　航空报国　引领"飞豹"创新发展 [J]. 军工文化，2018(11):32-33.

[57] 王莉芳 . 唐长红：五载巨笔雕鲲鹏 [J]. 军工文化，2017(9):66-68.

[58] 王舒颖 . 那些力量让我们前行：树立军工文化自信　为中国文化注入军工力量 [J]. 国防科技工业，2017(3):14.

[59] 张潇 . 中国工程院院士唐长红：造真正中国心的飞机 [N]. 西安日报，2015-11-03(6).

[60] 崔斌峰 . 鲲鹏起兮：大型运输机运 -20 研制纪实 [J]. 军工文化，2018(11):92-112.

第 3 章　工程伦理

3.1　引言

3.1.1　工程伦理内涵的演变

在中国，"伦""理"二字，早在《尚书》《诗经》《易经》等著作中就已经分别出现了。在中文里，"伦"字有类别、辈分、顺序等含义，可以引申为不同辈分之间、人与人之间的关系，即人伦。"理"最早是指玉石上的条纹，具有治玉、条理、道德、治理等含义。"伦理"两字合用，最早见于《礼记·乐记》："凡音者，生于人心者也；乐者，通伦理者也。"中国古代哲学把自然观、认识论、人生观、伦理观融为一体，并常常以伦理为本。

在中国思想史上，尽管伦理思想起源很早，而且内涵极为丰富，但"伦理学"这个名称则是随着西方文化的影响，在 19 世纪以后才开始被广泛使用的。伦理实际上与道德相同。希腊语中的"伦理"和"道德"同义，是指通过习惯而获得的品性、品质。《辞海》中对伦理的解释是"处理人们相互关系所应遵循的道德和准则……现通常作为'道德'的同义词使用"。《中国大百科全书》认为，伦理学是"哲学的一个分支科学，即关于道德的科学，亦称道德学、道德科学或道德哲学"。《牛津词典》对"伦理"做出了如下定义：①支配个体进行一项活动的道德原则；②与道德原则相关的知识体系。

工程实践是一项人类社会最基本的实践活动。现代工程技术的发展伴随着经济伦理困境、生态伦理困境及社会伦理困境的不断衍生，随之而来的负面效应也逐渐呈现在我们面前。工程技术引发的一系列问题越来越引发人们的关注，迫切需要工程伦理学的道德力量进行调解。

工程伦理基本上等同于"工程中的道德问题"，具有两个层次的道德现象：① 工程师个人的道德观念、道德良心、道德行为；② 工程组织的伦理准则（这是伦理的制度化、结构化和外在化表现）。随着时代的发展，工程伦理的内涵也在不断变化。中国传统科技和工程伦理思想从原始社会开始萌芽，一直到 19 世纪汇入近代科技伦理思想的洪流，其间经历了一个相当漫长的发展过程。

"一切（或者几乎一切）科学理论都发端于神话。"远古时期人类的科技和工程伦理思想集中表现在反映了习惯、意识和意愿的各种神话传说中。从神话中折射出来的科技和工程伦理思想主要有：一是崇拜技术高超的神和英雄；二是宣扬造福人类的伦理原则；三是颂扬相互协作的伦理规范；四是崇智尚知的道德品质。例如最早制作耒耜（农业生产中用于翻整土地、播种庄稼的农具），用"耒耜之利，以教天下"的神农氏，制作舟车、弓矢，便于出行和打猎的黄帝等。

之后的先秦时期，百家争鸣。以《考工记》为代表的先秦儒家提出百工的职责是"审曲面势，以饬五材，以辨民器"。涉及科技工作者的职业道德问题。墨家提出了节用非攻的生态伦理、崇智求真的价值追求、义利统一的技术功利主义和道技合一的科技共同体规范，构成了古代科技伦理思想的奇峰。道家提出"以道驭技"的技术伦理观，主张"道进乎技""以道驭技"，其伦理思想具有批判性。法家的科技伦理思想以《管子》《韩非子》为代表，其主张"明乎物性"的科学伦理、"毋作淫巧"的技术伦理及"人与天调"的工程伦理，涵括了其科技伦理思想的基本内容。隋唐宋元时期，中国科技达到了最高成就，被李约瑟称为"中国科学史上最奇特的人物"的沈括，著有《梦溪笔谈》，提出"技巧器械，大小尺寸，黑黄苍赤，岂能尽出于圣人？百工、群有司、市井田野之人莫不预焉！"他十分重视调查、观察、实测和实验，强调要"原其理""以理推之"，并且倡导"见简即用，见繁即变，不胶一法"，其科技伦理思想也闪烁着光辉。明清时期的科技伦理思想进一步发展，最大的特点是突出了科技的应用价值观，认为科学技术和工程实践最重要、最根本的价值在于通过提高劳动生产率满足广大百姓的日用需要。

可以看出，中国传统科技和工程伦理思想呈现出的基本精神特质是：天人合一、以道驭技、以人为本和经世致用。其中，以"天人合一"作为哲学基础，以"以道驭技"为理论核心，以"以人为本"为价值归依，以"经世致用"为突出特点。这些主要精神是中国传统科技伦理的精华，也是我们今天处理好当今世界科技发展过程中诸多问题尤其是真善关系问题的历史依托。

到了 20 世纪，随着科技的发展，各种工程事故频发，全世界都在思考如何减少工程事故。美国的一些学者便提出了工程伦理这个概念。美国工程师学会对工程伦理的定义为："工程是一项重要且需经学习而得的专业领域，身为此专业的成员，工程师们背负着社会的期待，应展现最高标准的诚实与正直。由于工程对大众的生活质量直接产生重大影响，工程师必须提供诚实、无私、公正及公平的服务，并应矢志维护民众的公共卫生、安全及福祉。工程师的专业行为必须符合最高的伦理原则。"因此，研究工程伦理学的意义为：帮助那些将要进行工程决策、工程设计施工和工程项目管理的人们建立社会责任意识、社会价值眼光和对工程综合效应的道德敏感，以使他们做出符合人类共同利益和可持续发展要求的判断和抉择，为社会创造优质的产品和服务。工程伦理要求时刻、自始至终贯穿以人为本的中心原则；要求自觉将生命至上作为理念遵行，拒绝、抵制任何对公众生命财产安全造成威胁的工程实践活动；要求安全质量过关，关注自身安全、关注他人安全、关注社会安全；要求将自然看作工程活动的依靠，对自然环境高度负责，坚持可利用、可持续、可平衡；要求坚守伦理准则，坚守伦理规范，为自己、为他人、为社会谋求福祉。由此，工程伦理是道德规范，是伦理道德原则，用于调整工程与技术的关系、工程与人的关系和工程与社会的关系。

当前，随着时代的进一步发展，第四次工业革命催生了一批新技术，如大数据、人工智能、区块链和云计算等。然而，与之相伴而生的是民众对"人造物征服人类、毫无隐私可言"的恐慌和伦理担忧。一方面是工程技术人员不断试图突破技术的"局限"，作为从事新技术研究、开发和应用的专业人员，工程师在改造社会和影响自然环境方面具有潜在的强大地位；另一方面则是不断涌现的技术悲观论，如霍金强调的"人工智能的崛起可能是人类文明的终结"。两者的冲突使得"发展前沿和高新技术"正丧失源自社会的驱动力，而伦理则被视为有效解决这一问题的关键。

现代工程项目不仅牵涉技术和经济问题，还关联可持续性、安全性、成本效益、资源、生态环境等问题。自动化和机器人技术对人类心理的影响、信息技术对人类社会的影响（包括隐私问题）、基因工程对人类尊严的威胁日渐成为工程伦理教育新的"主题域"。随着 2017—2018 年美国工程与技术认证委员会（Accreditation Board for Engineering and Technology，ABET）认证标准的更新，伦理教育的范围扩大至"在工程情境中承认道德和职业责任并做出明智判断的能力，必须考虑在全球、经济、环境和社会背景影响下的工程解决方案"。由此，当前国外工程伦理教育的焦点主题主要包括"人文关怀""生态治理"和"全球观照"：一是明确考虑工程技术在多大程度上有助于维护甚至增强人的尊严，理性分析工程技术给人类"尊严"带来的正、负面影响并正确评价工程技术的"成就"；二是"可持续发展"成为一种新范式，工程师要深刻体悟"代际义务"，并基于工程技术的专业知识实现"人—工程—自然—后代"的良序发展；三是关注全球化趋势下国际社会的现状，工程师越来越多地跨越国家和文化边界学习、交流、旅行和工作，了解国际政治、经济的发展态势对于活跃在国际社会中的工程师来说是至关重要的，学习他国制度设计、法律规范、人情风俗等基本知识有助于工程师以包容、开放的心态处理各国间的历史文化差异。

同时，随着"创新驱动发展战略""一带一路"倡议等的推出，中国正在从工程大国向工程强国挺进，工程实践及其伦理问题与中国传统伦理、现代科学技术、西方价值观等发生多重交叉与重叠，从而形成我国工程伦理教育独特的问题域，对于工程伦理的理解和掌握变得更加重要。

3.1.2 机械工程与工程伦理

机械工程是传统的工科专业。机械可以完成人能够直接完成和不能直接完成的工作，而且完成得更快、更好，已经为改造大自然、促进人类进步做出了极其巨大的贡献。现代机械工程能够创造出越来越精巧和越来越复杂的机械和机械装置，使过去的许多幻想成为现实。人类已能上游宇宙，下潜大洋，远窥百亿光年，近察细胞和分子。新兴的电子计算机硬、软件科学使机械工程向着更加智能的方向发展，智能制造已经逐步表现出对客观世界的巨大影响力。因此机械工程师的伦理修养对于社会发展、自然环境等各个方面的影响更加直接和巨大，机械工程与工程伦理之间的关系越来越密切。

工程伦理研究始于西方 20 世纪 60 年代，是一门哲学、伦理学与工程学、社会学交叉的新兴的学科门类。20 世纪 70 年代起，工程伦理学开始在美国等一些发达国家兴起，20 世纪 90 年代之后，加强工程伦理教育、提高工程师和其他工程实践者的社会责任，成为工程教育的重要方面。自 1994 年起，美国工程教育协会（ASEE）和美国国家科学基金会（NSF）分别发表了关于工程教育改革的相关报告，呼吁重视工程师面临的伦理问题，加强工程伦理方面的教育。美国国家工程院的报告也指出，伦理标准是未来工程师应具备的基本素质之一。1996 年开始，美国注册工程师考试将工程伦理纳入"工程基础"考试范围，从而使工程伦理教育被纳入教育认证、工程认证的制度体系之中。

工程伦理研究推动了工程师和其他工程实践者对资本的社会责任的思考，重视工程中出现的伦理问题，强调工程师群体对于自然环境和公众利益的保护责任，也推动了相关从业规范或者职业准则的发展和完善，以中国《机械工程师职业道德规范（试行）》为例，开篇第一条内容就是：不损害公众利益，尤其是不损害公众的环境、福利、健康和安全。把工程师对公众利益的维护放在了第一位，之后才是职业技能上的要求。该条例从 2003 年起批准试行。

当然，工程伦理学的发展也是建立在具体的工程实践之上的。工程总是伴随着风险，风险的来源、防范和伦理评估，以及什么是工程伦理问题、如何处理工程伦理问题都是在一个个工程问题甚至是造成非常严重后果的事故的基础上总结思考得来的。1986 年"挑战者号"航天飞机在发射后解体的原因就是因为火箭推进器的 O 形密封圈失效导致外部燃料仓在泄漏出的火焰的高温灼烧下结构失效，而在发射之前 O 形环首席工程师已经对 O 形环可能失效表示担心，但公司管理层并没有采纳他的意见。2011 年，中国的温州动车组列车追尾事故就是因为列车控制中心设备设计存在缺陷、上道审查把关不严、设备故障后应急处理不当等造成的重大铁路交通事故。像这些工程事故，事发前是可以经过处理避免的，却又实实在在发生了。工程风险所带来的伦理问题变得比以往任何时候都更为复杂和尖锐。工程师如何权衡职业要求的"保密性"和公共利益乃至公众的生命财产安全，是工程伦理学及其教育的重要内容。

机械工程作为重要的社会生产力工具，将在各个方面与社会福祉、可持续发展和个体解放紧密契合，人类主体必将在由工程"造物"所形成的客体世界中实现自我的"充盈"与社会层次由低级向高级的"跃迁"。机械工程师经常面临伦理困境，他们从事的工作，如设计、规划和管理基础设施，以及设计材料和系统都涉及风险，因此，工程师对社会和利益相关者负有高度的责任。美国国家工程院（NAE）院士 Mote 在中国工程院院刊 *Engineering* 上撰文指出，21 世纪的工程是技术部分"创造和解决方案"与用户部分"人和社会"合二为一的。在某种意义上，正是那种包括"良心、良知和趋善"等在内的伦理负载构成了"工程的终极目标与价值"，推动工程生生不息地向前发展。同时，还需要通过工程伦理来化解新技术、新业态中存在的不确定因素。2021 年 5 月，习近平总书记在两院院士大会和中国科协第十次全国代表大会上指出："科技是发展的利器，也可能成为风险的源头。要前瞻研判科技发展带来的规则冲突、社会风险、伦理挑战，完善相关法律法规、伦理审查规则及监管框架。"

因此，机械工程的健康发展需要工程伦理的支撑，而工程伦理的内涵也会随着机械工程的不断变化和发展而更加丰富和完善。一方面，从伦理到工程，用伦理道德分析、约束工程实践的发展，使之更好地为人类造福；另一方面，从工程到伦理，工程的发展对伦理道德会造成影响，相应地需要改变陈旧的伦理观念。

3.1.3　机械工程领域的工程伦理内涵及其教学要求

2016 年，中国工程教育专业认证协会将"具有人文社会科学素养、社会责任感，能够在工程实践中理解并遵守工程职业道德和规范，履行责任"纳入认证标准。2019 年，清华大学发布的《关于持续深化改革提升工科发展水平的实施意见》中多次强调"要坚持立德树人，加强工程教育中的价值塑造，突出工程伦理教育"。面向未来工程需求并能够无障碍参与世界各国工程建设的人才绝不能拘泥于"形而下"的器物，更应在"形而上"的深思中充分认识到国际社会习俗、价值观、宗教观等多样性并不断增强自身的道德修养、伦理担当和工匠精神，以便能在"更高的层次和境界上进行创造性的工作"。

基于工程伦理理念培养的工程师就是接受过全面教育的人，是具有全球公民意识的人，是具有伦理道德的人。同时，其还能够灵活运用所学知识，在不同的工程领域对于所产生的工程伦理问题迅速做出相应的反应，灵活且巧妙地运用所学的工程伦理知识，妥善解决工程伦理问题。工程技术人员集技术人员、经济人、社会人于一体。工程自身的技术复杂性和社会联系性必然要求工程技术人员不仅精通技术业务，能够创造性地解决有关专业的技术难题，还要善于管理和协调，处理好与工程活动相关联的各种关系。工程伦理要求工程师除具备技术能力外，还必须具备在利益冲突时做出道德选择的能力；除对工程进行经济价值和技术价值判断外，还必须对工程进行道德价值判断；除具备专业技术素养外，还应具备道德素养；除对雇主负责外，还要对社会公众、对环境及人类未来负责。

因此，机械领域当代工程伦理的内涵可以总结为：具备诚实、守信、正直、公正、爱岗、敬业、负责的品德，具有应用机械技术和产品保护公众的健康、安全，并促进社会进步、环保和可持续发展的意识，能够辨别机械领域中的技术伦理、利益伦理、责任伦理、环境伦理等问题，掌握机械领域人道主义、社会公正、人与自然和谐发展等处理人、自然、社会之间关系的基本准则，并掌握在机械相关领域服务公众、用户、组织及与专业人士协调共事的能力。

随着"到 2035 年跻身创新型国家前列"这一战略目标的提出，我国正努力从工程大国向工程强国挺进，在此过程中，我国的工程伦理与中国的工程精神、中国工程实践的问题域，以及西方的职业主义发生着交叉重组和融合渗透。工程伦理教育的"中国话语"是国内外多元场域的"跨界配置"，既要坚持立足国际舞台，"他山之石可以攻玉"；又要从我国的独特需求出发对工程伦理教育的走向做出总体思考和谋划。

工程伦理教育本质上是做人的思想工作，中国的教育有其基因连续性、历史绵延性，譬如，尤为重视德育、强调"做人"；中国的工程实践有其本土情境性，深刻浸润在以"家国情怀"为中心的工程精神之中，机械工程已不仅仅是开发产品、制造工具那么简单，而是承载着重要的民族使命与责任担当。可以说，我国的工程伦理教育必须植根于中国传统教育思想、观念特质和生发于工程实践的工程精神，自觉承担起为全面建设现代化工业强国和为实现民族复兴育新人的重大使命，从这一点来讲，工程伦理教育是思想政治教育在专业领域内的延伸。因此，有必要从思想政治教育的高度对工程伦理教育进行再认识。工程伦理教学要扎根中国大地，在教育教学安排上要注重发掘我国丰富的伦理资源，重点讲授中国的"科技先锋""大国工匠""超级工程"，紧密结合时事，讲解中国机械工程的力量，展现中国机械工程人的使命担当。

3.2 工程伦理之古代部分

3.2.1 墨家崇科技重伦理 贵义尚利道技合一

1. 案例介绍

在中国古代的诸子百家中，墨家表现出一种与众不同的科学精神和价值追求，特别推崇对自然科学的研究和应用技术的探讨。他们看到了新的技术发明与创造对发展社会生产和改善人民生活的重要作用。墨家善于制造用于生活、生产和军事的多种机械，如桔槔机、滑车、车梯等。同时，墨家也注重把科学技术用于"为天下兴利除害"上。从此种意义上可以说，墨家学派不仅认识到科学技术是一项进步的事业，还自觉地对科学技术加以正当使用，造福人类。因此，墨家在工程实践和工程伦理方面有很多值得学习的地方。

墨家既贵义又尚利，主张"义"以"利"为内容、目的和标准；而所尚之"利"主要是指"天下之利"，认为"利人""利天下"是仁者从事的最高目标，达到了义利统一。墨家认为，凡是符合"利天下""利人"的行为就是"义"；而"亏人自利""害天下"的行为就是"不利"。墨家把义利统一观贯彻到技术领域，提出了技术功利主义的主张。墨家的技术功利主义主要体现在：

"公输子削竹木以为鹊，成而飞之，三日不下。公输子以为至巧。子墨子谓公输子曰：'子之为鹊也，不如匠之为车辖。须臾刘三寸之木而任五十石之重。故所为功，利于人谓之巧，不利于人谓之拙。'"（《墨子·鲁问》）

"功，利民也。"（《墨子·经上》）

"墨子为木鸢，三年而成，蜚一日而败。弟子曰：'先生之巧，至能使木鸢飞。'墨子曰：'吾不如为车輗者巧也，用咫尺之木，不费一朝之事，而引三十石之任，致远力多，久于岁数。今我为鸢，三年成，蜚一日而败。'惠子闻之曰：'墨子大巧，巧为輗，拙为鸢。'"（《韩非子·外储说左上》）

从上述记载可以看出，墨家的技术功利主义有以下三层含义：第一，从质上看，"利人"是衡量技术"巧"与"拙"的标准，即合乎人民利益的技术就是善的，不合乎人民利益的技术就是恶的。衡量工程实践的功效、价值是看其是否对人民有利。第二，从量上看，"利人"的多少和"利人"的久暂是衡量技术"大巧"还是"大拙"的标准。"不费一朝之事，而引三十石之任，致远力多，久于岁数"的技术是"大巧"，而"三年而成，蜚一日而败"的技术是"大拙"。第三，凡是"利人""利天下"的技术就是"义"，凡是不"利人"、不"利天下"的技术就是不"义"。

墨家还实现了另外一个结合：道技合一。所谓"道技合一"，是说墨家学派既重道，又重术，要求门徒"厚乎德行，辩乎言谈，博乎道术"，从而实现了"德行"与"道术"的结合。为了实现"道技合一"，墨家学派还创设了技术规范和技术伦理。

墨家十分重视技术的规范性和普遍性，即所谓的"法"。第一，"法"（技术规范）是技术活动中所遵守的技术要求和操作程序，对于百工来说，要取得成功，必须依"法"办事，不可胡来。第二，技术规范有五种，"方以矩""圆以规""直以弦""正以悬""平以水"，也即矩尺、圆规、墨绳、悬垂和水平仪。这里的技术规范应当属于具有直接操作性的技术法则。而在《墨经》中，墨家的直接操作性技术规范得到了提升，明显表现出浓厚的理论色彩："法：意、规、员三者也，俱可以为法。"这里的"法"不仅仅指一种操作层次的技术规范，而是同时包括了"意"（概念）"规"（工具）"员"（图案）三个不同类型，即三个不同层次的技术规范。

墨家还提出了独具特色的技术信念论。墨家的技术信念主要有：①吃苦耐劳精神。墨家要求门徒学习大禹治水时吃苦耐劳、栉风沐雨的精神，毫无功名利禄之心，节俭生活，劳作不休，以吃苦为乐。如果做不到这一点，就认为"非禹之道也，不足谓墨"。②团队精神。墨子"止楚攻宋"的一切准备工作，都是在墨子得到消息之后的十天十夜内完成的。墨子依靠原始的通信方式，召集信徒 300 人，及时赶到宋国设防，其办事效率之高，是在强大的团队凝聚力和极度的吃苦耐劳精神下才可能办到的。③知行合一、言传身教的传统。墨家门徒除了讲理论，还注重动手操作的技艺传授。今天传授下来的《墨经》及《经说》应当是当时墨家学派的教学大纲。墨家是一个力行学派，提出"士虽有学，而行为本焉"，再三强调"口言之，身必行之"，坚决反对只说空话和不务实际。④自我牺牲的侠士精神。墨家学派提倡舍己为人的自我牺牲精神。他们认为，在个人利益与天下之利发生冲突时，应该牺牲个人利益"以利天下"。

2. 案例评析

墨子及其所创立的墨家学派求真理、爱科学、利天下、尚法仪，特别是有关科技和工程伦理方面的成果闪耀着其他学派难以企及的光彩。墨家技术和工程伦理带有浓厚的社会技术功利主义特征。

墨子提出以"利"作为技术的价值标准，同时又对技术给予"义"的价值规定，这在理论上具有较大的合理性。一方面，墨家虽然承认技术的功利性，但是没有把技术的价值标准归于个人利益的满足，而是给了"利人""利天下"的目的和功效。这种价值观与西方技术功利主义往往把利己视为技术目的，而利人只是达此目的的手段的观点大相异趣。另一方面，墨家在肯定技术功利的同时，并没有否定道德原则的作用，而是充分肯定了道德原则对技术的规范作用。墨家的技术功利主义既"尚利"，又"贵义"，达到了技术上的义与利的统一，是一种独具特色的技术功利主义，具有十分重大的意义。

另外，墨家在工程伦理方面不仅仅强调个体的伦理，还涉及团体的工程伦理层面，这在当时世界上也是非常有独创性的做法。其特点有如下三个方面：

首先，在众多的学术团体中，墨家学派最具有科学修养。墨家学派有利于推动科学探索的深入，他们继承了上古以来的生产技术经验，并在此基础上改进提高，而且在此过程中对隐含其中的朴素的科学观点进行了卓有成效的整理、总结和提高。墨家的成员尽管不是今天意义上的科学家，却是当时具有较高科学技术水平和素养的能工巧匠和工匠理论家。例如，墨子会做木鸢、大车，精通木工技巧，及谙熟其他各种工匠技艺。

其次，墨家学派在条件异常艰苦的环境下，自发自愿地研墨家、行墨道、学墨术，积累了丰富的科学知识，孕育了科学思想，培养了科学精神，探索科学方法，留下了许多珍贵的科学史料。他们倾其所学服务于社会，致力于百姓生产生活，开辟了科学技术与生产实践相结合的优良传统，拥有共同的科学"范式"，这就是《墨经》中的"科学范式"。

最后，墨家学派注重培养自己的接班人，广招门徒，施教四方。据《淮南子·泰族训》记载："墨子服役者百八十人，皆可使赴火蹈刃，死不还踵，化之所致也。"

因此，墨家学派组织管理严密，科学思想传承畅通，使得墨家取得了可与古希腊相媲美的科技成就。这不能不说是墨家科技共同体的合力之功。

3. 教学设计

可以看出，在科技和工程伦理思想史上，墨家提出了极有价值的求真崇智的科技价值论和技术功利主义。墨家学派爱科学、求真理、利天下、尚法仪。后期墨家在科技伦理方面，进一步发展了墨子思想的精粹，完善了墨家学派的技术伦理规范，并且在自然科学领域取得了一些突出成果，代表了那个时代最高的科学技术水平，成为战国中后期影响最大的学派之一。

墨子思想可以从墨子的科技实践中得到验证。《墨子·辞过》通过对圣人及当时人们对宫室建造技术、制衣技术、耕稼树艺、舟车技术的使用态度对比，批判了当时的统治者把技术用于奢侈腐化的行为，高度赞扬了圣人的科技目的观。墨家认为古之圣王把技术用于为民谋利，这种"利人""利天下"的技术行为就是"仁义"之举；而今之人君把技术用来享乐和追求奢靡，这种"害人""害天下"的技术行为就是"不义"之举。墨子及其后学的科技实践是围绕"义"这一核心来进行的，其努力的趋向就是实现"义"这一功利性的目标。墨子的科学研究和实践是其"义"的思想在科技领域的投射和外化。

因此，技术要用于造福人类、利于百姓，工程研制不能无故浪费、华而不实，工程的实施要严格遵守规范，不仅要遵守个人道德规范，整个工程组织也应该有道德规范。这些闪烁着伦理光辉的思想，无不反映出墨家工程伦理的优秀之处。因此，在机械类相关课程中，尤其是设计、工艺、材料等课程以及实践类课程中，引入该案例时，要强调上述工程伦理的亮点，在进行产品研发、制造和实践过程中，要引导学生了解墨家的工程伦理思想，并能够身体力行。

3.2.2 管仲论诚工和良工 规范工匠职业道德

1. 案例介绍

《管子》成书于战国时期（前 475—前 221 年），主要记载了春秋时期齐国政治家、思想家管仲及其学派的言行事迹。"诚"是先秦伦理学的重要概念，《管子》赋予"诚"以工程伦理意蕴。《管子·乘马》云："是故，非诚贾不得食于贾，非诚工不得食于工，非诚农不得食于农，非信士不得立于朝。"也就是说，士、农、工、商四民都要做到诚信，要以"诚"作为职业道德规范，忠于职守，热爱职业。无论在中国文化中，还是在西方文化中，诚信都是一种美德，它是保证人际交往和社会生活正常运行的一项基本道德规范。"诚"既可以被看作工匠的个人伦理，也可以被认为是社会对工匠的职业伦理要求。

对于工匠而言，《管子》的态度非常明确，即工匠必须是"诚工"，否则"不得食于工"。由此可见，《管子》把"诚工"看成了工匠最基本的职业道德规范。这种"诚工"的职业伦理规范在强化工匠的道德责任、造就巨匠高师、提高器物质量及发展社会经济中都发挥着积极作用。

"诚工"是确保工程质量并实现工程为民造福的根本。导致许多工程灾难的一个重要原因就是工程建设中的偷工减料、弄虚作假。在《管子》一书中，工匠粗制滥造、弄虚作假或不忠于职守，就将被驱逐出工匠群体，"不得食于工"。这对于保障工程活动的正常运行，维护公众的安全、健康和福祉，协调工匠与其他社会群体的关系等都具有重要意义。

《管子》在"诚工"的基础上，又进一步提出"良工"这一职业伦理规范。《管子·五辅》曰："古之良工，不劳其智巧以为玩好。是故无用之物，守法者不失。"古代的能工巧匠是不会以自己高超的手艺、技法去制造无实际用途的玩物的。技艺精湛，不仅是工匠谋生的必要条件，也是对工匠伦理责任的基本要求。

美国工程伦理学家戴维斯（Michael Davis）曾指出：工程职业规范既有"技术标准"，又有"伦理标准"，"伦理标准"直接规定了工程师的何种行为是合乎道德的，而"技术标准"也具有伦理意义。符合伦理的行为，也必然要求遵守技术规范。"良工"既是技术规范，也是伦理规范。

2. 案例评析

工匠不仅要有高超的手艺和专业技能等工具理性，还要具备关涉伦理素养和道德水准的价值理性。历代工程实践证明，工匠如果在价值理性上出现严重失误，则其工具理性越强，对社会的危害性就越大。因此，从严格意义上说，"诚工"和"良工"在职业伦理规范上的要求是一致的。

"诚工""良工"不仅是适用于工匠的职业伦理规范，更是对工程管理者的伦理诉求。在工程事故频发的今天，继承《管子》"诚工""良工"的工程伦理规范，发扬古代工匠诚实劳动、钻研技艺、认真负责的优秀道德品格，对于规避工程活动中的弄虚作假、偷工减料、粗制滥造和不负责任等不道德行为，无疑具有重大的现实意义。

《管子》认为，衡量一名工匠的技术价值，不是看他技艺多么高超，而是看他能否利用这种技术带来有益的社会价值。如果技术的使用不能为社会带来实际的用途，只能被视为"淫巧"，不仅不应提倡，还要严加禁止。这种工匠"毋作淫巧"的规范虽然存在一定的历史局限性，但在当时是合理的——在生产力水平较低的境况下，工程活动的重点只能围绕解决温饱、生存、安全等基本生活需要展开。"毋作淫巧"不但发挥了技术规范的作用，而且也是对工匠职业行为的伦理规约。

作为工匠有责任考虑国计民生，制造经世致用的器物。"诚工""良工"及"毋作淫巧"等规范，对工匠的职业行为起着有效的伦理调控作用。"诚工""良工"要求工匠积极作为，"毋作淫巧"则规约工匠实际上的"不作为"，有利于解决工匠群体与公众、社会之间的矛盾。随着经济社会的发展，传统工匠的社会角色逐渐转变为工程师、工人等，这些伦理规范对工程师等伦理责任的确立有一定的启发作用。

3. 教学设计

从现代工程伦理学这一视角对散见于《管子》诸篇中的工程伦理思想进行解读，我们不难发现中国传统伦理思想对工程活动的嵌入式影响，伦理工程化的趋势已初见端倪。《管子》的工程伦理思想为现代工程伦理学的发展提供了可资借鉴的素材，现代工程伦理中的部分准则和观点与《管子》的思想在某种程度上存在一致性。目前国内的工程伦理研究，许多学者借用或者套用以美国为首的西方发达国家的工程伦理的内容和脉络传承，缺乏对传统文化的思想自觉，很少在考量中国传统伦理思想的前提下来建构我们的工程伦理学。梁漱溟先生很早就痛斥了这种"借鉴"的弊病："以为西洋这些东西好像一个瓜，我们仅将瓜蔓截断，就可以搬过来。"现代意义上的工程伦理学之所以产生于美国，有其深厚的思想文化渊源：职业伦理传统、专家治国论。全然不顾对象背后的制度、文化根基所建立的所谓"制度"或"规范"，必然脱离实际而难以长久。

因此，要充分结合我国古代传统文化中有关工程伦理的精华，结合我国的实际情况，借鉴国外的优秀理论，在专业课程教学中，应以《管子》中的相应内容，鼓励学生做"诚工"和"良工"，发扬工匠精神，要有积极作为，不能胡作非为，要"毋作淫巧"。专业课程中的各种综合实践、创新实践、课程设计等实践课程可以以此为案例，引入后进行介绍。

3.2.3 西汉彩绘雁鱼铜灯 以人为本融入环保

1. 案例介绍

2011 年，在南昌海昏侯汉墓的考古发掘中，有两盏彩绘雁鱼灯尤为引人注目。这两盏雁鱼灯的造型极为奇特，均为青铜质地，其整体作鸿雁回首衔鱼伫立状，雁体态宽肥，颈部修长，身体两侧分出羽翼，有短尾，双足并立，脚掌有蹼，大雁的嘴巴张开，衔有一鱼，鱼身短肥，下接灯罩盖，如图 3.1 所示。

从机械结构上看，整盏灯由雁首颈（连鱼）、雁体、灯盘、灯罩 4 部分套合而成。雁颈与雁体以子母口相接。鱼身及雁颈、体腔均中空相通。

图 3.1 海昏侯刘贺墓地出土的雁鱼灯

灯盘为圆形，直壁，浅腹，内有两道直壁圈沿。一侧附灯柄，可控制灯盘转动。盘下有圈足，与雁背上的直壁圈沿以子母口套接。灯罩设计为两片弧形板，可左右转动开合，既能够挡风，又能够调节亮度。

雁鱼灯点燃后，长时间燃灯会导致房间内空气质量下降。因为灯的燃料是用动物油脂做的，会生出呛人的烟雾。因此，青铜灯在设计时将大雁与鱼身均设计为中空相通，与灯盘相连，灯盘的一侧有手柄，可以控制灯盘的转动，烟雾通过鱼和雁颈进入雁体，将烟尘吸到雁的肚子里，以水溶解，从而净化空气，防止油烟对室内空气的污染。这利用的是物理上的"虹吸原理"，说明当时的人们已有了很强的环境保护意识。

同时，雁鱼灯的4部分又可以自由拆装，便于擦洗。该灯构思设计精巧合理，达到了实用功能和形式的完美结合，使其成为一件公认的艺术珍品。这两盏雁鱼灯的出土，表明在西汉，人们就已经发明了可调节光线明暗的灯具，并且还学会了回收燃烧后的废气，避免污染空气，因此具有极高的工艺价值和环保价值。

2. 案例评析

中华民族在辉煌的青铜器时代铸造了大量的青铜器，既有满足人民日常生活、生产用的青铜器具、青铜工具，也有用于精神文明的青铜礼器、乐器。作为古代的照明设施，秦汉时期的灯具是集传统审美和使用功能于一体的设计典范。

汉朝是铜灯制作的鼎盛时期，青铜灯具案例包含了人与自然和谐的全生命周期设计思想，也反映出当时的工程师进行设计时的人机工效和环境保护思想。因此，青铜灯在功能上是一个灯具，完成照明任务，同时也考虑了使用性、人机工效和环境保护等全方位的设计。

目前各地汉墓中出土的铜灯可分为盘灯、虹管灯、筒灯三大类。雁鱼灯属于虹管灯，西汉中山靖王刘胜之妻窦绾墓中出土的长信宫灯也属此类。虹管灯的特征是：灯体有虹管，灯座可以盛水，利用虹管吸收灯烟送入灯座，使之溶于水中。大部分象形灯具巧妙地利用形体本身的有机部分作为导烟管，如人的手臂，牛的双角，凤、雁、鹅的颈部等，当灯燃烧时烟尘通过导烟管溶入体腔内的清水，从而实现环保功能，合理的尺度与构造都是符合人体工程学的。这是汉朝青铜灯具在功能方面最先进的发明创造，而西方油灯直到15世纪才由意大利的达·芬奇发明出铁皮导烟灯罩，可见汉朝青铜灯具无论在设计的科学性和先进性，还是在环境保护等工程伦理方面，都在世界灯具史上占有重要地位。

3. 教学设计

汉朝灯具在中国古代灯具史上占有重要地位，创造了许多经典之作，海昏侯墓出土的两盏青铜雁鱼灯就是其中的代表。汉朝的青铜灯具主要以植物油、动物油脂作为燃料，以灯盘盛油脂，以麻茎或细竹条制成灯芯置于灯盘的中央。这种方式不可避免地会产生大量烟尘，随着灯盘的热空气到处流动，容易对室内造成较大污染。青铜雁鱼灯对于烟尘的处理非常巧妙，它充分利用了物理学上的"虹吸原理"，大雁的颈部就是一支导烟管，非常隐蔽、自然。导烟管位于灯盘的上方，并与中空的腹腔相连。大雁的颈部与腹部分铸，采用子母口相连，便于注入清水。当灯芯燃烧时，烟尘随着上升的气流被吸入上方的导烟管，经由导烟管最终溶解、沉淀于腹腔内的水中，从而保证了室内空气的清洁。以动植物油脂作为燃料的灯具还有一个问题，就是需要定期清洗。青铜雁鱼灯的灯盘、灯罩都是可以拆卸的，清洗非常方便。另外，由于颈部与体腔采用子母扣的方式连接，腹腔的贮水可以随时更换。

可以看出，青铜雁鱼灯拙朴的造型、美好的寓意、精巧的结构、合理的尺度、良好的照明功能等特征，对于现代机械设计和制造、维护来说，都有借鉴意义。然而，我们现代设计对于中国古代经典的传承，不应仅仅限于元素、符号等物质层面，还应当从"精神"层面加以传承。青铜灯的设计思想中蕴含的工程伦理理念尤其值得我们传承和发扬。

所以，在进行工程伦理教学设计时，可以充分借鉴青铜灯的伦理理念：以人为本，保护环境。以人为本就是要充分考虑人们使用的方便性和维护的便利性，而保护环境本质上就是保护人类自己。在进行机械设计、工业设计等课程授课时，可以引入该案例，传承经典设计不是简单的怀旧，而是为了创造，创造未来的、具有中国特色的设计。

3.2.4 张衡向学无坚不钻 终成候风地动仪

1. 案例介绍

张衡（78—139 年），字平子，南阳西鄂（今河南省南阳市石桥镇）人，东汉时期的大科学家、大文学家和著名画家。张衡的一生创造出无数惊人的科技奇迹，达到了"数术穷天地，制作侔造化"的地步。崔瑗在《河间相张平子碑》中称他"天资睿哲，敏而好学，如川之逝，不舍昼夜，道德漫流，文章云浮，数术穷天地，制作侔造化；瑰辞丽说，奇技伟艺，磊落炳焕，与神合契"。这是对张衡学术成就和科技道德的最早评价。张衡的工程伦理主要体现在勤奋学习，广采博纳，谦虚谨慎，精专钻研，敬畏自然，尊重事实，技艺为民所用，淡泊名利。其在科技史上最为驰名的成果之一，要数候风地动仪（见图 3.2），曾轰动一时，亦令后人惊叹，堪称创造发明中的奇迹。

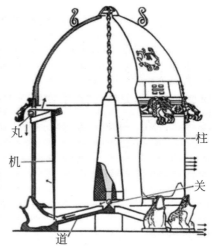

图 3.2　候风地动仪仿制模型与内部结构

公元 119 年 2 月的一天，一场灾难降临洛阳。大地颤抖，天旋地转，山崩地陷，房屋坍塌无数，人民死伤惨重——一场地震发生了。但灾难并没有终结，又一次发生了地震，侥幸逃脱的人们又陷入饥寒交迫，许多人最终还是含恨而死。

由于目睹了地震给人们所带来的巨大灾难与痛苦，张衡决心专攻地震防治技术，要将所学知识用于为民众谋福利，他要制造出一种能够用来观测地震、预防地震的仪器，尽量减少人民的损失。经过 6 年的刻苦钻研，他终于在公元 132 年研制成功了世界上第一台观测地震的仪器。张衡所制造的地动仪"以精铜铸成，圆径八尺"，形状像一个大酒樽，顶部有隆起的圆盖，可以打开。地动仪的外部刻有篆文及山、龟、鸟、兽等图形。铸有八条龙，头朝下，尾朝上，按东、南、西、北、东南、东北、西南、西北 8 个方向布列。每条龙口中含着一粒小铜球，其下方有一只张着嘴的铜蟾蜍。地动仪的内部中央立着一根铜质"都柱"，柱旁有 8 条通道，称为"八道"，道中安有"牙机"。当某个地方发生地震时，地动仪内部的"都柱"就发生倾斜，触动牙机，使发生地震方向的龙头张开嘴，吐出铜球，落到铜蟾蜍的嘴里，发出很大的声响。于是人们就可以知道地震发生的方向了。公元 138 年的一天，地动仪的一个机关突然发动，吐出了铜球。当时在洛阳的人们丝毫没有感到地震的迹象，于是人们议论纷纷，对地动仪的准确性表示怀疑。但几天以后，陇西（今甘肃省东南部）有人飞马来报，证实那里前几天确实发生了地震。陇西距洛阳约 500 km，地动仪标示无误，说明它的测震灵敏度是相当高的。

张衡抱定"约己博艺，无坚不钻"的决心，终于发明了载入史册的地震仪器——候风地动仪。这是世界上第一台测定地震方位的地动仪。在此之前，尚未见有用仪器来观测记录地震的史料。张衡的地动仪是科学史上的一大创造，它比欧洲创造类似的地动仪要早约 1700 年。《太平御览·工艺部九》引晋朝葛洪《抱朴子·辨问》曰："木圣：张衡、马钧是也。"

2. 案例评析

张衡的一生，是勤奋向学的一生。《后汉书·张衡传》说："衡少善属文，游于三辅，因入京师，观太学，遂通五经，贯六艺。"他的"善属文"也好，"通五经，贯六艺"也好，主要是靠自己的刻苦努力。张衡的《应间》是模拟"间余者"的口气写的，其中有一句话"人生在勤，不索何获"。

张衡的一生，也是"约己博艺，无坚不钻"的一生，既有着多方面的才华，又能够把精力集中到某一方面来，以攻克难关。汉朝经学的笺注学风是对三代圣贤之道的追摹与复写，延传至东汉，已成缺乏革新精神的文化惰性。张衡处此经学衰落之际，一则受经学影响而研习《周礼》之学，尊道崇礼，一则又不苟且于笺注学风，好为创造。所以在经学笺注与科技创造之间，张衡选择的无疑是后者。

张衡非常注重科技的工具价值，他是古代将科学理论与应用技术相结合的典范。总体上看，上古时期的科学家们的主要兴趣在于探索科学真理而不是将理论转化为具体技术并为社会服务。张衡则不同，他不仅致力于科学理论的研究，还把科学理论应用于社会实际生活，应用于改变世界的活动。《后汉书·张衡传》载："……遂通五经，贯六艺……衡善机巧，尤致思于天文、阴阳、历算。"

张衡淡泊名利的位禄观体现了一位科学家高尚的人格。张衡才高于世，但官职低微，几次调动均未得到升迁，有人为他愤愤不平。张衡则写了一篇《应闲》，坦然以对："君子不患位之不尊，而患德之不崇；不耻禄之不夥，而耻智之不博。"

可以说，正因为张衡具有向学、钻研、致力于技术改善民生、淡泊名利的个人科技道德修养，才能做出如此大的成就。张衡作为一位伟大的科学家，其科技道德如同科学成就一样彪炳史册。

3. 教学设计

纵观张衡的一生，贯穿着一个"勤"字，正如他自己所说"幽独守此仄陋兮，敢怠遑而舍勤"。他在《应闲》一文中曾说："君子不患位之不尊，而患德之不崇；不耻禄之不夥，而耻智之不博。是故艺可学而行可力也。"张衡主张手脑并用，注重科学理论与技术发明并重，科技内涵与艺术形象合一，创制了许多造型独特、构思新颖的科学仪器和艺术精品。张衡淡泊名利，不慕高官厚禄。青年时代，他"举孝廉不行，连辟公府不就"，甚至对于炙手可热的大将军邓骘的赏识和征辟，他也不予理睬。但这并非由于他故作姿态，欺世盗名，实际上他虽才高于世，而无骄尚之气，是能够正确认识和对待自己的。

因此，作为机械工程专业的学生，也应该具备这种淡泊名利、不骄不躁、不为名利而丧失自己志趣的心态，有广采博纳而又能够专精于一个方向的钻研态度，有将自己的专业技能应用到有利于国家发展、民生幸福方面的意识，这些方面实际上是一名科技工作者应该具备的基本道德修养。可以在设计、制造及综合实践类课程教学中引入该案例，并引导同学们认识到张衡的科技道德修养，并向其学习。

3.3　工程伦理之近代部分

3.3.1　炮弹质量塞责成工　北洋舰队全军覆没

1. 案例介绍

甲午战争发生于 1894 年，即清光绪二十年，干支纪年为甲午，是中国和日本争夺朝鲜半岛控制权的战争，史称甲午战争。甲午战争始于 1894 年 7 月 25 日的丰岛海战，以 1895 年 4 月 17 日签署中日《马关条约》而宣告结束，历时 9 个月。其中经历了丰岛海战、黄海海战和威海卫之战。

（1）丰岛海战。1894 年 7 月 25 日清晨，日本舰队"吉野号"率先向中国北洋舰队的军舰开炮，日本不宣而战，"济远号""广乙号"被迫应战，拉开了甲午战争的序幕，史称丰岛海战。其结果为"广乙号""高升号"两艘舰船沉没，"济远号"伤痕累累，人员伤亡惨重。

（2）黄海海战。1894 年 8 月 1 日，清政府对日宣战。9 月 17 日上午，北洋海军"定远号"舰突然发现了一直在寻找北洋海军主力决战的日本海军联合舰队，"定远号"舰率先开炮，打响了黄海海战的第一炮。此战结果是北洋水师损失惨重退回旅顺，避战保船不再出战。黄海的制海权落入日本联合舰队之手，这对甲午战争的后期战局产生了决定性影响。

（3）威海卫之战。黄海海战后，受到重创的北洋舰队陆续退守威海。1895 年 2 月 5 日，日军进犯威海，经过一周激战，北洋舰队的"定远号""来远号""威远号"被击沉，人员伤亡惨重，丁汝昌以身殉国。2月12日，北洋海军投降，甲午战争最终以中国的失败而告终。1895年4月，清政府签订了不平等条约——《马关条约》，至此北洋舰队全军覆没。

当时，北洋舰队与日本舰队的综合实力不相上下，却屡战屡败，最终全军覆没，其中原因较多，如落后的社会制度、错误的海防战略、军事建设的不足、放弃与丧失制海权等，但是炮弹质量有严重缺陷，从而导致炮弹难于甚至无法正常使用，无法有效杀伤敌方，也是其中非常重要的原因之一。

当时北洋舰队所用炮弹多由天津军械局生产。1891年3月，丁汝昌因为定远、镇远两舰所领的305 mm炮弹铜箍太大，不能合用而致函刘含芳，要求"代为刮削"。5月，"超勇号""扬威号"所领的"三十七毫里哈乞开士开花子各一千颗，子膛内均未装药"。6月，"致远号"所领用的"六寸径炮用铜管轧火二百支，当经该船试放两支，据称口径太小，且放时窜火"，只能全部退回。

这些问题在甲午战争时依然存在，"定远号"枪炮大副沈寿堃在海战后就指出："大东沟之败（即黄海海战），非弹药不足，乃器之不利也……有大小不合炮膛者；有铁质不佳者，弹面皆孔，难保其未出口不先炸者。即引信拉火，亦多有不过引者。临阵之时，一遇此等军火，则为害实非浅鲜。""来远号"帮带大副张哲溁也说："所领子药，多不合适，亦不切备。"黄海海战即"有因子不合膛而临时减药者"，所以"定远号"枪炮二副高承锡认为："枪炮子药乃军务极要之件，制造之时须较以规矩，求其性力，认真试妥，然后取用，方无妨害。"若"不论合膛与否、炸力大小、能否及远，塞责成工，不但战时用之有害，即平时用之也受害不浅"。黄海海战后，广西直隶州知州张秉铨曾探访参战官兵，总结了失败的十条教训。其中就有炮弹质量问题："往往弹子与枪炮缄孔不对。"

弹药存在如此之多的质量问题，势必导致原本数量就有限的弹药在实际使用时更加紧张，还会严重影响火力的正常发挥。在海战中，我们也不难看到炮弹质量对海战的影响。"来远号""致远号""广甲号"三艘巡洋舰合击正常排水量仅有622 t的炮舰"赤城号"，"赤城号"总共被30发大中口径炮弹击中，而"比睿号"和"西京丸号"等舰也多次被北洋海军的305 mm炮弹击中，但是始终未能对其造成致命打击，炮弹质量所造成的影响可见一斑。

2. 案例评析

自古以来，后勤一直是兵家非常重视的问题。而随着武器装备的发展，对后勤的依赖也越来越大。海军装备技术复杂，作战环境特殊，如果没有有力的后勤保障，战斗力会受到很大的制约。北洋海军失败的原因是多方面的，但是我们应当看到，弹药匮乏和弹药本身的质量问题，对北洋海军正常战斗力的发挥产生了很大的负面影响，这是其中不能忽视的重要原因。

总的来说，北洋海军在甲午战争中拥有相当多的炮弹储备，其在参加黄海海战时，虽没有带足弹药，但也尚可支撑。中、日海军战绩悬殊，就武器方面的原因而言，主要是双方炮弹发射速度和杀伤力差距所致，而这种发射速度和杀伤力的差距反映的就是炮弹研制质量的问题，更进一步来讲，反映的就是设计、制造、监管等各个环节严重缺失的职业道德问题。

从炮弹质量来看，设计不符合规格，导致因铜箍太大或者"有大小不合炮膛者"而需要"代为刮削"；制造不符合规格，"弹面皆孔，难保其未出口不先炸者"。这些环节是机械工程的核心和基础环节，然而相应的责任人员严重缺失职业道德，不按照规范设计、不按照规范制造，粗制滥造，敷衍了事，甚至有贪腐成风而偷工减料之事，"塞责成工，不但战时用之有害，即平时用之也受害不浅"。质量问题成为海战失利的重要原因，进而导致甲午战争失败。甲午战争的失败给中华民族带来了空前严重的民族危机，大大加深了中国社会半殖民地化的程度。从这个角度来讲，负责炮弹设计制造的工程师负有不可推卸的责任，称其为民族的罪人也未尝不可。

3. 教学设计

我国第一艘国产航空母舰山东舰，于 2019 年 12 月 17 日正式服役，这一天，是北洋水师成立 131 周年的日子，彼时，北洋水师的成立地点正是山东威海的刘公岛。

山东舰的舷号为"17"，这又是一个特殊的数字，除了纪念服役时间和北洋水师成立外，还有一件令全世界侧目的大事与之相关。那就是 1894 年 9 月 17 日，在辽宁东港大东沟海域，北洋水师遭遇了建制以来最惨重的打击以致全军覆没，那场著名的惨败叫作甲午海战（即黄海海战）。

"以史为鉴，可以知兴替"，在任何时候，反思失败都有着现实指导意义。毕竟，中华民族的屈辱不能也不应该再有下一次。历史从来不是偶然，战争亦不会是。无论我们向那场战争中为国捐躯的将士们致以多么崇高的敬意，这一切的结果都无可挽回，更令人难堪的是，这样的结局竟是早已暗中注定：落后的制度、腐败的政府、沦丧的职业道德都是致命因素。

因此，必须通过上述的背景讲解和描述，使同学们能够深切地认识到，职业道德、工程伦理对于工程质量、对于社会发展多么重要。而工程师必须具备良好的职业道德，坚持质量红线和人格底线，严格遵循质量规范，不合格的产品绝不能出自自己之手。在新生研讨课、导论课、机械设计、机械制造、综合实践等课程中，均可引入该案例，作为反面教材，让同学们了解缺失工程伦理带来的危害，从而强化工程伦理意识。

3.3.2　民国轮船事故频发　船倾人没损失惨重

1. 案例介绍

晚清及民国时期，中国轮船航运业在内忧外患的大环境下发展起来。其发展过程可谓艰辛，正如近代中国民族工业的发展状况一样，先天不足，后天畸形，发展缓慢，步履维艰。虽然整体发展状况不甚完美，却也为中国的社会经济发展起到了一定的作用，促进了整个中国近代化的进程，尤其是中国近代以来的交通经济。

然而，由于近代科技水平有限及不可抗拒的自然因素，再加上轮船在设计制造和运行维护过程中不严谨、不细致、不规范，导致各种各样的海难事故层出不穷，屡见不鲜。轮船航运事故的发生，既有不可抗拒的自然因素，也有许多人为因素。

船舶在航行过程中，假若本身出现故障或者机件不灵，或多或少地会影响航行速度，甚至航行安全。民国期间，因船舶零部件质量不佳或者维护不当而造成的事故更是数不胜数，失控现象时有发生，导致海水或河水灌入船舶之中，危害程度高，危险系数大。下面举几个典型例子加以说明。

（1）1926 年，新丰轮渤海遇险。"新丰轮乘客陈沧客等二十六人投函云，余等为代表全船乘客二百余人，向阅者诸付致词。余等此次由津乘招商之新丰号赴沪，中途遇险，与诸君及余等家人，永永不相见矣。该船系九日上午十时起航，下午四时抵塘沽候潮，七时三十分放洋，微风轻荡，浪平如镜。至翌早四时许，有奇观发生，发自船身中间，乘客均被震醒，船亦戛然停止，一时秩序大乱，嗣始查悉为船下车叶折坠海中所致，船既受损，完全失去行驶能力，随风荡漾，按其地即渤海电向各地报告，而该轮并无此项设备。洋面既无他船，船中执事之人，只有瞠目束手，乘客中妇女号哭，情景极为惨烈。而甲板上水手，已纷纷拿着救生船之帆船索桅杆，以备万一之用。泊下午四时许，乃有日本炮舰十五号，急驶而来，见该船遇险，随即驶进船际船船，船主请其施救，也无办法也。"

（2）1942 年，华霖轮气缸爆炸。"中华公司之华霖轮，即前宝利轮，由沪甬公司代理，专驶宁波。昨日华霖轮由甬驶沪至中午十二时，驶入吴淞口时，该轮气缸忽然爆裂，当时全船晃动，炸声甚巨，乘客百余人无不惊慌失措，幸无受伤。后经沪甬公司得讯，派轮进行拖救，于下午四时抵扬子码头，先由公司华万轮代理驶甬线，二十一日开往宁波。"

（3）1947年，达丰轮沉没刘河口。"达丰轮于六月九日清晨二时许，在狂风巨浪中沉没刘河口附近江面，原因是机件老朽失灵，船员不识旗语，以致在风浪中挣扎数小时终告沉没。幸而当时中国油轮公司的永漳轮驶过，睹状施救，救起一百三十二人，但仍有五十多人葬身鱼腹。"

（4）1949年，大上海号货轮和海鹊号货轮失事。大上海号货轮11月9日自我国台湾高雄装运大量食盐赴日，行至台湾海峡时，突然遭遇舵机失灵，造成航行极其困难，由于船舶本身舵机掌控不力，酿成了巨大的惨祸。"华盛轮船局的货轮海鹊号11月10日由沪装货赴粤，12日途经浙江石浦洋面，因舵机折断，无法行驶，乃发电求救。香港海岸电台并为之转发，经中国运输公司的中强拖轮驰往失事地点救助脱险。"

2. 案例评析

轮船航运事故的发生，不仅因为不可抗拒的自然力量，在面对自然灾害时，我们在很大程度上束手无策，也会导致悲剧愈演愈烈。人为因素也会导致事故向着更加恶化的方向发展，船舶航行安全与否，更是牵扯到船员、乘客、货物及港口的安全。由于存在着很多不合理设计、制造低劣、操作不规范等不良行为，加之易燃易爆危险品的威胁，使整个航行事故更加严重。这一时期的航运事故中人为因素非常突出的一点就是轮船本身的零部件质量不过关，无法保持长时间稳定运行或者适应恶劣的航行条件。

海上航行一旦遇险，常常会造成巨大损失。据不完全统计，整个民国近40年间，《申报》及其他报纸所报道的轮船航运事故的后果主要集中在三个方面，分别是人们的身心受到创伤、船舶受到损失及交通贸易受到重大影响。因此，轮船零部件质量问题成为影响航运安全的重大隐患。

轮船零部件的质量既取决于其设计规格、制造工艺的合理性，也受制于生产过程和运维过程的规范性。从上述案例可以发现，轮船在航行中发生船下车叶折坠海中、气缸爆裂、机件失灵、舵机失灵等严重的机械故障，这一定和零部件的设计、制造过程密切相关。这样不能满足运行要求的零部件是如何设计和制造出来的？相关设计人员有没有真正掌握设计原理、严格遵循技术规范、经过精密的实验验证？可以说，工程师的个人职业道德决定了航行的安全，同时也决定了乘坐轮船的人们、被运送货物的安全。

3. 教学设计

晚清及民国时期，中国轮船航运业在内忧外患中逐渐发展起来，虽然受到各个方面的打压与破坏，但是其作为近代中国经济的重要部分，对于促进中国的整个近代化有着不可替代的作用。轮船在航行过程中不可避免会发生交通事故，其中既有着不可抗拒的自然因素，也有着许许多多的人为因素。事故的发生往往是多种因素共同作用的结果，对于轮船航运事故发生原因的分析，有利于从整体上感知晚清及民国时期中国的时代大背景，从原因深处总结出其特点，包括轮船发生事故之后所产生的各种影响。

民国近 40 年间，总共发生轮船航运事故约 3000 起，其中人员伤亡数目在 50 人以上的就有几百起，占据了很大比例。可以看出，在民国时代的大背景下，战乱频仍、贪腐横行、民不聊生，发生大量航运事故有其必然性。然而，无论时代背景如何，这不应该成为不遵从职业道德、缺失工程伦理的理由和借口。

因此，在课程教学中，一方面要引导学生认识到国家富强安定对于机械行业健康发展的重要性，另一方面要重点强调工程伦理对于产品及涉及的人和社会的重大影响，不能因为社会因素而降低自身的职业道德修养，设计、制造、实践等相应课程中均可引入该案例进行讲解。

3.3.3　徐良裘建职业学校　培养工匠职业道德

1. 案例介绍

1937 年，"伪国民政府"在南京市珠江路成立了"国立第一职业学校"，由原江苏昆山民众教育馆馆长徐良裘担任首任校长。他认为，职业教育是一种生产教育，重点在于培养国民之生产技能与知识，"际此产业落后的我国，提倡职业教育已经成为普遍的呼声，不仅在物质建设方面能有所贡献，而且在精神建设方面也有很大的帮助"。徐良裘对职业教育的本质与目的进行了深入的思考，他认为，职业教育不能仅仅"是一种预定的职业训练……而要以繁荣一民族一国家之生活能力为职志"。可见，在徐良裘看来，职业教育要超越"生计教育"的范畴，要培养"国家之工匠"。徐良裘认为，职业教育的本质就是要培养德艺俱佳的"国家之工匠"，这一思想很好地体现在"国立第一职业学校"的办学宗旨与办学实践中，希望将"国立第一职业学校"作为培养"国家之工匠"的"试验田"。

徐良裘认为，"工匠"的可贵之处在于除了精湛的专业技术技艺外，还对所从事的工作达到乐此不疲与精益求精的境界。因此，他认为，职业教育在重视对学生进行专业技能教育的同时，还应重视学生"思想价值"的形成，因为"思想不仅可以解脱本能冲动与习惯性行为，还能适应各种未来生活方式，更能扩展一切事物的意义与价值"，而这种价值正是"国家之工匠"的职业精神与品质。

因此，职业教育不但要夯实专业技能，更要强化职业意识、热爱专业、职业忠诚等职业精神教育，不能"仅以维持个人生计为要，而应培养国家之工匠，须有精勤工作的嗜好，陶铸完成事业的热心，重视职业上合法的自尊心"。而职业道德是工匠理性的外在表现，是基于人性但又外在于工匠个体的社会存在，是工匠成长中必须习得的一种社会约定，因此，徐良裘在制定"国立第一职业学校"学生培养方案时有意加大了对学生职业精神的培养。他坚持认为，如果职业教育仅仅是一种职业技能的训练，只需要很短的时间即可结业，而如果将职业精神培养纳入职业教育之中，那么"还是需要三五年或七八年时间才能真正结业，在此期间，如果学生缺乏艰苦耐劳的习惯和卓绝的精神，实难学成"。

因此，徐良裘在"国立第一职业学校"的教导大纲中明确指出，先从训练学生"做人"着手，然后训练学生的"思想"，并将职业精神的培养贯通到学生思想训导的整个过程之中。其主要措施有：

第一，思想训育中将内容不同却又内在连贯的职业精神"按全学期应实施训练的德目，编适各周"；如要求"实习工作不委托他人""节省实习材料、爱惜实习工具""按时交纳课卷及实习物品""看公事如自己事""自己承担做的事无论如何都做到""服从纪律与真理，努力为团体与社会谋幸福"等。强调学生要有勤勉、秩序、节俭、互助、自省和担当等品质，使职业精神的内涵在德目教育中潜移默化地传递给学生。

第二，徐良裘非常认同职业教育"非职业能力之训练，乃如何训练学习职业者之观念、意志、习惯及兴趣"的观点，并将职业精神的培养渗透于职业训练过程之中，如在《木工科工匠服务规则》中对学生工作的时间长短、勤怠奖惩及帮助学生实习的要求都有明确而详细的规定；《我们的服务准则》中提道，"我们要今日事今日毕，才能提高服务道德……不取巧不贪懒，前途才有光明……要自动计划工作，才能培养创造能力；要精密研究，留心观察，善用思想，多读书，多做事，事业才能成功"。

第三，在学生的日常生活中培养学生的职业精神。学校制定了《我们的信条》共12条，彰显了学校的教育理念，指出"要在劳心上劳力，才能产生新的价值；要双手万能，手脑并用，才能得到好结果；在日常生活中培养知识技能、习惯、道德，才是真知识，真技能，真习惯，真道德"，以增进青年服务的德行与智能。因此，学校不但对学生在学习过程中的每个环节、工序和细节都制定了详细的操作规程，还制定了请假细则、教室规则、自修室规则、寝室规则、着装细则及仪器使用细则等，通过这些生活细节不断陶冶"国家之工匠""耐心敬业，一丝不苟，专业专注，注意细节"的工匠品质与职业习惯。

图 3.3 为徐良裘的教育理念论文。

2. 案例评析

徐良裘认为，职业教育的本质就是要培养德艺俱佳的"国家之工匠"，这一思想很好地体现在"国立第一职业学校"的办学宗旨与办学实践中。《国立第一职业学校暂行学则》指出，"本校以根据中华民国教育宗旨及实施方针，继续其初中小学之基础训练，授以生产必需之知识与技能并陶冶其善良品性，培养其健全体格使将来适合与自立生活"。

图 3.3　徐良裘的教育理念论文

"工匠精神生长于企业，却萌芽于教育；工匠精神的培育，首先是教育的结果。""工匠"的培养首先是工匠精神的修炼，而实践课程与"艺徒制"的教学模式不仅有利于师生之间的技术传承，还可以实现精神传承和陶冶，有助于学生体验工匠精神，并最终将其转化为一种内在的职业素养。

"国立第一职业学校"在培养"民国工匠"的职业道德方面积累了一定的经验。道德的本质是一种实践精神，这种实践精神"来之于外、内得于己、显之于外"，最终是道德自觉。如果说技能是工匠的"安身之基"，那么职业道德就是工匠的"立命之本"，工匠的职业道德养成不仅需要有深厚的理论指引和诠释，更要通过具体的道德实践平台进行主动建构。"国立第一职业学校"设立了具有政、校、企三方背景的"教学工厂"，使学校的教学过程和生产、经营过程相融合，不但提高了教师的技能水平，还为学生接受工厂文化的熏陶创造了条件，可以让学生在工厂真实的生产经营环境中立体化、互动化地体验工匠精神的内涵，并构建职业道德标准，这对于今天的职业教育来说也具有非常重要的实践意义。

3. 教学设计

我国传统的艺徒制中蕴含着悠久的工匠精神传承，并创造了众多不朽的传世经典；而民国是我国近代职业教育发轫和发展的重要阶段，其中不仅继承了传统艺徒制的精华，还将工匠精神的培育渗透在现代学校教育实践之中。在抗日战争全面爆发之后，华东沦陷区的职业教育受到严重破坏，但徐良裘主持的"国立第一职业学校"在工匠培养实践中有很多值得思考的地方。

"国立第一职业学校"的办学实践存在着明显的"趋工厂化"痕迹。学校聘请工厂的工匠到学校指导学生实践实习，实行"艺徒制"的指导方式，这种学校制度化的"艺徒制""不仅关注职业技能水平的提升，还强调专业知识水平和综合素养的培养"，超越了传统的"家族式""民间式""宫廷式"与"自我观摩式"等形式的"艺徒制"，突破了传统"艺徒制"效率低下与"师徒人身依附关系"的局限，开拓了现代职业教育的新途径。

徐良裘在执掌"国立第一职业学校"期间不断探索职业教育的新理念、新模式，多少也折射出徐良裘在战火纷飞的年代希望通过职业教育挽救国家于危亡之际的民族心。但是，由于"伪国民政府"在根源上是反动的，试图通过教育对民众进行奴化的意图十分明显，对职业教育经费、课程设置进行了强力限制，使得"国立第一职业学校"的很多理念和措施得不到落实。

因此，在课程教学方面，一方面要引导学生认识到职业道德的养成、工匠精神的培养都需要安定富强的国家和健康发展的行业，乱世之中这些方面很难得到有效的实现。另一方面要从徐良裘的工匠职业道德思考和实践中学习和了解其对"国家之工匠"的培养理念，正确树立并养成良好的职业道德精神，把自己的职业道德养成和国家发展有机地结合起来。在各种专业课程中，尤其是有课程实践和综合实践的课程中，均可引入该案例进行讲解。

3.3.4 刘仙洲修编机械史 求真求实严谨规范

1. 案例介绍

刘仙洲（1890—1975 年），男，原名鹤，又名振华，字仙舟，河北完县（今河北省顺平县）人，机械学家和机械工程教育家，中国科学史事业的开拓者，中国工程专家，中国科学院院士，清华大学副校长、教授，中国机械史学科的创建者。刘仙洲为祖国工科大学的教育事业及机械科学和中国机械发明史的研究奋斗终生，为后人留下了宝贵的精神财富。刘仙洲在规范机械工程英汉名词和修编中国机械史方面的工作中所表现出的高尚道德品格尤其值得我们学习。

刘仙洲在教书和编书过程中，深感我国机械名词相当混乱。许多机件只有外国名称，仅有的一些中国名称也是五花八门。同一种机件，工厂里一种叫法，科教界另一种叫法，书本上又是一种写法。例如，工厂把弹簧（spring）音译为"司不令"，联轴器（coupling）

译为"靠背轮",机车前的排障器（scraper）称为"猪拱嘴",机车进退转向器月牙板（reverser）称为"吊死鬼",既不雅驯,又不统一。为了改变这种混乱状况及增加更多的名词,刘仙洲于 1932 年受中国机械工程师学会的委托,编订《英汉对照机械工程名词》。

他查阅了我国明朝以来涉及工程的书籍数十套,汇编成记有各种名称的万张卡片,按照"从宜""从俗""从简""从熟"四大原则,从中选取一个恰当的名词。例如：pump 一词有"恒升车""抽水筒""运水器""哪筒""邦浦""泵"等 14 种叫法,他和大家反复琢磨,最后选定"泵";carburator 叫"油壶子",含义不清,他就按从宜的原则,改为"化油器";cam 叫偏凸轮,不够简洁,便简称为"凸轮";ball bearing 直译为"球轴承"似乎很贴切,但考虑到当时很多人已习惯用"滚珠轴承"一词,也就从俗保留了下来。有些外文名词的概念很难翻译,他常常苦思多日不得其果,于是就创造出新字,如《热工学》中的重要概念熵（entropy）、焓（enthalpy）等字。这项编订工作历时一年多,汇集成 11000 多个名词,于 1934 年由商务印书馆正式出版,又于 1936 年、1945年两次增订,词汇由 1 万多增加到 2 万多。《英汉对照机械工程名词》的出版受到工程界的热烈欢迎。我国机械工程名词由此逐步统一起来,像"节圆""齿节"等机械名词,当初叫起来感到很不习惯,现在大家已经非常熟悉了。中华人民共和国成立后,中国科学院编订的《英汉机械工程词汇》的前言中指出："本编是在刘仙洲同志的《英汉对照机械工程名词》基础上进行编订的。"

刘仙洲在学术上最突出的成就是对中国机械发明史的研究进行了开拓工作。国外撰写科学技术史的人,除了提到中国的四大发明外,似乎中国就没有什么其他重要发明创造了。实际上,在过去的四五千年中,我国人民在机械工程方面的发明创造不但数量较多、质量较高,而且发明的时间也较早,只是缺乏记载,或者记载不详,更无图例可据。

早在 20 世纪 20 年代,刘仙洲就开始发掘这些宝贵的文化遗产,于 1933 年发表了《中国旧工程书籍述略》,1935 年发表了包括交通工具、农业机械、灌溉机械、纺织机械、雕版印刷、计时器、兵工等 13 个方面的《中国工程史料》。在这以后的 40 年中,不管在怎样困难的条件下,他从未间断过搜集和研究有关资料的工作。特别是中华人民共和国成立以后,他建议在清华大学成立中国工程发明史编辑委员会,查阅我国古书籍 2000 多种,制成各种资料卡片 16000 多张。他依据这些文献和考古挖掘的最新成就,深入分析研究了我国机械工程方面的发明创造,在许多问题上做出了自己的结论。1961 年,他向中国机械工程学会成立十周年年会提交了专著《中国机械工程发明史（第一编）》。在这部专著中,他系统地总结了我国古代在简单机械的各种原动及传动机械方面的发明创造,有些项目早于其他国家几百年,甚至一两千年,为人类科学技术史增添了新篇章。其中 10 多项重大发明创造，如东汉张衡、唐代一行与梁令瓒的水力天文仪，北宋吴德仁的指南车和卢道隆的记里鼓车，元末明初詹希元的五轮沙漏等，已复制成实物，陈列在中国国家博物馆。

在中国古代机械工程的研究中，常常可以遇到同一发明有好几种彼此互异的记载，而同一记载又往往出现在几种不同的版本中，刘仙洲总是全面掌握这些文献，逐字逐句加以校核，去伪存真，一丝不苟。例如车的发明者，相传有七八人之多，有人甚至认为诸葛亮曾经发明过能够自动运行的"木牛流马"。刘仙洲博览古今书籍，特别是宋朝的几项文献，断定"木牛流马"就是今天常见的独轮小车，而且是由蒲元等多人创议，诸葛亮只是采纳制造而已。他还从西汉许慎所著的《说文解字》中找到了"辇"（即"一轮车"）这个字。西汉刘向著有《孝子图》，早于《说文解字》100 多年，从东汉武梁祠的石刻画像上可以看到孝子董永所推的就是这种独轮车。由此可见，独轮车创始时代至少可以推到西汉，诸葛亮只是用在"难于上青天"的蜀道上运粮而已。至于把独轮车叫木牛流马，都是由于无牛马而实有牛马之功，就像现在把拖拉机叫"铁牛"，把电动自行车叫"电驴"一样。

又如《宋史·舆服志》所载吴德仁指南车的结构，是"左右龟鹤各一"。这句话可以理解成"左有一龟，右有一鹤"，也可以解释为"左右各有一龟一鹤"。理解不同，指南车的构造也就不同：前者外围六轮，后者外围八轮。刘仙洲通过反复研究，虽然发现两种结构都有可能制造，但一定要考证得非常确切，做到可靠可信。为此，他专门请教了汉语专家，又特地考证了北京故宫太和殿前的龟鹤古迹，认定应按后一种理解，方着手绘制成图。在该书中，还记载了燕肃指南车的构造，殿本宋史有"系右小平轮一匝"的话，刘仙洲怀疑"系"系"击"之误，但不轻下结论，贸然更改，而是认真查阅好几种版本，最后发现百衲本宋史中确系"击"字，才改了过来。

在中国机械工程发明史的研究中，刘仙洲既反对民族自卑，又反对夜郎自大。他主张实事求是，有就是有，无就是无，早就是早，晚就是晚。西方国家一般认为，机械传动的天文钟是欧洲人在 14 世纪初发明的。刘仙洲经过长达 20 年的研究认定，早在公元 130 年，东汉张衡的水力天文仪就已附有机械性计时器，并据此于 1953 年编导了一部科教片《钟》。1956 年 9 月，他应邀到意大利出席第八届世界科学史会议。会上，英国剑桥大学教授李约瑟在《中国天文钟》的学术报告中说："通过对一些中世纪中国书籍的考察，我们可以确定在公元 7—14 世纪，中国已有创造天文钟的悠久历史。"刘仙洲在自己宣读的论文《中国在计时器方面的发明》中指出，公元 2 世纪，中国在齿轮的实用上已有相当高的水平，可以推断东汉张衡水力天文仪所附的计时器已经采用齿轮系作为传动机构,否则很难得到上述天文钟规律性的运动。李约瑟当场表示相信刘仙洲的这一推断,在后来发表的论文中承认,这种水力机械钟"肯定是 8 世纪,也许是 2 世纪的装置",并引用了刘仙洲设计的这种水力机械钟的复原图。他说:"我早就认为,中国天文钟的传统很可能是后来欧洲中世纪天文钟的直接祖先。"与会专家异常推崇地说:"想不到在这样的时候,中国已有这样复杂的发明!"但是,有的学者对此仍有疑义。回国以后,刘仙洲又根据有关文献和考古新发现进行深入研究,将上述论文重新修订发表,以更加令人信服的材料对这一问题做了明确回答。他确定,张衡是中国创造机械计时器的第一人,比西方早 1000 年左右。

刘仙洲先生整理的资料卡片如图 3.4 所示,个人照片如图 3.5 所示。

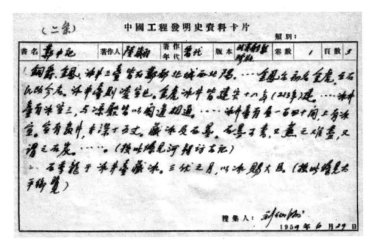 

图 3.4　刘仙洲先生 20 世纪 50 年代末抄录的机械史资料卡片　　　图 3.5　刘仙洲先生

2. 案例评析

刘仙洲在 1962 年由科学出版社正式出版的《中国机械工程发明史》(第一编)的绪论中强调:"我们应当根据现有的科学技术知识,实事求是地,依据充分的证据,把我国历代劳动人民的发明创造分别整理出来。有就是有,没有就是没有;早就是早,晚就是晚。"这种严谨治学、求真务实的态度在其治学方法中体现得尤为明显。他的研究方法与特点可以概括为以下几个方面:

一是广查古籍文献,发掘一手资料,对古文献资料进行甄别和考证。

二是科学分类,归纳整理。按照近代机械工程的体系、分类方法和研究方法,归纳、分析和研究中国古代各类机械工程发明。例如,他在《中国机械工程发明史(第一编)》中,先从一般机械的定义和分类入手,然后按照简单机械,弹力、惯力、重力和摩擦力,原动力与传动机等方面展开论述。《中国古代农业机械发明史》的编撰体系则是将我国古代农具和机械分为整地机械、播种机械、中耕除草机械、灌溉机械、收获及脱粒机械、加工机械和农村交通运输机械七大类，将我国古代种类繁多的农用工具和机械分门别类地纳入机械工程体系中。

三是注重文物考古资料，把古文献资料和考古出土实物结合起来开展研究，以揭示古代机械工程发明的真实历史和发展规律。他密切关注考古新发现，有时还亲临现场考察，研究出土文物。如果看不到实物，便向各博物馆索要图片和拓片，与古文献资料珍藏在一起。

四是通过对古文献记载和出土文物的分析，结合科学实验，进行古代机械的复原。如1959年他提出了张衡浑象的齿轮和凸轮传动机构复原模型。后与中国历史博物馆（今国家博物馆）王振铎合作，将张衡浑象复制成能运转的木制模型，在中国历史博物馆展出。

五是关注留存下来的传统机械的研究，通过对传统机械实物的考察，分析古代机械的结构原理。多重证据，还原历史。由今见昔，察今知古。

六是注重古为今用，机械史的研究成果在机械工程名词统一和自编机械工程教科书工作中发挥了重要作用，并对机械工程教育产生了深远的影响。他修订的《英汉对照机械工程名词》在确定术语、译名和编写中文机械工程教科书时都很好地吸收了机械史的成果，他创译的"熵""焓"等名词非常贴切。他通过古代文献考察得到的机械定义，被用于最早的中文机械原理教科书中。

3. 教学设计

刘仙洲认为当时有三种现象需要实事求是的科技史研究来纠正：一是西方写科学技术史的学者只知道中国有造纸、印刷、罗盘、火药四大发明，此外似乎就没有其他重要发明了；二是自1840年鸦片战争后，中国有一部分知识分子过于自卑，认为中国在各种科学技术的发明上都不如西方，甚至认为什么也没有；三是另一部分读书人妄自尊大，认为中国什么都有，"在古书里找到同西洋某种科学技术影似的一两句话，就加以穿凿附会，说这些东西我国早已发明过"。

从事任何一个学术新领域的开拓无疑都是异常艰辛的，而从事中国机械史的研究，更有其特殊困难。中国古籍浩如烟海，而机械史料的分布零星散乱，对古代一些机械科技成果的记载大都十分简略，更无图例为据，因此这项研究工作难度很高，工作量很大，常常要面临多种多样的难以预料的障碍。刘仙洲的成功与多方面因素有关，而其中一个重要因素则是刘先生有着良好的治学精神和求真务实、严谨规范的高尚道德。

刘仙洲非常重视收集史料，无论怎样艰难，他都想方设法广泛地收集资料。他大量查阅古籍，密切关注考古新发现，有时还亲临现场考察。他在中国机械工程学会的协助下，查阅了古籍 2000 多种，制成各种资料卡片 16000 多张，获取了大量的第一手资料，为他的研究工作打下了牢固的基础。刘先生具有实事求是、严谨认真的良好学风。他在研究工作中反复强调要实事求是，既反对民族虚无主义情绪，又反对夜郎自大，哗众取宠。他以身作则，严谨治学，始终保持头脑清醒，一丝不苟。刘仙洲治学严谨还表现在他的虚怀若谷上，无论是著名学者，还是普通工作人员的意见，他都同样认真对待。他在著作中采纳别人的意见和建议，甚至对别人提供的资料和线索均一一注明，充分尊重别人的劳动。

因此，引用该案例时，可以从以下两个方面进行讲解：一是要通过刘仙洲先生高尚的职业道德和品格，引导学生树立良好的学习和工作态度，养成严谨、细致、认真、求实的品格。二是讲解刘仙洲先生的研究成果，例如机械工程相关名词、我国机械发展史上的优秀成果等；这些内容和学生的日常学习、生活息息相关，也能引发学生的兴趣，从而更加激起学习的兴趣和培养职业道德的动力。在新生研讨课、导论课，以及讲解机械技术的发展和相应名词时，都可以引入该案例。

3.4 工程伦理之现代部分

3.4.1 甬温线动车事故 伦理之殇发人深省

1. 案例介绍

40 人死亡，172 人受伤——2011 年 7 月 23 日，是中国铁路史上的一场噩梦。2011 年 7 月 23 日 20 时 34 分，由北京南站开往福州站的 D301 次动车组列车行驶至温州南站间双屿下番路段，因遭到雷击，与由杭州开往福州南站的 D3115 次动车组列车发生追尾事故，导致 D301 次列车 1、2、3 节车厢脱轨坠落桥下，列车严重损毁，造成多名人员伤亡（见图 3.6）。

本次事故造成直接经济损失 19371.65 万元，除此之外，还包括铁路停运、列车晚点带来的损失，

图 3.6 "7·23" 甬温线动车事故现场

处理环境污染的额外费用等间接经济损失。中国工程院院士钱清泉指出，这次事故的发生，导致我国铁路上正在开工的工地全部停工，与国外洽谈的高铁技术合作项目也全部停止。

"7·23"温州动车事故，不是一场简单的工程事故，而是一场"人为"的事故。其实，在事故发生前的每个环节，每个人都有可能避免事故发生，但是没有人这样做，也没有人考虑到可能产生的后果。

国务院"7·23"甬温线铁路交通事故调查报告中明确指出，经调查认定，通号集团下属设计院为温州南站提供的 LKD2-T1 型列控设备存在严重的设计缺陷与安全隐患。从软件设计上看，温州南站的 LKD2-T1 设备采集电路出现故障后，列控中心主机将故障信息转发给监测维护终端，并未采取任何防护措施。从硬件上看，PIO 采集电源并未按规定采取两路独立电源设计，一旦电源失效，采集驱动单元的采集回路便会失去供电。通号设计院所设计的列控设备产品本身存在缺陷，通号设计院又未认真贯彻国家关于产品质量方面的法律法规。设计院严重违反工程师"安全可靠"的伦理准则，给事故发生埋下了巨大隐患。本次事故造成的 40 名死亡人员中，有旅客 37 人，司乘 3 人；172 名伤员中，有旅客 169 人，司乘 3 人，这次事故严重违背了公众的根本利益，危害了人民群众的生命安全。

人为因素导致的工程质量问题及其引发的工程事故频繁发生，工程质量已经不单单是技术层面的问题，更是社会层面的问题。在"7·23"甬温线动车事故中，通号设计院未按照国家有关产品质量检验的相关规定，在科研质量管理上失职，对下属企业列控产品管理失控，对产品研发过程和产品质量监督不到位，导致了严重的负面影响。原铁道部运输局基础部信号处副处长袁湘鄂因违规认定"LKD2-T1"型列控中心设备在技术上能够满足 CTCS-T2 型列控系统的技术要求，受到严重处分；负责监管质量管理体系的通号集团质量管理部部长陈红，在履行职责中失察，对质量管理体系监督不到位，对事故负有重要领导责任。审查不严、监管不力、职责履行不到位等原因，直接导致了本次特别重大事故的发生，涉及事故的工程师负有严重的社会责任。

事故中，54 名责任人员受到严肃处理。从被处理者的工作性质来看，在设计方面，处理了科学技术司和通号设计院责任人共 13 人；在施工方面，处理了 12 人；在运营方面，处理了调度、车站、电务等共 27 人。导致事故发生的原因，既有通号设计院的设计缺陷，也有列车的调度问题。事实上，从通信设备供应商到铁路局调度所，再到电务部门，均存在不可推卸的责任。

2. 案例评析

"7·23" 甬温线动车事故作为全国性的特大事故，迫使公众在日益严重的伦理困境之下进行伦理反思，引起了社会各界的广泛关注。工程伦理学的研究范围包括工程师个人的道德行为和工程师的伦理准则。

工程活动中存在一系列伦理问题，伦理冲突在工程实践过程中始终起作用。例如，在工程设计中，缺乏以人为本的理念，单纯考虑经济因素，不注重对生态环境的保护；或单纯考虑政治需要，不计成本与效率，做所谓的"形象工程"；在工程决策中，不通过民主、科学的决策程序，或是不顾大局从个人利益出发；在工程实施中，规章制度不健全，因偷工减料而导致质量事故，因管理疏漏造成资源浪费和环境污染等。

工程师的伦理责任包括以下三个方面：

第一，工程师的职业伦理责任。职业责任指的是工程师在工程实践中对产品的设计和制造应该负有的质量和安全方面的责任。

第二，工程师的环境伦理责任。工程活动不可避免地对环境造成直接而巨大的影响。工程师在工程设计、规划阶段要避免对生态环境造成破坏，精心保护世界资源和自然环境，遵循可持续发展的原则。

第三，工程师的社会伦理责任。保障公共安全是工程师承担的最重要的社会责任。工程师一定要有社会责任意识，不能只注重自身的效益，还要关注工程对社会、自然产生的后果，关心他人，关心社会。

不仅仅是本次事故，因缺乏职业道德、不顾工程伦理等而产生质量问题导致事故的案例数不胜数。如果有良好的职业道德，即使在科学技术并没有如今发达的过去所建造的产品也能牢固耐用。1957 年建造的武汉长江大桥距今已经有 60 多年的历史了，武汉长江大桥每天的汽车通行量已由 60 年前的数千辆上升到如今的近 10 万辆，大桥的荷载早已大大超过了建成之初。虽然其间经受了 70 多次撞击和无数次洪水、狂风的洗礼，但大桥的稳定性依然良好。武汉长江大桥之所以有这样的质量，是因为修建时所有建筑材料都有严格的甄选标准，对大桥的每一个细节，乃至铆合的铆钉都要经过一一检验。与之相反，2000 年投资 11 亿元建成的武汉白沙洲大桥长期处于封闭施工状态，10 年间维修共计 24 次，平均不到 1 年要维修 2 次，引得武汉市民怨声连连。在 2008 年的修复中，又发生了维修项目被违法转包的问题。因此，科技的进步并不一定会带来工程伦理的进步。

3. 教学设计

在过去的 100 多年里，兴建铁路已成为中国崛起的一个象征。从青藏铁路、武广高铁再到今天的京沪高铁，都被认为是中国经济高速发展的象征。然而，工程技术发展面临的伦理困境却一直被忽视，教师应该通过把"7·23"甬温线动车事故案例与工程伦理理论相结合，对该事故进行伦理反思，与学生共同探讨工程师在科技向现实生产力转化的过程中所承担的社会责任，以及"把公众的安全、健康和福利放在首位"的伦理准则。

在引入该案例时，可以从以下两个方面进行讲解：一是通过该案例的惨痛后果，警醒同学们认识到缺乏职业道德会带来多么严重的后果，会对社会带来多么严重的影响，从而使同学们尽快树立培养良好职业道德的决心。二是工程风险的成功规避在很多情况下依赖于工程师的善举。因为工程的复杂性，很难保证每一个技术细节都严格按照规章行事，因而在工程实践中不得不严防各种意外。在很多情况下，灾难的避免恰恰在于工程师们不仅做了他们业务范围内的事，还自觉做了超出他们的基本责任所要求的事。工程师们的这些善举在很大程度上依赖于他们诚实、公正、讲信用等良好品德。

课堂中可以采用对比法引入正面案例，如中国第一条"环保铁路"青藏铁路考虑生态，为保护藏羚羊等野生动物的生存环境、保护湿地、保护环境而采取独特的设计和建设运营理念。从而使学生深刻理解工程伦理中人与社会的关系，理解工程伦理的重要性和内涵。

工程伦理正是要培养工程师的这些品德，才能够使处于关键岗位的工程师们时刻维护人民群众的切身利益。可以在研讨课、导论课、机电控制系统、机电综合实践等相应课程中引入该案例进行讲解。

3.4.2 胡双钱做人放首位 金属雕花助飞大客

1. 案例介绍

在一栋 3000 m² 的现代化数控车床厂房里，中国商飞大飞机制造首席钳工胡双钱所在的角落并不起眼。这像一个隐喻：在我们这个人口超过 14 亿人的偌大国度里，胡双钱和他的钳工同行们显得寡言少语，也得不到太多关注。甚至，直到 2015 年的五一劳动节期间，中央电视台特别节目《大国工匠》在介绍胡双钱等人时，仍有一些网友惊叹，"原来还有这样一群人存在"。

《大国工匠》讲述了 24 名工匠"劳动的手"所缔造的神话。节目播出之后，工匠们的故事很快引起社会热议，截至 2015 年 5 月 7 日，相关话题的微博阅读量超过 3560 万人次。人们发现，包括胡双钱在内的工匠们，之所以走入镜头，并非因为他们有多么高的学历、收入，而是因为他们能够数十年如一日地追求职业技能的极致化，靠着传承和钻研，凭着专注和坚守，缔造了一个又一个的"中国制造"。

胡双钱就是其中一位拥有非凡技术的匠人，至今，他都是一名工人身份的老师傅，但这并不妨碍他成为制造中国大飞机团队里不可或缺的一分子。

2006 年，中国新一代大飞机 C919 立项，对胡双钱来说，这项要做百万个零件的大工程不仅意味着要做各种各样形状各异的零件，有时还要临时救急。一次，生产急需一个特殊零件，从原厂调配需要几天的时间。为了不耽误工期，只能用钛合金毛坯现场临时加工，这项任务就交给了胡双钱。

胡双钱所讲述的任务难度之大，令人难以想象："一个零件要 100 多万元，关键它是精锻锻出来的，所以成本相当高。因为有 36 个孔，大小不一样，孔的精度要求是 0.24 mm。"0.24 mm，相当于人头发丝的直径，这个本来要靠细致编程的数控车床来完成的零件，那时只能依靠胡双钱的一双手和一台传统的铣钻床完成。他仅用了一个多小时，36 个孔悉数打造完毕，一次性通过检验，再一次证明了胡双钱的"金属雕花"技能。

"学技术是其次，学做人是首位，干活要凭良心。"胡双钱喜欢把这句话挂在嘴边，这也是他技工生涯的注脚。

胡双钱是上海飞机制造有限公司的高级技师，一位坚守航空事业一辈子、加工数十万飞机零件无一差错的普通钳工。对质量的坚守，已经是融入血液的习惯。他心里清楚，一次差错可能就意味着不可估量的损失，甚至以生命为代价。

他用自己总结归纳的"对比复查法"和"反向验证法"，在飞机零件制造岗位上创造了 35 年零差错的纪录，连续 12 年被评为"质量信得过岗位"，并被授予产品免检荣誉证书。

不仅无差错，还特别能攻坚。在 ARJ21 新支线飞机项目和大型客机项目的研制和试飞阶段，设计定型及各项试验的过程中会产生许多特制件，这些零件无法进行大批量、规模化生产，钳工是进行零件加工最直接的手段。胡双钱几十年的积累和沉淀开始发挥作用。他攻坚克难，创新工作方法，圆满完成了 ARJ21-700 飞机起落架钛合金作动筒接头特制件制孔、C919 大型客机项目平尾零件制孔等各种特制件的加工工作（见图 3.7），先后荣获全国五一劳动奖章，以及"全国劳动模范""全国道德模范"称号。

一定要把我们自己的装备制造业搞上去，一定要把大飞机搞上去。胡双钱最大的愿望是："最好再干 10 年、20 年，为中国大飞机多做一点。"

图 3.7　工作中的胡双钱

2.案例评析

工匠精神,不同的时代可能有不同的解读,但其核心是一种对工作的执着和热爱,是对产品精雕细琢、精益求精的精神。中国是制造大国,但非强国,我国的制造业在规模上堪称大国,但产品质量往往逊色于发达国家。我们的国家和企业需要工匠精神,需要打磨产品质量的耐心。因此,只有积极培养工匠精神才能使我国成为制造强国,撑起"大国制造"。

胡双钱等"大国工匠"并非有多么高的学历、收入,而是能够数十年如一日地追求职业技能的极致化,靠着传承和钻研,凭着专注和坚守,铸就了出色的技工生涯。他从事的钳工工作仅是机械工程中的一道工序,但是对于培养机械工程学生科学精神的榜样作用不可估量。案例中蕴含了最基本的工程伦理——"良工"。

最契合胡双钱的品质特征便是工匠精神。体现在他身上的工匠精神,一是"淡泊名利",把责任当成一种使命;二是"专注""耐心""恒心";三是"精益求精"。这些品质我们现在或许很容易就能拥有,但是胡双钱一坚持便是一辈子,牢牢地坚守住了他的人生信条,使这些词语在他身上体现得淋漓尽致。正如他所说的:"你要安得下心、耐得住寂寞、守得住平凡、专心爱上自己的工作。我相信任何一个努力过的人都能成为大国工匠。"

3.教学设计

在课程中引入胡双钱的案例,开展课堂思政,为机械工程专业的学生阐述工匠精神。教育学生"匠心有责，不忘初心"，守责任就是坚守人生的义务。任何时代，责任感都是不可或缺的精神。没有责任感的员工不是优秀的员工，没有责任感的公民不是好公民。放弃自己对社会的责任，就意味着放弃了自身在这个社会中更好地生存的机会。教育学生"匠心有恒，历尽千帆而无悔"。没有足够的耐心和精心，就不会有高质量的产品出炉。每个年轻人都有梦想，渴望做出成绩。但成功需要时间，也需要积累，唯有不断努力，才能凝聚起改变现状的爆发力。在默默无闻的日子里丰富自己的知识，提升自己的能力，锤炼自己的心态，磨砺匠心之境。守住一颗匠心，就会对生活和工作更加从容、安然、专注、享受。

该案例可以在研讨课、专业导论、机械制造工艺基础、金属工艺学、切削原理与刀具、机械制图、数控加工技术、机械制造精度与分析等机械专业课程中讲授。在数控加工技术课程中，可以在数控加工技术的现状内容讲授中引入胡双钱这个人物，通过其坚守航空事业 35 年成为大国工匠来阐明匠心有恒的重要性。在金属工艺学课程中，可以在制造质量内容讲授中，从数控加工精度部分切入胡双钱的例子，从而开展工匠精神的工程伦理教育。

3.4.3　李峰精益求精成信仰　确保火箭导航精度

1. 案例介绍

"心细如发，探手轻柔"贴切地形容了大国工匠李峰（见图 3.8），在高倍显微镜下手工精磨刀具，5 μm 的公差也要"执拗"返工。

2016 年 5 月，在长征七号火箭的总装车间里，数以万计的火箭零部件来自全国各地，它们在这里集结，经过严格的组合测试之后被运送到海南文昌发射场组装。但是有一个部件被特别处理，这就是长征七号火箭的惯性导航组合。火箭的惯性导航组合被业内简称为惯组，

图 3.8　李峰照片

就像人在走路的时候，依靠眼睛和大脑定位神经系统确认自己该走哪条路，走到了什么位置，而不用时刻去询问别人。

在中国航天科技集团公司第九研究院的车间里，铣工李峰正在工作，尽管此刻属于加班加点赶工，但他的每一个动作依然是从容不迫的。李峰加工的部件是火箭"惯组"

中的加速度计。如果说"惯组"是长征七号的重中之重，那么加速度计就是"惯组"的重中之重。在他的工作模式里，速度不是来自表面的急促紧迫，而是源于每一个工作行为的准确有效。此时，他对自己的产品依然"吹毛求疵"。在他心里，精益求精已经成为一种信仰。

一次，李峰加工的加速度计存在着 5 μm 的公差，在设计允许范围之内，已经属于合格产品了，但是李峰要从检验员这里拿回去返工，他要坚持自己心里的公差。李峰说道："工匠这些人，都像缺了一根筋或者说是钻了牛角尖似的，就喜欢这个才能干好，什么时候你不用心你就干不好。"惯导器件中每减少 1 μm 的变形，就能缩小火箭在太空中几千米的轨道误差。1 μm 大约是头发丝直径的 1/70，那是目前人类机械加工技术都难以靠近的精度。李峰为缩小那 5 μm 的公差必须仔细地磨刀。

工件铣削运行虽然是数控机床出力，但铣削精微处所用的刀具都需要李峰亲手打磨。刀具是决定加工精度的关键，李峰发现刃口上出现的小缺口导致了几微米的加工误差，就必须加以精磨修整。在高倍显微镜下手工精磨刀具是李峰的绝活儿。李峰磨制刀具时心细如发，探手轻柔，这时他所有的功力都汇聚在手上。看李峰借助 200 倍的放大镜手工磨刀才会让人明白，为什么在中文里工匠的技能被称为"手艺"。

磨刀具的李峰，就用他那一双看似慢条斯理却又精巧灵动的手，一面拨轮，一面按刀，以无穷的耐心磨下去。与金刚石同等硬度的刀具逐渐呈现出李峰所需要的锐度和角度，这是真正的以柔克刚（见图 3.9）。

图 3.9　灵动的磨刀手

工匠们的手上积淀着他们的技艺磨砺、心智淬炼和人生阅历，如同参天大树的年轮记载着大树所承接的日月风霜。

2. 案例评析

当今社会大部分人心浮气躁，追求"短、平、快"（投资少、周期短、见效快）带来的即时利益，却忽略了产品的品质灵魂。因此企业更需要工匠精神，才能在长期的竞争中获得成功。当其他企业热衷于"圈钱—做死某款产品—再出新品—再圈钱"的循环时，坚持工匠精神的企业，依靠信念、信仰，看着产品不断改进、不断完善，最终通过高标准要求历练之后，成为众多用户的骄傲。无论成功与否，在这个过程中，他们的精神是完完全全享受的，是脱俗的，也是正面积极的。

工匠精神是企业长久生存和发展的支撑力，也是实现我国产业转型的精神动力。当下，我们提倡创新，鼓励创造，却很少强调"精工制造"，工艺和质量往往不被重视。诚然，创新是企业发展的核心动力，也是实现"中国制造"向"中国创造"转变的必由之路。但我们必须清楚地认识到，制造是创新的基础，创造是更高一层的制造，如果没有过硬的制造水准，再好的创新也无用。创新与工匠精神并不矛盾，真正的"工匠"不但追求完美，视技术为艺术，而且愿意追求极致，既专注又专业，所以能够不断发挥创造力，打造出"精工产品"。其实，很多时候我们缺少的不是创造而是"精工制造"。瑞士手表之所以能够畅销世界、成为经典，是因为制表者能够凭着工匠精神对每一个零件、每一道工序精心打磨、专心雕琢。德国和日本的工业产品之所以被全世界公认为质量过硬，正是因为它们的企业始终传承着这种工匠精神。

感悟平凡岗位中不平凡的人生。不平凡劳动者的成功之路不是进名牌大学、拿耀眼文凭，而是默默坚守、孜孜以求，在平凡的岗位上，追求职业技能的完美和极致。最终脱颖而出，跻身"国宝级"技工行列，成为一个领域不可或缺的人才。

3. 教学设计

在课程中引入李峰的案例，开展课堂思政，为机械工程专业的学生阐述"精工制造"的工匠精神。匠心在精，极致无极限。教育学生工匠的世界没有"凑合"，心态决定状态，想法决定结果。只想着完成目标的人，关注点在"完成"，而在工匠们的眼里，只有对质量的精益求精、对制造的一丝不苟、对完美的孜孜追求。

该案例可以在机械制造工艺基础、金属工艺学、切削原理与刀具、机械制图、金属热工艺加工、发动机制造、机械制造精度与分析、数控加工技术等机械专业课程中讲授。在金属热工艺加工课程中，可以在焊接工艺的讲授中引入李峰的案例，阐明精度和苛求的重要性。

3.4.4　高凤林和产品"结婚"　终成发动机焊接大师

1. 案例介绍

发动机是火箭的"心脏"，是火箭腾飞的引擎，高凤林正是焊接火箭"心脏"的人。自 1980 年技校毕业后，高凤林一直从事火箭发动机焊接工作（见图 3.10）。多年以来，高凤林共攻克难关 200 多项，节约或避免经济损失 3500 多万元，在本职岗位上做出了突出的贡献。

图 3.10　高凤林照片

1）硬本事，焊接火箭心

出色完成亚洲最大的全箭振动试验塔的焊接攻关，修复苏制图 -154 飞机发动机；被丁肇中教授亲点，成功解决反物质探测器项目难题……高凤林的履历里记录着众多辉煌的时刻，而这些时刻与国家航天事业的发展紧密相连。

20 世纪 90 年代，长征三号甲系列运载火箭的新型大推力氢氧发动机的大喷管焊接工作曾一度成为火箭研制的瓶颈。据 X 射线检测，当时焊接的焊缝有 200 多处裂纹。在高层质量分析会上，高凤林在众多技术专家的质疑声中，大胆直言自己的想法，认为这是"假裂纹"。经过剖切试验，200 倍的显微镜显示结果证明他的判断是正确的。专家对第一台大喷管的"死刑"判决得以改判，从而挽救了造价昂贵的产品，挽回了国家的经济损失。在后续的发动机系统可靠性增长研究课题中，高凤林又多次参与论证并亲自实施，其中由他主焊完成的大喷管已经过 10000 多秒的地面试车考核，成为"功勋"喷管。

30 多年来，高凤林始终坚持以国家为重，扎根一线，勇于登攀，甘于奉献，一次次攻克了发动机喷管焊接技术的世界级难关，为北斗导航系统、探月工程、载人航天工程等国家重点工程的顺利实施，以及长征五号新一代运载火箭的研制做出了突出贡献。

2）爱钻研，甘为孺子牛

高凤林被戏称为"和产品结婚"的人，他对航天事业和自身岗位的热爱已经融入骨血之中。外资企业曾以高薪和解决住房等条件聘请他，但高凤林不为所动，执着地坚守在航天一线，将个人利益置之度外，不计得失，全身心投入在工作上。为了练好基本功，他吃饭时拿筷子练送丝，喝水时端着盛满水的缸子练稳定性，休息时举着铁块练耐力，冒着高温观察铁水的流动规律。

为了满足国外大容量、大吨位卫星的发射要求，我国建造了亚洲最大的全箭振动试验塔。为了保证振动大梁的最佳性能，需要工作人员在高温下持续操作。焊件表面温度高达几百摄氏度，高凤林的双手被烤得鼓起一串串水泡，他咬牙坚持，最终焊出了合格的振动大梁。在以后的 10 多年里，振动大梁经受住了时间的考验，而他的手上至今还有因严重烤伤留下的疤痕。在首台大喷管焊接中，高凤林常常要保持一个难以忍受的焊接姿势 1 h，每天工作到凌晨三四点，当他回到家时，腰、手臂已经麻木，要用毛巾热敷，才能减轻痛苦。经过 30 个日夜的攻关，他完成了长达近千米的焊缝加工。为了攻克国家某重点攻关项目，他在近半年中，每天趴在冰冷的产品上，导致四肢关节麻木、青紫。

3）带徒弟，传道授业练技能

高凤林将传授技能作为自己的另外一项重要使命，他所倡导的"师带徒""一带一"和他创造的"焊接育人法"在实践中得到广泛认同和应用。他的徒弟在国内外焊接大赛中屡获佳绩，至今他已培养出全国技术能手 5 名、中央企业技术能手 1 名、航天技术能手 1 名。他在各种期刊杂志上公开发表论文 30 余篇。他每年的理论、实操授课超过120 课时，课程学员上千人次。

从 1993 年开始，高凤林担任发动机车间氩弧焊组组长。2005 年，该班组被中国国防邮电工会和中国航天科技集团公司联合命名为"高凤林班组"，成为中国航天科技集团公司第一研究院首个以劳模名字命名的班组。此后，该班组凭借骄人的业绩相继荣获"全国工人先锋号""全国学习型优秀班组""全国安全生产示范班组""中央国有企业学习型红旗班组'标杆'"等多项荣誉称号。2011 年，作为国家人社部首批命名的 50 个技能大师工作室之一——高凤林国家级技能大师工作室正式挂牌，成为实至名归的人才培育基地。

2. 案例评析

宝剑锋从磨砺出。热爱本职，敬业奉献，技艺精湛，令人叹服。高凤林能够匠心筑梦，凭的是传承和钻研，靠的是专注与磨砺。蒲松龄曾说过"痴于艺者技必精，痴于书者书必工"。有那么一些人，他们也希望能功成名就，却缺少必备的"成功之源"。表现在，既不爱岗，更不敬业。有的挑肥拣瘦，这山望着那山高；有的不务正业，把主要精力放在"第二职业"上；有的粗枝大叶，不求"过得硬"但求"过得去"；有的滥竽充数，长年累月"占着茅坑不拉屎"。

爱岗敬业，是社会主义核心价值观的内容之一。铸就人生美丽梦想也好，践行核心价值观也罢，既不是虚无缥缈的，也不是高不可攀的。"成功之源"，就根植在你我他的职业道德里、情感良心中。表面上，爱岗敬业是利他的；实质上，爱岗敬业也是利己的。换言之，它是满足社会需求与实现个人价值的有机统一。

"大国工匠"的感人故事、生动实践表明，只有那些热爱本职、脚踏实地，勤勤恳恳、兢兢业业，尽职尽责、精益求精的人，才可能成就一番事业，才可望拓展人生价值。

3. 教学设计

在课程中引入高凤林的案例，开展课堂思政，为机械工程专业的学生阐述"爱岗敬业"。教育学生首先要"爱岗"，即热爱自己的工作，"你必须热爱你的工作，你必须和你的工作坠入爱河"。在这个讲求效率、力求利益最大化的时代，无论是态度还是人心，都显得珍贵。其次是"敬业"，体现在秉持着一种自律和信仰，将每件事情主动做到最好，在没有人监督的情况下，也不放松对自己对产品的高标准、严要求。

该案例可以在机械制造工艺基础、金属工艺学、切削原理与刀具、机械制图、金属热工艺加工、发动机制造、机械制造精度与分析等机械专业课程中讲授。在金属工艺学课程中，可以在制造质量内容讲授中，从裂纹缺陷部分切入高凤林的例子，从而开展工匠精神的工程伦理教育。

3.4.5 胡胜精心又静心　降低雷达 2 μm 误差

1. 案例介绍

那些在常人看来不可思议的事情，胡胜却早已习以为常。比如，加工精密零部件，怎么做到在 1000 多种刀具中快速准确地选出最合适的一款？再比如，加工出的产品精度，误差如何不超过 4 μm？

1974 年出生的胡胜，是中国电子科技集团公司第十四研究所数控车高级技师、班组长（见图 3.11）。从一名职业高中毕业生成长为全国技术能手，享受国务院政府特殊津贴，胡胜在车床上诠释着精益求精、追求完美极致的工匠精神。

图 3.11　胡胜照片

由中华全国总工会、中央广播电视总台联合举办的 2019 年"大国工匠年度人物"发布活动评选结果，胡胜等 10 位顶尖技术技能人才荣登榜单。

1）在金属上进行雕刻的艺术

2009 年，在国庆阅兵仪式上，我国自行研制的大型预警机首次亮相，机身上方安装的雷达成为万众瞩目的焦点。该雷达关键零部件的加工生产是由胡胜带领团队完成的。其实，胡胜和同事们平时工作时，并不知道所加工的零部件是干什么用的。"我们的工作就是按照图纸要求进行零部件加工。"用计算机设定好程序，通过数控车对金属进行雕刻，做成各种精致的零件，被称为"在金属上进行雕刻的艺术"。

一次，某产品的研制进入加工阶段，可几位高级技师看到图纸后纷纷摇头："从没见过这么小的波纹管，长径比达 10∶1 的内孔内竟然还有很多不规则的槽，所有尺寸公差、形位公差简直无法加工。"胡胜与技术人员探讨分析加工中可能遇到的各种问题，甚至对每一刀的排屑方向、每个槽的切削速度都做了大量试验，最终通过巧妙设计的自制刀具、合理的切削方法加工出了合格的产品。质检人员剖开产品逐一对不规则槽的尺寸进行检验后，惊喜地对胡胜竖起了大拇指：精度完全符合要求！

近年来，胡胜在一系列具有国际先进水平的重点项目中承担关键件、重要件加工70 多项，攻克了某型装备的波纹管一次车削成形、反射面加工变形等技术难题。初步统计，2006—2019 年，胡胜加工的零件品种有 600 多种，提出技术革新和合理化建议30 多项，尤其是在数控车的宏程序编程模块、车铣一次性加工成形等方面提出了许多独特的方法，大大提高了生产效率，节约科研经费近千万元。

2）打磨刀具必须精心、静心

实现装备零部件对精度的苛刻要求，首先需要加工者选取不同的刀具。胡胜将1000多种刀具按照使用功能及其材料构成加以分类，经过两次筛选，仅剩下十几种或几种刀具备选，再结合加工材料的特性选择刀具。但是，挑出来的刀具也常常不能满足要求。"一些非标刀具，必须手工打磨。"胡胜说。打磨刀具必须精心、静心，稍有不慎，不仅会毁坏刀具，甚至还会出现工伤事故。因为"磨功"好，胡胜打磨的刀具可以使用上千次，而有的人打磨的刀具只能使用十几次。

雷达零部件加工的关键是精度，有的零部件要求加工精度不超过 4 μm 误差，而现有机床的精度只能达到 5 μm。怎么办？胡胜通过掌握材料的热膨胀率，再了解加工、检验时的温度，算出其中的温差，最后将精度做到了 3 μm。

胡胜将"精心、静心"融入自己的职业生涯。职业高中毕业后，他进入一家国有工厂当车工，开始接触数控车工技术，1999 年，因为技艺精湛，作为特殊人才被引进中国电子科技集团公司第十四研究所，成为该所第一批数控机床操作工。

在某重点装备研制过程中，用常规方法加工极易变形，此前国内尚无同类产品的加工经验和工艺规范。胡胜从工装、刀具和高速切削入手，终于找到了技术加工的切入点，并且一次加工合格。现在，该方法已被确定为同类产品的标准工艺规范。

3）假如我成了打杂的，只能说明大家的水平都高了

媒体记者在"国家级技能大师工作室"采访胡胜时，不时有工友进来"打搅"，但似乎都是些"鸡毛蒜皮"的事：不是来要个灯泡，就是说什么做好了。胡胜的回应则是递个灯泡，或者回答"好的"。"我是这么想的，假如我成了打杂的，只能说明大家的水平都高了。"胡胜微笑着说。先后荣获全国数控技能大赛职工组数控车第一名、全国五一劳动奖章、全国技术能手、中华技能大奖……被誉为"工人院士"的胡胜，更高兴的是"大家的水平都高了"。

2006 年，胡胜和单位部分骨干成立了"胡胜技能创新小组"。2009 年，组建了由他任会长的精密加工厂技师协会。2011 年，他牵头申报的江苏省技能大师工作室获批；2012 年，国家级技能大师工作室获批……

多年来，在胡胜的指导下，单位涌现出一批批高技能人才，他们不仅成为技术骨干，还在省市乃至全国的各项技能大赛中取得了优异成绩。

胡胜分别被两所高校特聘为教授和思政课老师，他要在更大的舞台上传递工匠精神。

2. 案例评析

一名好的工匠，当有良好的敬业精神，对每件产品、每道工序都凝神聚力，苛求细节的完美。胡胜的案例正是诠释了"苛求是工匠的本能"这一工匠精神。谨慎和细致是工程人员必须具备的职业素养，每一个细节都可能存在严重的安全隐患，在预警机等飞机制造行业更是关乎生命的细节，绝对不容忽视。

谈职业精神和素养，探讨的是工作态度，在平凡的工作中，干一行、爱一行、钻一行、永不满足、追求卓越、没有最好、只有更好。伟大往往藏身于平凡之中，把小事当成大事去做，不仅提升了小事的价值，自身的价值也会提升。正是有了这种工作态度，即使在平凡的岗位上，也能使工程技术人员勇往直前，不断向行业的顶峰攀登。这也是我们千千万万劳动者应当学习和持有的态度。优秀的青年学子、学界精英，继承中国源远流长的工匠精神，让"中国制造""中国创造"释放出更加夺目的光彩。

3. 教学设计

在课程中引入胡胜的案例，开展课堂思政教学，为机械工程专业的学生阐述"每个人都是自我行业的工匠"，我们都需要工匠精神，学习大国工匠坚持不懈的精神、至死不渝的奋斗目标，争做国家的栋梁，争做行业精英。要发扬这种精神，就必须告别形式上的认真，告别浮夸、粗心，用心对待自己的工作，将每一个细节之处尽量做到完美。要想比别人更优秀，就得在细节上下功夫。

该案例可以在机械制造工艺、金属工艺学、切削原理与刀具、机械制图、机械测量精度与分析等机械专业课程中讲授。在机械制造工艺课程中，可以在确定零件制造精度中，举例说明雷达零部件对精度的要求非常苛刻，从而引入胡胜的案例，阐明精度和苛求的重要性。在切削原理与刀具课程中，可以在刀具磨损及刀具对制造精度的作用的讲授中切入胡胜"磨刀"的例子，从而开展工匠精神的工程伦理教育。

参考文献

[1] 李恒. 工程伦理教育的关键机制研究 [D]. 杭州：浙江大学，2021.

[2] 赵先昌. 民国轮船航运事故研究 [D]. 济南：山东师范大学，2019.

[3] 冯立昇. 刘仙洲与清华大学的机械史研究 [J]. 科学新闻，2017(11):70-73.

[4] 陈楚伦, 李峻. "民国工匠"培养的个案分析与当代反思: 以"国立第一职业学校"为中心 [J]. 职业技术教育, 2017,38(4):64-68.

[5] 刘俊玲, 孙仙红, 黄祎. 甲午海战中北洋舰队的筹建、构成和覆灭原因解析 [J]. 传承, 2016(7):134-135.

[6] 邵翀. 从工程伦理的角度谈"7·23"温州动车事故的伦理困境及出路 [D]. 武汉: 华中科技大学, 2015.

[7] 代亮. 《管子》的工程伦理思想述评 [J]. 昆明理工大学学报 (社会科学版), 2014,14(2):5-10.

[8] 陈万球. 中国传统科技伦理思想研究 [D]. 长沙: 湖南师范大学, 2008.

[9] 李世新. 工程伦理学及其若干主要问题的研究 [D]. 北京: 中国社会科学院研究生院, 2003.

[10] 董树屏, 黎诣远. 著名机械学家和机械工程教育家刘仙洲: 纪念刘仙洲诞辰一百周年 [J]. 中国科技史料, 1990(3):38-43.

[11] 陆敬严. 刘仙洲先生及其机械史研究: 纪念刘仙洲先生逝世十周年 [J]. 机械工程, 1985(5):9-12.

[12] 王远旭, 别毕荣. 美国工程师培养中的高校工程伦理教育 [J]. 高教发展与评估, 2020, 36(6):107-116,122.

[13] 王炜杰, 樊海源. 高校以优秀传统文化涵养工程伦理精神研究 [J]. 学理论, 2018(1):249-251.

[14] 万翔, 黄思琦, 潘建红. 我国理工科大学生的工程伦理教育探析 [J]. 武汉理工大学学报 (社会科学版), 2017, 30(4):242-246.

[15] 付文涛. 涸泽而渔, 焚林而猎: 探究艺用型陶艺设计中的辩证法 [J]. 前沿, 2012(16):173-174.

[16] 范松华. 秦汉时期器物设计的文化考量 [J]. 文艺争鸣, 2010(10):89-91.

[17] 于航. 中国秦汉时期灯具的设计理念探究 [D]. 哈尔滨: 东北林业大学, 2009.

[18] 林琳. 论秦汉时期越族船舶制造业的发展 [J]. 贵州民族研究, 1999(4):62-69.

[19] 王子今. 秦汉时期的船舶制造业 [J]. 上海社会科学院学术季刊, 1993(1):156-164.

[20] 《中国古代造船发展史》编写组. 唐宋时期我国造船技术的发展 [J]. 大连工学院学报, 1975(4):65-71.

第4章 科学精神

4.1 引言

4.1.1 科学精神内涵的演变

科学是最高意义上的革命力量，它是使人摆脱愚昧和盲目的有效武器，是推动社会进步的强大力量和基本价值。尊重科学，发展科学，是一个国家和民族繁荣昌盛的希望之所在。2020年9月11日，习近平总书记在科学家座谈会上指出："科学成就离不开精神支撑。科学家精神是科技工作者在长期科学实践中积累的宝贵精神财富。"新中国成立以来，广大科技工作者在祖国大地上不仅树立起一座座科技创新的丰碑，也铸就了独特的精神气质。

科学探索是一个长期、曲折、复杂、艰苦的过程，但科学能从早期的个人活动逐步发展到现代一种社会事业，使人类的知识宝库越来越丰满，这是与科学家们的求真求实、执着探索、勇于献身的精神分不开的，同时也是科学本身具有的精神特质作用的结果。立足于科学精神的萌生与发展，联系中外前贤对科学精神的表述，可把科学精神定义为：科学与科学活动的内在精神和灵魂，是科学主体的内在精神气质、品质和科学活动的内在性质、特质在求真创新上的统一。它由两部分内容统一而成：一是科学家内在的情操、品质与行为特征等；二是科学本身作为一种社会建制，其制度化的价值观和规范。在科学探索活动中，两者是相互交融促进的，并推动着科学不断向前发展。

关于科学精神的要素和具体体现是莫衷一是，各家之言，仁者见仁，智者见智。国外比较有代表的是默顿提出的科学精神四要素：普遍主义、公有性、无私利性及有组织的怀疑态度；皮尔逊认为科学精神包括客观性、实证性、怀疑性、审美性、为善性、公正性等多个要素。国内有代表性的是竺可桢提出的科学精神三层次论：不盲从、不附和，不武断、不蛮横，专心一致、实事求是；席泽宗把科学精神的要素归结为十六个字：实事求是、探索求知、崇尚真理、勇于创新；樊洪业将科学精神的要素归纳为一个中心（求真）、两个基本点（理性精神和实证精神）；等等。综合分析这些阐述，不难发现一个基本特征：求真、求实是科学精神的核心要素，而质疑、创新、公平、平等、宽容等要素都是基于科学的社会性、功能性、价值性派生出来的。因此，科学精神的要素可分为三个层次，即认识层次的理性精神、功能层次的创新精神和社会层次的人文精神。在这三个层次中，理性精神是核心，是科学精神的基础和内核；创新精神是灵魂，是科学进步的动力源泉；人文精神则是科学活动的价值引领和社会导向。

1. 科学精神的历史演变

科学精神是伴随着近代自然科学的诞生，在继承人类早期历史发展的思想遗产基础上，逐渐发展起来的科学理念和科学传统的积淀，是科学文化深层结构中蕴含的价值和规范的综合，体现着科学的哲学和文化意蕴。恩格斯指出："科学的产生和发展一开始就是由生产决定的。"从历史上看，科学精神是随着生产力水平的提高，在人们认识和改造自然的生产生活中逐渐形成的，与科学新知、科学思想相伴而生、同向并行，其间经历了长期而复杂的过程。

在古代，一代代先人们在艰苦的生产生活实践中，努力探索自然规律，进而认识和改造自然，更多地体现出一种求真精神，而求真也是科学精神的重要因素。在绵延5000多年的文明发展进程中，中华民族创造了闻名于世的科技成果，在农、医、天、算等方面形成了系统化的知识体系，取得了以四大发明为代表的一大批发明创造。古希腊文明不仅关注知识的功用性，更关注知识的确定性，彰显出理性精神。亚里士多德将"求知是人类的本性"的判定作为《形而上学》开篇之语，把"求知"置于人的意识和社会存在最为突出的位置。在论述科学知识的纯粹性时，他指出："在各门科学中，那为着自身，为知识而求取的科学比那为后果而求取的科学更加有智慧。"但总的来看，古代由于生产力水平低下，人类认识自然的能力极其有限，对自然的恐惧和敬畏使人生活在一个万物皆有灵的世界中，"神秘"世界的解释权为少数人所垄断，神秘主义被特权阶层发展为蒙昧主义和专制主义，人们难以发现人自身的力量。

近代科学发端于欧洲文艺复兴时期，有两桩历史事件最能折射出其独特的成长过程。第一桩是科学与宗教的斗争，起于哥白尼的天文学革命，一直延续到19世纪赫胥黎为坚持进化论而同神父们展开的大辩论。经过这一阶段的斗争，终于确立了一条原则，即任何权威，任何情感偏见，无论是宗教的、政治的还是伦理的，都不能作为评定真理的标准。第二桩是科学与哲学的分离。这种分离，在很大程度上得力于几何学提供的逻辑范式，天文学、力学提供的事实材料及工艺技术提供的仪器手段集中体现在近代科学之父伽利略身上。人们逐渐摒弃了仅靠经验直觉和纯粹思辨认识世界的精神传统，认知方法迈向以精密的数学分析与实验方法相结合的路径，实现了科学认识的理性变革。

工业革命以来，科学技术广泛应用于社会生产，人类对自然的支配能力大幅提升，科学作为一种革命性力量不断地改变世界和社会关系，地位越发重要。马克思认为，现代自然科学与现代工业一起彻底改变了整个世界，人们对于自然界的幼稚态度和幼稚行为走向终结，科学技术成为第一生产力。随着科学技术的不断发展，科学方法和科学思想也在不断发展。20 世纪初，爱因斯坦提出的广义相对论证明了牛顿引力论中存在错误结论，震惊了当时的科学界。人们开始思考：到底有没有科学？科学究竟是什么？如何探索和对待科学真理？英国哲学家波普尔所倡导的证伪主义试图对此进行回答。他认为，凭借人的批判理性，通过不断地提出假说和排除错误，使之得到检验并由此取得科学知识的增长，这不是科学的缺点，而恰恰是其优势和力量所在，是科学之为科学的本质特征，更是科学自身的精神。这一观点既拓宽了人们对科学的理解，也解放了人们的思想与观念。

而在中国近代，为了挽救国家危亡，实现民族复兴，自 19 世纪末以来，中国的一批仁人志士主张迅速发展科学、弘扬科学精神。孙中山先生提出，知识"从科学而来""舍科学而外之所谓知识者，多非真知识也"。陈独秀说："科学与民主，是人类社会进步之两大主要动力。"1916 年，学者任鸿隽发表《科学精神论》一文，在中国最早提出了"科学精神"的概念，他称科学精神为"科学发生之源泉"，明确提出了"科学精神者何？求真理是已"。

进入现代社会，科技创新日新月异，其发展越来越与整个社会文化和具体历史背景密切相关，这使得科学走出了纯粹逻辑和纯粹认识论的狭隘范畴。作为科学主体的人，在科学中的地位和作用日益凸显，科学哲学开始把注意力转移到人的科学发现和创造上来。这标志着 19 世纪以来一直盛行的科学主义开始向人文主义回归，重视科学的人文价值成为当代科学发展的潮流。改革开放以来，随着经济建设的蓬勃发展，我国的科学技术水平得到长足提高。经过长期努力，我国科技事业实现了历史性、整体性、格局性的重大变化，重大创新成果竞相涌现，一些前沿方向开始进入并行、领跑阶段，科技实力正处于从量的积累向质的飞跃、点的突破向系统能力提升的重要时期。科技在经济社会发展中的作用更加凸显，全社会正在兴起普及科学知识、传播科学思想、倡导科学方法的高潮，科学精神得到广泛关注。

2. 科学精神的内涵

科学精神的内涵非常丰富，下面摘取有代表性的论述供参考。由于科学精神有部分内容与工程伦理和团队意识等有所重合，因此下面集中论述不包含上述两部分的科学精神内涵。从科学家自身来看，他们所表现出来的某些高尚卓越的情操、气质、风格、意志、态度和行为特征等就是科学精神，主要包括以下几个方面：

（1）崇尚真理、唯实求是的精神。科学的目标就是求真，就是获得客观的、真实的、确切的知识，用哲学的语言来说就是追求真理。1941年，竺可桢在《思想与时代》上发表文章说："近代科学的目标是什么？就是探求真理。科学方法可以随时随地而改换，这科学目标，祈求真理也就是科学的精神是永远不改变的。"在探索真理的科学活动中，科学家逐渐养成了不畏艰险、不怕挫折、锲而不舍，勇往直前地追求真理和捍卫真理的大无畏勇气。这些优秀的品格正是科学家科学精神的体现。追求真理必须立足现实，占有大量的客观资料，排除主观意愿，客观真实地探索客观世界的规律。科学家不唯上、不唯书，只唯实，也就是说"一切从实际出发""实事求是"。科学问题的证实和证伪都应当通过实践去解决。求实精神是科学家的重要品质之一。这种品质精神还表现在科学家高尚的道德准则上，那就是杜绝虚假、注重诚信。

（2）锲而不舍、执着探索的精神。科学就是探索未知，探索是由已知规律探究未知规律的主要途径，但规律并不是表象的，而是隐藏在表象背后的本质。因此，科学认识并不是信手拈来、唾手可得的，它需要科学家付出辛勤的劳动，经历无数的磨难。一切科学成果的取得都是探索来的，离开探索就没有科学。探索的艰苦性与艰难性是由世界的无限性和复杂性决定的。研究对象永无止境、科学永无止境、科学探索永无止境。科学研究不仅是一种智慧的劳作，还是一种精神的探险，仅靠聪明的大脑是不够的，还需要坚韧的精神——不怕失败、不怕困难、敢于向困难挑战的精神。执着是科学家的一大品格，它是忘情的专注，是锲而不舍、孜孜不倦、持之以恒，它基于科学辩证地看待问题、分析问题，是一种为达到目的锲而不舍、顽强拼搏的精神，不达到目的决不罢休的毅力。科学家这种不怕挫折与失败、持之以恒、坚韧不拔的品格和精神就是在科学探索的过程中逐渐养成的。

（3）怀疑批判、勇于创新的精神。追求真理，决不盲从潮流，不迷信权威，不能屈服于任何外界压力。科学家的怀疑精神是由求实精神引申而来的，是在理性原则的指导下进行的，它要求人们凡事都要问一个"为什么"，追问它"究竟有什么根据"，而决不轻易相信和迷信一切结论和权威。科学的历史就是通过怀疑来提出问题并解决问题的历史。科学探索的这种特定的情形造就了科学家敢于向权威和成见挑战的品格。敢于怀疑已有知识的正确性，并且揭露其中的矛盾，是科学家的科学态度。科学家在对已有知识怀疑的同时，也做好了对其进行深入批判的准备。大胆的怀疑紧跟其后的是无畏的批判。怀疑精神是批判精神的前导，批判精神是怀疑精神的延伸。科学家的批判精神不仅表现于对传统、对已有知识的批判，还包括对自己错误的检讨与批评。科学家这种不盲从、不轻信，敢于向权威与成见挑战的、不断更新观念和大胆改革创新的品质，是其怀疑和批判精神的体现。

（4）坚守志业、忘我献身的精神。科学探索是一项极为艰苦复杂的活动，科学上的重大突破或一种萌芽状态的设想，往往需要科学家研究几年、十几年、几十年，甚至要付出毕生的精力或几代人的心血才能实现，有时还会以生命为代价。科学探索需要献身精神，捍卫科学真理同样需要献身精神。科学家们坚持真理、义无反顾地忘我献身，充分体现了他们伟大的人格力量，是最为崇高的科学精神的体现。

4.1.2　机械工程与科学精神

在我们中华民族五千年的文明史中，我国古代劳动人民在机械工程领域中的发明、创造尤其突出。绝大部分的发明创造是出于生存、生活和生产的需要，一些发明创造是战争的需要，还有一些是探索科学技术的需要。由我国古代发明创造的演变过程可以知道，任何一种机械的发明都经历了由粗到精、逐步完善和发展的过程。在我国近代，受到西方资本主义入侵的影响，我国民族工业在帝国主义和官僚主义的压迫下，处于十分艰难的境地。在新中国成立后到改革开放之前，我国机械工业仍然走了很多弯路，没有执行科技是第一生产力的主体路线。直到改革开放之后，在中国共产党的正确领导下，我国机械工业迅猛发展。在中国共产党成立 100 周年之际，我国已经发展为制造业大国，位列世界经济总量第二位。

机械工程和科学精神两者相辅相成，从事机械工程的科学家、技术人员等要具备良好的科学精神，而良好的科学精神又会促进机械行业的快速、健康发展。机械工程领域的科学家和技术人员在长期的科学探索活动中，逐步培养了自己高尚的情操，磨炼了自己坚强的意志，塑造了自己高贵的品格，这些情操、意志、品格及科学家的行为特征就是他们内在的科学精神，具体体现为崇尚真理、客观唯实、锲而不舍、执着探索、敢于挑战、勇于创新、坚持真理、忘我献身的科学精神。机械行业就是在机械工程领域的科学家和技术人员的这些内在科学精神引导下，不断向前发展的。

世界是无限的，科学探索是没有止境的，科学的发展并没有终结，还要继续。在科学发展的今天，现代科学具有了与传统科学不同的特征。1999 年，时任中国科学院院长路甬祥在《科学技术百年的回顾和展望》一文中指出："由于客观世界的统一性、多样性和相关性，也由于科学的发展和深化，科学在继续分化的同时，更多地呈现交叉和综合的趋势。未来的科学一方面将继续沿着原有的学科结构进一步分化和深入，另一方面，则将向着综合和系统的方向发展。"现代机械科技探究在广度和深度上大大超出了以前。现代机械科学研究对象的复杂性、多样性给机械工程领域的科学家和技术人员提出了更高的要求。现代机械科技的崇高目的仍然是求真，在现代科学条件下，求真需要科学家付出更艰辛的劳动，经历更多的考验。机械工程领域的科学家和技术人员在从事这项艰辛的工作时，比以往更需要精神力量的支撑和维系。这种精神力量就来自其内在的科学精神。机械工程领域的科学家和技术人员如果缺乏那种求实创新、开拓进取、忘我献身的科学精神，机械科技事业将难以为继。

4.1.3　机械工程领域的科学精神内涵及其教学要求

机械工程是一门利用物理定律为机械系统作分析、设计、制造及维修的工程学科。机械工程是以有关的自然科学和技术科学为理论基础，结合生产实践中的技术经验，研究和解决在开发、设计、制造、安装、运用和维修各种机械中的全部理论和实际问题的应用学科。机械工程一向以增加生产、提高劳动生产率、提高生产的经济性，即以提高人类的利益为目标来研制和发展新的机械产品。我国虽然在机械、航空航天等多个领域已经取得了很大成就，但是在很多基础部件的精度、寿命、性能方面与一些发达国家的技术相差还很远，例如轴承技术、精密刀轨技术、数控技术、电驱动技术、耐用刀具、精密机床、风电用高速减速箱、机器人关节减速器等方面。今天，科学技术发展日新月异，在未来几十年里，世界科学技术会出现重大原始性创新突破。对于机械领域来讲，新材料技术、先进制造技术、智能制造技术等将不断取得新的突破；将继续拓展对宇宙空间、海洋、地球深部的研究探索，将更加注重人、自然、社会的协调发展。现代科学和技术所引发的重大原始性创新导致的生产力根本变革也必然导致全球生产关系的全面调整和利益格局的重新分配。这种高速变革，对中国来说是一个历史机遇和挑战，能否抓住这样的历史机遇在机械领域取得进一步的突破乃至形成领先优势，取决于国民的科学精神状况，勇敢地迎接这次挑战，就需要人们发扬科学精神。因此，关注我国机械领域科学精神状况，弘扬当代科学精神，显得尤为重要。

机械领域的科学精神内涵可以总结为：在机械领域的科技探索与实践过程中，以求真为最高价值追求，具备崇尚真理、客观唯实的求真求实精神，锲而不舍、不畏艰险的执着探索精神，敢于挑战、勇于创新的怀疑批判精神，坚守志业、义无反顾的忘我献身精神，并掌握开展机械科学技术研究和实践所需要的调查、比较、分析、实验等方法与工具。爱因斯坦说过：伟大的科学家的成就往往还不如其人格魅力对世界的贡献大。德国启蒙运动思想家、诗人莱辛有一句名言：对真理的追求比对真理的占有更为可贵。科学家们在对真理的执着追求中，所体现出来的这些高尚的精神和可贵的品质及行为特征，让我们对科学家的敬佩油然而生，也更加深刻地感悟到了科学精神的真谛。

那么，科学精神能够培养吗？科学精神是在科学家长期的科学探索活动中逐步磨炼形成的，是科学共同体在长期的发展历程中慢慢积淀而成的。它寓于科学探索活动之中，是从科学活动中提炼出来的，但并不是只有科学本身才产生科学精神。科学精神是多种因素的融合，在科学这样的特殊活动中得到了充分展现。而这些因素包括社会的、个人的、生存条件的等，人们通过对这些因素的改变，是能够培养科学精神的。一个人的科学精神并不是天生就有的，它是需要后天的培养才能具备的。

科学精神的体现是与科学家的非智力因素和道德观念紧密联系的。而非智力因素水平的提升和道德观念的转变都是可以通过教育来实现的。从非智力因素培养上看，教育有着不可替代的作用。科学始于好奇，好奇心被称为"科学家的美德"，它是科学产生的不可缺少的心理因素。要有意识地激发和保护学生的好奇心，引导他们去探索，去理智地思考，在探索、思考中磨炼坚强的意志和毅力。良好的科学道德素养是培养科学精神的必要条件，而一个人的科学道德素质的提高，基础在教育。科学教育是基础教育的基本内容，也是现代文明的基础。科学教育可以开发人的思维能力，培养人的科学素养，掌握理性分析事物的方法。为此，要转变教育观念，将科学知识教育与科学精神教育统一起来。要改进科学教育的方法。科学教育的方法与内容是密切联系的，教育方法应当体现对内容的要求。此外，在科学素质教育中，加强学生思想道德品质教育也尤为重要。科学精神所应具有的品质与道德素质是紧密相连的，科学精神所追求的真、善、美与德育中的知、情、意是完美统一的，主要通过学风建设和思想道德教育进行科学道德、科学态度和科学精神教育，以起到丰富学生思想情感、磨炼人格意志、培养严谨的学习态度和树立良好的道德意识的作用。科学精神是学生良好认知能力、健全个性和良好社会适应的重要组成部分和推动力量。学生只有具备了科学的精神，才可能有对真理的热烈追求，才可能有关心人类、造福人类的宽广胸怀，也才有人格的完善与升华。

4.2 科学精神之古代部分

4.2.1 《考工记》集工艺大成 尊重规律精益求精

1. 案例介绍

《考工记》是我国先秦时期的一本手工艺专著，是我国目前所见年代最早的关于手工业技术的文献。《考工记》共7100余字，记述了木工、金工、皮革工、染色工、玉工、陶工六大类30个工种的内容，反映了当时中国所达到的科技及工艺水平。此外，《考工记》还有数学、地理学、力学、声学、建筑学等多方面的知识和经验总结。这本珍贵的古典文献记载了车舆、宫室、兵器及礼乐等制器、造物的工艺技术和检验方法，形成了加工工艺在行业知识上的系统记载和经验总结，为后世保留了先秦时期大量的手工生产和工艺美术资料。关于《考工记》的作者和成书年代，长期以来学术界有不同的看法。有学者认为，《考工记》是齐国官书（齐国政府制定的指导、监督和考核官府手工业、工匠劳动制度的书），作者为齐稷下学宫的学者。《考工记》的作者虽然已经不可考证，但是书中反映出来的科学精神永远闪耀着作者遵循客观规律、求实、求精的光芒。明万历花萼楼藏版《考工记》如图4.1所示。

图 4.1 明万历花萼楼藏版《考工记》（徐昭庆辑注）

《考工记》中有关器物制作的数据、规格极其规范和精准，严格遵循制造要求，这在当时来看是非常不容易的。例如，由《轮人》中的记载可知，当时匠人们对车轮的制作有着严格的比例与尺度要求。"故兵车之轮六尺有六寸……乘车之轮六尺有六寸。"也就是说，兵车（作战用的车辆）的轮子高为六尺六寸，耕种用的田车车轮高六尺三寸，平时乘坐的马车轮高六尺六寸。如果车毂小而长的话，就容易使得车辐相间的距离过于狭窄，反而比轮毂大而短的更不稳定。因此，用轮子固定规格高度——六尺六寸的 1/6 作为牙围（牙围即车轮外轮的周长），并在牙围的 2/3 面积上刷上油漆。在计量完轮子两边白油漆以内的长度后，再从中对折，一分为二，将得到的距离作为车毂（车轮中心插轴部分）的长度。同时，又用毂的长度作为新轮子轮毂的周长。此外，依照毂的周长的 1/3，轮子挖除毂心后得到薮。其中，再把毂的长度等分为五份，去掉两份之后就是贤（车轴之端，称为贤端）的周长，去掉三等分就是轵（车轴之端，轵端）的周长。

同时，《考工记》极其尊重客观规律，在器物制作中严格依据自然规律、条件进行选材和制作，并对最优化的选择进行精准的论述。《考工记》总叙部分提出"天有时，地有气，材有美，工有巧。合此四者，然后可以为良"。认为只有合天时、顺地气、材质优、工艺巧，制作出的工具才能称为"良"，即只有四个因素结合在一起，工具才能达到"美"的境界，四个环节缺一不可，强调工具设计与客观规律的协调与统一。

"天有时"是工匠进行设计的第一要则。狭义上指万物生长所要遵循的自然客观规律如天气变化、季节更替等，讲究设计实践要顺应其时间性进行调节，顺应自然，不违背自然规律。《考工记》中记载的工艺制作，制轮时需"斩三材必以其时"，制弓时需"取之材必以其时"，材料的选择要顺应季节变化规律，"凡为弓，冬析干而春液角，夏治筋，秋合三材，寒奠体，冰析灂"。弓要想达到最优效果，工匠必须灵活把握各部件的制作时间，顺应天时。

"地有气"是指设计活动的建立要尊重地理环境、地域文化等客观因素，《考工记》记载："橘逾淮而北为枳，鸲鹆不逾济，貉逾汶则死，此地气然也。郑之刀，宋之斤，鲁之削，吴粤之剑，迁乎其地而弗能为良也，地气然也。燕之角，荆之干，妢胡之笴，吴粤之金锡，此材之美者也。"橘树、鸲鹆、貉如果离开其生长环境就会有消极的变化，郑国的刀、宋国的斧头、鲁国的曲刀、吴粤的剑，离开生产地质量就会下降，燕地的牛角、荆州的弓杆、妢胡的箭杆、吴粤的铜锡都是当地质量上乘的原材料。地气以土地自然特性为根本属性，具有区域独特性的特征，"天时"与"地气"狭义上可以理解为顺应自然，而其更深层的含义则是设计活动要依自然规律变化而进行调整，每一阶段的"天时""地气"都有其特殊性与差异性。

"材有美"中的"材美"是指材料的纹路肌理等整体质量是否上乘，材料是设计的物质基础，材料的性质决定了工具的质量，上等材料与下等材料所制的工具在加工难度、成品性能上会有所差异。《弓人》篇将弓干的材料按照质量标准分为七等，"凡取干之道七：柘为上，檍次之，檿桑次之，橘次之，木瓜次之，荆次之，竹为下"。对制弓材料的选择有着严苛的标准。

"工有巧"强调人的主观能动性，狭义上的理解是匠人手工技术是否精巧，广义上可以认为是对工具设计过程的全面把控，包括材料、结构、装饰等方面。通过人的主观能动性将自然因素与工具进行设计统一，"谓之国工"，达到这种技艺水平的工匠就可以称为国家的一流工匠。

2. 案例评析

有史料记载以来，先秦时期的时间跨度从夏、商、周、春秋、战国到公元前 221 年秦始皇登基之前。伴随着动荡不安的社会大变革，中国哲学思潮开始涌现，中国古代第一本叙述官方工艺的文献《考工记》在此大环境下产生，对后世乃至现在的工具设计观念产生了悠久绵长的历史影响。

《考工记》是先秦文献中第一部关于工具制作技术和设计思考的手工业著作，其成书于中国哲学思想汇集的传统工艺思想得到发展的首个轴心时代，是一部由先秦统治者推出的典籍，也是我国第一部手工艺技术与理论的汇编著作。对于现代机械工业来讲，《考工记》记录的工艺技术已经没有太大的参考价值，但是其著作时的科学精神永远激励着我们。

《考工记》代表着先秦官营手工业的制作规范，是最早翔实记载古代工具设计制作的实践经验总结的工艺专著，从其中涉及的工具部件名称、比例尺寸及具体用途可以看出其传达的信息量之大，在很大程度上映射出先秦时期的生产技术水平及社会人文。《考工记》的 30 个工种中有 6 种已丢失，其中介绍车舆、兵器等的制造工艺和检验方法时，涉及数学、力学、建筑学等多方面知识，在先秦古籍中独树一帜，甚至某些工具形制在历史长河的发展变革中也没有发生明显的变化。

《考工记》主要以叙述工艺为主，其内容严格规范。由其以工具实践经验对工匠工种进行细致划分，对工具制作工序进行详细规范，以及针对工具为"良"的标准评定，可以了解其对工具制作、工匠技艺水平、工艺技巧性等方面设计标准化的硬性要求。

《考工记》对工匠种类进行了专门细致的划分，使专业性加强，以加快生产环节，"各司其职"的分工合作能在短时间内满足社会生产需求，能及时将某一新的设计观念进行宣贯和传达，保证上下的统一性。

制作精致实用的工具为《考工记》中手工业的主要生产目的。设计标准化规范则是通过制定相同的规则，在一定区间范围内进行制作的显性规范，保证工具制作的完整性和同一性。技术规范建立在大量的实践检验基础上，使工匠的技术事半功倍，合理支配时间，提高生产效率，可以节省成本，减少物质资料的浪费，整合社会经济利益。

尊重客观规律、精益求精地选择材料也是《考工记》的重要方面。产品的制造最终要通过材料本质来表达。材料的多样性决定了设计的多样化，一件工具的产生，除顺应、符合客观条件以外，工具性能特质的优良也依靠其体现。"材美"不仅体现在材料最佳季节的选择上，更重要的是体现在材料适宜生长地的不可替代性上。

3. 教学设计

《考工记》记载的"天有时、地有气、材有美、工有巧"已在合理利用、支配自然力量，且有效协调各个环节要素，从原料与能源消耗再利用、成品产率到设备构造，以及工具尺寸、重量、容积比率和工艺生产所需工时等都在"天人合一，内外平衡"的核心设计观念指导下进行规范，古代工匠在设计实践中充分认识到了"天时地气"的重要性，并在工具材料的选用、加工、造型、装饰设计甚至工具的耐用性等方面给予了足够的重视。由《轮人》等篇章中的内容可知，当时匠人们对车轮的制作有着严格的比例与尺度要求，甚至已经粗略地体现了人体工程学的思想。如《轮人》中记载的"六尺有六寸……登下以为节"，就是说 2 m 多高车轮的车辆，光车轵就高 1.1 m，上轸木与车模的长度约为 0.2 m。这样的高度加上轸木，既可以便于普通身高的乘车者上下车，也能够保证车轮的大小符合行驶车辆对速度和稳定性的要求。可以看出，《考工记》的编著是充分尊重客观规律、实事求是、严谨细致、精益求精的科学精神的外在表现。

因此，作为产生于农耕文明时代的技术文献，《考工记》不仅是我国先秦时期的一本手工艺专著，更是反映出特定历史时期的生产水平、生产制度和设计思想的鲜活典籍。虽然《轮人》中所记载的传统工艺已渐行渐远，但服务于社会、解决现实问题的思想观念始终不会磨灭，设计服务社会、改变客观世界的实践本质不会改变，所体现出来的尊重客观事实、严谨细致规范、精益求精的科学精神永不磨灭。所以，从传统文化中汲取营养，从中传承思想文化精粹，从古典文献的设计理念和思维方式中学习提高的借鉴方式也永不过时。

因此，引用该案例时，要充分通过《考工记》中的分类、比例、数字、规则等鲜明的、能够反映科学精神的信息，引导学生努力培养良好的科学精神，并在尊重自然界的客观规律、严谨求实的治学态度、精益求精的治学精神等方面进行学习。在新生研讨课、导论课，以及讲授制造工艺、工程材料等课程时，都可以引入该案例。

4.2.2 魏晋马钧天下至巧 敢于挑战勇于探索

1. 案例介绍

出生于东汉末年时期的马钧年幼时家境贫寒，虽然不善言谈却精于巧思异想。在机械领域，马钧一生中有很多发明创造，他复原了指南车、改进了织绫机、发明了龙骨水车、制作出一种轮转式发石机、发明了"水转百戏图"。此外，马钧还改制了诸葛连弩，对科学发展和技术进步做出了很大贡献。马钧早年生活比较贫困，由于长时间住在乡村，对农民耕种田地有很深的体会。正是这种对百姓的热爱使他后期在魏朝担任给事中时非常关心生产工具的改革，所以他的不少发明创造对当时生产力的发展起了相当大的推动作用。他从小喜欢思索，善于动脑，同时注重实践，勤于动手，尤其喜欢钻研机械方面的问题。由于他在传动机械方面有很深的造诣，因而被称为"天下之名巧"。

1）改进织绫机

绫是一种表面光洁的提花丝织品。我国是世界上最早生产丝织品的国家，可那时生产效率还很低，所以我国劳动人民才在生产实践中逐步发明了简单的织绫机。当时这种织绫机有 120 个蹑（踏具），人们用脚踏蹑管理它，织一匹花绫得用 2 个月左右的时间，设备非常笨拙。马钧下决心要改良这种织绫机，以减轻工人的劳动强度。于是，他深入生产过程中，对旧式织绫机进行了认真研究，重新设计了一种新式织绫机，如图 4.2 所示。新式织绫机简化了踏具，改造了桄运动机件。原来的织绫机 50 根经线的 50 蹑，60 根经线的 60 蹑，由马钧统统将其改成 12 蹑。新式织绫机不但更精致，更简单适用，而

图 4.2 马钧改进的织绫机

且生产效率比原来的提高了四五倍，织出的提花绫锦，花纹图案奇特，花型变化多端，受到了广大丝织工人的欢迎。新式织绫机的诞生，大大加快了我国古代丝织工业的发展速度，并为我国家庭手工业织布机奠定了基础。

2）复原指南车

马钧对传说中的指南车极有兴趣，决心要把它重造出来，却遭到了高堂隆等诸多朝廷官员的蔑视和取笑。在皇帝面前，一些官员就指南车和马钧展开了激烈的争论。马钧坚持认为指南车以往很可能是有过的，问题在于后人对它没有认真钻研，就原理方面看，造指南车还不是什么很了不起的事。马钧在没有资料和模型的情况下，苦苦钻研，反复试验，没过多久，终于运用差动齿轮的构造原理制成了指南车，其结构如图 4.3 所示。事实胜于雄辩，马钧用实际成就胜利地结束了这一场争论。在战火纷飞、硝烟弥漫的战场上，不管战车如何翻动，马钧制成的指南车上木人的手指始终指南，受到了满朝大臣的敬佩，从此，"天下服其巧也"。这充分表现了马钧肯刻苦钻研，敢想、敢说、敢做的精神。

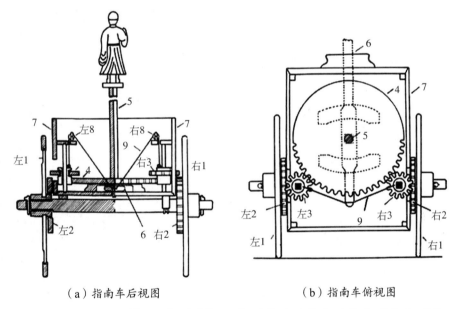

（a）指南车后视图　　　　　　　（b）指南车俯视图

1—足轮；2—立轮；3—小平轮；4—中心大平轮；5—贯心立轴；6—车辕；7—车厢；8—滑轮；9—拉索。

图 4.3　指南车结构示意图

3）发明龙骨水车

以前中国许多地区广泛使用着一种龙骨水车，也叫翻车。它应用齿轮的原理汲水，很是好用。中国应用水车有着悠久的历史。大约在东汉时期，翻车就出现了，据古籍记载，东汉末年的毕岚曾制造了翻车，但那时的翻车还比较粗糙，大抵应该说是中国乡村历代通用的龙骨水车的前身。直到三国时期，机械发明家马钧重新发明了一种新式翻车，才使得翻车被广泛推广应用，从而形成了从东汉到三国翻车的正式产生。

据《后汉书·张让传》记载，东汉中平三年（公元186年），毕岚曾制造翻车，用于取河水洒路。马钧在京城洛阳任职时，城内有地，可辟为园。为了能灌溉，他制造了翻车（即龙骨水车）。清朝麟庆所著的《河工器具图说》记载了翻车的构造：车身用三块板拼成矩形长槽，槽两端各架一链轮，以龙骨叶板作链条，穿过长槽；车身斜置在水边，下链轮和长槽的一部分浸入水中，在岸上的链轮为主动轮；主动轮的轴较长，两端各带拐木四根；人靠在架上，踏动拐木，驱动上链轮，叶板沿槽刮水上升，到槽端将水排出，再沿长槽上方返回水中。如此循环，连续把水送到岸上。马钧所制的翻车，轻快省力，儿童也可使其运转，"其巧百倍于常"，即比当时其他提水工具强好多倍，因此，受到社会上的普遍欢迎，被广泛应用。直到20世纪，中国有些地区仍使用翻车提水。

马钧当时在魏国做一个小官，经常住在京城洛阳，当时在洛阳城里，有一大块坡地非常适合种蔬菜，老百姓很想把这块土地开辟成菜园，可惜因无法引水浇地，一直空闲着。马钧看到后，就下决心要解决灌溉的困难。于是，他又在机械上动脑筋。经过反复研究、试验，他终于创造出一种翻车（见图4.4），把河里的水引上了土坡，实现了老百姓多年的愿望。马钧发明的这种翻车，不但能提水，而且能在雨涝的时候向外排水，可见其进步之多，功效之高。这种翻车，是当时世界上先进的生产工具之一，从那时起，一直被中国乡村历代所沿用，在实现电动机械提水以前，它一直发挥着巨大的作用。

脚踏翻车

图4.4 龙骨水车使用示意图

2. 案例评析

在三国时期之前指南车还只是个传说，没有任何资料记载其结构和原理。当马钧要重造指南车时，朝廷里很多官员不相信指南车，并在魏明帝面前与马钧激烈争论，甚至有人说"古无指南车，记言之虚也"。然而马钧认为只有试过才知道是否可行，并通过努力做出了指南车，最终受到了满朝大臣的敬佩。从中我们可以看出马钧不畏权势、敢说敢做、勇于探索、实践出真理的科学精神。

作为一名发明家，马钧创造出很多利于生产、军事的器械。当马钧看到织布工挥汗如雨同时效率低下的场景后，下定决心要改进机器，这说明进行科学研究时，对研究目标要有足够的毅力，不达目的不罢休。半途而废、浅尝辄止往往是不会成功的。另外，他反复研究旧的织布机械的结构和工作原理，表现了马钧十分严谨的科学态度，这是他获得成功的重要因素，也是我们要弘扬的科学精神。

3. 教学设计

机械工程学科有机械优化设计课程，是机械工程专业学生的重要专业选修课程，对机械和结构不断进行优化，可使产品的成本降低、生产效率提高、性能增加。马钧对旧织绫机的构造进行了简化和改进，使零件数量减少到 1/3，降低了操作复杂度，是一种现代优化思想的体现。

而现代机械工程领域有大量设备存在优化的需求和空间，例如直升机的主传动系统，其主减速器重量占据整机的相当大一部分比例，而采用新型的传动构型方案和力矩分流技术之后主减速器的重量可降低 20% ~ 35%，同时提高了承载能力和可靠性。在研制过程中任何一个细节都不能轻视，必须经过理论计算、仿真验证和实验验证等阶段，必要时需要反复校核。

大学时期要学习太多的知识和方法等，然而真理也是相对的，没有绝对正确的。要引导学生带着批判、怀疑的态度去学习，不能总是老师说什么就是什么。知识和方法都是在特定条件下才有效的，遇到公式和定律，可以动手推导以明白其道理，还可以通过实验进行检验，如果实验不成功，还可以发现定律适用的具体条件。课堂中，学生可以对老师陈述的内容提出疑问，大家通过细节研讨来加深对知识点的掌握程度，并探讨出什么条件下适合及什么条件下不适合。

例如，在学习结构有限元方法这门课程时，一般人认为网格划分密度越大计算结果越接近真实值，然而网格的不断加密会带来其他一些问题，另外如果网格尺寸达到了微米级别，则存在其他场的作用力不是单纯靠结构力学所能解决的问题，因此网格密度是有一定范围限制的。在机械优化设计课程中，多数教材列举了不同优化方法的优、缺点和适用范围，而不同优化算法的实际功效只有在具体计算应用中才能体现出来，并不一定哪一种方法就是比另外一种方法好或者不好。因此，教师不能照本宣科，学生也要有质疑的科学态度和精神。

4.2.3 綦毋怀文炼钢制刀 千锤百炼大胆创新

1. 案例介绍

綦毋怀文是我国南北朝时期的著名冶金家，曾做过北齐的信州（现重庆市奉节县一带）刺史。他最大的贡献是创造了一种新的炼钢方法——灌钢法，同时，在热处理技术和制刀方面也有独到的创造，为我国冶金技术的发展做出了划时代的贡献。冶炼方法、热处理方法和制刀都属于经验性比较强、需要进行大量试验、又需要进行创造性研究的工艺方法研究，而这正是綦毋怀文所体现出来的科学精神。

大约在东汉末年，我国可能已出现了炼钢新工艺"灌钢"法的初始形式。南北朝时，綦毋怀文经过大量的艰苦试验，对这一炼钢工艺进行了重大改进和完善，使这种新的炼钢方法趋于稳定，操作更加方便、实用。《北史·綦毋怀文传》中记载有綦毋怀文的灌钢法："其法，烧生铁精以重柔铤，数宿则成钢。"就是选用品位较高的铁矿石，冶炼出优质生铁，使其熔化，浇注在熟铁上，经几次熔炼，使铁渗碳成为钢。

灌钢法从冶炼原理上看，已开始接近现代的平炉炼，对我国钢的生产起到很大的促进作用，在时间和炼钢技术上都居于世界先进行列。灌钢技术自出现以后，尤其是綦毋怀文进行了重大改进之后，在我国逐渐推广开来。南北朝时期，民间已用它制作刀、镰等；到了唐朝，灌钢技术得到进一步发展，特别是在今天的河北一带，许多冶炼家都在使用綦毋怀文创造的冶炼工艺；到了宋朝，灌钢技术流行全国，已经取代炒钢和百炼钢成为当时主要的炼钢方法；到明朝时，灌钢技术进一步发展，出现了新的工艺形式"苏钢"，这是灌钢技术的高级发展阶段；直到近现代，在安徽的芜湖，湖南的湘潭，四川的重庆、威远等地人们还在使用，可见其影响之深远。灌钢的出现，为我国炼钢技术和生产的发展起到了巨大的推动作用，在坩埚炼钢法发明之前，它一直是一种先进的主要炼钢方法。因此，綦毋怀文对灌钢工艺的发展做出了巨大贡献。

中国早在战国时期就使用了淬火技术，但是长期以来，人们一般是用水作为淬火的冷却介质。虽然三国时期的制刀能手蒲元等人已经认识到，用不同的水作淬火的冷却介质，可以得到不同性能的刀，如蒲元在斜谷造兵器时，就发现当地的水不宜于钢铁淬火，而专门派人去成都运水，龙泉剑就是因用龙泉水淬火而得名。但是，这仍没有突破水的范围。另外，在綦毋怀文之前，我国古代的钢刀大都用百炼钢制成。这样制作的刀、剑虽然性能优异且锋利无比，但也存在不少缺陷，整把刀全部用百炼钢制成，价格昂贵，如一把东汉时期的名钢剑的价钱可以购买当时供 7 个人吃近 34 年的粮食。而且百炼钢制作刀剑费时费力，三国时期，曹操命有司制作宝刀 5 把，用了 3 年时间。

为此，綦毋怀文对前人的造刀经验进行了充分研究、比较，并进行了大胆创新，经过不断实践、大量的试验、总结温度等各种工艺参数，创造性地测试各种不同液体等淬火介质，最终创造了一套具有重大创新意义的制刀工艺和热处理技术。《北史·綦毋怀文传》记载："以柔铁为刀脊，浴以五牲之溺，淬以五牲之脂，斩甲过三十札。"

他用灌钢法炼制的钢做成刀的刃部，而用含碳量低的熟铁做刀背，这样制成的刀具刃口锋利而不易折断，刚柔兼备、经久耐用。这表明綦毋怀文对钢铁的性能有比较深刻的认识，而且能根据不同的用途合理选择材质，发挥各种材质的优点和长处，节省某些贵重材料，降低成本和费用。一把刀的背部、刃口实际起着不同的作用，因而要求具有不同的性能。一般来说，刃口主要起刺杀作用，因而要求有比较高的硬度，这样才能保证刀的锋利，所以应该选择含碳量较高、硬度较大的钢来制造。而刀背主要起一种支撑作用，要求有比较好的韧性，使刀在受到比较大的冲击时不易折断，所以就要选择含碳量较低、韧性较大的熟铁。

同时，他突破了淬火只能使用水的固定思路，在制作"宿铁刀"时，使用了动物尿和动物油脂作为冷却介质。动物尿中含有盐分，冷却速度比水快，用它作淬火冷却介质，淬火后的钢比用水淬火的钢坚硬；而动物油脂的冷却速度则比水慢，淬火后的钢比用水淬火的钢有韧性。这是对钢铁淬火工艺的重大改进，一方面扩大了淬火介质的范围，另一方面可以获得不同的冷却速度，以得到不同性能的钢。

綦毋怀文早在 1400 多年前就掌握了这种复杂的双液淬火方法，是我国热处理技术史上的一项伟大创举。总的说来，生铁的早期出现是我国古代钢铁技术发展最突出的特点。我国人民经过不断实践，从汉朝到南北朝，铸造生铁，除合金铸铁外，已基本上达到了现代所有品种。

2. 案例评析

灌钢法同百炼法、炒钢法等炼钢方法相比有明显的优点，在高温下，液态生铁中的碳分子及硅、锰等与熟铁中的氧化物夹杂发生剧烈的氧化反应，这样可以去除杂质，纯化金属组织，提高金属质量。这种发现必须经过大量实践和试验才能获得。灌钢法可以减少反复折叠、锻打的次数，提高劳动生产率；而且灌钢法操作简便，易于掌握，便于推广。

刀剑之所以锐利无比，与热处理技术有着密切的联系，在实践中，人们发现把烧红的钢铁放入水中迅速冷却，可使其更加锋利，这就是淬火。《史记》中记载："水与火合为淬。"我国古代的制刀名家很注意用不同的水以淬出性能不同的刀剑，但是仍然没有脱离使用水进行淬火的固化思维模式。

綦毋怀文则大胆突破了水的限制，使用了双液淬火法，即先在冷却速度快的动物尿中淬火，然后再在冷却速度慢的动物油脂中淬火，这样可以得到性能比较好的钢，避免了单纯使用一种介质淬火（即单液淬火）的局限性。因为只用一种淬火介质毕竟难以两全其美，如果使用的淬火介质冷却速度比较快，就容易引起工件开裂、变形等缺陷；如果淬火介质冷却速度缓慢，就会使工件韧性有余，硬度不足，难以满足使用要求。这样就需要使用双液淬火法，即在工件的温度比较高的时候，选用冷却速度比较快的淬火介质，以保证工件的硬度；而在温度比较低的时候，则选用冷却速度比较慢的淬火介质，以防止工件开裂和变形，使其有一定的韧性。

同时，他还大胆打破了制刀只使用同一种材质的固定思维模式，在制作刀具时将熟铁和钢巧妙结合起来，将二者恰到好处地用在合适的地方，既满足了钢刀不同部分的不同要求，又节省了大量昂贵的钢材，以利于钢刀的推广和普及。这种制刀工艺，今天仍在沿用。

3. 教学设计

上述工艺方法的突破和创新无一例外需要进行大量的试验、充分尊重客观事实、大胆进行创新才能实现。例如，对于双液淬火法来讲，这是一种比较复杂的淬火工艺，掌握起来并非易事，需要操作者拥有很高的技术水平和丰富的经验。既要掌握好开始淬火的温度（温度过高，淬火后工件发脆，温度过低，则硬度不够），又要掌握好从第一种介质取出的时机（实际上也是工件温度）；这在当时没有测温、控温设备的条件下，完全依赖操作者进行长期实践、千锤百炼的试验才能获得合适的工艺参数、感观把握和操作技巧，而这种参数、感官、技巧的掌握一定是来自千万次的实践、试验，一次次的不断创新和完善。

綦毋怀文作为一名技术人员和高级官员，能在这种困难条件下掌握如此复杂的淬火工艺，实在是其充分实践、千锤百炼、大胆创新的科学精神造就的成就。因此，我们在引入该案例时，可以充分借助于其他工艺方法的形成过程进行对比，分析和挖掘出綦毋怀文身上这种值得我们学习的科学精神，并通过讲解其成果为后世带来的影响，进一步突出高尚的科学精神对人类社会进步所带来的促进作用，从而更加激励同学们养成良好的科学精神的动力和信心。在研讨、导论、素养、工艺和热处理、制造等相关课程授课时，可以适时引入该案例。

4.2.4　郭守敬创浑天简仪　批判探索继往开来

1. 案例介绍

郭守敬（1231—1316 年），字若思，顺德邢台（今河北省邢台市），元朝天文学家，他以毕生精力在天文、水利、数学、测绘及仪器仪表制造等方面创造了许多奇迹。

由于编制授时历的需要，郭守敬继承了已有的天文仪器制造经验，并根据实际工作需要，依据客观需要摒弃原有浑天仪等仪器的不足，大胆探索，在机械仪器制造方面，他四改浑天仪，创制的天文仪器包括简仪、高表、候极仪、浑天象、玲珑仪、仰仪、立运仪、证理仪、景符、窥几、日月食仪、星晷定时仪等 20 余种。另外，为了便于携带，又创制了正方案、丸表、悬正仪和座正仪。还制作了与仪表相互参考使用的仰规覆矩图、异方浑盖图、日出入永短图等。所制简仪系世上最早之大赤道仪，高表比原来八尺之表高五倍，使测影更精密。

浑天仪自汉朝已经出现，历经历代科技人员的不断完善，功能已经十分齐备。尤其是在张衡的改进之下，浑天仪已经有了很大的改善，到唐朝时就已经接近完美了。但浑天仪始终有个缺点没能解决，就是"圈"多，也就是制作工艺太复杂。

郭守敬并没有直接使用已有的浑天仪，也不受当前制造模式的禁锢。他根据编制授时历的实际需要，精心观察现有浑天仪的不足之处，大胆提出了新的想法，并大胆进行各种试验，在浑天仪的基础上，把环圈拆散，只保留了地平环和赤道环，改良创新出了更加先进的简仪（见图 4.5）。

图 4.5　浑天仪简仪（北京郭守敬纪念馆）与郭守敬像

为了解决摩擦力过大的问题，郭守敬在百刻环和赤道环之间安装了四个圆筒形短铜棍，把滑动摩擦力变成了滚动摩擦力。而这一发明就是我们近代所用的滚珠轴承和滚柱轴承的开端。比另一个伟大的创造者——达·芬奇所创作的滚动轴承早了大约2个世纪。而且直到18世纪，欧洲才开始流行基本结构与简仪相仿的天文望远镜，也就是现在所用的赤道仪。

郭守敬创制了12件天文台上用的仪器，4件可携至野外观测用的仪器，其名载于齐履谦所撰《知太史院事郭公行状》中，分别为简仪、高表、候极仪、浑天象、玲珑仪、仰仪、立运仪、证理仪、景符、窥几、日月食仪及星晷定时仪12种。而4件可携式仪器，齐履谦也在《知太史院事郭公行状》中全部罗列，分别为正方案、丸表、悬正仪、座正仪。这16件仪器中，有9件在《元史·天文志》中有较详细记载：简仪、候极仪、立运仪、浑天象、仰仪、高表、景符、窥几和正方案。其中，仅正方案被称为可携式仪器。其中主要的是简仪、赤道经纬和日晷三种仪器结合利用，用来观察天空中日、月、星宿的运动，改进后的仪器不受仪器上圆环阴影的影响。高表与景符是一组测量日影的仪器，是郭守敬的创新，把过去的八尺高表改为四丈高表，表上架设横梁，石圭上放置景符透影，当其和景符上的日影重合时，即当地日中时刻，用这种仪器测得的是日心之影，较之前测得的日边之影更加精密，这是时刻仪器上一个很大的改进。

2. 案例评析

综观郭守敬一生制造的天文仪器，大多具有设计科学、结构巧妙、制造精密、使用方便的特点，而且绝大多数都注意到仪器安装的校正装置。他的创作博得了同时代和后世的高度赞扬。史称为人高傲的王恂每次见到郭守敬的新创之作，皆为之心服。

郭守敬以所研制的天文仪器为基础，编制了当时世界上最先进的一种历法——授时历，授时历是我国古代最优秀、使用时间最长的历法，在当时世界上也是遥遥领先的。授时历推算出一个回归年的平均长度大概在365.2425天，这与现在精确测量出来的回归年长度只差了26秒。而欧洲直到1582年才颁行了格里历，也就是我们现在所用的公历，采用了与郭守敬数值相同的回归年时长，比郭守敬的授时历晚了足足302年。

1970年，国际天文学会以郭守敬的名字将月球背面位于134°W（西经）、8°N（北纬）的环形山命名为"郭守敬环形山"。1977年3月，国际小行星中心将小行星2012命名为"郭守敬小行星"。2010年4月17日，中国科学院国家天文台的国家重大科技基础设施"LAMOST望远镜"正式更名为"郭守敬望远镜"，以纪念其贡献。

郭守敬是13世纪末、14世纪初世界上最伟大的科学家之一，他的科学成果不但在中国，而且在全世界都是非常卓越的。郭守敬从事科学研究所体现出来的科学精神、科学思想、科学方法更是反射着人类智慧的光芒。

3. 教学设计

郭守敬的一生主要从事科学研究工作，在科学活动中，他精心观察客观事物的特点，从中掌握它们的发展规律；他能很好地发现和总结劳动人民的发明创造，从具体实践中得以运用和提高；他善于从别人的经验教训中汲取有用的东西，取长补短，使自己的科学研究事业逐渐趋于完善。但是，他从不满足前人的现成经验，敢于大胆探索，富有创新精神。由于他孜孜不倦、刻苦钻研、勤奋实干，所以在天文、历法、水利和数学等方面都取得了卓越的成就。

中国天文仪器的发展历史悠久。汉武帝时落下闳制造了浑天仪，宣帝时耿寿昌又制造了浑天仪，和帝时崔瑗的老师贾逵制造了黄道铜仪。后来张衡继承和发展了前人的成果，更是创新制造出了铜铸漏水转浑天仪。到了郭守敬的时代，他又进一步改进、创新，制成更加实用的简仪。这正是一代代继往开来、传承创新的结果。

因此，引入该案例时，可以从两方面来论述科学精神：一是郭守敬积极探索、敢于创新的科学精神；二是历代科技人员敢于质疑、批判继承的科学精神。只有一代代科技人员不断的批判、继承、创新，科技才会不断进步。在研讨、导论、机械制造、结构设计、机械原理等课程授课时，均可引入该案例。

4.2.5　薛景石著《梓人遗制》　严谨创新无私传承

1. 案例介绍

薛景石，字叔矩，金末元初北方著名的木工理论家，木工机械设计和制造工艺的总结者。其祖父、父亲都是擅长设计制造木织机的匠师，他继承木工事业，并著有《梓人遗制》一书，对立机子（即立织机）、华机子（即提花机）、布卧机子（即织麻、丝织机）和罗机子（即织罗机）的形制、规格都有叙述和讲解，是中国封建社会中唯一由木工匠师自行创作的纺织机器设计制作方法专著。他不仅是一位技术精湛的木匠，还是一位态度严谨、开拓创新、具有大公无私技术传承思维的有识之士。薛景石在编著《梓人遗制》时，其科学精神主要体现在严谨规范、设计创新和无私传承等方面。

《梓人遗制》的内容具有"敕始毖终"的极度严谨性及技术灵活性。例如，制车过程中，以人的尺度确定制车的用材、成形、榫卯的接合，甚至每一个部件所耗工时，如车轮的"辋"之造法及尺寸，"造辋法，取圆径之半为祖，便见辋长短。如是十四辐造者，七分去一，每得六分，上却加三分。十六辐造者，四分去一分，每得三分，却加一分八厘。十八辐造者，三分去一，每加前同。如是勾三辋造者，材料便是辋之长，名为六料子辋。牙头各加在外"。车轮辐的条数不同，数据也会有细致的变化。《梓人遗制》中记录的这些严格的数据制作规范类似于现代设计过程中的数据量化，为工具的批量化标准生产提供了可以参考的设计准则。其内容一角见图 4.6。

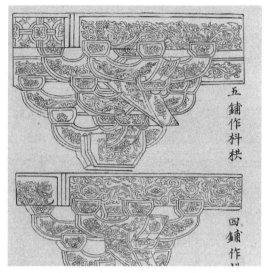

图 4.6 《永乐大典》中摘录的《梓人遗制》内容（明嘉靖隆庆时期内府重写本）

同时，为了进一步规范，薛景石通过自己的努力甚至具备了现代机械制图思想，这是他与前人的最大不同。尤其体现在该书编写体例形式与内容的双重突破上。早期的技术史著作只注重文字资料，不太注重机械器物图样的精确绘制，该书打破惯例，对金元时期的坐车图样进行了精确绘制，并且具有现代机械制图思想的萌芽，古车图样既有总图又有分图，能够清晰地看到古车零部件的具体结构形状，并以文字标明具体零部件的尺寸，可以看出薛景石本人对于机械器物制作认识的科学思想高度，这在 700 多年前的金元时期已经非常先进了。

薛景石还在设计上依据实际需要对产品进行了创新，主要体现在对车制结构及装饰的改造上。蒙古族统治者坐车多以骆驼为动力，形制高大笨重，薛景石不拘泥于传统式样，在传承《考工记》中所记载的车制内容基础上，经过严慎思考、细化制作工序，根据人的使用，对整体结构进行灵活调整，如"脚高三尺到六尺"，车轮根据人的需求进行尺寸缩放，通过实践经验总结形成严格的形制规范；结合当时蒙古族统治者的民族心理需求，对车身装饰以如意云头纹、辕饰，用荷、龟盖等自然物象映显元初推崇的佛教及汉地儒家礼制的社会文化，将两种不同的文化特征进行吸收与再融合，具有美观灵巧的设计艺术特征。

薛景石具备高尚的无私传承精神。《梓人遗制》在"序"中提道："技苟有以过人，唯恐人之我若而分其利，常人之情也。观景石之法，分布晓析，不啻面命提耳而诲之者，其用心焉何如。"手工艺人如果有过人的技术，就会担心他人通过学习而使工艺水平超过自己，失去自己原有的优势，这是一般手艺人的心态。结合元初的文化特征与传统工艺传承习俗,《梓人遗制》中最难能可贵的是其中对工艺技术的传承具有忧患意识和使命感。薛景石本就是一名从业木工的手艺人,从先秦流传下来的《考工记》拗口难懂,一般手艺人难以领会其中的诀窍,但是薛景石却敢于分析展示其所研究的木工之法,从当面传授、示范到自己的设计实践经验全盘托出,他的用意何等的真诚。薛景石的匠人社会使命感和无私的科学精神也从中得以体现。拥有这样无私的益民心态,在当今机械行业也值得我们称赞和敬仰。

2. 案例评析

虽然薛景石的研究主要集中在纺织机具上,把薛景石说成纺织机具发明家也无可厚非。但薛景石其人不仅是一位技艺高超的木匠,还是一位具有文化传承与创新精神的有识之士。从制车技术来看,薛景石能够借鉴中原传统的制车技术,结合蒙古统治者需要,对草原驼车进行改造,其所设计的坐车在某种程度上还影响了明清坐车的形制。这体现了薛景石不拘泥于传统形式,对于车制进行损益和创新的革新精神。

更难能可贵的是,薛景石身上具有传统文人的文化传承意识和无私的传承精神。重道轻器思想是中国古代传统思想中的重要观念。这种观念不利于中国古代技术的发展与文化传承,导致中国古代自秦汉至宋初,相关手工技艺书籍的著述与流传非常少。即使到了宋初,手工技艺书籍依然以先秦时期的《考工记》为典范。因时段已隔千年,文辞佶屈聱牙,又非普通工人所能领悟,故已不能满足当时手工技艺发展的需要。正如《梓人遗制》序言中所说:"去古益远,古之制所存无几。考工一篇,汉儒攘摭残缺,仅记其梗概,而其文佶屈,又非工人所能喻也。后虽继有作者,以示其法,或详其大而略其小,属大变故又复罕遗。"他对于技术文化的传承具有忧患意识和使命感,敢于打破传统的狭隘观念,亲自翻阅文献进行研究,学习绘图技术,将自己的实践经验、文献学习与思考转化为技术,并通过文献的形式进行传承。

3. 教学设计

薛景石借鉴继承传统技术,对其专业领域独具匠心,对工具质量精益求精,对技艺不断改进,拥有创新的精神追求,对技术参数极其严谨,采用机械制图的方法进行规范化,并无私地进行技术传承。尊重工匠技艺,推崇至善至美的文化精神及研精致思的技术是其著作的主线。工具设计观念的发展离不开工匠自身的社会责任感及对技术、思维的传承和创新,这与中国古代社会制度及传统心理是分不开的,也正是一代代工匠本着这种踏实谨慎、精益求精、无私传承的科学精神,才推动了机械技术的不断发展。

因此，引入该案例时，可以从两方面来论述科学精神：一是薛景石继承发扬已有技术，并根据实际需求对其进行积极探索和大胆革新的科学精神；二是薛景石自身突破历代技术保密、不惧他人超越的无私传承精神。在研讨、导论、机械设计、制造工艺、机械原理等课程授课时，均可引入该案例。

4.3 科学精神之近代部分

4.3.1 徐建寅日手杵臼、亲自研炼　传科技之道而以身殉国

1. 案例介绍

徐建寅（1845—1901 年），字仲虎，江苏无锡人，清末科学家（见图 4.7）。其父徐寿为中国近代化学先驱。徐建寅自幼受其父影响，热爱自然科学。

徐建寅生活的时代，正是帝国主义加剧侵略中国、清政府日益腐败的时期，"师夷长技以制夷"和"富国强兵"的思想主张，也逐渐为徐建寅所接受。由于社会形势及现实各方面的影响，徐建寅对于西方

图 4.7　徐建寅和其所著《欧游杂录》

的"文明"，不是盲目崇拜，而是有自己的见地和认识。

1861 年，徐建寅 17 岁，随其父徐寿一同到洋务派首领曾国藩在安庆创办的军械所供职。当时，徐寿与华蘅芳正筹划试造一艘用蒸汽机作动力的轮船。为此事，他们"日夜凝思，苦无法程"，徐建寅"累出奇思以佐之"。在徐建寅的协助下，1863 年，由中国人自己设计制造的第一艘实用轮船"黄鹄号"试航成功。

1867 年，徐寿、徐建寅经曾国藩推荐，到上海江南制造局工作。江南制造局在 1865 年由李鸿章初建时规模很小，以制造枪炮为主。1867 年由虹口迁到高昌庙后，先后增设了造船、锅炉等一些新厂。为汲取西方各国先进的造船技术，制造局根据徐氏父子的提议，设立了专门翻译出版西书的翻译馆。于此，徐建寅一面协同徐寿等研究造船技术，一面同傅兰雅等合作翻译科学技术书籍。经过努力和几次改进，1868 年以徐寿为主，为江南制造局造成了第一艘木壳明轮兵船，即"惠吉号"。这艘船"长 185 尺，

宽 27.2 尺，吃水 8 尺，功率 392 马力，载重 600 吨，船上并装有大炮 8 门"。这艘兵船的船体、吨位、时速及制造速度等，都远远胜过了"黄鹄号"。"惠吉号"制造成功，不仅拉开了中国近代造船工业的序幕，同时也标志着中国的造船工业开始朝着自立、自主的方向迈进。在技术理论研究方面，也较之前有了很大提高。这一时期徐寿与西人合作，翻译出版了《汽机发轫》等有关书籍，徐建寅与傅兰雅共同翻译出版了《汽机必以》《造船全法》等科学技术书籍。

"惠吉号"下水后，又陆续造出了"操江号""测海号"，1000 吨级的"威清号"及 2800 吨级的"驭远号"等大型舰船。徐寿、徐建寅不仅为中国近代船舶工业开创了局面，也为中国培育了第一代产业工人和造船骨干。

1874 年，直隶总督李鸿章调徐建寅到天津机器制造局主持锂水的研制工作。是时，天津机器制造局正扩建新厂，加大枪炮弹的制造，对于锂水更为需要。徐建寅到天津后，殚精竭虑，因地制宜，参照龙华火药厂的"铅房法"，不久便试造成功。其质量"与外来无异"，而价钱却便宜了数倍。由于能自制锂水，为天津机器制造局之后的大规模发展、新火药的研制创造了有利条件。

1879—1881 年，徐建寅赴欧洲参观考察了 80 多个工厂和机构，近 200 项工艺设备、管理方法，著有《欧游杂录》《阅克鹿卜厂造船记》《水雷外壳造法》《炼铜铸铜轧铜板铸铜管抽铜管焊铜管各法》《造石灰法》等科技著作，在上海《格致汇编》上发表；翻译了《德国议院章程》《德国合盟纪事本末》两本书，为传播西方科学文化提供了珍贵的资料。

1900 年，徐建寅任汉阳无烟药厂总办。徐建寅为不受制于洋人，又挑起了研制无烟药的重担。为尽快研制出合格的无烟药，他"日手杵臼，亲自研炼"，经过多次试验，终于研造成功。1901 年 3 月 31 日，他亲自到拌药房合药拌料，正准备开工生产时，不料发生爆炸，与在场的其他 15 名员工同时罹难，时年 57 岁。唐浩明的历史小说《张之洞》摹绘了当时场景："只见他头上血迹斑斑，半张脸被炸得已不成样子，右手右腿不知去向，就像半个血人似的躺在冰冷的洋灰地面上。"连张之洞都惊地叫了一声："天哪！"襟抱忠纯的徐建寅，和甲午之年在滔滔黄海上殉国的北洋将士一般肝胆。他是中国近代牺牲在科研岗位上的第一位科学家。

2. 案例评析

徐建寅的一生是追求科学真理，为中国科学进步鞠躬尽瘁的一生。为了中国的科学进步，他本着"师夷长技以制夷"的原则，取长补短，为创办和发展中国近代军事工业、化学工业做出了卓越贡献，开创了我国造船业的先河。除此之外，他的科学精神还体现在日常工作和生活中，在其编著的《欧游杂录》一书中体现得尤为明显。

光绪五年夏，他接过朝廷所授驻德国二等参赞的职衔，搭乘"扬子"轮，出吴淞口，经香港，过西贡、新加坡、克伦巴、亚丁，进红海，穿苏伊士运河，驶入地中海，行抵西欧，对德、英、法诸国的工程技术详加考察。出使两年，徐建寅以技术专家的眼光观摩他国生产工艺，把一部《欧游杂录》留在世上。在欧洲的时日里，他着眼的正是制造技术与工艺流程。在德国柏林，放枪院中试后膛枪，查验制造枪筒的英法钢材质量；印书厂中观铸造铅字；机器厂中观汽机锅炉结构；熟铁厂中观打洋枪机件；自来水积水池前，观从远处高山引水的方法；测器院中观燥湿、阴晴、风雨、寒暑各种测器；油烛肥皂厂中观生产过程；玻璃厂中观造瓶、灯罩与火泥罐之法；观星台上观子午仪、经纬仪、赤道仪、自记风雨寒暑等器，明了此台对于考天度、验气候、察飓风、测罗经变差的作用。汽锤厂、炼钢厂、掉铁厂、轧铁厂、铸铁厂、锅炉厂、木样厂、火砖厂、官瓷厂、仪器厂、光学器厂、电机厂、假石厂、玻器厂、焐炭厂、棉药厂、箍桶厂、制皮厂、火药厂、铅字厂、铜壳厂、砂轮厂、水雷厂、熔炼厂、淘洗厂、硫强水厂、漂白粉厂、刻石板印地图厂、皮匠坊、农器会、化学房、油画房、琢磋刀房、煤井，均体察得细。对于流水线的管理模式、制造环节的岗位配置、薪金的计算估定，了然在目。工序、产量、效率乃至秘法，也一一记在心上。先后参观法国里昂的染丝厂、巴黎的千里镜厂和石灰厂，英国伦敦的船池、栈房、书院、博物院与苏格兰钢厂。他是一名化学家，柏林的格致化学器具店，他怎能不到；他是一名兵工学家，德国的毛式枪厂、军器博物院，都是他特意关注的。在福里得里炮台的水雷库，他详看千枚鱼雷如何存储、转运、修擦，以及兵房、战垒怎样排布砌筑；在克虏伯炮厂，车弹外光之法、炮弹加外铜箍之法、炮门嵌底磨光法，他细细地记下来。

多行业、多门类、多工种的技术考察与研习，打开了一个新的眼界，心胸因之拓宽，奠定中国近代工业的技术基底是他的梦。上述记述文字，客观、平静，体现了技术眼力的专与精，笔笔记下的皆是有功用的文字。对于当时的中国，这些足可信赖的内容，具有实操意义，带来提升技术实力的可能，加快了近代工业的发展进程，并使在犹疑中开启封闭之门一角的古老帝国，在陌生的世界面前呈现新的姿态。

3. 教学设计

徐建寅热爱自然科学，是中国近代牺牲在科研岗位上的第一位科学家。船史专家、上海交通大学教授辛元欧在其所著的《徐寿父子与中国近代舰船工业》中称：从

6500 马力鱼雷艇的设计到第一艘舰"建威号"的开工建造,均在徐建寅任上,徐寿、徐建寅父子造舰船数达到 21 艘。他为了满足枪炮弹制造对镪水的需要,仿照"铅房法"而很快试制成功,体现了他勇于创新的科学精神。为了研制无烟火药,他亲自到药房拌料,体现了他勇于献身的科学精神。本案例在机械制造基础、机械工程导论、工程材料等课程中都可以引用。徐建寅的科学精神主要体现在精益求精和为科学而勇于献身方面。

4.3.2　吴健自主拼搏闯难关　奠定近代冶金行业基础

1. 案例介绍

吴健(1874—卒年不详),字任之,江苏上海县(今上海市)人,1902 年赴英国谢菲尔德大学留学,主攻冶金学。他于 1908 年学成归国,1909 年被聘为汉阳铁厂工程师,也是我国第一位钢铁冶金工程师。吴健回国时,汉阳铁厂扩建改造工程正在进行,钢铁生产迅速发展,于是他积极投入了汉阳铁厂的扩建和生产工作(见图 4.8),并受到了李维格总办(厂长)的青睐。

图 4.8　1906 年拍摄的汉阳铁厂

吴健在汉阳铁厂任职期间,辛亥革命爆发,汉阳铁厂在战事中受到严重损毁,全部停产。辛亥革命胜利后要恢复生产,但原来主持该厂工作的国外技术人员已在战事中全部遣散回国,恢复工作只能由中国技术人员负责。在当时的情形下,这对于汉阳铁厂来说是一个非常大的考验。吴健被任命为工程总负责人,他凭借前几年的实践经验和丰富的学识,率领刚从国外学习归来的技术人员金都生、严恩棫等顺利地开展了这一工作。在此期间，吴健发挥不懈的科学革命精神，艰苦奋斗、顽强拼搏，不断突破技术难关，发扬独立自主的科学工作精神，对汉阳铁厂的生产设备进行革新、维修、恢复，最终经过大家的努力，修复工程进展迅速，基本恢复到辛亥革命前的生产水平。当年产铁67512 t、钢42631 t，只是由于其他行业恢复较慢，市场需求量小，加上进口钢铁的竞争，销售量只达到产量的75%，铁厂还处于亏损状态。过去汉阳铁厂的技术工作都掌握于外籍工程师之手，全仗外籍工程师维持建设和生产，而这一次，对这样庞大的近代新式钢铁企业恢复投产完全由中国工程技术人员独立完成。这在汉阳铁厂是第一次，在中国钢铁工业发展史上也是最早的一次，表明中国钢铁技术人员有能力依靠自己的力量建设自己的钢铁工业。

图 4.9 为吴健的书信。

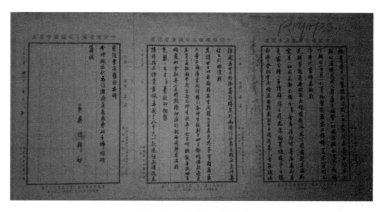

图 4.9 吴健的书信

在汉阳铁厂持续进行学习工作后，吴健对冶金技术有了更加深刻的理解，他在这一阶段的工作历程不但丰富了自身的实践经验和对于冶金技术的科学研究，本着追求真理的态度不断进行科学上的革新，而且使我国的冶金行业在当时的形势下大踏步向前走，为我国近代的冶金行业发展打下了坚实的基础，同时也为他之后的工作历程打下了坚实的基础。

在完成汉阳铁厂的历史使命之后，他被任命为大冶铁厂的工程师，主持大冶铁厂的筹建和投产工作。在这一工作中他既取得了成绩，也遇到了不少困难，特别是受到日本人的控制和扰乱。吴健受命后，即与美国麦基专业设计公司接洽，拟请代为规划招标。同时吴健又派员与麦基公司人员一起到大冶铁厂进行为时 6 个月的实地考察，制定工程一年竣工的建厂方案。但这一方案被公司以所谓"索酬过巨"而否定，并将建设大冶铁厂的工作交给公司最高工程顾问日本人大岛道太郎全面负责。吴健和大岛道太郎从英、美两国考察回国后，曾着手工程设计和预算建厂经费，但公司又以"耗资过巨，筹措艰难"为由削减了部分项目。

大岛道太郎设计的大冶铁厂高炉煤气系统未设精除尘设备，而每座高炉又只设三座热风炉（两座用于燃烧加热热风炉格子砖，一座用于加热高炉热风）。吴健认为，不设精除尘设备的煤气系统，煤气含尘量高，用这种煤气燃烧热风炉，容易堵塞热风炉气流通道，高炉难以长期顺利操作。为此，他建议每座高炉增加一座热风炉，用于交替清灰，保证清理热风炉时仍能正常生产。但大岛道太郎坚决不同意，坚持每座高炉只设三座热风炉，结果造成了投产后的困难。后来吴健兼任了大冶铁厂的总工程师后，公司派炼铁专家严恩械协助吴健组织 1、2 号高炉的开炉工作。他们汲取了大岛道太郎的设计错误教训，使得 1 号和 2 号高炉顺利投产，稳定了汉冶萍公司的局面。

图 4.10 所示为大冶铁厂。

吴健总是奔走在钢铁冶金的一线，以其超高的职业素养与专业精神，为汉阳铁厂和大冶铁厂的成长出谋划策、贡献青春。他身上代表的老一辈钢铁人的精神将使我们受益终身。

图 4.10 大冶铁厂

2. 案例评析

吴健所经历的时代是我国民主主义革命时代，我国的工业基础薄弱，技术基本上全都掌握在国外专家和公司手中。缺少了国外技术人员的支持，很多企业面临停产、崩溃的局面。吴健凭借其积累的实践经验和丰富学识，率领相关技术人员，发挥科学精神，艰苦奋斗、顽强拼搏，不断突破技术难关，发扬独立自主的科学工作精神，对汉阳铁厂的生产设备成功地进行了革新、维修、恢复，使得工厂恢复其生产水平。

3. 教学设计

冶金专家吴健充分尊重客观规律、实事求是、严谨细致、精益求精的科学精神，使其对汉铁厂起到重大作用。引用该案例时，可从国外技术专家大岛道太郎在高炉热风炉的数量考虑问题上入手。反映了吴健具有坚持实事求是、具体问题具体分析、不盲从权威言论的科学精神。可引导学生尊重自然界的客观规律，具有严谨求实的治学态度。在讲授新生研讨课，机械制造工艺、机械设计等课程时，都可以引入该案例。

4.3.3 魏瀚绘算图式、苦心孤诣 造中华所未曾有之巨舰

1. 案例介绍

魏瀚（1850—1929 年），名植夫，字季潜，福建侯官县（今福州市仓山区）人。魏瀚是中国第一代军舰制造专家，曾任晚清海军部造船总监。民国元年，任福州船政局局长，被国民政府授予海军中将军衔。1867 年 1 月，魏瀚考入福建船政学堂前学堂。1871 年毕业后留在局内从事造舰工作。1875 年（光绪元年）年初，作为第一批官派留学生赴法国学习造船专业，并到马赛造船厂、比利时兵工厂、德国克虏伯炮厂考察且被法国皇家律师公会聘任为助理员并获得法学博士学位。1879 年年底，学成回国，获清廷六品花翎顶戴，以知县衔任职。

纵观魏瀚的一生，他把自己的全部精力投入了我国的造船业。近代我国饱受列强入侵之苦，福建船政学堂设立后，他毅然放弃旧学报考船政学堂，成为第一届学生，和他同期的有严复和甲午海战中的爱国将领刘步蟾（"定远号"管带）、邓世昌（"致远号"管带）等一代名人。福建船政学堂是中国近代航海教育的发祥地，通过在福建船政学堂的努力学习，他掌握了各种军舰的核心制造技术，为我国当时的海军发展做出了杰出的贡献。而后又去了法国，进入法国瑟堡海军工程学院（削浦官学）学习造舰技术。学习期间，魏瀚成绩屡列上等，曾到过位于地中海之滨的马赛和蜡逊造船厂考察实习。那时他法文基础好，又兼修了法律，并被聘请为法国皇家律师公会助理员，声誉日起，后获得法学博士学位，成为第一位获得外国法学博士学位的中国人。

由于当时的国际形势对我国来说十分不乐观，迫切需要发展造船业，魏瀚学成回国，在福州船政工程处取代洋师，并出任福州船政总司制造（总工程师）。中法马江之战后，魏瀚和同事们汲取马江之役福建水师覆灭的教训，深感必须尽快制造铁甲船才能增强海军的战斗力，建议尽快研制铁甲船。魏瀚在建议中提出："闽省如有此等钢甲兵船三数号，炮船、快船得所卫护，胆壮则气扬，法船则不敢轻率启衅。"在船政期间，魏瀚主持和参与制造的舰艇共 12 艘，其中战舰 8 艘，鱼雷艇 4 艘。

调任新职位后魏瀚负责舰船建造的技术工作，在此期间先后建成了中国第一艘大型巡洋舰"开济号"，新型钢甲巡洋舰"龙威号"，其中"龙威号"列入北洋舰队序列，在中日甲午战争中发挥了一定的作用。此外，他还主持建造了"广甲号""广庚号""广乙号""广丙号""福靖号""通济号""福安号"等钢甲舰船，为中国近代舰船建造事业的发展做出了重要贡献。他晚年的时候，被调至广东总办黄埔造船所及石井兵工厂，倡导技术上舍旧图新，业绩显著。同期还带领 10 多名学生赴美国学习飞机制造和潜艇建造

技术，不断在造船技术上学习先进经验和追求技术革新。

魏瀚一生为我国制造了各式各样的铁甲军舰，这些军舰在保护国民财产和领土方面发挥了不可估量的历史作用。"开济号"，是魏瀚组织研制的中国第一艘，也是当时中国最大、最新式的巡洋舰。此舰被称为"中华所未曾有之巨舰"，打破了外国制造技术监督此前"中国人短期造不出军舰"的论断。"广乙号"舰，是魏瀚参与制造的中国第一艘钢甲鱼雷舰。"建威号"舰，是中国第一艘猎雷舰。魏瀚的一生公私分明，刚正不阿，袁世凯就任大总统时，曾邀请魏瀚主持海军工作。魏瀚深知袁世凯的人品不可为伍，因而给予拒绝。

魏瀚一生中建造的军舰中最值得称道的当属"平远号"舰（见图 4.11），在建造期间魏瀚不畏艰难险阻，反复计算船身数据，对船舰上的武器进行反复试验，同时学习借鉴当时西方发达国家的造船技术，在其基础上进行革新，在此过程中没有外国工匠参与，反映了当时中国造船的最高水平。"龙威号"舰是由船政学堂毕业生设计制造的第一艘可以与西方相媲美的先进军舰，在中国造船史上具有里程碑意义。

图 4.11　魏瀚和"平远号"舰

辛亥革命爆发后，中国成立了飞机制造处。1915 年，虽然此时年过六旬，但魏瀚雄心不已，着力复兴船政。魏瀚又奉命带领陈绍宽、魏子浩、李世甲、巴玉藻等一批海军员生，赴美考察学习飞机、潜艇制造技术。回国后，魏瀚向国民政府提议发展新军种——空军，这时距离 1903 年美国莱特兄弟第一次飞机飞行试验成功仅仅 13 年。作为海军将领的魏瀚能够高瞻远瞩，看到未来空军的战略作用，实属难得。民国元年，魏瀚重回福州船政局，出任局长。

从 16 岁考入船政学堂到 67 岁退休，历时半个世纪之久，魏瀚造军舰，管学堂，建工厂，办外交，为中国近代海军建设奠定了重要的基石。他位高权重，但廉洁奉公，辛苦一世，地无一亩（1 亩 ≈ 666.6667 m²），房无一间，后世竟未能寻到一处魏瀚名下之故居。1929 年 5 月，魏瀚在河南安阳逝世，享年 80 岁。萨镇冰、叶祖珪、陈绍宽等 24 人联名为其撰写生平纪略，赞其为"中国近代造船事业的先驱"。

2. 案例评析

19 世纪末期和 20 世纪初，魏瀚负责了我国军舰建造的重要任务，他奋发图强、不怕艰难险阻，本着追求真理、勇于创新的精神为我国建成了一艘艘铁甲军舰，使我国的造船业得到了极大的发展和进步，突破了国外的技术壁垒，在技术上得到了革新与进步。他建造的军舰被当时的船政大臣称赞为"独运精思，汇集新法，绘算图式，累黍无差，其苦心孤诣，直凑单微，即外国师匠入厂游观，莫诧为奇能，动色相告"。

3. 教学设计

我国晚清时期工业不发达，技术比欧美国家和地区落后很多。魏瀚凭借其深厚的留学功底和顽强的毅力，通过反复计算试验和创新改进，突破了国外的技术封锁，带领中国建造了若干艘先进的军舰，在中日甲午战争和对抗外来侵略中发挥了重要作用。在机械制造类课程中可以引入本案例，强调魏瀚不畏险阻、反复设计计算、反复测绘和试验以求真解的科学精神。同时可以介绍魏瀚雄心不已，一心想发展海军与船政的壮志和爱国情怀。

4.3.4 支秉渊实业救国不怕失败 振兴柴油机制造民族工业

1. 案例介绍

支秉渊（1897—1971 年），号爱洲，浙江嵊县人，机械工程专家，近代中国机械工业奠基人之一，我国内燃机研制的先驱（见图 4.12）。

支秉渊 1920 年毕业于南洋公学（上海交通大学的前身）电机科。毕业后，年轻的支秉渊就职于上海美商慎昌洋行，主要负责发电机组、内燃机、水泵等机器设备的销售业务。在工作过程中，他参与安装了不少机器设备，参建了若干所发电厂，也积累了不少工作经验。1925 年，"五卅运动"爆发，上海掀起罢工浪潮，不满洋人行为的支秉渊毅然辞职，

图 4.12 支秉渊照片

并与大学同学及校友创办了新中工程股份有限公司。"新中"二字有"新中国"的寓意，这也反映了支秉渊和其他前辈强烈的民族自尊心和爱国精神。

新中工程股份有限公司（后改名为新中动力机厂）成立之初，就以振兴民族工业、实现"实业救国"的远大抱负为己任。支秉渊以企业为窗口，开始试制仿制一系列机器产品，包括离心式抽水机、双筒双行式抽水机、柴油机、电动机等，这些产品解决了当时国内的燃眉之急。其产品在工业展览会中，与德商天利洋行及丹商罗森德洋行的产品进行了对比，结果是新中的产品轻巧坚实，价格特别低廉，较之舶来品有过之而无不及。令国人非常振奋，觉得国货能与洋货分庭抗礼很是扬眉吐气。新中动力机厂在进行产品研发的过程中虽然微利可图，但丝毫不减支秉渊实现实业救国的远大抱负的热情。成名后的支秉渊仍然高风亮节，支持我国近代工业的发展，培养了一批又一批科技人才，为祖国的科技发展做出了巨大贡献。

图 4.13 为新中动力机厂旧址。

图 4.13　上海新中动力机厂旧址（现中船第 711 研究所）

20 世纪初，由迪赛尔（Disel）发明的柴油机由于其热效率高而应用日益广泛，但此时中国市场上的柴油机都是国外的产品。支秉渊不甘心受制于人，决定制造中国人自己的柴油机。经过多年的努力，终于在 1929 年成功仿制了 36 马力的双缸迪赛尔柴油机，填补了国内空白。经过几十年的发展，支秉渊联合创办的新中动力机厂已经成长为中国船舶集团股份有限公司唯一的船用柴油机研发机构，并且具有雄厚的研发实力和齐全的专业配置。其核心技术与产品在国内处于领先地位并具有相当大的国际影响力。

1943 年，由于在柴油机制造领域的开创性成就，支秉渊被中国工程师学会授予金质荣誉奖章，成为第五个获得这项中国工程技术界最高荣誉的人。

1954 年，中国机械行业开始推行标准化，支秉渊马上在沈阳矿山机器厂成立了标准化科，多次阐述标准化的重要意义。在他的领导下仅用了 4 年就制定了 700 多项标准，在新中国机械行业中制定了统一的技术标准。之后，他又不辞劳苦，多次解决工程难题，为社会主义建设做出了巨大贡献。

2. 案例评析

支秉渊创立的新中动力机厂以振兴民族工业、实现"实业救国"的远大抱负为己任。他克服种种困难，以坚韧的毅力和不怕失败的精神，研究开发了多款内燃机产品填补了国内空白，使得近代中国科技进入了新的舞台。支秉渊高风亮节，大力支持我国近代工业的发展，培养了一批又一批科技人才，为祖国的科技发展做出了巨大贡献。

3. 教学设计

支秉渊的事迹突出反映了科技工作者应该具有坚韧的毅力、不怕失败和敢于挑战的科学精神。他凭借对个人技术的自信，勇于与当时德国和丹麦等国际生产厂家的产品进行比对，所研发的产品价格低廉、轻巧结实。在机械优化设计、机械工程导论、机械制造基础等课程中都可以引入该案例。

4.4 科学精神之现代部分

4.4.1 精心组织、实事求是 海外建桥援助他邦

1. 案例介绍

位于孟加拉国首都达卡西南 40 km 处有一条宽 6 km 的河，叫帕德玛河。它是这里的母亲河，养育了一方人民，但也阻挡了孟加拉国南北的陆路运输。即便发船班次缩短到 2 min 一班，仍不能满足需要，过河车辆经常要排队，有时候甚至要等上两三天。虽然孟加拉国的国土总面积约 14.7 万 km^2，相当于我们一个省的面积，却有 1.6 亿多人口。这里被称为"水泽之乡"，水网密布，但他们架桥技术非常薄弱，跨河交通主要依靠轮渡，因水患问题，水运压力很大。在帕德玛河上建桥就成了孟加拉国人民千年来的梦想，但梦想变成现实可不容易。

虽然建桥总长度只有 6 km，然而这里水文情况复杂，水下暗流涌动、地质疏松，水下 110 m 依然是疏松的沙子。为了确保桥梁安全，对底座的钢桩要求很高，其长度至少要达到 120 m 才可能确保大桥稳定。在 2016 年之前，世界上从没使用过这么大的柱子，就算能造出来，吊装固定等又是很复杂的难题。

面对这一世界级的大工程，中国企业中铁大桥局凭借过硬的实力中标这一工程。修建帕德玛大桥，从 2015 年开建到施工结束，中铁大桥局仅用了 3 年时间。整个桥梁有

40 个主墩，每个墩需要 6 根斜钢桩，每根钢桩全长 125 m，直径达 3 m，壁厚 60 mm，斜度比例 1：6。

　　世界上没有任何设备可以进行 120 m 长钢桩的吊装，研究团队采用将 120 m 钢桩分截为两部分分别安装的方式，解决了吊装设备的局限问题。钢桩底节长度为 70.9 m，质量为 310.2 t，顶节长度为 55.46 m，质量为 243.6 t。钢桩施工先由 1000 t 浮吊起吊底节钢桩放入导向架，通过自主研制的导向装置将钢桩斜度调整为 1：6，缓慢进入河床。然后再起吊 MHU-2400S 液压打桩锤开始插打底节钢桩，然而水流流速很急、风力不稳定对作业很不利，中国工程师们根据风速、风向及河水流动情况优化计算，实时调节吊装角度，获得其吊装最佳值，最终利用近 7 h 将底节钢桩牢牢地插打到河床底层。完成吊装后，紧接着花费近 50 h 采用高压射水吸泥进行桩内取土。55 m 长的顶节钢桩与底节需要焊接在一起，为了不耽误时机和项目进度，3 名中国资深焊工连续耗费了 9 h 以上完成了单根钢桩的焊接任务。采用焊缝探伤检测技术确保焊接质量和可靠性，焊缝必须达到甚至超过钢桩筒体本身的强度，才能经受住锤击。对接、焊接和焊缝探伤检测，此过程大约需要 60 h，最后经过 21 h 的连续插打将整节钢桩插打至设计标高，焊接部位在液压锤的超强打压下没有丝毫裂缝，实践检验了科学的焊接工艺。

　　帕德玛大桥主墩钢桩基础施工具有极高的技术难度，这种超长、大直径钢斜桩插打在国际上尚属首次，无经验可循，很多方案、工艺需要创新。中铁大桥局自进场以来，技术团队反复研读该桥采用的欧美规范，以科学严谨的态度仔细研讨荷载试验桩施工工艺和 φ3.0 m 钢桩工艺桩施工工艺，在全体参建员工经过长达 18 个月的荷载试桩和工艺试桩施工的基础上，克服了在全粉细砂层成桩、桩底压浆、工艺复杂、φ3.0 m 钢桩荷载值达到 14000 t 等技术难题，得到了业主、设计单位、监理团队和专家服务团队的一致认可，并最终确定了 P37 墩的钢桩设计长度。

　　图 4.14 为帕德玛河跨河大桥。

图 4.14　帕德玛河跨河大桥

2. 案例评析

孟加拉国帕德玛大桥是连接中国及东南亚"泛亚铁路"的重要通道之一，也是中国"一带一路"倡议的重要交通支点工程，该桥建成后彻底结束了孟加拉国南部 21 个区与首都达卡之间居民摆渡往来的历史。周边国家的稳定发展对我国的经济繁荣和国泰民安有着重要的促进作用。中铁大桥局凭借自己过硬的技术和援建邻国的态度承担了此项工程任务。

为了让跨河大桥建设得非常牢固，其单根支撑钢桩的设计总长度为 125 m，直径 3 m。要将其插入水流湍急的帕德玛河中，需要巨大的吊装设备和击打设备，然而世界上没有能够直接吊装 125 m 长钢桩的装备，中国建设人员创新性地将其分为两部分，利用分节击打和焊接技术最终实现了首根钢桩的安装。这体现了创新和严谨求实的科学精神。

3. 教学设计

机械制造工艺课程中可以引入钢桩焊接问题，焊接件直径材料、焊缝预留尺寸和焊接顺序都会影响焊接质量。检测技术课程中可以引入钢桩焊接后的探伤检测过程，需要 60 h 完成检测，说明了制作工艺过程的重要性。在结构力学课程中可以引入钢桩强度和尺寸设计要素，钢桩尺寸大、自重大，桥梁整体结构的力学计算尤为重要。

为确保帕德玛大桥首根钢桩顺利插打，力争把帕德玛大桥打造成中国中铁走出海外的典范工程，项目组工程师们多次组织施工技术方案讨论会，遵循科学规律，精心组织，积极筹备人员和物资设备进场，克服帕德玛河水流湍急、雨季下雨频繁等恶劣的自然环境因素，以更严谨、精细、扎实的作风全力保障了钢桩插打施工有序、规范及顺利推进！

4.4.2 六年坚持不懈技术攻关 盾构机打破垄断世界领先

1. 案例介绍

在城市发展扩张时期，人们必然竭力寻找可利用空间，在地面建筑的高度不断刷新纪录的同时，城市建设也在不断向地下发展。这时候建设地铁成为缓解交通问题的不二选择，目前在全世界已经有 55 个国家的 170 座城市建设了地铁。然而让人不能想象的是，中国的第一条地铁——每天客运量接近百万人次的北京地铁一号线居然是采用人工开挖的方式建设的。当时短短几千米的线路前后共耗时接近 4 年才完成。现在，距离北京地铁一号线开通已经过去了 50 多年时间，中国地铁的修建早已抛弃了开膛明挖的方式，而是依赖集掘进与支撑性管片铺设功能于一体的国产盾构机。

在 2008 年之前，我国一直没有制造盾构机的技术，盾构机的基本原理并不复杂，但是整体机器的制造非常困难，不同地区的土质、岩层状况不同，需要使用的刀具也有很大的不同，还要根据深度、压力等进行状态调整。这对液压系统、运输系统、隧道稳固装备的要求非常高，对于中国过去的科技水平来讲，完全自主研发是非常困难的。那么中国是如何打破国外技术垄断，实现从 0 到 1，再迅速占据全球 2/3 市场份额的呢？

首先，盾构机是用于挖掘隧道的机器设备，它利用前端的刀盘系统进行挖掘，利用传送带将泥土运至外面，圆柱形的外形对挖出的隧道有临时支撑作用，在掘进一段距离后将管道片进行拼装成一个圆筒固定在隧道洞口内，可实现边挖边铺。盾就像它的名字一样，包括盾和构两部分。"盾"的第一部分是指刀盘和用于突进及防御的盾壳。在第二部分中，"构"是指注浆和管片衬砌，用于构造和施工。盾构机的结构比较复杂，主要由导向系统、渣料处理系统、同步注浆系统、密封系统、掘进系统、组合系统、排渣系统等组成。

盾构机可将地铁暗挖工效提高 8 ~ 10 倍，而且在施工过程中，地面上不用大面积拆迁，不阻断交通，施工无噪声，地面不沉降，不影响居民的正常生活。开挖隧道有传统人工机械挖掘、爆破挖掘等方式，这些方法不仅效率低下而且危险系数非常高，容易发生土质断裂、隧道坍塌等事故，造成人员伤亡，因此在过去国内经常有隧道施工坍塌的报道。为了建设穿越秦岭的高速公路和铁路，我国不得不以 3.8 亿元每台的天价从德国进口了 2 台盾构机，然而进口设备还需要国外的专家工人来维修，咨询费每人每天高达 3000 美元，而且维修现场不允许我国技术人员靠近，生怕被我们学习了相关技术。在这种情况下，2002 年，我国将盾构机研制正式列入"863 计划"，下定决心攻克这一"卡脖子"的关键技术。

经过无数专家、学者和科研人员的努力钻研，中国技术人员终于在 2008 年啃下了这块"硬骨头"，研制出具有部分自主知识产权的复合盾构机。而在此后，由于城市经济的发展，国内各地对地铁建设的需求迅速增加，加快了我国盾构机技术的发展。在经过短短十几年后，我国的盾构机已经具有了美国、德国、日本同类产品的综合优势性能，既经济又好用，在全球市场中迅速受到青睐，占到了全球市场份额的 2/3，国内市场占比 90%。仅 2019 年，我国盾构机出口 160 台，销往新加坡、意大利、波兰、澳大利亚、印度尼西亚等多个国家。2020 年 9 月 29 日，具有里程碑意义的中国中铁自主研制的第 1000 台盾构机（见图 4.15），在郑州中铁工程装备集团有限公司下线。盾构机技术俨然已经成为大国重器，为中国的建设事业提供了坚强有力的支持。

图 4.15 中国中铁公司生产的盾构机

2. 案例评析

隧道掘进机可以穿山越海，是拥有多达 5 万个零部件，集液压、机械、电气、流体、环流五大系统、30 余个子系统于一身的高端装备。在 2008 年以前，盾构机的关键技术还被国外垄断，国内使用的盾构机严重依赖进口。由于没掌握核心技术，设备需要外国专家远渡重洋进行检修。昂贵的进口成本，低效的设备维护，耗时的跨国沟通，中国在盾构机的应用上处处受制于人，严重影响着中国基建的效率和发展。经过历时 6 年的奋力攻关，中国开发出了成本低而且性能优良的盾构机装备，不仅满足了国内的大量需求，还远销多个国家，占据了世界多半的市场。

在施工过程中遇到难题时，研发人员不断探索尝试该问题的各种解决方法，找到最行之有效的方法；当遇到从未遇到过的难题时，需要创新出解决该问题的新方法和措施。正是在这种不断探索、不断尝试、不断创新的科学精神下，提高了盾构机行业领域的研发和施工技术水平。

3. 教学设计

在刀具设计课程中可以引用盾构机的刀盘设计及其刀具设计、使用寿命、磨损等问题；在机床夹具设计课程中可以引入盾构机的刀盘刀片装夹问题及大型构件加工时的夹具设计问题；在电力拖动课程中可以介绍盾构机中的刀盘驱动电动机功率、转速参数；在液压与传动课程中，可引入盾构机机械装备中的减速装置、支撑系统中所用到的传动系统和液压原理。

盾构机科研团队勇于探索、不断尝试创新的科学精神使得中国在短短 6 年的时间里实现了重大技术突破，显著加快了中国隧道类基础建设的进度，提升了国力水平。

4.4.3　科学求实研制高铁技术　拼搏奉献始成高铁精神

1. 案例介绍

1）高铁精神

党的十八大以来，党和国家领导人高度重视制造业发展，以习近平同志为核心的党中央统揽全局、开拓创新，出台了《中国制造 2025》重大改革举措，为改善我国制造业有量无质的困境提供了有力的政策保障。

2016 年 3 月，时任国务院总理李克强在政府工作报告中首次提出"鼓励企业开展个性化定制、柔性化生产，培育精益求精的科学精神，增品种、提品质、创品牌"，由此可见，深入研究"科学精神"的理论意义和实践活动是促进制造业转型升级的重要方式。2016 年 9 月 10 日，郑徐高铁正式开通运营，至此，中国高铁运营里程已超 2 万 km，占世界高速铁路运营总里程的 60% 以上，中国是当今世界高铁运营里程最长、建设规模最大、平均行驶速度最快的国家，成为全球高速铁路第一大国。此外，在"一带一路"倡议下，高铁技术输出是我国对外交往的重要手段，"中国高铁"作为"中国制造"的标志性产品，代表了中国的大国形象。其成功经验亦可以推广到研发其他产品的过程中，为中国科学精神的培育提供一种行之有效的高铁模式。

高速铁路技术虽然在日本和欧洲率先兴起，但是在中国引进并改造这一技术后，高铁成为中国产业中最耀眼的一颗明星。中国高铁用 5 年的时间走完了国际上 40 年的高铁发展历程，从追赶者变为全球领跑者，这样神奇的速度缔造了感人肺腑的高铁精神——"科学求实、相容并蓄，自主创新、赶超一流，忠诚祖国、拼搏奉献"。

2）引领中国工业的发展格局

目前，中国高铁技术不断成熟完善，从追赶到领跑，从四纵四横的完美收官到八纵八横的起航，让"复兴号"高铁深入人心，成为百姓出行的首选（见图 4.16）。在国内，"复兴号"高铁的意义已经超越了个别行业、个别领域、单纯的经济领域，而成为撬动全局的一大战略杠杆利器。

发展在提速，列车在提速，百姓的幸福感也在提速。在这片孕育梦想的大地上，"复兴号"——如此高端大气的命名，刚一出世，就让世界震惊和赞叹。其外形优雅、舒适度高、安全性强、智能化感知系统等诸多优势，载着天南地北的人们，让春运的拥挤和揪心成为一种记忆。西成高铁让"蜀道难"成为历史，京广高铁让老线焕发新生机，沪昆高铁让边疆云南不再遥远。而现在的长编组"复兴号"让民众眼前一亮，提升了列车的综合运力，为百姓带来更加丰富的出行体验，满足了人民群众对美好出行的需求。

图 4.16　正在停靠的"复兴号"高铁

2017 年 6 月 25 日，"复兴号"高铁下线，这是中国第一列标准动车组"复兴号"。一列标准动车组的组装分为车体、转向架和总装三部分。三条生产线上 14000 名工人要安装列车上 7100 多种，总计 55 万多个零部件。中国高铁的研发至少拉动着 30 万家零部件企业的发展，涉及冶金、轴承、型材和精密仪器等数十个高端装备行业的自主创新，"复兴号"涉及的高速动车组研发中，中国标准占到了 84%。与日本、德国等高铁强国相比，今天我们之所以能在高铁技术领域不逊于任何一位竞争对手，靠的是我国 60 多年来形成的庞大制造体系。

吉林长春被称为高铁大脑的网络控制系统，取得了众多技术突破。山东青岛，负责高铁系统的集成及转向架技术等，核心技术在这里实现了中国创造。河北唐山，首辆国产化 CRH3 高速动车组在这里下线。湖南株洲，被称为电力机车之都，高铁之心就从这里澎湃而生。

围绕着高铁机车，中国 22 省有 700 多家企业参与了技术研发和配套。湖南株洲是中国最大的轨道交通制造集群，集聚了轨道交通装备企业 320 多家。牵引变流器是"复兴号"的"心脏"，它由 1152 个 IGBT 芯片组成（见图 4.17）。这种只有指甲盖儿大小却能让高铁平稳运行的 IGBT 芯片，3 年前在中国取得了研制技术突破，同时它们不只用于高铁，还应用于智能电网、航空航天等领域。

株洲具有全球第二条 IGBT 生产线，智能线的生产时间比原来缩短了 70%。"复兴号"上，动车组的九大关键技术、十项配套技术由包括株洲基地在内的全国四大基地逐一突破。山东龙口是中国最大的轨道交通铝型材制造基地，负责高铁大型结构件的制造任务。

图 4.17　高铁牵引变流器及 IGBT 芯片

边梁是连接列车侧墙和地板的大部件，其长度达 25 m 而且结构十分复杂。采用中国自主研发的第一台万吨级铝型材挤压机可以实现边梁复杂结构大部件的一次成形，其挤压力可以达到 13500 t。上千吨的铝锭在挤压机里像面团一样柔软，挤压的全过程要控制温差不超过 50℃，如何控制温差是此前德国、日本巨头的核心机密，今天中国工程师用挤压速度的快慢成功地解决了这个难题。挤压速度控制在 4 m/min，边梁一次挤压成形。成形的边梁被送往 200 km 外的中国高铁的梦工厂——青岛，1 万多名技术工人，创造出了让世界震惊的中国速度，平均每 4 天就能制造三列中国标准动车组，车体制造是整个制造中最基础、最首要的环节，焊接组要将车体的尾部、车头、车顶和两边的侧梁和侧墙焊接在一起，全长 25 m 的车体变形不能超过 5 mm，为了确保车体焊接对称收缩，自动手臂焊接外部焊缝时，车体内部的人工焊接也必须同步开始。这是车体 30 年使用寿命的质量保障，需要 4 个人同时作业，从车体中间开始向两端焊，大家行进的速度要始终保持一致，就是这些中国工人铸就了中国高铁世界第一的基石。一节动车车厢上大概有10 万个线头，车间接线女工的日常工作可以用"千头万绪"来形容。手里同时攥着几十根电线，分门别类地对应到模块里，连接到针，而每一针只对着一根电线。每根接线上都有接线员的名字，这不仅是责任到人，同时还增加了工人的自豪感（见图 4.18）。

（a）技术工人正在焊接车体　　　　　　　（b）动车车体接线工作

图 4.18　车体制造

2.5 万 km 的营业总里程超过了第二至第十位国家高铁里程的总和。截至 2023 年 1 月，中国高铁总里程将增长到 4.2 万 km，覆盖大部分大城市，绘制着八纵八横的高速铁路网的宏伟蓝图。

2020 年 8 月 13 日，中国国家铁路集团有限公司发布《新时代交通强国铁路先行规划纲要》称：至 2035 年，全国铁路网要达到 20 万 km 左右，其中高铁 7 万 km 左右，20 万人口以上的城市实现铁路覆盖，50 万人口以上的城市高铁通达；从 2021 年到 21 世纪中叶，铁路战略目标将分"两步走"：第一阶段到 2035 年，实现基础设施规模质量、技术装备和科技创新能力，服务品质和产品供给水平世界领先，运输安全水平，经营管理水平、现代治理能力位居世界前列，绿色环保优势和综合交通骨干地位、服务保障和支撑引领作用、国际竞争力和影响力全面增强；第二阶段到 2050 年，全面建成更高水平的现代化铁路强国，形成辐射功能强大的现代铁路产业体系，建成具有全球竞争力的世界一流铁路企业。

3）精益求精的技术创新

自 2004 年高铁技术引进以来，高铁技术研究部门一手抓高速动车组研制，一手抓高铁工程建设规划，在消化吸收国外技术后，进而创新发展我国自主技术。中国铁路行业拥有铁道勘察设计院、中铁咨询等 13 家设计院，并拥有"南车"和"北车"两家动车组研发企业。这些企业和单位密切配合，使得我们最终系统掌握了高铁的成套技术，并在此基础上精益求精，打造出具有品牌性、创新性的"中国高铁"。在动车组研发和工程建设两条线上，高铁人将这个巨型的技术集合体分散成单一的技术点，通过技术部门的专项研究和一线工作人员的辛勤实践，中国高铁突破了一个又一个技术难题。

高铁技术作为一个巨型技术集合体，仅"一列高速列车，就有 45000 多个零部件，几乎遍及机电产品所有领域。集中反映了当代新型牵引动力、高性能轻型车辆、高质量线路、运行控制指挥、运输组织和经营管理等方面的技术进步"。中国高铁技术是由成百上千的技术突破积累起来的，完成了高铁技术的整体创新。纵观各国科学精神的培养都离不开对精益求精和创新的追求，工程师和科研人员不断地改进产品性能和设计，让每一件产品务求做到尽善尽美，每一次都向着"最好"发起"更好"的挑战，他们把自己的前一件产品当作山峰去攀爬，超越自己也就意味着突破了上一个极限，在这一节点上突破等于创新。由此可见，"精益求精"和"创新"两者本身就有着逻辑上的自洽，我们可以认为代表了科学精神核心的精益求精就是创新的重要途径与手段。

2. 案例评析

高铁精神是继新中国"两弹一星"精神、抗洪精神、抗击非典精神和载人航天精神之后，中华民族伟大精神的又一次升华，集中体现了以爱国主义为核心的民族精神和以自主创新为核心的时代精神。高铁精神展现在世人面前的是一道亮丽的风景线，让世界惊叹！集中体现了以爱国主义为核心的民族精神和以自主创新为核心的时代精神。高铁精神深入人心，家喻户晓，增强了全民族的自信心和自豪感。

3. 教学设计

高铁的研制与机械工程息息相关，该案例中有很多要素可以引入机械工程的相关课程中。机械制造工艺中可以引入大型铝合金复杂结构部件的制造工艺方法，高铁车体的边梁采用的是我国自主研发的万吨级铝型材挤压机一次成形工艺，边加温边挤压，温度控制、速度控制及压力控制对于成形质量都有重要影响。在工程材料课程中可以引入轨道减震材料的应用，使用研发的水泥沥青固化减震层可有效降低高铁的冲击，对 U71MnK 钢中的 Mn 含量进行了优化，使得高速铁道钢轨的综合性能有很大提升。在制造工艺课程中可以引入车体的焊接技术，高铁中全长 25 m 的车体变形量要求不超过 5 mm，为了确保车体焊接对称收缩，使用了外部与内部同步进行焊接的技术。机械振动课程中可以引入高铁"冲高"实验——"金凤凰"和"蓝海豚"两列高铁列车以超过 420 km 的时速交会，对两列高铁产生了强烈的瞬间压力波，车体是否能经受住这样的振动冲击。

我国高铁技术在世界上已经处于领先地位，可以激发学生的爱国情怀和自信心。

4.4.4 拼搏奉献、勇攀高峰 "蛟龙"深潜入龙宫

1. 案例介绍

二十世纪七八十年代，美国载人潜水器 ALVIN 号在海洋科学研究中的重大发现，在全世界掀起了研制载人/无人潜水器的高潮。1992—1993 年，中国船舶总公司第七研究院第 702 研究所（现为中国船舶重工集团公司第 702 研究所）向当时的国家科委（现科技部）提出研制 6000 米级的大深度载人潜水器的建议，由于国内对载人潜水器的需求还没有到迫切的程度，技术上面临的挑战很大，项目建议书没有通过，一直到 2002 年 6 月，科技部才正式批复立项。为推动中国深海运载技术发展，为中国大洋国际海底资源调查和科学研究提供重要的高技术装备，同时为中国深海勘探、海底作业研发共性

技术，在国家海洋局的组织安排下，中国大洋协会作为业主具体负责"蛟龙号"载人潜水器项目的组织实施，并会同中国船舶重工集团公司第702所、中国科学院沈阳自动化所和声学所等约100家中国国内科研机构与企业联合攻关。立项目标为根据中国大洋协会勘查锰结核、富钴结壳、热液硫化物和深海生物等资源的计划目标及要求，完成一台

采用多种高新技术、新材料和新工艺集成起来的、拥有自主知识产权的7000 m载人潜水器。立项之后，又经过10年的科研攻关，终于完成了我国载人潜水器的方案设计、制造组装，直至海上试验（见图4.19）。

图4.19　"蛟龙号"载人潜水器在下水

从2013年起，"蛟龙号"载人潜水器将进入试验性应用阶段。"蛟龙号"先后在南海海域、东北太平洋、西北太平洋、西南印度洋、马里亚纳海沟等地开展科学研究和取样，分别开展了海底视像剖面调查取样，收集环境数据，环境调查，冷泉区科学考察，海山区科学考察，土工力学原位测量，生物诱捕，多种地形地貌条件下结核、沉积物和海底生物勘察，底栖生物及海山岩石采集等多种工作。"蛟龙号"推动了我国深海技术的全面发展（见图4.20）。

图4.20　"蛟龙号"载人潜水器出水

"蛟龙号"具备深海探矿、海底高精度地形测量、可疑物探测与捕获、深海生物考察等功能，可以开展的工作有：对多金属结核资源进行勘查，可对小区地形地貌进行精细测量，可定点获取结核样品、水样、沉积物样、生物样，可通过摄像、照相对多金属结核覆盖率、丰度等进行评价等；对多金属硫化物热液喷口进行温度测量，采集热液喷口周围的水样，并能保真储存热液水样等；对钴结壳资源的勘查，利用潜钻进行钻芯取样作业，测量钴结壳矿床的覆盖率和厚度等；可执行水下设备定点布放、海底电缆和管道的检测，完成其他深海探询及打捞等各种复杂作业。

"蛟龙号"的特点：在世界上同类型深潜器中具有最大下潜深度7000 m（美国、日本、法国、俄罗斯四国深潜器的最大工作深度为6500 m），这意味着该潜水器可在占世界海洋面积99.8%的广阔海域使用；具有针对作业目标稳定的悬停，这为该潜水器完成高精度作业任务提供了可靠保障；具有先进的水声通信和海底微貌探测能力，可以高速

传输图像和语音，探测海底的小目标；配备了多种高性能，确保载人潜水器在特殊的海洋环境或海底地质条件下完成保真取样和潜钻取芯等复杂任务。

三大技术突破：近底自动航行和悬停定位、高速水声通信、充油银锌蓄电池容量。

1）可稳稳"定住"

"蛟龙号"具备自动航行功能，驾驶员可以放心进行观察和科研。"蛟龙号"可以完成三种自动航行：自动定向航行，驾驶员设定方向后，"蛟龙号"可以自动航行，而不用担心偏航；自动定高航行，这一功能可以让潜水器与海底保持一定高度，尽管海底山形起伏，自动定高功能可以让"蛟龙号"轻而易举地在复杂的环境中航行，避免发生碰撞；自动定深功能，可以让"蛟龙号"与海面保持固定的距离。

2）悬停定位

一旦在海底发现目标，"蛟龙号"不需要像大部分国外深潜器那样坐底作业，而是由驾驶员行驶到相应位置，"定住"位置，与目标保持固定的距离，以方便机械手进行操作。在海底洋流等导致"蛟龙号"摇摆不定、机械手运动带动整个潜水器晃动等内外干扰下，能够做到精确地"悬停"，确实值得称道。在目前已公开的消息中，尚未发现国外深潜器具备类似的功能。

3）深海通信靠"声"

陆地通信主要靠电磁波，速度可以达到光速。但这一利器到了水中就没了用武之地，电磁波在海水中只能深入几米。"蛟龙号"潜入深海数千米，为与母船保持联系，科学家们研发了具有世界先进水平的高速水声通信技术，采用声呐通信。这一技术需要解决多项难题，比如声音在水中的传播速度只有 1500 m/s 左右，如果是 7000 m 深度的话，喊一句话往来需要近 10 s，声音延迟很大；声学传输的带宽也极其有限，传输速率很低；此外，声音在不均匀物体中的传播效果不理想，而海水密度大小不同，温度高低不同，海底回波条件也不同，加上母船和深潜器上的噪声，如何在复杂环境中有效提取信号则是难上加难。

"蛟龙号"载人潜水器不但具有国际上同类型潜水器的最大下潜深度，而且在其最大设计深度安全可靠，并拥有投入应用所需要的实际作业能力，在声学通信、自动控制及大深度作业等性能方面拥有明显的领先优势。"蛟龙号"载人潜水器的研制和海试成功，标志着中国系统掌握了大深度载人潜水器的设计、建造和试验技术，实现了从跟踪模仿向自主集成、自主创新的转变，跻身世界载人深潜先进国家行列。"蛟龙号"载人潜水器的研制与海试是国家高技术研究发展计划（"863"计划）先进制造技术领域和海洋技术领域立项支持的国家重大科研任务，历时 10 年。

中国载人潜水器的研制几乎从零开始，其困难显而易见——载人潜水器有多重？要有什么部件？各个部件如何配置在一起？总之，没有人知道深水的载人潜水器应该怎么设计。另外，载人潜水器上所有的部件或设备，如载人球、浮力材料等都面临着在水下使用的新难题。有些在陆地上相当成熟的技术，如电机、泵、阀等到了水下要求体积小、重量轻、耐海水高压和腐蚀。在这种情况下，研究人员带着对祖国海洋事业的热爱，一点一滴收集资料，一个一个攻破难题，终于突破了载人潜水器研制的最为核心的总体设计和集成技术，提出了大型复杂工程系统接口处理的四要素法，并采用了最新的多学科设计优化（MDO）方法。项目组以自主创新为主，部分设备也走国外引进、消化吸收的路子。据统计，现在"蛟龙号"载人潜水器上 60% 的部件完全为国产，剩余 40% 的国外引进设备也已经有一半完成了国产化，另一半正在进行国产化。

一般来说，国外的深水潜水器在研制之前往往会先研制一个 2000 ～ 3000 m 级别的潜水器作为研究过渡，但是这样研制周期长，花费也大。中国"蛟龙号"载人潜水器总体与集成项目负责人，第一副总设计师崔维成说，"蛟龙号" 7000 米级载人潜水器的研制选择了跨越式发展的路子。他们只用了 10 年时间，花了不到 5 亿元人民币的经费，就把我国的深海载人潜水器技术从 600 m 的水平，一下提升到同类型三人作业型载人潜水器的国际最大下潜深度——7000 m。崔维成说，7000 米级 "蛟龙号" 载人潜水器海上试验的成功表明我国的载人深潜技术已经跨入国际先进行列，在国际深潜界树立起了设计深度海上试验的一个新标杆。他举例说，国外其余五艘载人潜水器只进行一次设计深度的海上试验，如果发现了故障，上来排除之后不会再次海试；而 "蛟龙号" 7000 米级的海试非常充分，如果发现了问题，在甲板上排除掉之后还会再次通过海试予以确认。"蛟龙号" 7000 米级海试的成功得到了国际深潜界的高度认可。国际深潜第一人、1960 年下到马里亚纳海沟的深潜英雄 Don Walsh，2012 年刚下到马里亚纳海沟的著名电影导演卡梅隆，日本潜水器协会主席、东京大学教授 Tamaki Ura，美国载人潜水器协会主席 William Kohnen 等人均发来邮件，祝贺中国科学家取得的成功。同时，"蛟龙号"的成功极大地鼓舞了中华民族的士气，特别是国家将海洋与航天同等看待，使从事海洋领域研究开发的专业人士备受鼓舞。

图 4.21 为 "蛟龙号" 载人潜水器在深海作业。

图 4.21 "蛟龙号"载人潜水器在深海作业

崔维成说，"严谨求实、团结协作、拼搏奉献、勇攀高峰"的载人深潜精神贯穿着载人潜水器设计、研制和海试阶段的始终，是"蛟龙号"取得成功的精神支撑力量。总设计师徐芑南在 7000 m 载人潜水器批准立项时已经 67 岁，退休多年。尽管他患有高血压、心脏病等多种疾病，两个儿子也都希望把他和老伴接过去照顾，但当他得知科技部和国家海洋局破格批准他为总设计师时，仍然毫不犹豫地接受了任命。在 2009 年海试任务下达时，徐芑南已经 74 岁了，凭着对深海事业的热爱，凭着对国家和民族的高度责任感和使命感，他携夫人方之芬亲自上船，参加海上试验。副总设计师胡震更是海试现场的"灵魂"——潜水器的维护、故障排查、试验准备、试验过程中的技术状态判断都由他来指挥。他是总设计师队伍中对潜水器技术状态最熟悉的人，也是海试现场流汗最多的人，他对潜水器的感情宛如对待子女。2010 年 6 月 21 日夜里，暴雨突袭潜水器维修现场，让正在紧张工作的试验队员措手不及。"载人舱绝不能进水！"胡震本能地就用自己的身体挡住舱口，再让其他队员拿来雨布，妥善地盖好了舱口盖，避免了重大损失。

崔维成说，虚心学习的态度、严谨求实的作风、科研管理体制的创新及对人才的重视是中国深潜技术实现跨越式发展的法宝。这也让他对科技创新的未来更具信心。他鼓励华南理工大学的年轻学子："'蛟龙号'团队均是非常普通的人，所有一线画图的设计师几乎都是刚毕业的学生，有一半以上只有本科学历。如果能给在座的各位一个好的科研舞台，我相信大家也能做出国际一流的成果。"崔维成透露，自己准备在未来 10 年时间，带领一个 20 人左右的团队来发展我国的深渊（6000 ~ 11000 m）科学和技术，一方面从事深渊生态学、深渊生物学和深渊地质学研究，另一方面陆续研发万米级的着陆器、万米级的无人潜水器和万米级的载人潜水器，再搭配一艘 3000 吨级的小型科学考察船，把中国的深渊科学和深渊技术同步提升到世界领先水平。

"蛟龙号"是我国载人深潜发展历程中的一个重要里程碑。它不只是一台深海装备，更代表了一种精神，一种不畏艰险、赶超世界的精神，它是中华民族进军深海的号角。

2. 案例评析

"蛟龙号"的研制取得了国际一流的成果，其辉煌成就显然离不开科研团队"严谨求实、团结协作、拼搏奉献、勇攀高峰"的科学精神。起初国内载人深潜水的基础非常薄弱，研究人员是一点一滴收集资料，一个一个攻破难题，终于突破了载人潜水器研制最为核心的总体设计和集成技术，这体现了科研团队严谨求实的科学精神。总设计师徐芭南虽然身患高血压等疾病，在74岁高龄时仍然坚持亲自参加海上试验。而副总设计师胡震在暴雨来临时，用自己的身体挡住潜水器舱口，避免了严重的损失，这体现了科研人员拼搏奉献、顾全大局的精神。

3. 教学设计

"蛟龙号"的多项指标达到了国际一流水平，受到多个国家的好评，这是我们国人的一大骄傲。"蛟龙号"的设计研制涉及机械工程领域的多门课程，例如：在机械优化设计课程中可引入"蛟龙号"使用了"多学科优化技术"；在机械结构设计中，"蛟龙号"作为一种压力容器，能够承受海底超过7000 m深度处的海水压力；在液压与传动课程中可引入"蛟龙号"的阀门设计问题；在机械制造课程中可以引入"蛟龙号"的拼接式结构和钢板铸造工艺。在举例的过程中同时引入其科学精神和思政要素。

4.4.5 严谨务实、一丝不苟 火神"祝融"遨游火星

1. 案例介绍

2021年5月22日，中国自主研制的第一辆火星车祝融号安全驶离着陆平台（见图4.22），到达了火星表面，并成功开始巡视探测，这标志着中国航天技术和事业开启了新的篇章。

火星距离地球4亿km，并且火星的昼夜温差、引力、地貌、大气等各种环境都与地球有很大差异。要想研制胜任工作的装备，必须遵循正确的科学规律，发扬科学精神，秉持严谨务实和一丝不苟的科学态度，不能忽略任何一个细节问题。另外，火星车的顺利工作离不开航天集团科研人员长期的心血和付出。

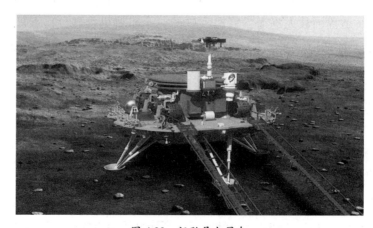

图 4.22 祝融号火星车

祝融号火星车由结构与机构、移动、天线、热控、供配电等 10 个分系统组成，具有四大主要功能：一是能够承受整个任务过程中的力学、热、辐射等空间环境；二是着陆火星后火星车与进入舱配合完成释放、分离任务；三是在火星昼时完成火星表面的感知、探测、移动等工作，在火星夜时进入待机状态，也就是"一夜好梦"；四是能够适应火星表面环境，具有自主休眠唤醒能力。火星车还配置了导航地形相机、多光谱相机等 6 种科学载荷，可以进行科学探测；按任务要求，拥有 90 个火星日的设计寿命。

据中国航天科技集团公司第五研究院火星探测器副总师贾阳介绍，为了确保火星探测任务一次完成环绕、着陆和巡视的工程目标，研制团队针对火星独有的光照、沙尘、大气、温度、土壤等特点，量身打造了祝融号火星车的各个部分和所需功能。众所周知，火星距离地球的最远距离达 4 亿 km，因此我们无法对登陆火星的火星车进行实时测控，祝融号火星车基本以自主工作为主，按照火星日进行工作规划，进行长距离自主移动，并以中继通信作为主要遥控、遥测、数传手段。火星大气表层光照强度大约是月球表面的 1/3；火星大气吸收太阳光中的蓝绿光，容易造成光谱红偏；而火星沙尘沉积将影响太阳能电池阵发电，为此，研制团队专门针对光照、沙尘等情况设计了蝶形四展太阳翼，配置了特殊的电池等，所以祝融号火星车看上去像一只美丽的蓝色闪蝶。为了应对火星表面的沙尘暴天气，火星车可根据沙尘天气的轻重程度自主转入最小工作模式、休眠模式或唤醒模式。火星表面的气压约是地球大气压的 1%，火星表面白天时最高温度大约为 27℃，夜晚最低温度大约为 −130℃，为了应对火星表面的低气压及昼夜温差，中国航天科技集团公司第五研究院研制团队为火星车配置了两套集热器，并采用了纳米气凝胶保温；此外，还开展了低气压放电试验。火星表面的岩石分布密度大约是月球表面的 2 倍，其土壤的物理、力学特性虽然与月壤类似，但存在因侵蚀而导致的表层土壤坚硬、里层土壤松软的情况，对此，研制团队精心采用了主动悬架设计并开展了内场下陷脱困试验，通过主动悬架构型的变化，祝融号火星车可以实现抬轮和蠕动，便于车轮下陷后脱困。火星表面弱光照、低温、地火通信严重受限、地面通过性差及不可预估的沙尘天气是阻碍火星车生存及完成巡视探测的主要困难，为闯过这些难关，研制人员开展了自主及故障容限设计，以确保火星车能够有效应对严酷的环境和任务约束。

为了让火星车威风凛凛地行驶在火星上，中国航天科技集团公司第五研究院火星探测研制团队呕心沥血，进行了成千上万次大大小小的分析、试验，无数夜以继日的拼搏奉献和辛勤劳动最终浇灌出绽放的花朵。

2. 案例评析

像嫦娥奔月、牛郎织女银河相会一样在太空遨游一直是中国人的飞天梦想，如今在中国航天技术高度发达的条件下，我们分别发射了月球车和火星车，展现了大国的实力和风范。一次就将祝融号火星车成功发射到火星预定地点并能令其安全工作，这反映了中国航天人多年来秉持的严谨务实和一丝不苟的科学精神。在研制过程中，他们没有忽略任何一个可能的细节问题。

3. 教学设计

祝融号火星车的设计研制需要用到很多机械工程学科知识，例如：火星距离地球的最远距离达 4 亿 km，我们无法对火星车进行实时测控，祝融号火星车基本以自主工作为主，可以在自动控制原理课程中引入这一案例；火星表面地形和土质结构复杂，火星车车轮可能会陷入松软的泥土中，美国的勇气号火星探测器就是在 2009 年陷入了沙坑中，直到任务结束都没能再出来，而祝融号火星车则采用了主动悬架设计技术，可以通过自主工作改变车身高度自助脱困，可以在机械设计课程及车辆设计课程中引入；祝融号火星车从折叠状态到完全打开的工作状态，机构设计复杂，在机械原理中的机构设计章节中可以引入介绍。

参考文献

[1] 王文宝. 科学精神培养的意义、途径及对教师的要求 [J]. 中国德育 , 2017(18):33-35.

[2] 蒋道平. 关于科学精神内涵的多维解析 : 基于文化差异和历史线索视角 [J]. 科普研究 , 2017,12(3):8-18,104.

[3] 曹鹏彬 , 汤旭青 , 肖敏. 机械产品设计学专业课教学中科学素质教育的研究与实践 [J]. 教育教学论坛 , 2015(30):90-93.

[4] 李占涛 , 孙慧平 , 程仙国.《CAD/CAM》教学中科学精神的培养 [J]. 教育教学论坛 , 2014(30):114-116.

[5] 杨杨. 机械中专教学内容的科学选择 [J]. 科技资讯 , 2012(16):185.

[6] 孔玉芳 , 王章豹. 科学精神的时代内涵及其弘扬与普及 [J]. 技术与创新管理 , 2009, 30(2):150-153.

[7] 刘长荣,张小芹,肖念新.基于"大机械"教学理念的实践教学平台构建 [J].河北科技师范学院学报,2008,22(4):70-73.

[8] 唐真.科学精神涵义的发展变化:关于新文化运动时期与改革开放以来科学精神讨论的比较 [J].科普研究,2008(3):53-59.

[9] 刘玲.客观精神是科学精神之实质:科学精神内涵辨析 [J].社会科学论坛 (学术研究卷),2007(3):8-11.

[10] 张颖春.科学精神的概念及其内涵 [J].天津商学院学报,2004(5):54-58.

[11] 艾靓.论科学精神的内涵 [J].华中农业大学学报 (社会科学版),2003(2):61-63.

[12] 高金莲.试论现代科学精神的内涵及培养途径 [J].牡丹江教育学院学报,2003(1):39-41,117.

[13] 黄涛.科学精神内涵及社会功能浅析 [J].西南交通大学学报 (社会科学版),2002(4):12-15.

[14] 赵素兰.简述科学精神的内涵及现实意义 [J].西安建筑科技大学学报 (社会科学版),2001(1):10-13.

[15] 李旭.论科学精神的内涵及现实性 [J].武汉交通科技大学学报 (社会科学版),2000(3):18-20.

[16] 江涛,韩庆祥.要把握好科学精神的基本内涵 [J].前线,1999(11):11-12.

[17] 彭兆荣.论"大国工匠"与"工匠精神":基于中国传统"考工记"之形制 [J].民族艺术,2017(1):18-25.

[18] 李砚祖."材美工巧":《周礼·冬官·考工记》的设计思想 [J].南京艺术学院学报 (美术与设计),2010(5):78-81.

[19] 肖屏.《考工记》设计思想探析 [J].武汉科技学院学报,2005(7):41-44.

[20] 牧云.马钧改机 [J].丝绸,1994(5):52.

[21] 杨荣垓.马钧的科技成就 [J].洛阳大学学报,1994,9(1):43,54-57.

[22] 古代机械发明家:马钧 [J].齐齐哈尔师范学院学报 (哲学社会科学版),1982(3):119.

[23] 王放鹤,王忠伟.中华科技思想溯源 [J].辽宁科技大学学报,2015,38(S1):38-54.

[24] 庚晋,白杉.中国古代灌钢法冶炼技术 [J].铸造技术,2003(4):349-350.

[25] 严敦杰.补《北齐书·历志》[J].自然科学史研究,1984(3):236-244.

[26] 关增建.登封观星台与郭守敬对传统立竿测影的改进 [J].郑州大学学报 (哲学社会科学版),1998(2):63-67.

[27] 樊善国.科学巨人郭守敬 [J].中国典籍与文化,1996(2):21-29.

[28] 陈美东 . 论我国古代冬至时刻的测定及郭守敬等人的贡献 [J]. 自然科学史研究 , 1983(1):51-60.

[29] 张娅妮 .《梓人遗制》格扇门的龟背纹菱花图案研究 [J]. 美与时代 (上), 2021(7):42-44.

[30] 张舒 .《永乐大典》中的山西人薛景石 [J]. 文史月刊 , 2018(7):74-76.

[31] 贺天平 , 张万辉 . 薛景石及其制车技术研究 [J]. 山西大学学报 (哲学社会科学版), 2017,40(1):121-126.

[32] 徐泓 , 徐宇 , 徐世珍 . 徐建寅督办汉阳钢药厂自造无烟火药 [J]. 武汉文史资料 , 2011(8):37-38.

[33] 徐泓 . 徐建寅与中国近代海军的渊源 [J]. 航海 , 2008(4):24-27.

[34] 徐泓 . 徐寿、徐建寅与中国近代科学引进 [J]. 出版史料 , 2008(1):109-113.

[35] 徐泓 , 包正义 . 徐寿、徐建寅与中国近代造船工业的兴起 [J]. 船舶工程 , 2019,41(8):8-11.

[36] 方一兵 . 中国第一个攻读冶金专业的留学生 : 吴健 [J]. 中国科技史杂志 , 2008(2):114.

[37] 方一兵 , 潜伟 . 中国近代钢铁工业化进程中的首批本土工程师 (1894—1925 年)[J]. 中国科技史杂志 , 2008(2):117-133.

[38] 中国科学技术协会 . 中国科学技术专家传略 : 工程技术编 : 冶金卷 1[M]. 北京 : 中国科学技术出版社 ,1995.

[39] 陈悦 . 福建船政"平远"舰考 [J]. 闽商文化研究 , 2019(1):35-54.

[40] 潘懋元 . 船政学堂的历史地位与中西文化交流 : 福建船政学堂创办 140 周年纪念 [J]. 中国大学教学 , 2006(7):14-19.

[41] 林庆元 . 近代爱国造船专家魏瀚 [J]. 史学月刊 ,1985(3):50-55.

[42] 钱曼倩 . 福建船政学堂的办学特色 [J]. 华东师范大学学报 (教育科学版),1983(2):31-34.

[43] 赵琳琳 . 支秉渊 近代中国机械工业奠基人 [J]. 现代工业经济和信息化 , 2013(23):78-79.

[44] 林国荣 . 我国首台柴油汽车发动机 [J]. 柴油机 ,1996(5):38.

[45] 刘浩林 . 中国近代机械工程学家支秉渊 [J]. 中国科技史料 ,1994,15(2):58-70.

[46] 孔祥征 . 略谈民族工业家在抗日战争中的贡献 [J]. 武汉大学学报 (社会科学版),1987(4):109-114.

[47] 唐欢 . 天津地铁盾构刀盘分析及设计 [J]. 凿岩机械气动工具 , 2021,47(4):53-61.

[48] 刘玉焕 , 王洋慧 . 大国重器"盾构机"的工业互联网平台 : 中铁工服的数字化创新

之路 [J]. 清华管理评论 , 2021(11):54-60.

[49] 打破西方垄断 : 国产大型盾构机 [J]. 学习月刊 , 2021(7):58.

[50] 中石油管道局最大盾构机展开世界级大坡度盾构难题技术攻关 [J]. 起重运输机械 ,
2015(7):110.

[51] 夏翼 . 浅谈如何提升国产盾构机技术水平与市场竞争力 [J]. 机电信息 , 2010(18):29-30.

[52] 严健 , 周曦 , 王熙 , 等 . 高铁精神融入 "双一流" 高校校园文化建设的实践 [J]. 大学
教育 , 2022(1):195-198.

[53] 严蔼艳 , 唐方成 . 我国高铁技术创新的制度逻辑及变革路径 [J]. 科研管理 , 2022,
43(2):1-8.

[54] 沈锐 . 新时代高铁精神内涵解读 [J]. 理论学习与探索 , 2021(4):74-76.

[55] 吴松涛 . 弘扬中国高铁工人精神 传承文化强国使命担当 [J]. 东方企业文化 ,
2021(S1):13-14.

[56] 中车株洲 IGBT 芯片实现高铁核心器件国产化 [J]. 集成电路应用 , 2017, 34(2):91.

[57] 李天翼 . 高铁步入 "芯" 时代 [J]. 铁路计算机应用 , 2014, 23(10):65.

[58] 崔维成 , 宋婷婷 . "蛟龙号" 载人潜水器的研制及其对中国深海探索的推动 [J]. 科
技导报 , 2019, 37(16):108-116.

[59] 朱敏 , 张同伟 , 杨波 , 等 . 蛟龙号载人潜水器声学系统 [J]. 科学通报 , 2014, 59(35):
3462-3470.

[60] 朱维庆 , 朱敏 , 武岩波 , 等 . 载人潜水器 "蛟龙" 号的水声通信信号处理 [J]. 声学学
报 , 2012, 37(6):565-573.

[61] 崔维成 , 刘峰 , 胡震 , 等 . 蛟龙号载人潜水器的 7000 米级海上试验 [J]. 船舶力学 ,
2012, 16(10):1131-1143.

[62] 刘峰 , 崔维成 , 李向阳 . 中国首台深海载人潜水器 : "蛟龙号" [J]. 中国科学 : 地球科
学 , 2010,40(12):1617-1620.

[63] 郑永春 . 天问与祝融 : 中国拥抱火星! [J]. 科学 , 2021, 73(4):1-5.

[64] 郑永春 . "祝融" 探 "火" : 揭秘中国首辆火星车 [J]. 中国科技教育 .2021(5):76-77.

[65] "天问一号" 携 "祝融号" 成功着陆火星 [J]. 传感器世界 , 2021, 27(5):33.

第5章 创新思维

5.1 引言

5.1.1 创新思维内涵的演变

人类的活动是一部文明史，是系统记载人类一切发明和创造的历史。古往今来，人类的物质文明和精神文明都离不开创新，而创新的源泉恰恰来源于创新思维。如果没有创新思维，就不可能得到创造性的成果，也就没有发现、发明和发展，人类也不会持续进步。创新思维是人类所特有的一种思维方式，在人类发展的进程中，创新思维带领人类不断认识世界和改造世界，人类创造的一切成果都是在创新思维的指导下形成的。

创新思维与原有的认识和体验完全不同，是人类不断总结经验，打破原有的思维模式，在探索更有价值的工作方向和方法过程中形成的开创性思维活动，主要特征是开拓性和求新性。运用创新思维能够促进人们去发现未知新领域，逐步发现新技术、新理论、新产品、新功能。

在人类文明的发展过程中，一切发现、发明和创造的成果都是创新思维的结晶。习近平总书记曾说过：“创新是一个民族进步的灵魂，是一个国家兴旺发达的不竭动力，也是中华民族最深沉的民族禀赋。”中华民族具有悠久的创新传统、创新文化和创新优势，中国古代四大发明曾经造福世界，中国 16 世纪以前的重大科技发明占世界的一半以上。英国人李约瑟在《中国科学技术史》中曾写道：“在现代科学技术登场前十多个世纪，中国在科技和知识方面的积累远胜于西方。”因此我们毫不缺乏创新的基因。

创新的核心落脚在“新”上，而“新”便意味着以前不曾存在。这是创新与模仿之间最根本的差异。尽管模仿为创新积累了知识、技术等条件，但是模仿只是复制“已有”，而创新则是创造“未有”，特别是原始创新更接近于“无中生有”。模仿为创新奠定了物质基础，要从模仿跨到创新的高度，就需要实现精神上质的飞越，并勇于面对不确定的未来。由于创新事物没有先例，因此创新所指方向、实现创新所采取的方法、创新事物的体现形式并不确定，没有先例可循。比如，人类很早就渴望能够像鸟一样自由飞翔，许多天才曾为了实现这一梦想做过不懈的努力。人们最早采取的途径是使用人造翅膀，模仿鸟类飞行，但这无法实现持久飞行，因此最终以失败而告终。后来人们利用牵引 / 推动加上固定翼的方式（现在的飞机雏形），实现了人类渴望已久的飞行梦想，真正开启了航空时代。

自春秋末年至鸦片战争前，可以认为是中国创新文化发展的古代时期。在这两千多年的时间里，中国的科技水平与同时期的欧洲相比，相互关系可分为三个阶段：古希腊罗马时期，中国和欧洲的科技成就东西辉映、各具特色；在欧洲中世纪，中国的科技水平大大领先于欧洲；而自欧洲文艺复兴后，特别是在欧洲形成了现代科学和第一次产业革命之后，中国令人痛心地落后了。

古代中国的科技创新基本上是"原发性""原生性"的创新。先秦时期，墨家学派明确提出了必须创新的思想，批判了只准"述而不作"的谬论，这是中国创新文化史上的宝贵遗产。《墨子·非儒下》针锋相对地批判了儒家关于"君子必须说古话、穿古服"的观点，指出"所谓古之言、服者皆尝新矣"；对于孔子的那个"述而不作"的保守观点，墨家以羿作弓、伃作甲、奚仲作车、巧垂作舟为例，从逻辑上揭露了儒家关于"君子循而不作"观点的荒谬性。更值得注意的是，儒家只关心"文献之（创）作"，而墨家首先关注的是"技术之（创）作"。后期墨家重视创新的精神和传统得到发扬光大，给后人留下的《墨辩》六篇更成为中国古代科技史上的瑰宝。我国古代科技、经济、文化的发展在宋朝达到了空前高峰，也就是所谓的"造极赵宋"，我国"四大发明"中有三项始见于宋朝或普遍应用于宋朝。

近现代中国创新文化的演进过程可以很清楚地划分为四个阶段：第一阶段是鸦片战争后的晚清时期，这是初步认识西方近代科技文化制度和尝试建立中国自己的新科技制度的时期，中国由此进入了一个长期的痛苦"转型"时期。清朝政府拒绝自我革新，最终走上了灭亡之路。第二阶段是辛亥革命和五四运动之后，这是中国初创现代科技制度和得以较深刻、明确地认识现代科学精神的时期，可以说，从这一时期起，中国才开始有了"现代形态"的创新文化。第三阶段是新中国成立至二十世纪七八十年代。在这个阶段中，中国建立起了类似于苏联的高度集中的科技体制，实施了若干重大的科学计划，在"两弹一星"等目标十分明确的国家层面的"大科学"项目中充分体现了新中国的科技创新精神。改革开放以来，我国的创新文化建设进入第四个阶段，在这一阶段，我国不但深化了科技体制改革，而且对创新精神的认识和弘扬也进入了一个新阶段。

科技是国之利器，国家赖之以强，企业赖之以赢，人民生活赖之以好。那么科技振兴的理论基础和前提是理论和技术创新，而理论和技术创新的核心和先导是创新思维。因此，创新思维通过理论创新指导科技创新继而达到科技振兴。党的十八大以来，我国综合实力显著提升，经济总量已跃居全球第二，发明、创造专利拥有量位列全球第一。这些巨大成就的取得都是理论创新指导的结果，也是以创新思维为先导而取得的成果。

习近平总书记在党的十九大报告中明确指出：增强政治领导本领，坚持战略思维、创新思维、辩证思维、法治思维、底线思维，科学制定和坚决执行党的路线方针政策，把党总揽全局、协调各方落到实处。在国家纲领性文件中，把创新思维纳入重要的核心地位来强调。可见，创新思维对我国经济、政治、科技发展的重要性。"中国制造"一直以来作为中国的一个重要标签被全世界所认识。但是"中国制造"的单位利润率很低，依靠体力所创造的价值与依靠脑力、科技所创造的价值更是天壤之别。所以，中国制造业的发展必须运用创新思维理论驱动现有传统制造业向科学技术型方向转型升级，防止陷入中等收入陷阱，转换我国制造业的发展方向，向传统的制造业不断融入新科技，"中国制造"向"中国智造"转变已是大势所趋。

5.1.2 机械工程与创新思维

为满足社会多元化的发展需求，使机械产品具备良好的功能和性能，以保障工作效率，要求设计人员必须提高创新意识，采用新材料、新工艺、新结构等设计方式打破常规设计理念的约束，提高机械产品的生命力，保证其安全、稳定地发展。创新思维能够有效提升机械产业的现代化水平，使机械设备更加节能、高效，实用性更强，操作更加便利。

创新思维对于机械工程的发展至关重要，机械创新设计是机械设计中运用创新思维的具体体现，其应用模式可以从产品的外观造型、结构设计、机械运动方案、新能源设计及售前售后服务等方面出发，创造更加经济、耐用、环保、低成本的机械产品。创新思维的应用不仅可以提高机械工程所研发产品的性能，还可以更好地满足市场经济发展的不同需求。

面对科学技术的不断突破，创新是成功的必由之路，在机械制造和机械设计中全面融入创新思维，可以实现技术的不断完善、管理制度的逐步改进，优化设备体系，提升行业的整体实力。福耀玻璃经过30多年的不断创新发展，从一个乡镇小厂成长为全球领先的汽车玻璃生产制造商，全球市场占有率高达23%，是一个典型的以创新为灵魂的"高智企业"。华为集团从名不见经传的民营企业一跃成为世界500强企业之一，在通信设备行业中取得傲人的成绩依靠的就是技术创新。

应用创新思维解决机械工程领域的具体问题，可以通过试错、类比、逆向反求、组合创新、头脑风暴等创新方法或理论创造出机械工程领域的新产品，服务人类。这些创新思维的具体方法也适用于指导其他领域的创新成果开发。

（1）试错法。试错法的基本思想是人们在追求某一目标时，可以通过不断试验消除误差，从而到达成功的彼岸。创新实际上就是一个试错的过程，创新成功从某种意义上讲就是一个概率事件。创新活动的这种不确定性决定了创新本身是不可以规划的，或者反过来说，能够规划出来的，很难是真正的创新。古今中外有很多事例，莫不证明该方法的有效性。实现了我国诺贝尔自然科学奖零的突破、挽救了数百万人生命的抗疟药青蒿素的首位发现者屠呦呦仅试错就进行了近两百次，当时全国各地协同攻关的几百名科技工作者试错的次数更是多得无法统计；近年来，军工、民用产品捷报频传，其创新成果也离不开试错方法的功劳。习近平总书记在中央深改领导小组第十七次会议上强调，要完善考核评价和激励机制，既鼓励创新、表扬先进，也允许试错、宽容失败，营造想改革、谋改革、善改革的浓郁氛围。李克强总理也不止一次地呼吁，要实现全民创业、万众创新，就要大力倡导试错。试错是一条漫长的路，需要大量的牺牲或浪费许多不成功的样品。在尝试 10 种、20 种甚至上百种方案时是非常有效的，但在解决复杂任务时，则会浪费大量的精力和时间，因此实践还需要结合其他更为高效的创新方法。

（2）类比法。从已经存在的自然事物中经演绎推理、改进拓展得到新的物品或事实，实质上是确定两个以上事物间同异关系的思维过程。类比推理在科学创新思维中起着重要作用，是科学创新思维的重要途径之一。类比推理有其不同的类型，比如正类比、负类比、结构类比、功能类比、性质类比、因果类比等；再比如受蝙蝠、蛇、变色龙的启发分别发明了声呐、红外成像仪和迷彩服等，均是类比创新的典型实例。

（3）逆向反求法。传统观念和思维习惯常常阻碍着人们创新思维活动的展开，逆向思维就是要冲破条条框框，从现有的思路返回，从与它相反的方向寻找解决难题的办法。按照逆向思维的方式进行创新实践，将考虑问题的思路反转过来，以悖逆常规、常理、常识的方式出奇制胜地找到解决问题的方法，具体可通过对功能、结构、因果做逆向反转、心理逆反、常规悖逆、重点转移、还原分析、缺点逆用等方法来实现。比如将事物的结果倒过来思维，就事物的某个条件倒过来思维，就事物所处的位置倒过来思维，就事物起作用的过程或方式倒过来思维等。实践证明，逆向思维是一种重要的创新能力，它对于人们创造能力及解决问题能力的培养具有相当重要的意义。用好逆向思维，可以在"反向思考"中大大提升我们的创新能力。

（4）组合创新法。组合创新法就是通过要素的重新组合进行创新实践。搭建乐高积木就是一种组合创新的过程：首先拆解标准块，然后通过自己的构思和逻辑重新组装自己想要的形状，比如宫殿、汽车等。所以组合创新通常包括两个步骤，即拆解和组合。拆解就是将一个事物按照一定的逻辑，层层拆解，拆成一个个单一要素。拆解的颗粒度越细，就越容易看到别人没有发现的机会，就有越多可能的组合。拆完之后，有两种情况：一种是要素发生了变化，这时候用新要素重新组合，就有可能实现创新；另一种是要素没有变化，但是我们可以通过改变要素之间的连接关系形成新的组合实现创新，如搭积木。

（5）头脑风暴法。头脑风暴法通过集思广益、发挥集体智慧，迅速地获得大量新的设想与创意，这是一种极为有效的开启创新思维的方法，能激发设计人员的创造力，为设计人员提供更广阔的思路与发达的思维。组织好一场头脑风暴研讨会可以涌现出较多的创新方案和思路。头脑风暴强调观点主意的数量而不是质量，点子越多越好；鼓励荒谬、牵强的观点；不对任何主意或点子做积极或消极的评断；鼓励在他人提出的观点基础之上建立新的观点，即所谓的"搭顺风车"。

以上简要介绍了实现创新思维的几种常用方法，归根结底，拥有过硬的专业基础知识及丰富的实践经验才是实现创新的前提，同时还需要具备自主创新的意识和能力。创新教育的评价标准不应是学生掌握知识的数量多少，而是学生创新才能的发挥与发展。创新意识和创新精神的培养是创新教育的基础，创新能力的培养是创新教育的核心，创新人格培养是创新教育的关键，而创新型人才的培养则是创新教育的终极目标。

5.1.3　机械工程领域的创新思维内涵及其教学要求

"一般说来，无论是古代学者，还是现代的发明家，他们对创新思维的本质特征的理解内容都是一致的，他们把创新思维看成是产生新知识、新概念的思维。"创新思维方式是在抛弃旧有习惯和落后思维的基础上，通过对原有经验的研究，不断从中挖掘更深层的内容，用新的视角和思路寻找问题的解决方案，是一种具有创见性的开拓发现新领域的思维方式。它是人类思维能力高速发展的基本表现，也是人类思维的最高形式。尽管每个人都有思维能力和思维形式，但并不一定都能产生出创新思维。创新思维具有非常显著的本质特性，具体包括：

（1）独创性。独创性也称首创性、求异性、新颖性或独特性，是指超越常识的一种认识事物的方式，从新的视角去认知世界，继而提出不为人知的新理论。由于创新思维方式的独创性又决定了它具有随机性、多样性、灵活性、突发性等多种特性，同传统的思维形式相比，它没有统一的模式或者前后的逻辑关联性。

（2）综合性。综合性也称组合性，是指从不同角度、不同方面对思维进行系统全面的综合分析，把现有的若干要素进行重新组合，从而产生新的创意或新的理论。创新思维在继承和发扬传统思维优点的基础上，重新组合运用各种思维，改变过去思维方式的缺陷，是一种高质量的精神产品。它借助联想、直觉和灵感等思维形式按最优化的科学思路，以渐进式或突变式两种方式进行发展。爱因斯坦说："综合就是一种创造力，组合作用似乎是创新思维方式的本质特征。"

（3）发散性。发散性亦称多维性、扩展性，是指人们在认识问题、解决问题的过程中，思维不仅仅局限在现有的信息当中，而是尽可能地产生多种信息，朝着不同方向去探寻各种可能的解决方法和途径。发散性不受现有知识和逻辑规律的约束，它常常超出现有的思维框架。在空间上，从不同侧面、不同角度、全方位地思考问题，寻找问题的最终结果；在时间上，也不会单一、线性地思考问题，往往不满足现有的思维成果，也不满足于对问题的单一答案，而是从中寻找有差异的、新颖的、最优化的解决方案。

因此，机械工程领域的创新思维内涵就是：面向复杂的机械工程问题，以日常思维方式为基础，综合运用发散与收敛、正向与逆向等创新性思考方式，整体思考、系统思维、因果分析等创新性思维技法，发明问题解决理论（TRIZ）、公理设计等系统化创新方法，以及价值工程、质量功能展开（QFD）、故障模式影响分析（FMEA）、六西格玛设计等企业创新方法，以独特的视角进行认知，从而开拓发现机械问题的新领域并形成有创见性的解决方案的思维方式。

树立和培养创新思维的有效途径包括以下几个方面：

（1）对传统思维进行辩证的否定，树立创新思维。要树立创新思维就必须打破思维定式，不被传统思维所约束。当我们相信权威理论，不敢冲出重围、突破权威时，它就成了创新思维的绊脚石。破除迷信还包括对自己迷信的破除，要敢于超越自己的思维惯性。当自己迷信于成功经验时，时间久了就会形成固定模式，导致思维的单一性和不变性。

（2）坚持批判意识，树立创新思维。批判意识是对现有的思想和观念进行重新审视，它强调对现有意识的反思和再认识，技术创造者要对自己的思维进行不断反思，同时还要对主要部分进行批判和检讨。批判性思维是通过质疑从错误中寻找到真理，只有创新思维与批判思维进行有机结合，才能构建完整的技术创新思维。

（3）求知、求实、求索，树立创新思维。树立创新思维必须拥有求知、求实、求索的精神。人们对自然界的奥秘表现出来的强烈好奇心和兴趣都是求知的欲望；尊重客观规律，实事求是是求实的表现；在创新过程中，创造者表现出的对科学进行探索，并付诸艰辛创造劳动的过程是求索的含义。

5.2 创新思维之古代部分

5.2.1 河姆渡创榫卯　成就建筑瑰宝

1. 案例介绍

榫卯是中国古代建筑、家具及其他器械广泛采用的连接方式，不仅外形精致唯美，而且遵循力学原理，实用性强，不易锈蚀且拆卸方便，是我国工艺文化及精神传承的重要代表，已成为我国古代木制建筑的代表性符号。榫卯通过在两个构件上采用凹凸部位相结合的方式实现连接，以盈入虚谓之榫，以虚受盈谓之卯，即凸出部分叫榫（或叫榫头）、凹进部分叫卯（或叫榫眼、榫槽）。榫卯结构集中体现了中华传统文化中"天人合一""顺应天时"的美学、哲学思想，凝结着建筑发展的精髓，极具中国气韵。

据考证，榫卯结构起源于距今约7000年前的河姆渡时代，其演变历史比汉字还要久远。榫卯结构到战国时期已经发展出了十几种结构，其中以鲁班发明的鲁班锁较为有名：对其中一些小木柱进行加工，便可把这6根小木柱牢牢地组装、结合在一起，形成稳定的榫卯结构，如图5.1所示。

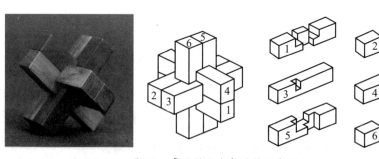

图 5.1　鲁班锁及内部结构示意图

在2014年10月召开的中德经济技术论坛上，时任国务院总理李克强将一把精巧的鲁班锁赠送给默克尔。在中国驻德国大使史明德看来，鲁班锁代表的是一种工匠精神，而德国制造的精髓也正是工匠精神。"中国制造"要实现转型升级、由大变强，弘扬工匠精神是核心要义之一。2016年，工匠精神首次被正式写入《政府工作报告》。李克强总理称："鼓励企业开展个性化定制、柔性化生产，培育精益求精的工匠精神，增品种、提品质、创品牌。"李克强总理精心选择鲁班锁赠送默克尔还有另一层"深意"：鲁班被誉为中国工匠之鼻祖，而德国制造则堪称现代世界制造业的标杆，其中寄寓着全球最大制造国与最精良制造国深度合作的含义。

　　榫卯结构在我国古代建筑史中有着至关重要的作用。俗话说"榫卯万年牢"，古人不用一颗铁钉便能将木质结构做到严丝合缝，历经千百年依然牢固。历朝历代的工匠对榫卯结构进行不断改进，直到现在已发展出百余种榫卯结构。这些榫卯结构多用于木制房屋的建筑及木制家具。最具代表性的榫卯结构木制建筑有宋辽时期的释迦塔（即应县木塔，见图 5.2）、明朝紫禁城的宫殿等，它们历经千百余年的风雨，至今依然富丽堂皇、威武庄严。

图 5.2　释迦塔（应县木塔）

　　释迦塔始建于辽，位于山西省朔州市应县城西北佛宫寺内，是现存最高的木结构楼阁式佛塔，与意大利比萨斜塔、巴黎埃菲尔铁塔并称"世界三大奇塔"。全塔共应用 54 种斗拱，有"中国古建筑斗拱博物馆"的美誉，被认为是现存世界木结构建设史上最典型的实例。释迦塔曾遭受过多次强震袭击，震级在五级以上的地震就有十几次，仍千年不倒的关键便在于木塔结构的榫卯结合。榫卯连接满足了连接要求和传力要求。从约束的角度来讲，榫卯连接属于半刚性连接，富有韧性，受到猛烈冲击时，榫卯接触面的摩擦会消耗一部分能量，不致发生断裂。

　　常用的榫卯结构有两种：燕尾榫和直榫。燕尾榫可以承受拉、压两个方向的力，直榫是仅仅插入柱子中部的矩形孔中，它能承受的最大拉力是榫头和卯眼之间的摩擦力。当外力超过摩擦力时，榫头和卯眼之间产生相对位移变形，这种变形在改变整体性的同时也调整结构内部的内力分配。例如在地震等外载荷作用下，榫卯结构的松动和结构内的摩擦可以吸收相当多的能量，从而提高抗震效果，实验证明，榫卯连接的木构建筑最高可抗 10 级左右的地震。

2. 案例评析

榫卯结构具有悠久的历史，反映了古代劳动人民的高度智慧，其创新性地通过凸凹相嵌的结构形式实现构件连接，这种你中有我，我中有你的连接形式体现了交互作用、协同影响的重要性。2013 年，习近平总书记有关人类命运共同体的论述可以很好地通过榫卯原理来阐述："这个世界，各国相互联系、相互依存的程度空前加深，人类生活在同一个地球村里，生活在历史和现实交汇的同一个时空里，越来越成为你中有我、我中有你的命运共同体。"榫卯何尝不是一种"共同体"，正是榫卯之间的你中有我，我中有你，才保证了结构的稳定可靠，物品的经久耐用。事实上，榫卯结构的发明已经不仅仅是一个结构工艺的创造和创新的过程，它还是一种工艺思想的反映，是一种艺术的表达，更是一种刚柔并济的结构美。

传统的榫卯结构一直广泛应用于木建筑和家具中，但是，两者在结构技术方面的侧重点不同，建筑更重视的是横梁立柱结构构成的稳定性。如我国古代宫廷建筑之精华——故宫，在经历 600 年、222 次地震之后依然屹立不倒，就是得益于精妙的榫卯结构，是力学和平衡之美的完美展现。不同方向的榫卯开口通过力的闭合形成一个完整的整体，同时各个构件的相互挤压、灵活错动使榫卯之间的有效配合消减了外力带来的破坏，并通过木材自身的物理属性使外作用力分散开来。因此榫卯结构具有强度高、抗冲击和耐久性等优点，同时也体现了我国自古以来"以柔克刚""刚柔并济"的传统哲学思想，而家具中的榫卯结构更侧重体现了中国美学思想中的含蓄美。榫卯节点形式连接处形成了灵活松动的空间，从结构力学的角度看，它是一个柔性节点而不是刚性节点（如焊接），当许多个榫卯构件连接在一起时，会产生极其复杂而微妙的平衡。

另外，"中国的传统榫卯结构并不仅仅是一种家具结构，还是一种中式符号和文化，一种阴阳结合的哲学思想，一种深刻而又含蓄的文化情怀"。榫卯结构被广泛用作中国文化艺术的隐性象征。2010 年，上海世博会中国馆的设计方案首次亮相就足以让世界惊艳，主体形态不仅彰显了当代工程技术的力量美和结构美，更是表达了一种中式的人文美。设计师采用了传统建筑中斗拱形式的表达，"榫卯穿插，层层出挑"的构造方式是对中国馆建筑形式的文化表达。中国馆的设计将榫卯结构中蕴含的中国韵味发挥得淋漓尽致，设计师将榫卯结构作为一种文化元素的代表符号提炼出来，形成了独特的艺术设计语言，将鲜明的中国特色和时代特征完美地结合起来，是传统建筑的当代表达。

3. 教学设计

榫卯结构是凹凸形式的完美互补。它由最初基本的一凸一凹，经过千百年来的演变，衍生出千百种结构样式，但都各有妙处，在传统家具、建筑中展现出各种各样的空间构成形态及丰富的造型变化，以满足各种不同的需求。其涉及结构设计、公差与配合、力学等相关专业课程，可在相关课程的教学中引入该案例。

该案例的引入，要充分向学生传递榫卯结构是中国古代传统工匠的智慧结晶，凝结着中国几千年传统文化的精髓，也充分反映出中国古代工件的创新精神和创新思维。在当时艰苦的劳动生产条件下，先民通过创新思维寻求解决方案，创造出了新颖的连接结构。榫卯结构是凹凸艺术的完美结合，是中国传统构造中的典范，表达了中国独特的传统美学思想，其精致巧妙的工艺结构是一种难以超越的经典。因此，应该充分学习先民的创新精神和意识，更要培养在条件不足时勇于创新、善于创新的创新思维方式。

5.2.2　创铸永乐大钟　彰显高超技艺

1. 案例介绍

我国的钟文化是民族传统文化的载体之一，永乐大钟又是古钟文化中最具代表性的象征物、信仰物和纪念物。它是世界上铸有文字最多的大钟，钟身内外铸有 23 万余字的汉、梵文佛教经咒，字体清晰，笔力遒劲，堪称铸造工艺之极品，被列为"世界佛钟之最"。如今受撞 500 多年，仍完好如初。民间历来有永乐大钟"五绝"的说法：一绝为形大量重、历史悠久；二绝为铭文字数最多；三绝为音响奇妙优美，幽雅感人；四绝为力学结构十分科学；五绝为铸造工艺高超。永乐大钟是迄今为止世界上最大、使用时间最长、代表世界艺术铸造最高水平的千古名钟。它高超的铸造工艺充分反映出中国古代铸造技术的创新和工程技术人员的创新思维与实践。

永乐大钟约铸成于永乐十八年（1420 年），现藏于大钟寺古钟博物馆坐北朝南的大钟楼内。此钟通高 6.75 m，最大外径 3.3 m，钟腰最薄处为 94 mm，钟唇最厚处为 185 mm，质量约 46.5 t，由明成祖时期的重要人物姚广孝监造。永乐大钟整体分为悬挂结构、钟钮和钟体三大部分，如图 5.3 所示，钟体自顶部至底部渐次敞开，其口沿呈波形，设八耳。悬挂结构上 U 形环置于悬钟梁上，下 U 形环承托钟钮提梁，二者通过南北两向的连接销相互结合，连接销两端的小如意头（C）与上 U 形环端部的大如意头（D）上下相对。大钟内外表面遍铸梵、汉铭文。梵字铭文均取兰札体，以硕大的字体，丰富的内容和体系化的布局显示出其重要地位，此类铭文分置于悬挂结构（A-H），钟顶外壁

（I-K），钟顶内壁（S-X），钟裙两侧（L），这个连接销横断面只有 6.5 cm，高 14.2 cm，承受了巨大的剪应力，经推算，这根连接销的断面平均剪应力为 24 MPa，与巨大的钟体形成鲜明的对比。专家研究的结果显示，连接销中间加入了低中碳钢的钢芯，从而大大增强了它所承受的应力，使大钟的保险系数达到了 8，即这种结构足以悬挂 8 个永乐大钟而安全无恙。这种高超的力学工艺水平，令今人也为之叫绝。

单从体积上说，永乐大钟在全世界的青铜钟里排第三位。钟身之上没有一个"砂眼"，造型精美，内外表面铸满了佛教经文、咒语共 100 余种，如图 5.4 所示。字体为楷书，字形端正古朴。经过工匠的精心计算，经咒从头到尾没有少一个字，也没有多一个字。

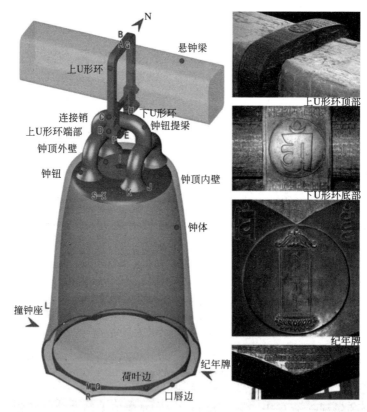

图 5.3　永乐大钟的结构

图 5.4　永乐大钟及其局部铭文

当钟声响起时，在安静的情况下，最远可以传播至 45 km 以外。撞钟之后，钟声可以持续 2 min 之久，可谓是余音绕梁，久久不绝。

永乐大钟从诞生之日起就一直占领着世界艺术铸造的制高点，600 年来无人超越。永乐大钟铭文是中国唯一一部用铜铸的长篇书法精品；它是古代著名书法家沈度留在世间最长的一部真迹；它是全世界唯一一座表面铸有 100 多部佛学经典的佛教"钟书"；它是自古以来唯一一座把皇帝撰写的十万言经文铸在钟上的一本"天书"；它创造了中国乃至世界排版史上的奇迹，在一座钟体的表面，从内到外，从上到下，从蒲牢到吊环，再到穿钉的帽，无处不是均匀排列的经文和经咒。大钟表面是各种各样复杂的曲面，在这样的曲面上铸造 23 万多字，且有两种文字和多种字体，要精准排版，形成和谐完美的版面，并做到一字不错、一字不漏，即使是现代的计算机模拟技术都需要用复杂的程序才可能实现。可是中国古代的工匠们用智慧和双手在永乐大钟上实现了，这不得不说是中国排版史上的奇迹，而永乐大钟内范和外范文字的雕刻，也成为中国自唐朝发明雕版以来最大的一组雕版。

永乐大钟除了表面形态，更神奇的是它创造的声学、美学和韵律学的奇效。它产生的声波能传近百里，它的音高接近和达到标准音高，它的声音和韵律之美令人闻之沉醉。

永乐大钟由万斛金汤一次浇铸成形，整个大钟内实外光，表面没有经过任何磨削，所铸经文字字饱满，笔笔传神，可谓毫无缺憾。中国古代的工匠们以不可思议之奇思妙想，通过铸造的方式将中国人千百年的艺术和技术积累在永乐大钟上进行了完美呈现，使其成为中国乃至世界艺术铸造史上的千古绝唱。

2. 案例评析

永乐大钟集中国几千年铸造技术之精华，以其独特的设计和工艺创造了世界艺术铸造史上前无古人后无来者的巅峰。永乐大钟的铸造，从铸造场地的选址、开工和铸造吉日的选定、原材料的筛选到设备的准备和制作，每一个环节都是庞大的系统工程，实现了多项铸造技术的创新和突破。

一是材料配比的突破。永乐大钟在参考《考工记》合金成分的基础上进行优化设计，确定了合金的质量比例：铜 80.54%、锡 16.41%、铅 1.12%、锌 0.22%，为了彰显大钟的名贵和保证铸造质量，特别添加了 0.03% 的金和 0.04% 的银，以及铁、镁、硅等约 1.64% 的其他成分。特殊的配比使大钟实现了抗拉强度、声学性能、表面防锈、浇铸流动性等多项指标综合达到最佳。

二是力学结构的突破。大钟从上到下，每一段的直径、厚度都按力学要求进行了科学计算和设计，最薄处达 94 mm，最厚处达 185 mm。特别是用于悬挂的蒲牢，是先用失蜡法铸造，然后与钟体铸接，其和钟体相连的 4 个脚的下方设计成半球状，扩大了其与钟体的接触面积，从而分散了单位面积的承重力。大钟的挂环和穿钉更是经过精心的计算，挂环采用双 U 形结构，穿钉采用超细设计，其截面尺寸为 165 mm×65 mm×1125 mm，经科学鉴定，穿钉为外铜内钢，而且钢的强度和韧性代表了当时炼钢的最高水平，这一切独特的设计既实现了大钟外形的秀美，又确保了大钟的安全。

三是超大钟体泥范设计的突破。泥范采用巧妙的整体加环形结构，即内范为一个整体，外范是 7 个环。这一设计既符合佛教的理念，又巧妙地隐藏了范缝，还解决了经文排版的分区难题。

四是内范烧制和内外范预热的突破。整个过程采用独创的坑窑互变方法，大钟内范体积、重量都非常大，移动不便，工匠们将巨坑中的平台建成窑台，内范在巨坑中的窑台上制作成形，阴干后在表面排版刻字，然后在内范的外侧进行封闭，把坑变成窑，在巨坑内烧制内范。内范烧好后再拆窑的外侧，进行内外范合范，预放蒲牢，对内外范固定，再将整个巨坑封闭变成预热窑。坑窑互变的方法既解决了内范移动不便的问题，又解决了内外范预热的难题。

五是大钟浇铸的突破。为了完成这项巨大的浇铸任务，工匠们在蒲牢 4 个脚的隐蔽处设有 4 条浇道，地面上设置 4 条超长浇道，并对浇道进行预热和保温，一条浇道就像一条巨龙，沿浇道两侧布好几十座熔炉。熔炉同时开始熔炼，从空中俯瞰，整个浇铸现场就像一朵盛开的金花。当熔炼的温度和预热的温度达到最佳结合点时，现场指挥一声令下，开始浇铸，万斛金汤形成 4 条奔腾的金色长龙，像群龙戏珠，浇铸一次成形。

六是大钟冷却的突破。大钟的冷却是整个铸造最关键的环节，它要求大钟的整体均匀冷却，缓慢降温，稍有闪失将前功尽弃。俄罗斯曾耗巨资用 5 年时间铸造了一座大钟，却在冷却时不慎开裂。铸造永乐大钟的智慧的工匠们利用天然巨坑的自然冷却功能，同时辅以人工控制的方法，使大钟内外均匀冷却，一次成功，成为千古佳作。

2016 年年初，一部《我在故宫修文物》的纪录片在网络上爆热，来自德、意、日、中四国多名企业家共聚探讨工匠精神对企业发展的重要影响。时任故宫博物院院长单霁翔曾想，要把进入新世纪的故事也用铸钟加内外表面铭文的方式记录下来，但在全国招标后，竟没有一家企业应标，只有武汉一家造船厂说能做单面刻字，但不能内外都有字。现代技术如此发达却没有厂家能复制 600 年前的永乐大钟这种造钟工艺！

3. 教学设计

永乐大钟的制作涉及材料、冶金、成形、力学等相关专业课程，可在相关课程的教学中引入该案例。通过该案例的引入，要让学生充分了解永乐大钟的铸造体现出的古代先民在材料分选、铸造工艺方面的高深造诣，地坑造型、分散熔炼、集中浇铸等一系列先进工艺体现了古人克服难题、不断创新的进取精神，使其以绝世无双的声学、力学、铸造工艺方面的伟大成就彪炳于我国光辉灿烂的科技历史文化史册。让同学们充分了解只有在创新思维驱动下的不断实践，才能一次次地实现技术突破和创造伟大奇迹。

5.2.3　织为云外秋雁行　机成锦绣丝绸路

1. 案例介绍

中国是桑蚕丝绸的发源地，在种桑、养蚕、制丝、织绸的长期实践中，形成了独具魅力的桑蚕丝绸文化，体现了中华民族博大精深的农耕智慧。作为丝绸大国，中国古人对纺织技术进行了持续千年的不断创新，以创新思维引领织机技术发展，为织机的发明和改良做出了重大贡献，中国织机在世界各国中最为完善、最为先进。中国的织机历史悠久，种类繁多。按照其演变历史大致可以分为原始腰机、踏板织机、提花织机等；按照织造丝织品种类的不同又可分为绢织机、罗织机、绒织机等。我国古代织机和织造技术的演变，成为丝织物品种花样不断丰富、丝绸产业壮大发展的基础。著名的科学史学家李约瑟在其著作《中国科学技术史》中说："中国人赋予织造工具一个极佳的名称——机。从此，机成了机智、巧妙、机动敏捷的同义词。"

一般来说，织机上的部件是根据织机运动设置而加以不断完善的，在织机的五大运动（开口、引纬、打纬、送经、卷取）中，开口最为关键，织物的品种、质量往往取决于开口运动的发展水平。

最早的织布机是席地而坐的踞织机（也叫腰机），如图 5.5 所示。使用方法是用足踩织机经线木棍，右手拿打纬木刀打紧纬线，左手做投纬引线的姿态。这种足蹬式腰机没有机架，卷布轴的一端系于腰间，双足蹬紧另一端的经轴并张紧织物，用分经棍将经纱按奇偶数分成两层，用提综杆提起经纱形成梭口，以骨针引纬，打纬刀打纬。腰机织造最

图 5.5　腰机织布

重要的成就就是采用了提综杆、分经棍和打纬刀这 3 种结构。这种织机虽然看似很简单，但已经有了上下开启织口、左右引纬、前后打紧 3 个方向的运动，是现代织布机的始祖。

为了提高织机的生产效率，古人使用机架替代人身作为支架，加入踏板进行提综从而解放双手，创造发明了踏板织机，采用脚踏板提升或下压综片控制开口，踏板织机在春秋战国时期已经出现。踏板织机是我国古代的一大创造发明，后经"丝绸之路"逐渐传到中亚、西亚和欧洲各国。在这项技术上，西方远远落后于中国，直到 13 世纪，欧洲才开始广泛应用该技术。

与构造简单的原始腰机不同，踏板织机是一种采用张力补偿原理的单综双踏板织机，配备有机架、经轴、卷轴、中轴、马头、踏板、分经杆、综片（单综）、幅撑和箱的完整织机，用来织制平纹类素织物，其经面与水平机座成 50° ~ 60° 斜角，故又称"斜织机"，如图 5.6 所示。它采用物理学上的杠杆原理，用脚踏板来控制综片的升降，使经纱分成上下两层，形成一个三角形开口，以织造平纹织物。斜织机的主要类型是中轴式双蹑单综斜织机和双中轴双蹑单

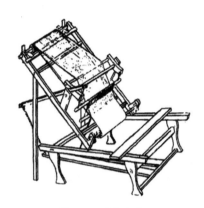

图 5.6　踏板织机

综斜织机，两者之间没有本质的区别，但机架支撑方式不同，也有经轴或卷轴定位方式等方面的变化。汉朝的斜织机最主要的类型是中轴式斜织机，织机的中轴通过曲柄连杆机构和两个踏板相连，再由中轴来控制综片开口。斜织机采用脚踏提综开口装置，将织工的双手解放出来，专门从事引纬和打纬的工作，它的出现不仅使织造效率和质量有了大幅度提高，对纺纱技术的进步也产生了相当大的影响，是织机发展史上一项较为重要的发明。使用固定机架后，经轴与布轴将经纱绷紧，经纱的张力比较均匀，就能使织物获得平整丰满的布面，织工操作时也较省力，比起原始的腰织机要先进得多。

为使织物更加绚丽多彩，古人发明了提花机，提花机是一种更为复杂的织机。汉朝的花楼式束综提花机，经两晋南北朝隋唐时期的改进，到了宋朝更为完善，南宋楼璹的《耕织图》、元薛景石的《梓人遗制》及明朝宋应星的《天工开物·乃服篇》中均有记载。花本是提花机上贮存纹样信息的一套程序。《天工开物》中说："凡工匠结花本者，心计最精巧。画师先画何等花色于纸上，结本者以丝线随画量度，算计分寸秒而结成之。张悬花楼之上，即织者不知成何花色，穿综带经，随甚尺寸度数提起衢脚，梭过之后居然花现。"就是说人们如果想把设计好的图案重现在织物上，得按图案使成千上万根经线有规律地交互上下提综，几十种结线有次序地横穿排列，做成一整套花纹记忆装置。花

本是古代纺织工匠的一项重要的原创性贡献。

大花楼提花机织造时由上下两人配合，坐在三尺高花楼上的为挽花工，他口中唱着按花本程序编成的口诀，同时用手提拉花束综，坐在下面的织花工则协同动作，一来一往穿梭打纬，织出飞禽走兽、人物花卉等复杂的花纹。

在宋朝楼璹的《耕织图》上就绘有一部大型提花机。这部提花机有双经轴和十片综，上有挽花工，下有织花工，他们相互呼应，正在织造结构复杂的花纹。编结花本是提花技术中最难掌握的技术，必须准确地计算纹样的大小和各个部位的长度，以及每个纹样范围内的经纬密度和交结情况，稍有疏忽便达不到提花的目的。我国历代织工深刻了解这一点，并且能充分掌握和解决这个问题，因而才能不断织出大量精美的织物。

2. 案例评析

我国的丝绸历史悠久，1977 年在浙江省余姚罗江河姆渡村发掘出距今 5000—7000 年前的新石器遗址，发现有打纬刀、提综杆等原始腰机部件。到了商朝，我国丝织提花技术有了一定的发展，故宫博物院还保存着一把商朝遗存的玉戈，这把玉戈上残留着几种丝织品的残迹，其中有一处保留着清晰的小提花织物——雷纹绮的残痕。到了西周时期，已发现双色丝线提花织物的"锦"，据考证为二重经锦丝织物的印痕，锦的织造技术较高，简单的织机是很难完成的。1982 年在湖北江陵马山一号战国楚墓和 1972 年在湖南长沙马王堆西汉墓出土的丝织品，品种极其丰富，有绢、绨、方孔纱、素罗、绮、锦、绦、绣等，其中有大量织锦丝织品，织物结构为二重经锦和三重经锦。从 20 世纪 90 年代至今我国又有一批重要的考古发掘，如新疆尼雅考古发掘的汉朝织锦"五星出东方利中国"锦护臂，为五重经锦织物。这说明我国先秦两汉时期丝织提花技术已经相当发达。

很难想象现代计算机的编程思想就是来源于织布机的花纹编织。当时的工匠利用花本在提花机上贮存纹样信息，实际上是一整套花纹记忆装置，其中蕴含了现代计算机编程思想。1804 年，法国人贾卡在老式提花机的基础上发明了穿孔纸带控制编制花样的提花机，大幅度提高了工作效率，如图 5.7 所示。其工作原理就是预先根据需要编制的图案在纸带上打孔，根据孔的有无来控制经线与纬线的上下关系。贾卡的穿孔纸带不但为丝织行业带来了巨大的技术革命，同时也为全人类打开了一扇信息控制的大门。

3. 教学设计

从原始腰机、斜织机、多综多蹑织机发展到束综提花织机，代表着我国古代丝绸提花织造技术发展演变的基本途径，它铸就了 7000 年丝绸科技艺术，是中国丝绸文化的

图 5.7　穿孔纸带提花机

精髓之一，亦是人类文明史和科技史的一个重要组成部分，更是中国历代纺织技术工作者利用创新思维，一次次创造而不断发展得到的伟大成果。织机案例涉及的课程内容较多，随着织机结构的发展及自动化程度的不断提高，现代机构在织机上的应用也越来越广泛，如打纬机构广泛使用机械原理课程涉及的连杆机构或凸轮机构。另外，织机机构涉及复杂的协同控制，操作应遵循严格的步骤，目前已发展了自动化程度很高的自动织机，极大地提高了纺织效率和质量。因此，结构、设计、控制，乃至程序设计和自动化的相关课程都可引入该案例。使同学们了解织机的工作原理和发展历程，了解创新思维和创新精神在历史长河中发挥的重要作用，从而更加坚定地培养创新思维，以及将其坚持不懈地应用于生产生活实践中的良好品格。

5.2.4　齐纨鲁缟车班班　男耕女桑不相失

1. 案例介绍

"工欲善其事，必先利其器"。从事任何生产都离不开工具。生产工具是影响生产力发展水平的重要因素。作为生产力的重要组成部分，生产工具的技术创新与推广普及，大大地推动了生产力的发展，促进了科学技术的发展、社会的进步。生产力决定生产关系，生产关系反作用于生产力。历史上每一次生产力的重大突破都有力地推动了生产关系的发展变化，而生产关系的发展变化又反过来促进生产力的更大进步。农业生产工具特别是犁的发生发展，有力地推动了农业生产的发展，推进了社会进步；同时，以犁为代表的农业生产工具的发展历程也见证了中国农业历史的发展和进步，中国农业历史向前的每一步演进，都伴随着农业生产技术和农业生产工具的快速发展。

中国农业生产工具的发展有很强的连续性，犁的发展演进的连续性更加明显。耕犁就是一种借用畜力耕地的农具，其用途是破碎土块并耕出槽沟，为播种做好准备。从耒耜到石犁，再到青铜犁、铁犁、直辕犁、曲辕犁，是一个连续的发展过程。一种形制的发生发展伴随着与其他形制共存、发展到逐渐被新的形制所取代。

唐朝以前笨重的长直辕犁，回转困难，耕地费力。江南地区劳动人民在长期的生产实践中，发挥创新思维，在实践中不断创新，改进前人的发明，创造出了曲辕犁。因其首先在苏州等地推广应用，故又称为江东犁。直辕犁与曲辕犁的对比如图 5.8 所示。

据唐朝末年著名文学家陆龟蒙的《耒耜经》记载，曲辕犁由 11 个部件组成，即犁铧（也称为犁铲）、犁壁、犁床、压镵、策额、犁箭、犁辕、犁梢、犁评、犁槃和犁槃，如图 5.9 所示。曲辕犁结构完备，轻便省力，是当时先进的耕犁，曲辕犁一直沿用至清朝，未做很大改进，但在保持其基本功能不变的情况下，全国各地根据当地的实际情况在构件上删繁就简，制作了形式多样、带有地方特色的曲辕犁。曲辕犁的原理也为今天的机引铧式犁所采用。

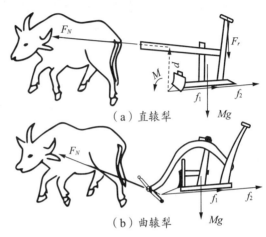

（a）直辕犁

（b）曲辕犁

图 5.8 直辕犁与曲辕犁

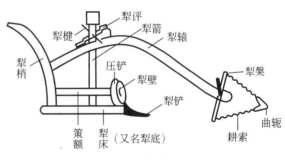

图 5.9 曲辕犁的结构

在唐朝曲辕犁的造型中，虽有直线的犁底、压镵、策额、犁箭和曲线的犁辕、犁梢，但它们的连接方式基本相同，大多用槐、梢、榫来连接固定，且主体以直线为主。这就是在变化中求统一。唐朝曲辕犁不仅设计精巧，还符合一定的美学规律，有一定的审美价值。犁辕有优美的曲线，犁铧呈菱形、V 形，在满足使用功能的同时还考虑了良好的审美设计。

木质曲辕犁制作的关键是曲犁辕，曲犁辕上下、左右均有弯势，这样犁出的土块才会向上翻起，而不会堵在犁辕和犁壁之间。曲犁辕不能简单地通过锯割的方式获得，因为其强度不足，无法承受巨大的拉力，使用时容易断裂。曲犁辕实际制作时依据"利用叉枝，借用主干"的经验，充分利用自然生长形成的曲木进行制作。有时还需要通过人工培养方式选用一些合适的树木，对其进行人工加压，使其弯曲生长，最终形成适合做犁辕的曲木。

在曲辕犁结构中，犁辕的长度除了能满足分解牵引力的功能要求外，还兼顾了与整体犁架的比例。犁铧本身也有一定的长宽比例，并与犁架的比例相统一、相和谐。这既满足了局部之间的比例关系，也照顾到了局部与整体的比例关系。尺度是在满足基本功能的同时，以人的身高尺寸作为量度标准，其选择符合人机关系，以人为本。犁梢的长度符合人机尺寸，缓解了农民耕地时的疲劳。

2. 案例评析

隋唐以后是我国古代精耕细作农业的扩展时期，其农业技术最重大的成就是南方水田精耕细作技术体系的形成。在土壤耕作方面形成了"耕—耙—耖"等一套完整的措施。曲辕犁的应用和推广，大大提高了劳动生产率和耕地的质量。曲辕犁的发明，为中国传统农具史掀开了新的一页，它标志着中国耕犁的发展进入了成熟阶段。我国的传统步犁发展至此，在结构上便基本定型。

曲辕犁和以前的耕犁相比，有几处重大改进。首先，将长直辕改为短曲辕，并在辕头安装可以自由转动的犁盘，不但使犁架变得小巧轻便，而且便于调头和转弯，操作灵活，节省了人力和畜力。操作时犁身可以摆动，富有机动性，便于深耕，适宜江南地区水田面积小的特点，因此短曲辕犁最早出现在江东地区。其次，犁评和犁槃的设置便于调节犁铧入土的深浅，推进犁评，可使犁槃向下，犁铧入土则深；提起犁评，可使犁槃向上，犁铧入土则浅。将曲辕犁的犁评、犁槃和犁铧三者有机地结合，可适应深耕或浅耕的不同要求，使精耕细作成为可能。最后，改进了犁壁，呈圆形的犁壁不但能碎土，而且可将翻耕的土推到一侧，减少耕犁前进的阻力。

犁铧作为曲辕犁的关键组成部分，其制造工艺在历史上也有重大创新。20世纪60年代，河南省文化局文物工作队曾在南阳市北关瓦房庄附近（汉朝宛城内）出土了汉朝犁铧模和相应的铸范，并推断出当时犁铧的铸造工艺为用泥模铸造铁范，再用铁范铸造犁铧，其工艺过程如图 5.10、图 5.11 所示。我国这种先进的铸造方法远在战国时期就已出现，河北省兴隆县出土的战国铁范便是一例。铁范能连续长期使用，极大地提高了铸造效率，是我国古代劳动人民的伟大发明创造。

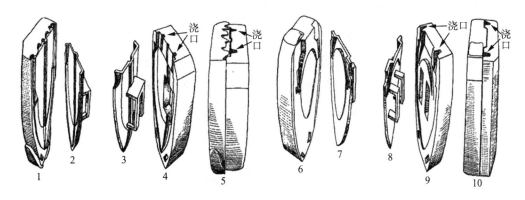

1—上内模；2—上范内面；3—上范外面；4—上外模；5—上内模与上外模合模；6—下内模；7—下范内面；8—下范外面；9—下外模；10—下内模与下外模合模。

图 5.10　合模铸范示意图

山西省阳城县犁镜铁范的铸造技艺是从泥范翻制铁范，再用铁范铸造犁镜，具有自成体系的完整的工艺规范，堪称中国式铁范铸造的"活化石"。据历史记载已有 1000 多年的生产历史，明清之际已甚兴盛，极盛时有犁炉近百座，年产 70 万片。阳城犁镜之所以能闻名全国，靠的是将犁炉铁水直接浇注进铁范中，由于铁散热性好，犁镜在铁范中急速冷却，表面形成一层硬膜，从而达到犁土不沾泥的功效。犁炉炼铁和犁镜铁范制作成就了阳城犁镜的传奇，二者缺一不可。

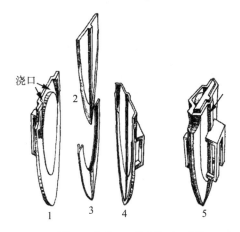

1—下范；2—范芯；3—铧铸件；4—上范；5—上范、下范和范芯合范。

图 5.11　合范铸铧示意图

此后，曲辕犁就成为中国耕犁的主流犁型。宋元时期的耕犁是在唐朝曲辕犁的基础上，加以改进和完善，使犁辕缩短、弯曲，减少策额、压铲等部件，犁身结构更加轻巧，使用灵活，耕作效率也更高。只是到清朝晚期由于冶铁业的进一步发展，有些耕犁改用铁辕，省去了犁箭，在犁梢中部挖孔槽，用木楔来固定铁辕和调节深浅，使犁身结构简化而又不影响耕地工效，也使耕犁更加坚固耐用，既延长了使用时间，又节约了生产成本，也是一种进步。

3. 教学设计

生产工具的创新和改进是劳动人民智慧的结晶，也是社会生产力显著提高的标志。

农业生产中最重要且最具有生产力标志的耕地农具就是犁。唐朝曲辕犁反映了中华民族的创造力，不仅有着精巧的设计，精湛的技术，还蕴含着一些美学规律，其历史意义、社会意义影响深远。在当代农具设计中，曲辕犁仍有着很好的借鉴意义。曲辕犁的结构、设计及力学原理涉及机械专业多门课程。同时，犁铧作为曲辕犁的重要组成部分，采用铸造工艺成形，涉及工艺和材料技术。因此可在相关课程中引入该案例，通过其创造性的发展过程，使同学们了解创新在农业生产工具中发挥的重要作用，强化创新思维意识。

5.2.5 运用机构之奇迹 香炉常平置被中

1. 案例介绍

被中香炉是中国古代盛香料、熏被褥的球形小炉，又称"香熏球""卧褥香炉""熏球"等。汉朝刘歆所著《西京杂记》中记载："长安巧工丁缓者，为常满灯……又作卧褥香炉，一名被中香炉。本出房风，其法后绝，至缓始更为之。为机环转运四周，而炉体常平，可置之被褥，故以为名。"从这段记载可以看出，被中香炉除了具有一般香炉熏香的功效外，还有一种神奇的功能——无论香炉怎么翻滚，都能保证香炉水平放置，丝毫不用担心火炭和香料会倾覆漏出。因此，有学者将被中香炉的发明誉为"开创人类运用机械的奇迹"。

1963 年，在西安沙坡村出土的唐朝银质被中香炉（见图 5.12）揭开了古人这一创造的神秘面纱。香炉由两个制作精细、镂刻雅致的半球组成，有子母口可以扣合。下半球内装有两个同心圆机环和一个盛放香料的半球形炉体（见图 5.13）。炉体在径向两端各有短轴，支承在内环的两个径向孔内，能自由转动。用同样的方式，内环支承在外环

图 5.12 唐朝银质被中香炉

图 5.13 被中香炉的结构组成

上，外环支承在球形外壳的内壁上。炉体、内环、外环和外壳内壁的支承轴线依次互相垂直。炉体由于重力作用，不论球壳如何滚转，炉口总是保持水平状态。

2. 案例评析

被中香炉最早记载于西汉司马相如的《美人赋》，在唐朝贵族的生活中已经普遍使用。西方最先提出类似设计的是文艺复兴时期的画家、科学家达·芬奇，已较我国晚了1000多年。16世纪，意大利人希·卡丹诺基于这一设计制造出陀螺平衡仪并应用于航海上，使它发挥了巨大的作用。现代的飞机、导弹和轮船在空中或海上无论怎样急速运动，都能辨认方向，这正是安装了陀螺仪的缘故。遗憾的是，类似被中香炉结构的杰出创新，在我国仅应用于生活用具，这极大地限制了其应用价值。习近平总书记指出，创新思维、创新活力一定要"面向世界科技前沿，面向经济主战场，面向国家重大需求，面向人民生命健康，不断向科学技术的广度和深度进军"。

3. 教学设计

被中香炉不仅是一种艺术珍品，从机构学的观点看，也是一项重要创造，涉及结构、设计及运动控制等方面的知识。被中香炉的构造关键在于它的外层无论怎样旋转，内层的炉子"常平"。于是，在外壳沿上下、左右、前后三个方向旋转时，内层炉子由于自重能够保持在空间的上下方向不变，所以一般来说，内层与外层之间有三个自由度。其实在熏被褥时，外层在被褥之间随便怎样转动，只要求内层炉子保持水平，而炉身绕垂线转动并不影响使用，这就是有的炉子只有两层环的原因。也就是说，作为被中香炉来说，内层与外层之间有两个自由度也是可以的。所以，被中香炉的实物有两层的也有三层的。把一个物体固定在基座上，无论基座怎样旋转，要求物体的方向不会变动，这就是被中香炉的本质所在。这种基座结构随着科学技术的发展有很多重要的应用，比如万向支架，也称常平支架，就是应用了被中香炉的结构原理。因此，可在相应的课程中引入该案例，一方面使同学们了解被中香炉所反映出的创新思维，另一方面也要让同学们认识到，只有将创新技术应用于社会生活中，才能更大地发挥其作用。

5.3 创新思维之近代部分

5.3.1 振武威荒服 致远能摧坚

1. 案例介绍

龚振麟（出生不详，卒于 1861 年），清朝火炮研制专家。道光十九年（1839 年）曾任浙江嘉兴县（今浙江省嘉兴市）县丞，后在浙江宁波军营监制军械，将只能直击的旧式炮车改成可改变射角和方位的新式火炮。为加快火炮的铸造速度，其在传统金属型铸造技术的基础上发展创新，首创铁范铸炮，并写成《铸炮铁模图说》，总结了铁模铸炮的七个优点。优点之一是一模多铸，成本低、工时少，"用一工之费而收数百工之利""用匠之省无算"；减少表面清理、镟铣内腔的工作量；铸型不含水分，少生气孔，用后收藏，维修方便，如果战时紧迫，能很快投产以应急需。其主要技术问题和现代铸造学对金属型的认识是一致的。用黑色金属型铸造重数百斤至数千斤的大型铸铁件时，会遇到很多困难，即使在现代亦非易事。

龚振麟在《铸炮铁模图说》中详细叙述了铁模铸炮的工艺过程和技术措施。例如铁模各瓣之间和各节之间采用的定位方法就是继承和发展了古代陶范和金属型的榫卯定位工艺措施。道光二十二年（1842 年），龚振麟受林则徐委托，在浙江镇海铸炮局内制造了 4000 kg 重的巨炮，并随之创建磨盘形枢机新式炮架及车载式枢机炮架。咸丰四年（1854 年）龚振麟调湖北制炮，后又在曾国藩创立的安庆军械所主船炮制造之事。其《铸炮铁模图说》《枢机炮架图说》等被魏源集纳于《海国图志》中。《海国图志·筹海篇》中评价其铸造水平："至去冬以来，浙江铸炮，益工益巧，光滑灵动，不下西洋。"图 5.14 所示为胡里山炮台遗世孤品"铁模"铁炮。

图 5.14　胡里山炮台遗世孤品"铁模"铁炮

龚振麟以其创新思维，首创铁模铸炮，无疑是一项出色的技术成就。他所撰写的《铸炮铁模图说》一书堪称世界上最早系统论述金属型铸造的专著。

2. 案例评析

自元朝以后,古代火炮开始成为中国军队的重要装备。鸦片战争时期,中英军队的作战方式主要是海陆炮战,火炮是最主要的武器。铸造火炮历来采用泥范铸造,但其不足显而易见。第一,铸范及型芯的黏土需要较长时间才能干透,外干内湿条件下,浇注时水分被蒸成潮气,所铸火炮常有蜂窝状孔穴,发射时易炸裂。第二,泥范属于一次型,铸后即毁,重复性劳动很大,很难满足战备急需。第三,生铁浇注时铁液常冲击炮芯,使得铸模的型芯与中心线难以形成一条直线,严重影响射程和射击精度。第四,直接从熔炉中浇注的生铁金属没有得到进一步的加工,金属高度碳化,相对脆弱。由于泥模铸炮技术存在以上缺陷,致使铸出的火炮又厚又重,铸造缺陷多,表面粗糙,易炸裂。

铁模铸炮尽管效率大为提高,但浇注后铸件冷凝快,容易得到白口铁,白口铁的脆性使铁炮的性能下降。英国在工业革命后冶炼技术显著提高,为铸造高质量的火炮提供了良好的原料。相比之下清朝的冶炼技术落后,铸造出来的火炮十分粗糙,容易炸膛,只能通过加厚火炮的管壁和减少火药填充量来解决炸膛问题,同时也引入了新的问题,即火炮极为笨重且威力不足。

龚振麟的铁模铸炮是典型的金属型铸造案例,其铁模如图 5.15 所示。具体工艺方法分为三步:第一步用泥范铸造不同型号的铁范;第二步用合瓦使两铁范对接铸造铁炮;第三步铸后清理。按瓣的次序剥去铁模(如脱笋壳状),用铁丝帚、铁锤收拾内膛。与汉朝犁铧、阳城犁镜的铸造原理非常相似,但是由于铁炮的特殊构型,在类比、试错的基础上改变了原有铁范的结构和制造方式。

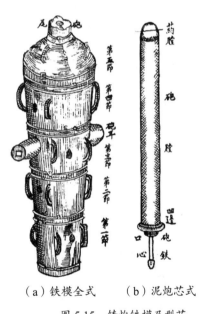

(a) 铁模全式　(b) 泥炮芯式

图 5.15　铸炮铁模及型芯

3. 教学设计

中国是世界上最早使用金属型铸造的国家,早在战国时期就用铁范成批铸造生铁农具或工具。历朝历代的铸造技术人员在不同领域和行业都对其进行过持续的改造、创新。龚振麟在火炮铸造方面,在传统金属型铸造技术的基础上发展创新,首创铁范铸炮,具有诸多优点。在铸造、材料、工艺设计等相应课程中可以引入该案例,使同学们通过该案例学习龚振麟在国家危亡之际，挺身而出，为国奉献的精神，以及运用创新思维解决国防难题的优秀品质。

5.3.2 奇思妙想黄履庄 清初发明第一人

1. 案例介绍

黄履庄（生于1656年，卒年不详），清初制器工艺家、物理学家，在我国古代科技创新史上占有突出的地位。据《虞初新志·黄履庄传》记载，在28岁以前，黄履庄就已发明了相当多的机械器具，皆构思巧妙，令人叹为观止。

清康熙年间，黄履庄潜心研制自行车，模型如图5.16所示。《清朝野史大观》中记载："黄履庄所制双轮小车一辆，长三尺余，可坐一人，不须推挽，能自行。行时，以手挽轴旁曲拐，则复行如初，随住随挽日足行八十里。"由此可见，他制造的自行车，前后各有一个轮子，骑车人手摇轴旁曲拐，车就能前进，这是史料最早记载的自行车。在黄履庄之后大约100年，法国人西夫拉

图5.16 黄履庄自行车模型

克于1790年才制成了木制自行车。世界上推广应用的自行车是德国人德莱斯1816年开发出来的，并申请了专利。

1683年，黄履庄成功制作了第一架利用弦线吸湿伸缩原理的"验燥湿器"，即湿度计。它的特点是："内有一针，能左右旋，燥则左旋，湿则右旋，毫发不爽，并可预证阴晴。"黄履庄发明的"验燥湿器"有一定的灵敏度，可以"预证阴晴"，可以说是现代湿度计的先驱。

黄履庄还发明了"瑞光镜"，这种瑞光镜可以起到探照灯的作用。在我国，明末就有此类记载，黄履庄的发明，对其做了很大的改进，他大大增加了凹面镜的尺寸，最大的直径达五六尺。《虞初新志·黄履庄传》中记载："制法大小不等，大者五六尺，夜以灯照之，光射数里，其用甚巨。冬月人坐光中，遍体升温，如在太阳之下。"由于当时只能是蜡烛和太阳光之类的光源，凹面镜的口径大，它所能容纳的光源也就大，这就使得人们可以提高光源强度，这样经过反射形成平行光以后，照在人身上就有"遍体生温"的感觉，亮度也大大增加了。欧洲人1779年才制成类似的器物，比黄履庄又晚了近百年。

黄履庄制作的奇器五花八门，有显微镜、千里镜、望远镜、取火镜、临画镜、多物镜、驱暑扇、龙尾车（提水机械）、报时水、瀑布水等，运用的知识涉及数学、力学、光学、声学、热力学、材料学等多种学科。

2. 案例评析

黄履庄是我国不可多得的器械制造家和发明家。他自幼勤学苦练，发奋钻研，在短短的 20 多年中，取得了一系列成就，为清初科技创新的发展做出了卓越贡献。

黄履庄从小聪明能干，喜欢动手制作。扬州是当时的对外通商口岸，黄履庄能够比较方便地看到欧洲传教士写的一些科技著作，他从中学到了不少几何、代数、物理、机械等方面的知识；另外，黄履庄的性格比较沉稳，平时喜欢独坐静思，遇到难题，经常废寝忘食地深入思考，直到把难题解决为止，这些主客观因素对黄履庄提高创造发明能力有很大的帮助。300 年前的中国不像现在，要制作新型器械，是很难请到老师的。所以他创造的器械多半是靠自己反复钻研做出来的，遇到困难，夜以继日，直到攻克为止。可以说，除了认真钻研之外，创新思维在其研究过程中起到了关键作用，使其巧思不断。

3. 教学设计

黄履庄发明了自行车、湿度计、温度计、瑞光镜等器械，涉及机械、数学、力学、光学、声学、热力学、材料学等多种学科，可以迁移到机械原理、材料力学、工程材料、机械制造基础等课程当中。此外，通过黄履庄的事迹向学生揭示科学创新不仅需要深厚的理论基础还需要刻苦的实践，更需要有创新性的思考方式，才能将各种知识应用于实践，解决各种实际问题。

5.3.3 詹天佑建京张 图强自力抗列强

1. 案例介绍

詹天佑（1861—1919 年），生于广东南海县（今广东省广州市），中国近代铁路工程专家，被誉为中国首位铁路总工程师，负责修建了京张铁路等工程，有"中国铁路之父""中国近代工程之父"之称。其主要成就有：1905—1909 年，主持修建中国自主设计并建造的第一条铁路——京张铁路；创设"竖井开凿法"和"人"字形线路，震惊中外；在筹划修建沪嘉、洛潼、津芦、锦州、萍醴、新易、潮汕、粤汉等铁路中，成绩斐然。著有《铁路名词表》《京张铁路工程纪略》等。

京张铁路是我国首条不使用外国资金及人员，由中国人自主设计，投入营运的铁路。它连接北京丰台区，经八达岭、居庸关、沙城、宣化等地至河北张家口，全长约200 km，1905 年 9 月开工修建，于 1909 年建成，时间不满 4 年。京张铁路是清政府排除英国、俄国等殖民主义者的阻挠，委派詹天佑为京张铁路局总工程师（后兼任京张铁路局总办）主持修建并负责的第一条铁路。它见证了中国铁路的百年发展历程，是中国人民和中国工程技术界的光荣，蕴含于其中的创新精神成为国人永远的骄傲。其中最有智慧的设计是青龙桥的"人"字形线路和八达岭隧道的竖井开凿法。

京张铁路以大坡度闻名于世，詹天佑在青龙桥附近巧妙地采用"人"字形设计，不仅解决了火车上下大坡道的问题，也使得当时开凿八达岭隧道的长度减少了一半，如图 5.17 所示。铁路过了南口，进入燕山山脉的山谷，穿过居庸关隧道，在八达岭脚下的青龙桥遇上了陡坡。如果在那里挖隧道穿过八达岭，则需要挖 1800 m，工期至少要3 年。詹天佑放弃了这个方案。他顺着地形，在青龙桥附近设计了一种"人"字形线路来缓解坡度，让火车能爬到山上。北上的列车到了南口就用两个火车头，一个在前边拉，一个在后边推。过青龙桥后，列车向东北前进，到了"人"字形线路的顶端就倒过来。原先推的火车头拉，原先拉的火车头推，使列车向西北前进。这样往返一下，火车就爬高了几十米，来到了半山腰。这时再挖隧道就容易多了。首先，只需要挖 1000 m 左右就能穿过八达岭；其次，他们在山顶往下打井，再分别向两端往外挖，和山外面两边的施工同时进行，大大缩短了工期。用"长度"换"高度"的"人"字形铁路设计是京张铁路建设中的创举之一。这样的设计可以将线路的坡度降低至 28‰，隧道也由原测的1800 m 缩短为 1091 m，而且工程费用还可节省了 10 万两白银，施工的强度和难度也相对降低了。

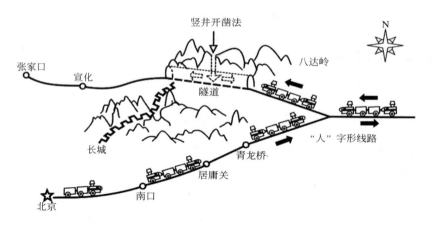

图 5.17 京张铁路青龙桥、八达岭段"人"字形铁路工程示意图

詹天佑还选择了颇具民族特色的苏州码子标注线路标志，除当时阿拉伯数字尚未在中国普及，老百姓和筑路工人更熟悉苏州码子外，更是为了体现京张铁路的中国"血统"。

京张铁路建成通车的意义大大超出了铁路事业本身，在扫除由于国势积弱而形成的民族自卑心理和振奋民族自尊心、提高民族自信力上，也产生了不可低估的作用。在通车典礼上，詹天佑说："我们正是以修筑全由中国人自力完成的铁路而感到自豪。中国确实进步迟缓，但虽迟缓，却是确实地前进了！"

2. 案例评析

百年前以詹天佑为首的工程技术团队在外有殖民主义者的横加阻挠、内有技术薄弱资金匮乏的条件下，排除各种干扰、克服无数困难，汲取中华民族文化基因中所蕴含的强大力量，自行勘测、自行设计、自行施工，在不到四年的时间里建成了近 200 km 的京张铁路，充分展示了国人独立自主的创新精神。詹天佑的自力更生、发愤图强、不怕困难、艰苦奋斗的精神，是他留给我们今天科学技术界的伟大精神遗产。詹天佑的创新思维不仅体现在巧妙的构思与设计上，还有一个重要的创新来源，就是充分发挥传统方法和民族特点，集成创新，这也是他创新思维的一种重要方式。这种创新思维的方式在他的工程工作中时有体现。

1891 年年初，在洋务运动的晚风中，清朝重臣李鸿章受命在山海关设立了"北洋官铁路局"，他的得力助手周兰亭、李树棠总揽筑路事务，全力以赴修建关东铁路（古冶—山海关—中后所—奉天等）。虽然朝野中的洋务派和顽固派对政府修建铁路一直争论不休，但李鸿章在 1892 年已经和开平矿务局的英国技师金达签下了协议，着手修建关东铁路第一段古冶到山海关段。其实，早在 1881 年，中国第一条自建铁路——唐胥铁路就已运营，虽然马拉蒸汽机车一度成为闹剧，但那时中国的铁路业已经蹒跚起步了。令人意想不到的是，当这条铁路延伸到滦河岸边时，奔腾咆哮的滦河水使修路的步伐戛然而止。面对宽阔的河面，踌躇满志的金达邀请世界一流的英国铁路专家喀克斯，信心十足地指挥着施工架桥。可是滦河下游河宽水急，河床泥沙很深，地质结构复杂，桥墩屡建屡塌，众人一筹莫展。高傲的英国专家在架桥环节屡次受挫之后，最终将这一烫手的山芋转嫁给了德、日专家，但还是以失败而告终。

工期将至，金达想起了詹天佑。各国建滦河大桥失败之后，詹天佑要求由中国人自己来建造，他详尽分析了各国失败原因，又对滦河底的地质土壤进行了周密的测量研究之后，决定改变桩址，采用中国传统的方法，以中国的潜水员潜入河底，配以机器操作，出色地完成了打桩任务，建成了滦河大桥。滦河大桥全长 665 m，共 17 孔，其中上承式桁架钢梁 9 孔，每孔 31 m，下承式桁架钢梁 5 孔，每孔 64 m，风雷式梁－孔 32.2 m，工字梁 2 孔，计 24 m。从 1876 年吴淞铁路修筑到 1911 年清朝统治被推翻，中国铁路共修筑桥梁 6000 余座，其中滦河大桥是采用先进的气压沉箱作为建筑基础的第一座桥。

3. 教学设计

京张铁路的修建涉及机械结构、铸造、锻造、机械加工等方面的知识，在讲授机械原理、机械设计、机械制造工艺等课程时可适当引入该案例。同时，詹天佑的自力更生、发愤图强、不怕困难、艰苦奋斗的精神，是他对古代科学家、工程师的伟大精神传统和创新才能的继承和发扬，也是他遗留给我们今天科学技术界的伟大精神遗产。我们还要看到，创新始终是詹天佑开展工作的灵魂，其创新思维有一个非常显著的特点——"中西结合"，根据实际情况充分利用中国传统文化、传统智慧，而不是盲目地使用一种方法。这种集成创新的思维和充分发挥民族传统文化的方法非常值得我们学习。

5.3.4 清朝"道员"谋突破 建造潜艇覆印象

1. 案例介绍

潜艇是一种既能在水面航行，又能在水中一定深度潜航，进行水中活动和作战的舰艇，其最大的优点就是隐身性能好，机动能力强，突袭威力大。潜艇的发展历史可以追溯到 16 世纪，但直到 18 世纪中期，潜艇都难以用于作战，主要用于水下观光猎奇。1863 年，法国建造了"潜水者号"潜艇，它以压缩空气瓶内的压缩空气推动活塞式发动机为动力，这是世界上第一艘机械动力潜艇。1880 年，清朝天津机器局建造了中国第一艘潜水艇，成为当时世界上仅有的两个制造出机械动力潜艇的国家之一，比英国、美国的技术都领先。

这艘潜艇是由一名姓陈的"道员"首先提出建造的，当时叫"水下机船"。1880 年夏，这艘"水下机船"在天津机器局开始施工。天津机器局是洋务运动中设立的专门试制各种兵器的机构，其中一项功能就是造船。陈道员亲率 10 余名工匠，在机器局院内围起围墙，围墙内外戒备森严，"禁止外人窥探，即其余工师，均设严禁，不准窥视"，就连指挥施工的负责人也不知道这围墙的用途，其机密程度可想而知。1880 年 9 月，这艘特殊的船建成完工。此时，距离 1863 年法国建造成功第一艘机械动力潜艇"潜水者号"仅 17 年，而距 1879 年英国建成第一艘热机驱动的潜艇"复活号"仅 1 年。1880

年 9 月 18 日，这艘"水下机船"在天津海河内进行了试航。据上海《益闻录》当时记载："此船式如橄榄，入水半浮水面，上有水标及吸气机，可于水底暗送水雷，置于敌船之下。其水标缩入船一尺，船即入水一尺，灵捷异常，颇为合用。因为河不甚深，水标仍浮出水面尺许，若涉大洋，能令水面一无所见，而布雷无不如意，洵摧敌之利器也。"（出自全景天津图书）上海的《点石斋画报》也对这艘中国最早的潜艇试航进行了报道，并刊出了该潜艇的侧视图。从这艘潜艇下水试行时的评语来看，中国第一艘潜艇的试造显然是比较成功的。现在可以在天津博物馆看到"水下机船"的复原模型，如图 5.18 所示。

遗憾的是，这艘中国历史上第一艘有记载的自制潜艇命运却十分短暂，既没有任何实际使用的记录，也没有留下实物。有史学家认为，有可能是"水下机船"的消息被披露后，清政府迫于西方列强的压力而下马了。从北洋海军到民国海军，由于国家屡弱，中国一直就没有装备潜艇的机会，直到新中国成立

图 5.18　天津博物馆展示的潜艇模型

以后，才有了建立统一海军的可能，真正意义上的潜艇才出现在中国。

2. 案例评析

从史书分析来看，这艘自制潜水艇的命运十分短暂，有关它的发展运用丝毫不见记载。让人奇怪的是，这艘试验成功的潜艇没有正式使用或继续研究，从此却销声匿迹了，既没有留下名称，也无更多记载，至今人们也不知道这种中国人制造的第一艘潜艇动力推进系统是什么样子的、以什么方式上升或下潜的、艇体结构如何等，这已成为不解之谜。更让人难以理解的是，这种"摧敌之利器"后来的情况如何？它参加过中法战争吗？它参加过中日甲午海战吗？它发挥过什么作用？一系列的疑问至今难以揭开，这一切都不甚了了，好像纯粹就是为了花一大笔钱造艘"能在海底行驶的水底机器"出来炫人耳目似的，这未免有点不合情理。不过，我们也不难想象，清朝政府腐败无能，再先进的武器装备也难以发挥作用，这种初具现代潜艇雏形的作战利器在当时的环境下也难以发挥作用，至于发展完善和提高性能成为不了了之的事情，也完全在情理之中。

3. 教学设计

当一项新的技术刚出现的时候，如果能抓住机遇，不断创新，坚持不懈，取得应用突破的可能性才较大。特别是类似潜艇之类的战略武器，没有国家的支持和持续投入，不可能建造成功并投入应用。尽管清朝也在世界范围内领先造出了水下机船，但积贫积困的清朝政府无法、可能也没兴趣支持这一工作持续进行，从而导致中途流产，令人不无遗憾。

本案例可用于结构学、动力学、流体力学等课程的教学，潜艇作为一种先进的隐形攻击性武器对国家战略安全起到了非常重要的作用，而我国早在清朝末年至少出现了潜艇原型机，激发学生的民族自信，我们的创新能力不逊于外国。同时还要让同学们认识到，和我国近代海军战略武器的发展相比，适合国家发展的国家制度对于技术创新是多么重要，更要激励同学们以更加饱满的创新意识和行动为国家的发展尽心尽力。

5.4　创新思维之现代部分

5.4.1　万吨压机奠基础　助力工业超美英

1. 案例介绍

大型水压机主要用于铝合金、钛合金、高温合金、粉末合金等难变形材料的热模锻和等温超塑性成形。通过锻造，不仅可以得到机械零件的形状，还能改善金属内部组织，提高金属的机械性能和物理性能。自 1893 年美国建成第一台万吨水压机起，万吨水压机就成为各国竞相发展航空、船舶、重型机械、军工制造等产业的关键设备。到第二次世界大战结束前，苏联已经拥有 4 台超过万吨的大型水压机，美国更是超过了 10 台。可以说，万吨水压机是一个国家发展工业的核心装备，也是一个国家工业实力的重要象征。至今世界上拥有 4 万 t 以上模锻压机的国家只有美国、俄罗斯、法国和中国。我国的 8 万 t 模锻液压机一举打破了苏联 7.5 万 t 模锻液压机，保持了 51 年的世界纪录，这也标志着中国关键大型锻件受制于外国的时代彻底结束。未来我国还将建造 10 万 t 和 16 万 t 超巨型锻压机。

回顾新中国成立之初，由于缺乏大型锻压设备，我国所需大锻件一直依赖进口。为了改变这种状况，1958 年 5 月，党的八大二次会议期间，煤炭工业部副部长沈鸿致信毛泽东主席，提议中国自己设计、制造万吨水压机。毛主席当即做了批示，中国决定自力更生制造万吨水压机，具体由江南造船厂承制。随后，中央派沈鸿到上海主持研制工作。很快，上海便成立了由沈鸿任总设计师，林宗棠任副总设计师的设计班子。

沈鸿也只是在 1954 年访问苏联乌拉尔重型机器厂时参观过万吨水压机，当时他就感到，新中国要想发展，就必须建立强大的、独立的现代制造体系，而要完成这一目标，不能没有万吨水压机。但是要建造这个庞然大物谈何容易，当时世界上只有极少数国家能制造这样的大型设备。于是有人质疑，万吨水压机所需的 4 根支柱要用 200 t 的大钢锭来锻制，这样的大工件非得用万吨水压机锻制不可。也就是说，想要制造万吨水压机，必须得先进口一台万吨水压机。沈鸿的回答解除了人们心中的疑惑：那世界上第一台万吨水压机又是怎么造出来的？

20 世纪 60 年代初，苏联专家撤走时还扔下一句狠话：“你们不可能制造出万吨水压机。”面对江南造船厂一无特重或特大型设备，二无制造重型机械的经验，三无经验丰富的专家的重重困难，广大工人、技术人员在“一定拿下万吨水压机，甩掉锻造工业落后的帽子”的口号鼓舞下，铆足劲，拼了命也要争这口气。

在沈鸿和林宗棠的带领下，一年半的时间，设计人员跑遍了全国各地，考察了解有关水压机的结构与原理，收集杂志、图纸、样本、照片，进行分析对比。接着，又先后以 1/100、1/10 的比例制造了两台模拟试验水压机。通过多做模型、反复试验，在切实掌握了第一手资料后，最终确定了万吨水压机的总体设计方案。

1960 年年初，江南造船厂组成了一支 200 人左右的万吨水压机工作大队，正式开始制造万吨水压机。其间，尽管遭遇了国民经济困难，但是在周恩来总理的关心支持下，万吨水压机工程没有下马。在上海重型机器厂等兄弟厂的大力支持下，江南造船厂的工人们自力更生，奋发图强，精心制造了 6000 多个主机零部件，并相继闯过了“电”“木”“火”“金”“水”五大关，即电渣焊接、特大特重件的起重运输、特大钢铸件的热处理、特大工件的金属切削、四五百个大气压的水压试验。1961 年 12 月，万吨水压机开始总体安装。1962 年 6 月，试车获得了成功。国产第一台 1.2 万 t 锻造水压机诞生了，如图 5.19 所示。

万吨水压机的建成不但在当时极大地振奋和鼓舞了中国人赶超世界先进水平的信心和决心，而且在今天依然激励着中国人赶超世界先进水平的雄心壮志。万吨水压机的建成为国家电力、冶金、化学、机械和国防工业等部门锻造了大批特大型锻件；60 多年来，仍在正常运转，为社会主义建设做出了重大贡献。

图 5.19　万吨水压机

2. 案例评析

我国首台万吨水压机的诞生地——江南造船厂，其前身是创建于 1865 年的江南机器制造总局，也是我国第一炉钢、第一门钢炮、第一艘铁甲兵轮、第一台车床、第一艘自行研制的国产万吨轮"东风号"、第一艘潜艇、第一艘护卫舰、第一代航天测量船、首艘大型远洋调查船和新型导弹驱逐舰的诞生地。它在中国近现代生产力发展的沧桑巨变中创造了 100 多个"中国第一"，代表了中国制造业的先进水平。江南机器制造总局自诞生之日起，就承载了一个民族的富国强兵之梦，作为中国近代工业的起点，它见证了一个半世纪多的沧桑，被称为国运的"晴雨表"、时代的"风向标"。

新中国成立后，江南造船厂的工程技术人员"自强不息，打造一流"，发挥聪明才智，发挥创新思维，在极其有限的条件下攻克了许多技术工艺难关，填补了我国工业发展史上一个又一个空白。首台万吨水压机的研制成功是中国重型机器制造业技术能力的一次突破，具有里程碑的意义。工程技术人员在已有技术的基础上通过吸收同类水压机的部分技术特点，创新性地采用较先进的电渣焊接技术与低技术条件下实施的"蚂蚁啃骨头"的机械加工技术相结合，成功地解决了加工制造大型铸锻件的难题。

3. 教学设计

万吨水压机的制造采用了机械制图、机械设计、机械原理、帕斯卡定理、冷热加工工艺等技术。相应的课程通过引入该案例，讲解大型机械设备设计及制备的相关知识，说明万吨水压机的制造过程，并自然引入水压机的制造起因，介绍沈鸿、林宗棠及广大工程技术人员在极其艰苦的条件下，充分发挥创新思维、充分利用一切可以利用的条件创造奇迹的事迹，并分析万吨水压机建成后对社会和中国工业发展所起的作用，使同学们更加感受到机械工程技术的创新对于国家富强、国防强大、社会发展的重要作用。

5.4.2 战机振翅巡天际 空心叶片显神威

1. 案例介绍

航空发动机是飞机的动力来源，高温涡轮叶片是其关键部件，要求在高温、高速、高载荷、复杂受力状态、频繁交变温度下能长寿命地稳定工作，工作条件极其苛刻，可靠性要求极高，一旦失效则会导致机毁人亡。1964 年，我国自行设计的歼击机亟需发动机，经论证决定采用改进已有发动机的方案，要求增加推动力 20%，这意味着要提高涡轮前温度 100℃。为此，必须采用空心叶片进行强制冷却。同时，型号任务的时间进度紧迫，必须在一年内研制出高温合金材料和空心叶片，这在当时是极大的挑战。此前，国内外几乎所有叶片均为锻造后经机械加工再制成实心叶片，只有美国研制成功了铸造空心叶片，但制造材料、工艺严格保密。

师昌绪是著名的材料科学家，也是我国高温合金研究的创始人之一，被国外同行誉为"中国高温合金之父"。在接到精密铸造空心涡轮叶片的研制任务后，师昌绪组织、带领上百名科技人员与设计和制造单位紧密结合，开展了冶炼、造型、脱芯、测壁厚、化学分析和相分析、控制合金质量、制定验收标准等环节的攻关工作。只用短短一年的时间，师昌绪领导的科研攻关小组便克服了 M17 高温合金制备工艺与叶片真空精密铸造技术两大核心技术难题，于 1966 年生产出第一件国产铸造空心叶片，并装机试车成功（见图 5.20）。这项工作使我国成为继美国之后，世界上第二个成功使用精铸气冷涡轮叶片的国家。该叶片到目前为止仍是我国用量最大的航空涡轮叶片，用于装备我国多种航空发动机，50 多年来没有因叶片失效而发生过事故，充分说明了其标准适当，生产工艺稳定。由该项技术发展出的冶炼、浇铸、型芯、检测等系列工艺和标准已推广到全国，直接指导着我国几十年来高温合

图 5.20 师昌绪及其研究团队研制的装有第一件国产铸造空心叶片的航空发动机

金的制备和铸造涡轮叶片（多晶、定向和单晶）的生产。该成果于 1985 年获国家科技进步奖一等奖。

2. 案例评析

创新是师昌绪院士实现空心叶片制备工艺的灵魂。要想研究出创新性成果，除了合理的方案与科学的管理外，更重要的是要有创新的思维、勇气和使命感。面对美国的技术封锁、面对苏联和英国都没有搞出来的空心叶片，师昌绪院士顶住压力，与数百人的攻坚团队一起攻克了这一"不可能完成的任务"。

20 世纪 60 年代初，为了大幅提高航空发动机的燃气温度和性能，世界各国纷纷研发气冷空心涡轮叶片。美国利用铸造工艺率先研制出小孔气冷叶片并投入使用，但其技术是严格保密的。随即我国有人也提出研发气冷涡轮叶片，但遭到另外一些人的强烈反对，认为这是异想天开，一步登天。当时，航空研究院主管材料与工艺的副总工程师荣科教授大胆提出了"采用空心涡轮叶片以提高涡轮工作温度"的方案，并请师昌绪先生主持空心涡轮叶片的研制工作。

当时可供选择的方案有三种，分别为三大孔变形加工、三大孔机械加工和九小孔铸造，师昌绪选择了其中最难，但最有生命力的九小孔铸造方案。这个方案冷却效果最好且不需要大型机械设备，利用现有条件便能上手开展研究。讲起那时的情形，师昌绪说："当时，美国的技术属于高度机密，别说没见过空心涡轮叶片，就连听都没听说过。可是既然有了答案我们也一定能做出来。"师昌绪很快组织起包括设计所、工厂 100 多人的三结合科技队伍进行攻关，日夜和大家一起奋战于中国科学院金属研究所简陋的精密铸造实验室里。

在研制过程中，他们遇到了许多技术难题，如型芯材料的选择，在近 100 mm 长的叶身中，要均匀地排列粗细不等 9 个小孔，最细的直径仅 0.8 mm，而在侧面进气口处还要有一个弯角。这种空心叶片比美国生产的那种从底部进气的短叶片型芯的制造工艺要难得多。究竟采用何种材料制作型芯，他们查阅了许多资料也未能解决。最后，因偶然看到美国杂志上刊登的一幅出售不同规格的细石英管的广告而受到启发，灵机一动，决定采用石英管做型芯材料从而取得了突破性进展。此外，在型芯定位、造型、脱芯、壁厚测量及断芯的无损检测方法上均做了大量的创新性研究。

就这样，仅用一年多时间，我国第一代铸造多孔空心叶片就在中国科学院金属研究所实验室诞生了。空心叶片的成功研制，奏响了中国金属材料的新乐章，使我国成为世界上继美国之后第二个采用铸造空心涡轮叶片的国家，直到 20 世纪 90 年代，我国主要歼击机的发动机仍采用该工艺制造的涡轮叶片，并且向国外大量出口。改革开放后，英国著名航空发动机制造厂家罗·罗公司的总设计师胡克教授参观完我国研制的铸造空心叶片后感慨地说："单凭见到这一实际成就，就不虚此行。"

3. 教学设计

师昌绪是当代著名的金属学及材料学科学家。他在高温合金领域，最先提出并攻克了包套挤压工艺难关，为变形高温合金的生产开辟了一条新的途径；在铸造高温合金方面，研究出中国第一代空心气冷铸造镍基高温合金涡轮叶片，使中国成为世界上第二个采用这种叶片的国家；发现了凝固偏析的新规律，总结了"低偏析合金技术"，推动了高温合金的发展，被美国同行尊称为"中国高温合金之父"。师昌绪院士之所以能取得这样的成就，能够利用创新思维，善于创新、敢于创新是一个重要因素。叶片铸造涉及材料、热工艺等相关课程，可以在这些课程中引入该案例，不仅要培养同学们具有创新意识，善用创新思维，还要激励同学们面向国家重大需求进行创新，培养学生的责任感与使命感。

5.4.3 北斗终圆导航梦 造福世界树灯塔

1. 案例介绍

20 世纪 70 年代，美国政府开始研制 GPS 卫星导航系统，我国也制订了"灯塔"计划，但随后被取消。1983 年，中国航天专家陈芳允提出"两星定位"方案，又因国力有限被搁浅。直至 1994 年我国才正式开始了北斗卫星导航试验系统的研制，而此时美国的 GPS 卫星导航系统已全面建成。

北斗卫星导航系统秉承着不疾不徐的原则，采取了"三步走"的发展规划：2000 年年底，建成北斗一号系统，向中国提供服务；2012 年年底，建成北斗二号系统，向亚太地区提供服务；2020 年，建成北斗三号系统，向全球提供服务。

北斗一号系统的工程技术专家发挥创新思维，进行了大量的重大创新，解决了导航卫星最基本的问题，如供配电的太阳帆板等，实现了核心产品的国产化。北斗二号系统率先提出国际上首个高、中轨道混合星座新体制，攻克了以高精度星载原子钟等为代表的多项关键技术。北斗三号系统攻克了具有自主知识产权的星间链路、自主定轨等关键技术，建立了国产器部件从研制、验证到应用的工作体系，实现了北斗导航卫星单机和关键元器件国产化率 100%。

2020 年 6 月 23 日，北斗系统最后一颗组网卫星发射，至此，中国将共计 59 颗人造卫星送入太空，实现了最初的导航定位梦想。如今，北斗卫星导航系统能在世界范围内为各类用户提供多种功能服务，彻底改变了我们的生活，成为继美国全球定位系统（GPS）和俄罗斯格洛纳斯卫星导航系统（GNSS）之后的第三个成熟的卫星导航系统，"三步走"战略在驰而不息的发展中取得了全面胜利。

北斗卫星导航系统是中国自主建设、独立运行，与世界其他卫星导航系统兼容共用的全球卫星导航系统，系统总体性能在国际上处于领先水平，实现了卫星导航基础产品的自主可控，形成了完整的产业链，逐步应用到国民经济和社会发展的各个领域。全球服务开通以来，北斗系统运行平稳，经全球范围测试评估，在全球区域定位精度 10 m，在亚太区域定位精度 5 m。测速精度为 0.2 m/s（95% 置信度），授时精度为 20 ns（95% 置信度），系统服务可用性优于 95%。可在全球范围内，全天候、全天时为各类用户提供高精度定位、导航、授时服务。图 5.21 为北斗卫星的空间模型。

图 5.21　北斗卫星的空间模型

目前，北斗系统在我国国民经济、国防安全、百姓生活等方方面面发挥着越来越大的作用。北斗导航系统已在交通、气象、渔业、农业、电力、公安、军事等多个行业成功应用，其中交通领域是北斗导航最大的民用市场，在船舶监控、港口调度、运营车辆、公共交通、民航运输等多个领域实现应用。

2. 案例评析

自远古开始，先人们便以北斗七星和北极星的星系形态来辨别方向和季节更替，以至于形成了华夏大地延续了几千年以北斗七星为核心的星象崇拜，古人心目中的北斗成了天地万物生化演进的中心角色。以北斗命名的中国导航系统正走进全球亿万大众的生活，北斗成为与人们生活息息相关的"新星座"。

在 20 多年的建设过程中，面对在没有自己的原子钟和导航芯片、全球建站困难等条件下实现全球服务等难题，北斗人走出了一条全面发扬自主创新、追求极致的发展道路。正如北斗一号卫星总指挥李祖洪所说："北斗的研制，是中国人自己干出来的。'巨人'对我们技术封锁，不让我们站在肩膀上，唯一的办法就是让自己成为巨人。"在工程设计之初，北斗系统打破了以往新技术应用不超过 30% 的惯例，新技术应用甚至超过70%。在配置上尽量进行前瞻性的规划，尽量采用一系列的创新技术。下面略举一二。

星载原子钟是导航卫星的"心脏"，为卫星系统提供高稳定的时间频率信号，其频率稳定度是关系到整个卫星系统导航定位精度的核心部件。原子钟的工作原理涉及量子物理、电学、机械和热力学等多个学科，各项技术指标要求相当严苛。我国原子钟技术基础非常薄弱，在北斗二号导航系统中，原子钟属于研制难度最大的产品之一。

北斗三号系统装载有中国航天科工集团第二研究院 203 所自主研发的高精度和甚高精度两代星载铷原子钟和星载氢原子钟。氢原子钟作为精密的计时仪器是卫星的时间基准，而准直器可以说是传输氢原子的输血管道，其微孔结构的均匀一致性直接决定了氢原子的散射角和原子的选态效率，为原子钟的高稳定、小型化创造了条件。准直器的制造难度既包括材料因素也包括制造工艺因素。准直器的研制涉及三种玻璃材料：芯玻璃、皮玻璃和间隙玻璃。准直器同氢的反应容易导致皮玻璃和间隙玻璃暗化。中国建材总院特种玻璃纤维与光电功能材料研究院突破材料、结构、工艺、装备等系列关键技术，成功研发出新型高稳定性复合微孔准直玻璃材料，对于提高氢原子钟的稳定性、可靠性和使用寿命起到了关键性作用，被称为星载原子钟上的"毛细管"。20 世纪 70 年代，在铯束管研制过程中，准直器是用镀铜铝丝密排成形后经拉伸腐蚀去铝而形成的通透率极高的蜂窝状孔结构。

原子钟的另一个核心部件是玻璃泡。不管是铷元素还是氢元素，原子钟里有一个最简单的结构就是玻璃泡。玻璃泡需要具有最优的厚度和透光性，这对材料的刚性、韧性和硬度都有很高的要求。攻关过程中科研人员试验了大量玻璃材料，包括含碱的、中性的，最终才攻克了这个小小的玻璃泡制造难题。此外，科研人员还针对卫星结构轻量化的研制特点，突破了国产复合材料等关键技术，实现了桁架式卫星结构的设计和生产。

铷泡如图 5.22 所示，玻璃泡内封装着微量的金属铷元素，工作状态是模块通过高频电场加热金属铷，使之等离子化而发出美丽的紫色光芒。

我国波谱学与量子电子学领域的知名专家、我国首批原子钟研制者和冷原子物理研究者王义遒，在 20 世纪 60 年代主持研制了我国第一台原子钟，此后主持研制了我国第

图 5.22　铷泡

一批量产的光抽运铷原子钟，1978 年获全国科学大会奖。王义遒曾撰文回顾了我国早期原子钟的研制历程，他认为，原子钟是非常精密的科技装备，不仅其结构设计依赖于高深的物理与电子自动控制原理，其工艺实现还要依靠许多能工巧匠的本领，而且装配水平也是影响原子钟精度的重要因素。即使产品设计定型、工艺完全固化之后，产品还有一定的离散性。从一定意义上说，原子钟技术也是艺术。

3. 教学设计

北斗重大专项工程副总设计师、北斗三号卫星首席总设计师谢军指出，北斗是国之重器，涉及国家安全、国民经济发展，代表着国家的科研实力和工业基础实力。"坚定不移地走国产化道路，完全得益于国家基础工业和基础科学研究的不断增强。"他表示，"同时北斗也带动和引领了一些相关领域的科学研究水平"。北斗系统全面实施自主可控原则，卫星单机产品及元器件全部实现国产化，堪称我国自主创新的典范。北斗系统的成功经验表明，自主创新是引领我国当代科技发展的钥匙，唯有走自主创新的道路，才会涌现出更多的国之重器，牢牢掌握科技发展和国际竞争的"命门"。

北斗系统是一个超大系统，可以说涉及机械工程的方方面面，相关课程均可引入该案例。通过该案例，不仅要让同学们感受到创新思维在重大工程中发挥的关键作用，还要使同学们明白，北斗导航系统从无到有，从弱到强，充分彰显了中国智慧、中国速度、中国精度，更说明只要矢志创新，中国完全可以自主掌握核心技术。

5.4.4 造岛神器"天鲲号" 自主创新反封锁

1. 案例介绍

自古以来，我国一直是疏浚大国。大禹治水、李冰父子修筑都江堰都与河流、河道疏浚有关，但近百年来，我国的疏浚技术装备慢慢落后了。"天鲲号"就是实现河道清淤、湖泊疏浚、海岛建设、港口开挖的重要利器，是一种重型挖泥船。重型挖泥船属于高技术含量、资金密集型国家重要基础装备。全世界只有荷兰、比利时等少数几个国家掌握了自主设计、建造该设备的核心技术。一般按照工作方式可以将挖泥船分为耙吸式、链斗式、绞吸式、铲斗式、抓斗式及斗轮式等类型，还可以按照是否能自己航行将其分为自航和非自航两类。"天鲲号"就属于自航绞吸式挖泥船，其工作原理是先用转动的绞刀把海底的土壤绞松，然后再和水泥混合变成泥浆，通过吸泥管吸入后通过排泥管排到排泥区。

"天鲲号"是我国首艘拥有完全自主知识产权挖掘系统的重型自航绞吸式挖泥船，如图 5.23 所示，全船长 140 m，宽 27.8 m，最大挖深 35 m，总装机功率 25843 kW，设计挖泥 6000 m^3/h，绞刀额定功率 6600 kW，泥泵输送功率达到 17000 kW，具有 15 km超长排距的挖掘输送能力，是目前亚洲最大、最先进的绞吸式挖泥船，也是目前世界上智能化水平最高的自航绞吸船。"天鲲号"融合了当前世界的最新科技，在桥架波浪补偿系统、三缆定位系统、智能海水冷却系统、折臂吊机等诸多方面取得了突破性创新，从而能够更好地适应环境的需要。装备了亚洲最强大的挖掘系统、最大功率的输送系统，配置通用、黏土、挖岩及重型挖岩 4 种不同类型的绞刀，不仅可以疏浚黏土、密实砂质土、砾石、珊瑚礁，还可以开挖单侧抗压强度在 50 MPa 以内的中弱风化岩石。

图 5.23 "天鲲号"挖泥船

"天鲲号"于 2015 年 12 月 11 日开工建造，2017 年 11 月 3 日在江苏启东成功下水，2018 年 6 月成功完成首次海试，2019 年 3 月 12 日正式投产，投产"首秀"便奔赴海外，承担"一带一路"共建国家的工程建设任务。2020 年 10 月起，"天鲲号"在北部湾国际门户港建设施工期间充分展示了其作为大国重器"能挖硬岩、超长输送、环保作业、智能化操作"的硬核功能，提前 32 天完成全部既定任务，总工程量 260 万 m^3，创下日均疏浚量近 2 万 m^3 的挖岩纪录，将整体工程进度提升近 20%，同时硬岩挖掘系统和超长排距输送能力再次通过实战验证。

绞吸式挖泥船的核心是绞刀，桥架搭载了绞刀及各种电机设备，总质量达 1600 t，高度相当于 14 层楼高，但桥架嵌入船体的安装间隙只有 13 mm。这要求桥架与船体的制作高度精密，严丝合缝。"天鲲号"分为 96 段建设，最后将所有段拼接而成，建造拼接误差为 ±（4～6）mm，而"天鲲号"的分段误差只有 ±2 mm，桥架的拼接误差只有 ±1 mm。

"天鲲号"是我国疏浚史上高新技术与重型装备制造高度融合的里程碑，其主要性能指标皆得到实践检验，真正具备了在国际疏浚市场的高端竞争力，是我国建设海洋强国、共建"一带一路"名副其实的国之重器。2017 年，中国商务部发布公告"对大型挖泥船实行出口管制，任何单位和个人都不能在未经允许的情况下出口大型挖泥船"。这标志着我国在疏浚领域不用再被西方封锁，真正实现了自主创新。

2. 案例评析

《庄子·逍遥游》里这样记载："北冥有鱼，其名为鲲。鲲之大，不知其几千里也。"其中"鲲"是庄子想象出来的一种水中的大鱼。中国疏浚人化"鲲"为船，建造了亚洲最大的自航绞吸式挖泥船——"天鲲号"，它有翻江倒海、移山造岛之能，丝毫不亚于庄子的异想天开。这艘新旗舰取名"天鲲号"，寄托了当代疏浚人深厚的希望与期待。

船舶建造一直以来都是一个国家工业综合实力的体现，无论是早期造船强国英国和美国，还是后来的日本和韩国，均以先进的造船工业号令全球工业，而如今我国的造船工业水平已赶超英国、美国、日本和韩国，成为了世界范围内年造船吨位最大及造船技术最先进的国家，尤其是自航绞吸式挖泥船"天鲲号"，集造船技术与科技于一体，更是体现了我国的科技与制造水平。

早在 2008 年，我国就自主设计和制造出了"天麒号"非自航绞吸式挖泥船，后来还建造成功了亚洲最大的自航绞吸式挖泥船"天鲸号"，具有自动航行和装载功能，各种海况下都能实施疏浚工程。2017 年，"天鲲号"自航绞吸式挖泥船也建成下水，它装备了更强大的挖掘系统及当前国际最先进的自动控制系统，可实现自动挖泥、监控及无人操控，是当前世界范围内最先进的自航绞吸船，绞刀功率等各项指标都更优于"天鲸号"，且由我国完全自主设计建造。

建成后的"天鲲号"挖掘能力居世界前列，挖掘深度居世界前列、亚洲第一，适应恶劣海况的能力全球最强、输送能力世界第一。我们先后研制出世界上最先进的油缸式柔性重型钢桩台车系统，摸索出绞刀轴系校中新方法，解决了桥架滑轮组钢丝绳偏角、桥架耳轴铸钢件缺陷和台车液压管路布置不合理等诸多技术难题，并在吸收功勋船舶"天鲸号"南海岛礁工程建设经验的基础上，全球首创在"天鲲号"上配置钢桩台车和三缆定位双定位系统，自主研发应用了世界领先的自动化智能挖泥控制系统，开启了我国疏浚装备向智能化升级换代的新纪元。

焊接工艺在"天鲲号"的建造过程中起到了非常重要的作用，而且焊接施工难度很大，如桥架与船体的连接处共有 12 个绞点，船体 6 个，桥架 6 个。耳轴绞点是绞吸式挖泥船工作时桥架与船体最主要的接口，桥架作业时的载荷基本均通过耳轴传递给船体。这些独立的耳轴点要相对接上并插上轴才能将船与桥架固定，而轴与连接点的安装空隙只有 3 mm，这意味着耳轴与轴孔的总误差不能超过 1.5 mm，相应的耳轴自身的零部件误差不能超过 0.03 mm。"天鲲号"研发团队先后化解了桥架耳轴对接难题，这一首创技术将约 1600 t 重的桥架安装对接误差控制在了毫米级。

船舶全位焊接时，激光焊接工艺不仅可以对相同的材质的材料进行焊接，还可以对不同厚度的材料进行焊接。钢板在激光焊接过程中，出现缺陷会及时报警，以便及时重焊，避免发生断带现象。在焊前装配状态及拼缝位置、焊接过程的稳定性、焊后焊缝质量等的在线检测中，对可能导致焊接缺陷、拼缝位置偏离等操作进行预报。与其他焊接方法相比，激光焊接焦斑直径小，功率密度达 $10^6 \sim 10^8$ W/cm^2，比电弧焊高出几个数量级，焊接速度快，通常可达 1 m/min，甚至达到每分钟数米，且焊接件精度高，焊后变形小。"天鲲号"全部焊接长度 1.4765 万 m，通过 2653 张 X 射线探测，合格率达到了 99% 以上，这大大超出了常规标准。

3. 教学设计

纵观我国疏浚装备发展的历史，先后经过了整船进口、国外设计国内建造、国内自主设计建造等阶段，经历了从无到有、从小到大、从弱到强的几十年的发展历程。"天鲲号"的成功研制，实现了我国重型自航绞吸式挖泥船关键技术的突破和核心技术的掌握，填补了我国自主设计建造重型自航绞吸式挖泥船的空白，使我国的挖泥船设计和建造技术跻身世界前列。相比于越南、菲律宾等国从陆地运输沙石或混凝土的传统填海造陆方法，我国开发的挖泥船"天鲸号"与"天鲲号"，可以实现就地取材，工程效率极高。"天鲲号"自航绞吸式挖泥船的自主设计及成功建造，不仅标志着我国的自航绞吸式挖泥船设计与建造水平迈向了世界强国行列，也体现了我国船舶建造技术的总体水平又向前迈进了一大步，是我国今后走上海洋强国之路可以依仗的国之重器。这里面蕴含了无数海洋装备工程技术人员的心血和创新，闪耀着无数创新思维的火花。可在与之相关的装配、铸锻造、结构设计乃至智能控制等方面的课程中引入该案例，培养同学们的创新思维意识。

5.4.5 载人航天"三步走" 圆梦"天宫"闹天宫

1. 案例介绍

1992 年 9 月，中央决策实施载人航天工程，并确定了我国载人航天"三步走"的发展战略。第一步，发射载人飞船，建成初步配套的试验性载人飞船工程，开展空间应用实验；第二步，突破航天员出舱活动技术、空间飞行器交会对接技术，发射空间实验室，解决有一定规模的、短期有人照料的空间应用问题；第三步，建造空间站，解决有较大规模的、长期有人照料的空间应用问题。

2017 年，随着空间实验室飞行任务的圆满收官，中国载人航天工程的第三步任务——空间站建造全面展开。2020 年 5 月，长征五号 B 运载火箭首飞任务成功，由此拉开了空间站建造的序幕。2021 年 4 月 29 日，22.5 t 重的中国空间站天和核心舱，从海南文昌航天发射场启程，由长征五号 B 运载火箭成功送入地球轨道。我国迄今为止最大的航天器进驻太空，意味着中国空间站建造已进入实质性"施工"。对设计为 3 个舱段基本构型的空间站而言，核心舱作为空间站的主控舱段，既是空间站的管理和控制中心，也是航天员生活的主要场所，已有能力支持航天员长时间在太空生活。

2021 年 6 月 17 日 9 时 22 分，搭载神舟十二号载人飞船的长征二号 F 遥十二运载火箭在酒泉卫星发射中心准时点火发射，约 573 s 后，神舟十二号载人飞船与火箭成功分离，进入预定轨道，顺利将聂海胜、刘伯明、汤洪波 3 名航天员送入太空，飞行乘组状态良好，发射取得圆满成功。这是我国载人航天工程立项实施以来的第 19 次飞行任务，也是空间站阶段的首次载人飞行任务。飞船入轨后，按照预定程序，与天和核心舱进行自主快速交会对接。组合体飞行期间，航天员将进驻天和核心舱，完成为期 3 个月的在轨驻留，开展机械臂操作、出舱活动等工作，验证航天员长期在轨驻留、再生生保等一

系列关键技术。6 月 23 日上午，中共中央总书记、国家主席、中央军委主席习近平来
到北京航天飞行控制中心，同正在天和核心舱执行任务的神舟十二号航天员聂海胜、刘
伯明、汤洪波亲切通话，代表党中央、国务院和中央军委，代表全国各族人民，向他们
表示诚挚的问候。

从发射到抵达空间站，以前需要两天，但这次提速到了约 6.5 h，这样，航天员早
晨从问天阁出发，晚上就能在空间站核心舱里休息了，大大缓解了旅途的疲劳。神舟
十二号载人飞船在原来的基础上进行了升级，使用新的芯片和新的导航技术、精确无
比的北斗导航，不仅能够自主完成与中国空间站的交会对接，还大大缩短了时间。与
2021 年美国载人龙飞船发射 8 h 后与国际空间站对接的速度相比，我国的神舟十二号载
人飞船与中国空间站的交会对接更胜一筹。

中国未来的空间站被命名为"天宫"，将由 1 个核心舱和 2 个实验舱组成，形成 T
字形结构，可以靠泊 1 艘货运飞船和 2 艘载人飞船，如果将以上这些都算上，质量将达
到 100 t 左右。

空间站中最关键的一个组件是核心舱，被命名为"天和"。它全长 16.6 m，最大直
径 4.2 m，发射质量为 22.5 t，是我国研制的最大航天器，也是 21 世纪以来全球范围内
发射的最大、最重的航天器，超过了国际空间站上任意一个密闭舱段。

核心舱可分为资源舱、生活控制舱和节点舱。资源舱为空间站提供电力、燃料等必
需资源。生活控制舱又分为大柱段、小柱段，是航天员生活和工作的主要场所。节点舱
是空间站的对接枢纽，用来连接各个舱段及飞船。

天宫空间站充分发挥了由我国独立研制的优势，在系统层面进行了高度的一体化设
计，避免了国际空间站由不同国家联合研制而带来的技术体制不统一、整体优化程度不
高的问题。统一且合理分配三舱的功能，由天和核心舱负责空间站平台的统一管理和控
制，"问天"实验舱对能源管理、信息管理、控制系统和载人环境等关键平台功能进行
冗余备份，"梦天"实验舱进一步提供重要功能的设备级备份，确保平台安全。三舱采
用统一的技术体制，构型结构、能源系统、信息系统、环热控系统等均统一设计，在形
成组合体后三舱的各系统均能互联互通，形成一个有机的整体。同时整站充分利用了快
速发展的先进信息网络技术，实现了舱段间高效的系统融合和重构，提高了空间站的整
体能力和系统可靠性。此外天宫空间站与神舟载人飞船和天舟货运飞船的技术体系也保
持一致，使得神舟载人飞船和天舟货运飞船与天宫空间站对接后也能构成有机的整体，
参与组合体的管理。例如，天宫空间站的计算机可以控制天舟货运飞船的发动机进行组
合体轨道和姿态控制。

在运行模式方面，天宫空间站创新设计了共轨飞行航天器在轨服务模式，充分利用其长期有人驻留、配置空间机械臂的优势，为来访航天器提供在轨维修维护服务，并能将天舟货运飞船携带的推进剂过路补加至来访航天器。巡天空间望远镜将作为第一个接受天宫空间站在轨服务的共轨飞行航天器，在天宫空间站建造完成后发射入轨。相较美国的哈勃空间望远镜每一次维修都需要发射航天飞机的情况，这种共轨飞行服务模式在经济性方面有着巨大的优势，也有利于后续在轨进行技术升级。

图 5.24 为中国空间站。

图 5.24　中国空间站

2. 案例评析

在天宫空间站上集中体现了近 20 年来能源技术、材料技术、空间探测技术、再生生保技术、科学研究设备等诸多领域的最新成果，它们都是科技人员在创新思维引导下艰苦创新的成果。

新技术比重大是天宫空间站的显著特征，其采用的空间机械臂技术、物化式再生生保技术、大面积柔性太阳翼技术等均为我国首次在轨开展应用的全新技术，应用难度大，风险高。在空间机械臂技术方面，天宫空间站分别在天和核心舱和问天实验舱配置了大小两个机械臂来完成相应的在轨操作任务，大机械臂实现大范围转移和大负载操作，小机械臂实现高精度操作。大小机械臂可通过在轨级联组合使用，提升操作范围和精确度，相较国际空间站主要采用单一机械臂进行在轨操作的设计具有更大的任务灵活性。在物化式再生生保技术方面，配置了电解制氧装置、CO_2 去除子系统、微量有害气体净化子系统、冷凝水处理子系统、尿处理子系统等，实现了高物质闭环度的载人环境控制，资源再生利用水平与国际空间站相当。电源系统采用大面积柔性电池翼提供能源，电池片为转换效率 30% 以上的三结砷化镓电池片，采用锂离子电池储能，问天和梦天实验舱配置双自由度太阳电池翼驱动机构实现对日定向，并为三舱统一调配供电。与国际空间站相比天宫空间站的电源系统太阳能转换效率更高，不需要采用大型桁架安装，结构更为紧凑。

下面详细了解一下机械臂。天和核心舱上装备了一只强大有力的"手臂"——长约 10 m 的七自由度机械臂，包含 2 根臂杆、2 个末端作用器、2 台手眼相机和 2 台肘部相机。它能够在太空中轻松抓取重达 25 t 的物体，真实模拟人的手臂灵活转动，将物体运送至空间站外部的任何位置。它甚至还能通过选择合适的转位基座实现舱外爬行。

机械臂的主要功能包括空间站舱段转位与辅助对接，悬停飞行器捕获与辅助对接，支持航天员出舱活动，舱外各类负载搬运，舱外状态监视检查，舱外设备安装、更换或维修等。

机械臂是空间站的核心技术之一，当今世界上只有极个别的国家掌握。比如目前国际空间站上使用的是加拿大斯巴宇航公司生产的第二代空间站遥控机械臂系统，俗称"加拿大臂 2"。加拿大也因这项重要贡献获得了国际空间站 3% 的使用权。

3. 教学设计

20 世纪 90 年代，国际空间站筹建之时我国被拒之门外，20 多年后我国正在建设自己的空间站，用实力证明了中国人最不怕的就是"封锁"，迎战"封锁"使我们成为强者。面对封锁，不能等，不能靠，只能"自力更生"和"另起炉灶"。目前我国面临的"卡脖子"还有很多，如航空发动机、芯片、光刻机、操作系统等，需要以迎难而上的精神，突破创新，实现自强自立。载人航天涉及面广，大部分课程可以引入该案例，使同学们了解创新对于国家发展的重大意义，对于技术进步的重大意义，更加坚定培养创新思维的意识。

参考文献

[1] 许冬梅，武亮. 过程导向的创新思维教育设计与效果检验 [J]. 高教探索，2021(8):65-70.

[2] 马丽. 习近平关于创新思维重要论述的生成逻辑及实现路径研究 [J]. 产业与科技论坛，2021, 20(12):5-6.

[3] 樊亚凡. 浅论机械工程设计中创新思维的运用 [J]. 科技经济市场，2021(2):25-26.

[4] 金伟. "宽容"的教与学：论高校教学中创新思维的培养 [J]. 江苏高教，2021(5):72-79.

[5] 刘春波，田勇. 基于研究生创新思维方式培养的机械电子学课堂教学探索 [J]. 大学教育，2021(12):171-173.

[6] 汤丹文. 来自远古的微笑：河姆渡文化基因的流传 [J]. 文化交流，2020(3):15-19.

[7] 吴诗池 . 原始艺术中蕴含的原始科技信息 [J]. 自然辩证法研究 , 2000(8):50-54.

[8] 姜彤彤 . 中国设计中的工匠精神：以榫卯结构为例 [J]. 西部皮革 , 2021, 43(22):19-20.

[9] 李享 , 徐陈佳 , 王新雨 , 等 . 古木建筑榫卯节点加固措施综述 [J]. 江苏建筑 , 2021 (S1):78-80.

[10] 侯宁 . 永乐大钟中国古代铸造巅峰之作 [J]. 铸造技术 , 2020, 41(7):693-695.

[11] 程载斌 , 申仲翰 . 永乐大钟：悬挂结构动态响应分析 [C]// 李和娣 . 固体力学进展及应用：庆贺李敏华院士 90 华诞文集 . 北京：科学出版社 , 2007:349-352.

[12] 徐永君 , 战颂 , 申仲翰 , 等 . 永乐大钟及悬挂支撑系统的撞钟过程瞬态分析 [J]. 振动与冲击 , 2007(5):141-144,161.

[13] 王福谆 . "我国古代大型铸铜文物" 系列文章之八 古代大铜钟 (续完)[J]. 铸造设备与工艺 , 2012(5):53-64.

[14] 李约瑟 . 中国科学技术史：第一卷 总论：第一、二分册 [M].《中国科学技术史》翻译小组 , 译 . 北京：科学出版社 , 1975.

[15] 中国农业博物馆 . 中国古代耕织图 [M]. 北京：中国农业出版社 , 1995.

[16] 薛景石 . 梓人遗制 [M]. 郭丽娜 , 编译 . 南京：江苏凤凰科学技术出版社 , 2016.

[17] 于湛瑶 . 神机妙算：中国古代织机及其演变 [J]. 农村・农业・农民 (A 版), 2020(11):59-61.

[18] 游战洪 . 踏板机构在古代纺织机械中的运用 [J]. 机械技术史 , 2000:251-261.

[19] 邓渭亮 . 耒耜之变与造物发微："曲辕犁" 中的农具造物文化管窥 [J]. 湖南科技学院学报 , 2021, 42(5):134-136.

[20] 杨生民 . 中国新石器时代的石犁试探 [J]. 首都师范大学学报 (社会科学版), 1996(1):29-36.

[21] 傅淳 . 以曲辕犁指甲剪为例且谈基于中国传统文脉的产品设计方法 [J]. 设计 , 2018(24):130-131.

[22] 李姿潼 . 铁笔刻写大地的诗行：贵州省石阡县传统犁铧研究 [J]. 人口・社会・法制研究 , 2014(2):86-99.

[23] 刘歆 , 等 . 西京杂记 (外五种) [M]. 王根林 , 校点 . 上海：上海古籍出版社 , 2012.

[24] 张娜 . 中国科学技术馆之古代取暖神器：被中香炉 [J]. 军事文摘 , 2019(6):48-49.

[25] 王洪鹏 . 从被中香炉到陀螺仪 [J]. 百科知识 , 2012(3):14-15.

[26] 石云柯 . 唐代被中香炉设计窥探 [J]. 艺海 , 2017(4):77-79.

[27] 刘鸿亮 . 晚清龚振麟铁模铸炮技术优劣的纵横史探究 [J]. 铸造工程 , 2021, 45(3):61-66.

[28] 韦及 . 铁模铸炮的首创者 : 龚振麟 [J]. 金属世界 , 1997(6):28.

[29] 沈志远 . 近代炮艇 "车轮战船" 诞生记 [J]. 航海 , 1983(1):16-17.

[30] 魏源 . 海国图志 [M]. 李巨澜 , 评注 . 郑州 : 中州古籍出版社 , 1999.

[31] 宫慧 , 张帅 . 淹没在历史中的中国 "爱迪生" : 发明家黄履庄 [J]. 物理通报 , 2012(5):114-115.

[32] 京杰 . "奇人" 黄履庄 [J]. 少儿国学 , 2021(15):16-17.

[33] 张潮 . 虞初新志 [M]. 王根林 , 校点 . 上海 : 上海古籍出版社 , 2012.

[34] 张春杏 . 中国人最早发明自行车 [J]. 文史月刊 , 2011(6):24.

[35] 萧西之水 . 铁路巨擘詹天佑 [J]. 同舟共进 , 2022(1):66-69.

[36] 郭芝敖 . 詹天佑 中国铁路之父 [J]. 科学大观园 , 2021(17):38-43.

[37] 康家林 . 詹天佑 : 无愧炎黄子孙民族心 [J]. 老友 , 2018(3):6-8.

[38] 詹天佑与京张铁路 [J]. 北京档案 , 2013(10):37-38.

[39] 周晓光 . 近代中国自制的第一艘潜艇揭秘 [J]. 国防科技 , 2005(7):89-90.

[40] 黄明 . 我国近代自制的第一艘 "潜艇" [J]. 现代舰船 , 2012(9):47-49.

[41] 王晓芹 , 肖振家 . 船政与其他洋务军工厂之比较 [J]. 福建文博 , 2020(1):92-96.

[42] 张通 . 万吨水压机 : 七十年前的 "大国重器" [J]. 中国工业和信息化 , 2020(9):74-77.

[43] 万吨水压机研制的启示 [J]. 锻压装备与制造技术 , 2013, 48(5):4.

[44] 孙烈 . 中国走出自制重大技术装备困境的一次尝试 : 上海 1.2 万吨锻造水压机的设计与制造 [J]. 自然科学史研究 , 2011, 30(3):366-382.

[45] 孙烈 . 党的八大二次会议与万吨水压机 [J]. 百年潮 , 2012(1):15-21.

[46] 师昌绪 报国一生 , 无怨无悔 [J]. 科学大观园 , 2019(9):30.

[47] 朱耀宵 . 师昌绪在高温合金领域的重大贡献 [J]. 科技导报 , 2018, 36(19):21-25.

[48] 徐光荣 . 助推共和国几代战机上天 : 记 2010 年国家最高科技奖得主师昌绪 [J]. 名人传记 (上半月), 2011(4):12-18.

[49] 裴鸿勋 , 何海才 , 师昌绪 . 一种铁镍基合金高温疲劳裂纹扩展过载效应的研究 [J]. 金属学报 , 1983(4):315-322.

[50] 王飞雪 . 从北斗一号到北斗二号 [J]. 国土资源导刊 , 2014, 11(4):31.

[51] 宋立丰 , 刘思瑶 , 宋远方 . 重大工程的品牌建设动因与路径研究 : 以 "北斗" 卫星导航系统为例 [J]. 未来与发展 , 2022, 46(1):1-10.

[52] 庄丽 . 北斗卫星导航技术课程思政教学实践与探索 [J]. 电脑知识与技术 , 2021,

17(30):169-170.

[53] 何亮, 付毅飞. 北斗卫星导航系统: 将中国时空信息掌握在自己手中 [N]. 科技日报,
2021-06-28(5).

[54] 迟惑, 杨诗瑞. 北斗背后的高科技之: 硬件背后的硬实力 [J]. 太空探索, 2020(7):7-
11.

[55] 闫贵福. 本刊专访中交天航局有限公司航机设备专业总工程师、"天鲲号"监造组
组长王健 鲲鹏展翅九万里 大国工匠淬金刚 [J]. 求贤, 2020(1):11-13.

[56] 新华社. 疏浚重器"天鲲号" [J]. 党建研究, 2019(2):66.

[57] 陈继恩. "天鲲"号检验中的焊接质量控制 [J]. 中国船检, 2018(3):73-74.

[58] 王健, 孔凡震. "天鲲号"自航绞吸船核心技术应用研究 [J]. 中国港湾建设, 2017,
37(1): 58-62,67.

第6章　团队意识

6.1　引言

6.1.1　团队意识内涵的演变

21世纪以来，随着经济全球化趋势的加快，世界经济日益成为一个紧密联系的整体。经济全球化是一个通过相互依存、相互联系而形成的全球范围的有机经济整体的过程。协同合作成为经济全球化趋势下一个不可避免的特征。同时，社会化大生产使得人们之间的依存关系更为密切，社会分工更加明确，分工更为细密，对于彼此间的协同合作有了更高的要求。企业间、企业内、科研团队等的相互合作和专业化分工必将进一步加强，分工细化要求人们掌握更专业的知识与技能，同时意味着这些不同知识、技能之间更广泛、更深入的交换与合作。因此，团队合作成为社会经济发展的必然，团队精神日益成为当代最为显著的时代精神之一。

国际21世纪教育委员会于1996年向联合国教科文组织提交的《教育——财富蕴藏其中》报告中提出，为了实现人的全面发展，教育必须围绕四种基本的学习过程来重新设计和组织，即学会求知、学会做事、学会共处和学会做人，其中的"学会共处"就是指培养在人类活动中的参与和合作精神，就是要培养学生的团队意识（也称团队精神）。

中国自古以来就有团队精神、集体主义的传统。团队精神源于中国儒家的"和"思想，与东方儒家文化有着密切渊源。儒家的"和"思想是儒家思想的重要哲学思想之一。古代大思想家孔子提出了"和为贵""君子和而不同，小人同而不和"。孟子也提出"天时不如地利，地利不如人和"。儒家的"和"思想并不意味着抹杀个性，而是在承认事物存在着差异性、矛盾性的基础上，又同时主张和谐共处，创造"和"力量。将整个世界看作一个系统，整个系统是要素与要素之间的关系，通过不同要素之间的相互补充、相互融合而构成和谐的整体系统才能产生要素与要素之和大于系统的效果，这也正是团队精神的团结协作，优势互补之意。儒家还推崇大公无私的爱国主义精神，强调并赞赏先公后私、先国后家，这实际上就是一种我国古代的早期国家意识。这种"尚公"的爱国主义思想即国家意识，蕴含着团队意识的思想观念，它强调集体、强调国家、强调社会整体利益，把这些摆在优先位置，而把个人利益摆在之后。

第二次世界大战后，日本经济迅速恢复和增长并取得了超常规发展，到 20 世纪 70 年代，其企业的国际竞争力已对欧美国家形成巨大挑战，深感震惊的欧美各国对日本企业做了深入的调查研究，结论是：日本企业的竞争力主要来自渗透于其企业中的员工群体的合作精神，研究者把它称作"团队精神"。自此，团队建设及团队精神培育作为一种管理理念，已经成为所有企业和组织的核心管理要素，日益影响其他领域乃至人们的日常生活。20 世纪 90 年代后期，知识经济初现端倪，人类社会更加崇尚团队精神。而且，随着团队在各类组织中的普及，团队精神也逐渐成为团队文化的精髓，成为社会关注的又一大焦点。许多用人单位在招聘过程中，把团队精神作为一项基本要求单独列出甚至放在首要位置，团队精神已成为社会对其人才的一种基本素质要求。

团队意识是指个体凭借其对所处团队的集体认同感、归属感及荣誉感，而愿意与团队其他成员一起努力奋斗实现团队目标的一种积极心理。可以说，团队意识是个体对团队所独有的一种情感意识，具体表现为对团队有强烈的集体认同感、集体归属感及集体荣誉感。

合作是在分工基础上的合作，没有分工，就谈不上真正的合作。分工的结果必然导致个人技能的差异，团队就是由技能各异，甚至个性也存在差异的人组成的。将这些人组合到一起，相互之间只限于一般意义上的齐心协力还不够，要发挥团队"1+1>2"的战斗力，关键是大家在工作上加强沟通，有分有合，团结协作，利用个性和能力差异实现优势互补，发挥积极协同作用，这就是团队精神的核心所在。团队意识的境界就是一种奉献精神，它要求团队中的每个人在自己的岗位上"尽心尽力"，"主动"为了整体的和谐而甘当配角，与他人协作，"自愿"以整体利益为重，甚至为了整体的利益而放弃自己的私利。

团队意识能够激发个人的潜力与主动性，使整个团队发挥出更加强大的创造性。团队精神对团队成员具有很强的促进作用，团队精神使组织中的个体在精神上融为一体，让个体主动以共同的价值观为准则来自觉地监督和调节自身组织中的活动与行为。这样就营造了一个良好的氛围，使主体性和个体性得以充分发挥与展现，也有利于人们通过合作来共同创新和发展，最大化地发挥成员潜力，从而增强组织的凝聚力和创造力，为实现团队目标创造有利条件。

团队精神能够提高组织的工作绩效。当一个团队具有浓厚的团队精神氛围时，人们就具有共同的价值观、高度的自觉性和责任感，积极交流，共同学习，为了团队的利益与目标而全力以赴，从而形成一股强大的凝聚力。这股力量能把成员的技能有机融合，形成合力完成团队目标；能提升成员的认同度，形成一个积极向上、富有战斗力的团队。

中华民族自古以来就是一个坚强勇敢、团结进取的民族。团结协作正是对中华民族精神的继承和发扬，也体现出社会主义制度集中力量办大事的显著优势。如我国航空、航天工程既庞大又精细的重大系统工程，从设计研发、组装试验到成功发射涉及全国数千家单位、数以万计的科研人员，需要多部门、多系统的团结合作、协同创新。中国各项事业所取得的重大突破，离不开一批批能力出众、技术过硬、团队意识强的人才队伍。每个人需要各司其职，在系统内发挥着不可或缺的作用。

6.1.2　机械工程与团队意识

现代机械工程技术的发展使得整个产品的研制过程成为一个庞大的系统工程，尤其需要团队协同，每个成员要具有良好的团队意识。新中国成立之初的"两弹一星"工程和一直蓬勃发展的航天工程都是最好的例证，这也在"两弹一星"精神和航天传统精神中得到了最为明确的表现。"两弹一星"精神是：热爱祖国、无私奉献、自力更生、艰苦奋斗、大力协同，勇于登攀；航天传统精神是：自力更生、艰苦奋斗、大力协同、无私奉献、严谨务实、勇于攀登。

"两弹一星"是现代科技成果的融合和结晶，它的研制是一项规模庞大、技术复杂、综合性强的系统工程，广泛涉及研究、生产、试验、使用各个部门。1961 年，党中央作出《关于加强原子能工业建设若干问题的决定》，指出："为了自力更生突破原子能技术，加强我国原子能工业建设，中央认为有必要进一步缩短战线，集中力量，加强各有关方面对原子能工业建设的支援。"11 月 3 日，时任国防工业办公室主任的罗瑞卿向中共中央上报了《关于成立中央专门委员会加强对原子能工业领导的报告》，毛泽东同志在报告上作了"很好，照办。要大力协同做好这件工作"的批示。由此，在中央专门委员会统一领导下，全国"一盘棋"，集中 26 个部委、20 个省区市、900 多家单位的科技人员大力协同、集中攻关。

根据毛泽东同志"要大力协同"的指示，中央专委将中国科学院、国防科研机构、工业部门、高等院校和地方科研力量"五路方面军"的科技力量协同起来，集智攻克"两弹一星"研制中的各种难关。在党的统一领导下，全国"一盘棋"，拧成"一股绳"，大力协同，勇攀高峰。仅参加第一颗原子弹研制工作的就先后有 26 个部委，20 个省、自治区、直辖市的 900 多家工厂、科研单位、大专院校。当时在国防科技战线流传着这样

从天工开物到飞天巡洋
——中国机械史中的课程思政

一句口头禅："我们合写一篇大文章。""两弹一星"研制需要各领域、各学科的科技人员通力协作，根据自身条件发挥各自的优势，攻克技术难关。核物理学家钱三强曾说："我们国家的原子科学，与世界先进国家比较，落后了几十年，应该把全国的人才联合起来，拧成一股劲，拼命地追赶才行啊！"

原子弹和导弹的研制都离不开计算机，为了集中力量早日研制出高性能计算机，1957 年 1 月，中国科学院、中国人民解放军总参谋部和第二机械工业部联合签订了合作发展中国计算技术的协议书，仅用了一年半的时间，就成功研制出了中国第一台计算机。1961 年 7 月，国防部国防科学技术委员会决定成立两个协作小组，用以保证充分发挥科研力量，协助"两弹"研制工作。协作小组先后到沈阳、长春、哈尔滨中国科学院所属各研究所安排了金属铀冶炼、核燃料化学和反应堆结构力学等方面的科研任务。协作小组还先后到长沙、上海、西安中国科学院所属各研究所安排了铀矿地质、开采选冶、铀同位素分离、核燃料前处理和后处理工艺、高效能炸药等一系列在核燃料工业和核武器研制中具有关键作用的重大课题。当年孙家栋受命负责卫星的总体设计，他做的第一件事就是组建团队。他足足花了两个多月的时间，一口气跑了几十个相关单位，精挑细选，最后确定了 18 个人。这"航天十八勇士"来自不同的专业，各有所长，协同攻克了一个又一个技术难关。"两弹一星"事业的成功离不开大力协同的集体主义精神，离不开勇于攀登的科学创新精神。

1964 年 10 月 16 日，罗布泊上空升起了一朵巨大的蘑菇云，我国第一颗原子弹成功爆炸；1966 年 10 月 27 日，我国使用东风二号甲中近程导弹成功地进行了一次导弹、原子弹结合实验，导弹非常精确地命中了目标。1970 年 4 月 24 日，我国第一颗人造地球卫星发射成功，拉开了中国进入外层空间的序幕。

"两弹一星"的大协作主要在两个层面展开：一是核工业、航天工业和中国科学院之间的协同，主要体现在科研技术上紧密的协调配合、通力协作；二是全国范围的协同。在科研方面，明确提出参与攻关的国防研究机构、中国科学院、工业部门、高等院校和地方研究机构要大力协同、互相支援。特别是地方有关科研部门协助国防科研部门突破以导弹、原子弹为代表的尖端武器关。在"两弹一星"各型号的研制过程中，除了中国科学院和核工业、航天工业以外，先后有冶金部、化工部、机械部、航空部、电子部、铁道部、石油部、地质部、建设部等 26 个部（院）、20 个省市、自治区（包括 900 多家工厂、科研机构、大专院校）参加了攻关会战。

团队精神在我国的航天工程中也尤为关键。航天工程是大系统工程，它特别强调团队精神。一颗卫星、一发火箭都有数万个电子元器件、上百台仪器设备、多个分系统，这些都来自不同的生产单位、不同的设计人员和生产人员。只有每个单位、每个部门都齐心协力、大力协同，才能保证工程的成功，比如载人航天工程七大系统，直接参与载人航天工程七大系统研制工作的单位有 110 多家，配合参与这项工程的单位达到 3000 多家，涉及数十万科技工作者。把这样一支庞大的队伍组织起来实施这一工程，就是靠着大力协同的团队精神，有了这种精神，才能保证工程的成功。

因此，现代机械工程项目、产品研制均离不开项目团队的大力协作，需要每一位成员具有良好的团队意识，才能确保取得成功。同样，通过一个个项目、一代代产品的研制，也能促进团队成员的团队意识，能够更加紧密地协作从而完成团队目标。

6.1.3 机械工程领域的团队意识内涵及其教学要求

团队精神是团队的黏合剂，能够把各成员联系起来，取长补短，充分发挥团队成员的技能。能把成员和团队、团队目标联系起来，把积聚的力量输向团队目标。团队精神也为团队发展过程中的一些问题提供了解决方法。

在现代机械工程领域中，合作和专业化分工的进一步加强，分工细化要求人们掌握更专业的知识和技能，同时意味着这些不同知识、技能之间更广泛、更深入的交流与合作，任何一个大型机械工程项目单靠个人的力量是不可能完成的，需要发挥团队的力量。

因此，面向机械工程领域的团队意识可以概括为：能够为了完成产品、工艺研制等共同奋斗目标，自觉以团队利益和目标为重，在自己的工作中尽职尽责，自愿并主动与其他成员积极协作，对团队事务全心全意参与，具备奉献精神、大局意识，能够掌握并使用 IPD（集成产品开发）、项目管理等方法和工具协同完成团队任务。

团队精神是一个实践性非常强的话题，它形成于长期的生产活动之中。所以，用正确的途径培养人，就是说团队精神的培养，要实事求是的根据大学生的实际情况，结合大学生的实际承受能力（包括心理、身体、经济等多方面）和各个高校、各个专业、各个年级的具体情况，有针对性地将团队精神的教育融入校风、班风、学风、教风的建设之中，甚至融入学校的一切活动中，尽可能以自然的方式从学习、社会实践甚至娱乐等方面改善物质环境、精神生活甚至人文氛围，在看似自然的表面下则昭示着教育的内涵，减少刻意的人为痕迹，注重创设情境和氛围以促使大学生产生内在的需要和情感上的共鸣，从而主动实现教育的目的。

首先可以采用团队理论灌输法，这是指有目的、有计划地向大学生传授、宣传或由大学生自身系统地学习团队精神的基本理论，逐步养成团队精神的教育方法。对大学生进行团队精神的理论灌输途径多种多样，其中主要有：利用"两课"、报告会、讲座、党团校、培训班等多种形式，利用校内广播、报刊、网络等各种宣传舆论手段，请专家、学者、企业家、成功人士从正反两个方面向大学生讲述、讲解、宣传何为团队精神，为什么社会如此需要团队精神，大学生应该如何实践和弘扬团队精神等。通过讲授讲解，使大学生形成强烈的思想道德情感，认识到团队精神的重要性及知道如何实践团队精神。

其次，团队精神本身就是一个实践性非常强的话题，因此，在培养团队精神的过程中，不仅要进行团队观念和团队理论的灌输，更要在实际的和模拟实战的团队活动中培养团队精神，也就是说，要运用团队实践教育法。所谓团队实践教育法，就是以团队的形式组织、引导大学生积极参加多种实践活动（如文体、教学科研、社会实践等），在实践中感受团队作战的魅力，同时以健康向上、团结拼搏的氛围激发他们的团队精神。

也可以采用示范教育法，即充分发挥教育者自身和先进群体或典型的榜样作用，感染和启发受教育者，以促进其思想认识与觉悟不断提高的教育方法。团队精神是在长期的人际交往活动中逐渐形成的，因此，通过示范教育，形成一种团队精神的氛围，可激励、感召、引导大学生养成团队精神。这一教育的效果比起直接的灌输要隐蔽得多，能够使大学生在潜移默化中感受团队精神的魅力。

同时，团队精神的形成需要成员间加强沟通与合作，在培养大学生团队精神的过程中运用挫折训练法，就是指运用逆向思维，通过反面事例，或有意识地提供适度的情境，阻止、打断相互间的交流与合作，用挫折、用"惩罚"让大学生体会到没有沟通、没有合作，就难以取得更大的成绩，从而自觉地接受团队精神的教育。

也可以通过民主参与、团队决策的方式进行培养。所谓团队决策法就是发扬民主参与意识，针对某件需要解决的事情，在一种公平、民主、自由、和谐的氛围中，让每个人有自由表达观点的机会，使个性和创造性得以表现。在团队决策中，对于不同的意见，只能是说服，而不是强迫服从，组织内没有赢家也没有输家，因此，成员间会更加团结。通过团队决策，充分讨论，参与者在参与过程中会产生归属感，会把集体规则和生活方式同化为自己的要求与行为，这有利于调动个人的积极性和集体意识。同时还为参与者提供了学习和锻炼机会，能增加他们的知识、提高他们的能力、促进他们成长。

6.2 团队意识之古代部分

6.2.1 术业专攻团队协同 百工汇聚一车始成

1. 案例介绍

团队协同共同完成产品研制，在中国古代早已有之。在西周时期，就已经有了大规模的产品研制协同，且在《考工记》等资料中有明确的记载。

西周对工匠种类进行了细致划分，称之为"百工"，使专业性加强，加快生产环节，"各司其职"的分工合作能在短时间内满足社会生产需求，能及时将某一新的设计观念进行宣贯和传达，保证上下的统一性。每个团队成员均努力协作，共同完成器物制作，即"一器而工聚"。

"国有六职，百工与居一焉。"这句话的意思是百工位列国家六大职务之一。百工分为六大门类，称为"六工"，按照工种又列为 31 种不同类别的匠人，"凡攻木之工七，攻金之工六，攻皮之工五，设色之工五，刮摩之工五，抟埴之工二"。《考工记》对匠人的分类十分精细，几乎囊括了古代手工业设计的所有门类。《考工记》曰："有虞氏上陶，夏后氏上匠，殷人上梓，周人上舆。故一器而工聚焉者……"这在车辆等复杂产品的制造过程中体现得尤为明显。

在古代，车辆是一个涉及多门类、多工种共同参与制造的综合产物。我国车辆起源甚早，早期的历史文献说大禹治水时就乘坐车、船，如《尚书·虞书·益稷》载："予乘四载，随山刊木。"《史记·夏本纪》载：大禹治水"予陆行乘车，水行乘舟，泥行乘橇，山行乘樏"。再早，甚至可以追溯到黄帝时代。黄帝战蚩尤，在许多历史文献中都有记载。《通鉴外纪》载："蚩尤为大雾，军士皆迷，轩辕作指南车以示四方。"从现有的考古资料来看，商朝晚期的独辕车已相当成熟，在此之前多属传说中的发展时期。《左传·定公元年》载："薛之皇祖奚仲，居薛，以为夏车正。"据此记载，我国迟至夏朝已有制车手工业及其管理部门。于是，多工匠协作、以团队方式进行制车的形式便随之出现了。

《考工记》指出："一器而工聚者焉，车为多。"它把造车的工匠又按制作部件的不同分为轮人、舆人、辀人及车人。这样，仅作车的木工就有四种，如果再加上为车提供皮革的"皮工"，提供金属车马器的金工，为车上漆的漆工，以及雕刻、绘画等工匠，制造一架车是一个需要十几种匠人共同合作的项目。《考工记》对各车匠的职掌范围、加工的部件做了详细描述。如"轮人"是专门制作车轮的木匠，其加工的主要部件有毂、辐、牙和车盖等；"舆人"是专造车厢的木匠，主要制作轼、较、轸等部件；"辀人"是专造与车辕有关的部件的木匠，主要制作辕、轴、衡、轭、伏兔等。为使工匠对其加工的零部件明确了解，书中还对各细小零件及其部位详细定名，如组成车盖的零件有"达常""程""部"和"弓"等。书中提到有关车的零部件的专有名词多达 50 余个。手工业内部的专业化分工是促使其生产发展的强大动力，分工越细，手工匠人对其职责越明确，生产越加专门化，越有利于工艺的提高和技术的进步。这为制车业的迅速发展创造了条件。

轮人、舆人、辀人等工匠把零件做好后，先要将轮、舆、辀这些关键大件组装好，然后用皮革等把它们统一组装成完整的车。《考工记》记载："三材既具，巧者合之。毂也者，以为利转也。辐也者，以为直指也。牙也者，以为固抱也。"就是说，毂、辐、牙做好后，能工巧匠才能组装得好。并对安装提出具体要求：容毂必正。只有将双毂安装得两相对正，才能使车轮"利转"；辐一定要安放得直；牙也必须黏结得牢固。这样，轮人才算是安装符合要求的"巧者"，全车的组装要靠轮人、舆人和辀人等的通力合作来完成。可见，车的制作既强调严格的分工，又强调密切的合作和统一的规范，在分工明确的同时，并不忽视车的整体性和一致性。

图 6.1 为古代的车图和轮图。

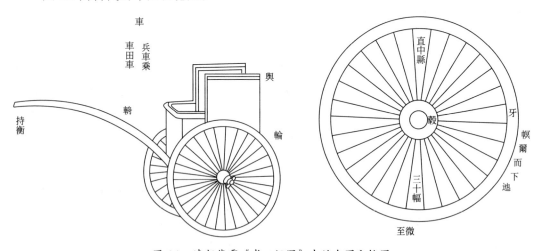

图 6.1 清朝戴震《考工记图》中的车图和轮图

2. 案例评析

《考工记》中将"百工"分为："攻木之工"包括轮、舆、弓、庐、匠、车、梓；"攻金之工"包括筑、冶、凫、栗、段、桃；"攻皮之工"包括函、鲍、韗、韦、裘；"设色之工"

包括画、缋、钟、筐、荒;"刮摩之工"包括玉、栉、雕、矢、磬;"抟埴之工"包括陶、瓬。工种分工明确,才铸就了多工种配合而生的"车"。

《考工记》言:"有虞氏上陶,夏后氏上匠,殷人上梓,周人上舆。故一器而工聚焉者,车为多。"虞氏时期崇尚制陶,夏后氏以后开始兴修水利,到了殷人时开始崇尚手工业,而周人开始制作车辆。这段话说明古人已经意识到了设计和造物的规律是从简单到复杂。最初从简单的陶器开始,到后来复杂的制车工艺,现代设计就更加复杂。设计造物已经不再是某个工匠的鬼斧神工,需要一个团队共同努力。

车具作为古代技艺的巅峰造物之作,制车需要聚集各个工种才能够完成制作,因为车的制作最繁复。古人意识到制车的繁复工作无法靠单个人独自完成,于是分工后组成团队进行协作。《考工记》中将"车"分工为"轮人为轮""舆人为车""辀人为辀",各个部分选材、尺寸部件的生产制造标准均不同。

实际上,制造过程只是其中的一个环节,完整地制造一架车需要经过选材、烤焙、揉治、钻凿、缠绑、雕刻、精磨、裸漆、组装和检验等多道工序,需要在更大的范围内实现分工合作。只有通过分工协作,集中不同类别的工种,才能成就一架车。只有组织结构的设计模式合理,团体才能高效率运作。车辆的制作过程直观体现了古代的团队协作智慧,也体现了参与制作过程的技术人员的团队意识。

3. 教学设计

春秋战国时期,攻伐征战频仍,对战车的需求猛增,各国倾力制车,车在当时成为一国机械制造工艺水平的集中代表,故分工、协作在制车中得到充分体现。按专业,轮人、舆人、辀人都以制车为职务,分别负责加工车的不同部件,又加皮革(制马具)、设色、绘画(车饰)等工种,经多方协同才成一车整体,正是"一器而工聚焉者,车为多""今之为车者,数官然后成"。手工业生产专门化,既分工细致又通力协作,是手工业发展到一定阶段的结果,反过来它对手工业技术的提高与手工业的再发展又有重要的影响。"一器而工聚"正是团队协作的体现,也是团队意识的具象化表现。没有各个工种的技术人员的通力协作,就没有在当时来讲属于高度复杂的车的成形。

因此,在课程教学方面,首先要引导学生认识到我国自古以来就有团队协作的传统,每个团队成员都要具有良好的团队意识,才能够制成良好的产品。这一方面可以建立对传统文化的自信,另一方面也能够使同学们认识到团队意识的作用。其次,要引导同学们从制车的具体案例,包括匠人的具体分工、各专业的配合协作中学习到产品的制造既需要专业化分工,也需要协同化作业,同时还需要在各个工种和零部件之间建立明确的协作或者配合关系，这既是对团队意识的必然要求，也是团队意识能够带来的直接结果。在各种专业课程中，尤其是在机械设计、机械制造、配合、生产管理等相关课程中，均可引入该案例进行讲解。

6.2.2 墨家弟子纪律严明 团队协作造械守城

1. 案例介绍

在我国古代，有一个特殊的技术团体，就是墨家。墨家是先秦时代唯一的有严密组织和严格纪律的学派，学派的首领称为"巨子"，下一代巨子由上一代巨子选拔贤者担任，代代相传。巨子在墨家学派内有绝对的权威，墨门子弟必须听命于巨子，为实施墨家的主张舍身行道。墨家被派往各国做官的门徒必须推行墨家的政治主张，行不通时宁可辞职。此外，做官的墨者要向团体捐献俸禄，做到"有财相分"，而巨子作为学派首领，也要以身作则，实行"墨者之法"。

墨家对每一个加入组织的成员都有条件限制。在思想品质上要求加入者要"贫则见廉，富则见义，生则见爱，死则见哀。四行者不可虚假，反之身者也"。（《墨子·修身》）还要求"其言必信，其行必果，已诺必诚，不爱其躯，赴士之厄困"。（《史记·游侠列传》）同时，还必须有随时为墨家的"道"、墨家的"正义"事业而牺牲一切的心理素质，墨家弟子应有不怕牺牲的勇敢精神，随时做好心理准备，以身践义。

墨家纪律严明，而且执法如山，不徇私情，即使巨子本人也不例外。《吕氏春秋·去私篇》记载：墨者有巨子腹䵍居秦，其子杀人。秦惠王曰："先生之年长矣，非有他子也，寡人已令吏弗诛矣，先生之以此听寡人也。"腹对曰："墨者之法曰：杀人者死，伤人者刑。此所以禁杀伤人也。夫禁杀伤人者，天下之大义也。王虽为之赐，而令吏弗诛，腹不可不行墨者之法。"不许惠王，而遂杀之。

由此可见，墨子身后的传人仍然恪守墨者之法，因此，像"墨子服役者百八十人，皆可使赴火蹈刃，死不还踵，化之所致也"。（《淮南子·泰族训》）和"禽滑釐于事子墨子三年，手足胼胝，面目黧黑，役身给使，不敢问欲"。（《墨子·备梯》）这样严格的内部纪律，保证了墨家组织的严密性，使墨家组织能够起着团结凝聚广大成员的桥梁作用。这在止楚攻宋事件中体现得尤为明显。

公元前 440 年前后，墨子约 29 岁时，楚国准备攻打宋国，请著名工匠鲁班制造攻城的云梯等器械。墨子正在家乡讲学，听到消息后非常着急，一面安排大弟子禽滑釐带领 300 名精壮弟子，帮助宋国守城；一面亲自出马劝阻楚王。墨子急急忙忙，日夜兼行，鞋破脚烂，毫不在意，历经十天十夜，到达楚的国都郢（今湖北的宜城）。到郢都后，墨子先找到鲁班，说服他停止制造攻宋的武器，鲁班引荐墨子见楚王。墨子说："现在有一个人，丢掉自己的彩饰马车，却想偷邻居的破车子；丢掉自己的华丽衣裳，却想偷邻居的粗布衣，这是个什么人呢？"楚王不假思索地答道："这个人一定有偷窃病吧！"墨子趁机对楚王说："楚国方圆五千里，土地富饶，物产丰富，而宋国疆域狭窄，资源匮乏。两相对比，正如彩车与破车、锦绣与破衣。大王攻打宋国，这不正如偷窃癖者一样？如攻宋，大王一定会丧失道义，并且一定会失败。"楚王理屈词穷，借鲁班已造好攻城器械为由，拒绝放弃攻宋的决定。墨子又对楚王说："鲁班制造的攻城器械也不是取胜的法宝。大王如果不信，就让我与他当面演习一下攻与守的战阵，看我如何破解它！"楚王答应后，墨子就用腰带模拟城墙，以木片表示各种器械，同鲁班演习各种攻守战阵。鲁班组织了九次进攻，结果九次被墨子击破。鲁班的攻城器械用尽，墨子的守城器械还有剩余。鲁班认输后故意说："我知道怎么赢你，可我不说。"墨子答道："我知道你如何赢我，我也不说。"楚王莫名其妙，问："你们说的是什么？"墨子义正词严地说："他以为杀了我，宋国就守不住，但是，我早已布置好，我的大弟子禽滑厘能代替我用墨家制造的器械指挥守城，同宋国军民一起严阵以待！即使杀了我，你也无法取胜！"这番话，彻底打消了楚王攻宋的念头，楚王知道取胜无望，被迫放弃了攻打宋国的计划。这就是墨翟陈辞，止楚攻宋的典故。

墨子之所以能够止楚攻宋，除了他杰出的雄辩才能，以及他掌握着当时最先进的守城器械之外，最终决定性的因素还是已经安排大弟子禽滑厘带领众弟子制造好了守城器械，并帮助宋国加强了守城战备。"公输子之意，不过欲杀臣。杀臣，宋莫能守，可攻也。然臣之弟子禽滑厘等三百人，已持臣守圉之器，在宋城上而待楚寇矣。虽杀臣，不能绝也。"因此，已经造成事实上的无法攻宋，楚王如果再坚持攻宋，即使杀了墨子也于事无补了。如果没有严密的组织、优良的团队意识，在先秦时代，十天十夜组织 300 名弟子参与守御的任务，并且能够完成所有守城器械的制作，是绝不可想象的。如此有计划、有目的、有成效的行动，正说明了团队的力量。

尤其是 300 名弟子在十天十夜之内制造大量守城器械，任务十分艰巨。这 300 名以禽滑厘为首的墨家弟子多为"从事"类墨徒，即擅长器械制造与守御之法的弟子。墨家城守体系可分为三大部分，即守御器械、城防建设和人员配置。守御器械是指置于城墙之上或城墙外围用于守备敌军的大量轻重武器及其配套设施。其可细化为近身类器械、抛投类器械、机弩类器械、遮挡类器械等，这些攻守器械包括连弩之车、转射机、木弩、藉车、撞车、临冲、云梯等，其中一些还是墨家独创的复杂器械，其制造要求非常高、过程非常复杂。例如，连弩之车，"备高临以连弩之车，材大方一方一尺，长称城之薄厚。两轴三轮，轮居筐中，重下上筐。左右旁二植，左右有衡植，衡植左右皆圜内，内径四寸。左右缚弩皆于植，以弦钩弦，至于大弦。弩臂前后与筐齐，筐高八尺，弩轴去下筐三尺五寸。连弩机郭同铜，一石三十钧。引弦鹿卢收……"因此，只有这 300 名弟子发挥出极大的凝聚力和吃苦耐劳、无私奉献的精神，才有可能完成这个任务。

2. 案例评析

与同期出现的其他学术派别内部松散的关系性不同，墨家是个内部纪律严明，执行极为严格的学术团体，其内部紧密凝聚的组织结构使墨家在当时礼崩乐坏的战乱之世反而更显得宗旨明确，旗帜鲜明，成为与儒家并称的一大显学。

墨家可以认为是古代的科学共同体。在科技哲学史上，库恩较早地提出了"科学共同体"这一概念。他认为"科学共同体是由一些学有专长的实际工作者组成。他们由其所受教育和训练中的共同因素综合在一起，他们自认为也被人认为是专门探索一些共同目标，包括培养自己的接班人。这种共同体具有这样一些特点：内部交流比较充分，专业看法也比较一致。同一共同体成员在很大程度上吸收同样的文献，引出类似的教训"。用库恩的上述理论来考量，基本上可以把墨家学派视为中国古代科技共同体的雏形。

任继愈先生认为，墨家学派作为一个学术团体，具有以下几个特点：①派遣学生到各诸侯国做官。②派出去做官的弟子如果背弃了墨家的基本精神，墨家领袖可以随时把他召回。③墨家有极严格的纪律和坚强的组织。④墨家派出去做官的弟子有义务把做官的薪俸的一部分供给墨家团体。这种概括有一定的道理，把握了墨家作为一个有严格纪律的学术团体的基本特征。这其实反映出一种古代的团队精神。在当今的大科学、大技术时代，科技已经成为一种社会化的集体劳动，科技人员必须强调团结协作精神，而这种合作精神在古代墨家学派那里也可以得到体现。墨子"止楚攻宋"的一切准备工作都是在墨子得到消息后的十天十夜内完成的。墨子依靠原始的通信方式，召集信徒 300 名，及时赶到宋国设防，其办事效率之高，恐怕只有靠团队的凝聚力和极度的吃苦耐劳精神才可能办到。

3. 教学设计

墨家在社会科学和自然科学方面均有建树，属于我国古代少数有知识水平和文化素养的科技学术团体，其良好的管理措施也保证了其团队成员能够具有良好的团队意识。

其一，墨家有着严格的组织纪律，组织成员都能严格要求自己，即便是学团的最高管理者"巨子"，也是先从管理好自己入手。同时，团队成员应了解自身的长处，选择自己擅长的领域，做好自己能做的事。"譬若筑墙然，能筑者筑，能实壤者实壤，能欣者欣，然后墙成也。"

其二，墨家非常重视不同岗位专业技能的代代相传和基本教育，认为术业有专攻，各项工作、各种行业都有实现自身价值的途径和方法，依靠科学的方法，借助团队密切配合，即可顺利拆解大问题，完成预期目标。这种教育方法能够让组织内不同岗位的人对自身的价值具有全新的认识和理解，避免组织内部的全体成员盲目追逐等级更高的岗位，忽视自己当前岗位的重要性，自然而然地形成良好的团队意识。

因此，通过该案例的讲解，应该让同学们认识到拥有良好团队意识的成员所形成的团队所具有的强大力量，同时也要明白，团队协作不仅仅需要良好的协作意识，还要有良好的纪律性和奉献精神。可以在研讨、导论、制造、综合实践等课程中引入该案例。

6.2.3　团队协作创新研发　终成水运仪象杰作

1. 案例介绍

水运仪象台是 11 世纪末我国杰出的天文仪器，也是世界上最古老的天文钟。仪象台以水力运转，集天象观察、演示和报时三种功能于一体，是世界上最早的天文钟，也创造了近代钟表关键部件"天关"（擒纵器）的原型。国际上对水运仪象台的设计给予了高度评价，认为水运仪象台为了观测上的方便，设计了活动的屋顶，这是今天天文台活动圆顶的祖先。水运仪象台可以反映出中国古代力学知识、机械制造已经达到了相当高的水平。这样一台杰出的大型复杂仪器之所以能够成形，依赖的是一个优秀的创新团队，以及具有团结、奉献精神和领导才能的主持者——苏颂。

宋朝之前，东汉张衡创制的浑天仪和唐代一行等人的复制品都已失传。宋朝元祐元年（1086 年）十一月，苏颂受皇命研制新浑天仪。他于元祐二年（1087 年）八月请求"置局差官"，组成了"元祐浑天仪象所"。这个机构的组成人员都是经过他的寻访调查或亲自考核后确定下来的。

苏颂接受这项科技工作后，首先是四处走访，寻觅人才。他发现了吏部令史韩公廉通《九章算术》，且通晓天文、历法，于是立即奏请调他来从事水运仪象台的研制工作。接着，他到外地查访，发现了在仪器制造方面学有专长的寿州州学教授王沇之，奏调他"专监造作，兼管收支官物"。然后，又考核太史局和天文机构的原工作人员，选出"夏官正周日严，秋官正于太古，冬官正张仲宣等"，协助韩公廉工作。同时还召集翰林院、天文院、太史局等各研究部门的专业技术人员，并调用在政府内任职的数学、军械、机械等方面的专门人才组建元祐浑天仪象所，开始正式研制浑天仪。

苏颂发现人才后，还进一步放在实践中加以考察。例如调来韩公廉后，他经常与韩公廉讨论天文、历法和仪器制造，告以张衡、梁令瓒、张思训仪器法式的大纲，"问其可以寻究依仿制造否"。韩公廉回答："若据算术，案器象，亦可成就。"于是，苏颂让韩公廉写出书面材料。不久，韩公廉写出了《九章勾股测验浑天书》一卷。苏颂详阅后，命韩公廉研制模型。韩公廉又造出木样机轮一座。苏颂对这个木样机轮进行严格实验，然后奏报朝廷，认为其"激水运轮，亦有巧思，若令造作，必有可取"。

苏颂自身就掌握了丰富的天文、数学、机械学知识，同时他还组织科学家韩公廉、周日严等，着手进行复制。这个研发团队紧密协作，积极配合，各自发挥所长，在协同中进行创新，汲取了劳动人民使用水车、筒车、桔槔、凸轮等生产机械的经验，通过精密的理论计算及模型研制等方式进行研发。

苏颂对研制工作慎之又慎。他认为，有了书，做了模型还不一定可靠，必须做实际的天文观测，即"差官实验，如候天有准"，如此才能进一步向前推进，以免浪费国家资财。经过多次实验，证明韩公廉的设计"候天有准"，于是在元祐三年（1088年）五月造成小木样呈进朝廷，并赴都堂呈验。宋哲宗指派翰林学士许将等进行试验和鉴定，至元祐四年（1089年）三月许将奏报木样机轮"与天道已参合不差"，这时苏颂才开始正式用铜制造新仪。

经过三年零四个月的工作，终于制成了有世界性贡献的水运仪象台。这台仪器把天文观察、天象演示、自动报时集于一机，使汉、唐"水运仪象台"的功能与制作水平大大提高了。就这一点来说，水运仪象台不仅是在前人基础上的复制，更是在前人基础上的创造。

苏颂的仪象台为正方形上狭下广的木楼式建筑，高三丈五尺，底宽二丈一尺。台分三层，上层放置"浑仪"观象，有"望筒"以观察天体运行。中层为天象演示台，有"浑象"，球面上画着天体星宿的形状位置，球外有经纬圈，设有"昼夜机"，可在楼内准确演示天象，与实际天象无异。这一层实际上是现代天文台室内天文演象馆的前身。底层为木阁，共分五层，每层置有数量不一的木人，分报时、刻、更等。第五层木人能按节气变动而自动调整位置，报告日落日出的时间。仪象台的顶部由九块活动屋面板覆盖，是现代天文台活动圆顶的"祖先"。其"浑象"一昼夜自动均匀旋转一圈，为现代转仪钟（天文台的跟踪机械）的"祖先"。其木人宝石设施是在一组由水力推动的复杂的齿轮系统带动下自动实现的。其中的"天关"（擒纵器）是现代钟表的关键部位，具有天文钟的雏形。

2. 案例评析

苏颂自身作为主持人，他慧眼识才，发现了精于数学和天文学的韩公廉，选派这位中下级官员负责设计制造天文仪器，并介绍了张衡、一行、梁令瓒、张思训等前人所造水运仪器的法式要点。同时，还发掘了周日严、于太古、张仲宣等多名专业技术人才组成研发团队。同时，苏颂作为"总工程师"，还提出了仪器的功能要求和工程的实施目标。

团队各个成员都具有良好的团队意识，能够精诚合作，协同创新，各自发挥专长，才能在短短的 3 年时间内完成如此复杂仪器的创新、设计和制造。在团队中每个成员都充分发挥了自己的作用。比如韩公廉，他不仅精通数学，还擅长制作"机巧之器"。他根据"总工程师"苏颂的构想，写出了《九章勾股测验浑天书》，从理论上证明了这种构想是可行的，然后设计制作了关键装置"机轮"的模型。而苏颂作为总负责人，耐心听取团队成员的意见，认为韩公廉的设计有可取之处，又在此基础上提出了改进意见。经过反复论证和不断改进，新仪器的设计方案最终敲定。从 1088 年开始，仪象台的设计制造经历了计算、机轮模型试制、小木样试制、大木样试制、实际仪器制作等阶段。在此过程中，研发团队经历了重重挫折和磨难，都团结一致挺了过来。

同样，苏颂也发挥自己的优势，绍圣二年至四年（1095—1097 年），写出了《新仪象法要》3 卷，详细介绍了水运仪象台的设计及使用方法，绘制了我国现存最早、最完备的机械设计图，附星图 63 种，记录恒星 1434 颗，比 300 年后西欧星图记录的星数还多 442 颗。英国科学家李约瑟把《新仪象法要》译成英文在国外发行，并称赞"苏颂是中国古代和中世纪最伟大的博物学家和科学家之一"。

3. 教学设计

元祐浑天仪象所其实就是古代建立的专门从事特定产品研发的项目团队。该团队之所以能够取得诸多创新，建立震古烁今的水运仪象台，团结协作、协同创新、领导有方是其重要的成功因素。

团队协作能够发挥集体智慧进行创新。水运仪象台的构思广泛吸收了以前各家仪器的优点，尤其是汲取了北宋初年天文学家张思训所改进的自动报时装置的长处；在机械结构方面，采用了民间使用的水车、筒车、桔槔、凸轮和天平秤杆等的机械原理，把观测、演示和报时设备集中起来，组成了一个整体，成为一部自动化的天文台。

苏颂不仅是杰出的天文学家、天文机械制造家，还是杰出的药物学家。苏颂在天文仪器、本草医药、机械图纸、星图绘制方面都能站在时代的前列，有诸多原因。例如他善于集中群众的智慧，组织集体攻关；善于发现人才，并大胆地提拔任用人才；勤于实验，设计多种方案，反复进行实验；勇于实践，大胆进行全国性药物普查；尊重科学，实事求是，一时研究不通的问题，宁可存疑，决不附会；在科学上具备以全面掌握前人的科学成就为基础的开拓进取和创新精神等。

苏颂领导科技工作的一大特点是能深入钻研业务，力求精通他主管的工作。嘉祐初年（公元 1056 年），他在领导编写医书时，研读了从《内经》到《外台秘要》的历代医药著作，并亲自校订了《神农本草经》等多种典籍，使自己通晓了本草医药知识。他领导研制水运仪象台期间，对两汉、南北朝、唐、宋各朝的天文著作和仪器也做了研读与考察。他还勤于向自己的下属学习，如向韩公廉请教历算，与局生亲量圭尺，和学生躬察漏仪。由此，他从一个对天文仪器、机械设计、本草医药知之不多的外行，变成了名副其实的专家。

因此，通过引入该案例，要引导同学们学习苏颂善于团结团队成员、充分发挥自身优势、钻研业务并善于听取成员意见等作为一个团队领导的优秀品质，同时也要充分学习元祐浑天仪象所这样一个科研团队中的成员各自发挥专长、紧密团结协同一致进行创新研究的优秀品格。可以在导论、设计与制造、综合实践等课程中引入该案例。

6.2.4 分工协作制造宝船 万众一心七下西洋

1. 案例介绍

1405 年，郑和船队云帆高张，昼夜星驰，行经太平洋、印度洋，远航至红海和非洲东岸，涉彼狂澜，若履通衢，遍访 30 多个国家和地区，是 15 世纪欧洲地理大发现之前世界历史上规模最大的海上探险，堪称当时的世界奇迹，谱写出中华民族海洋远航的宏大篇章。这支下西洋船队所用船舶数量之多，船只吨位之巨，航海技术之精，举世无双。浩荡出航的船舶 200 余艘，其中既有帷幄统领的大中型"宝船"，又有担任护航保卫任务的"坐船""战船"，还有负责支援及各种勤务的"水船""粮船"与"马船"。有学者根据史料推算，郑和船队主力船只的排水量达到 1000 t 以上，其中郑和所乘宝船的排水量更是达到万吨以上，比新中国建造的第一艘远洋货轮"东风号"还大。对比郑和第一次下西洋几十年之后才开始进行环球探险的哥伦布、达·伽马、麦哲伦船队最大船只的排水量均不超过 400 t，郑和船队无论是船舰样式、规模和排水量都已堪列"世界之最"。

郑和下西洋的灵魂人物郑和，通晓阿拉伯语，兼涉不同宗教背景，具备指挥才能，及至下西洋前，已经积累了大量有关船舶建造和指挥的知识。这一切令郑和成为完成下西洋使命的不二人选。但郑和下西洋的伟业并不是一人之功，而是成千上万的工匠、官员、士兵和其他职业从业者及无数部门通力合作的成果。浩大的船队建立在当时最先进的造船工艺和成熟的质量管理基础上，这一切有赖于科学的分工和严格的责任制体系，以及全体参与人员良好的团队意识和协作精神。

为保证造船进度，明朝以雄厚的财力、物力调集了全国各地造船方面的能工巧匠，并以严密的组织确保了船只的交付。当时的船厂内不仅有工匠生活区、存放材料的仓库和专存宝物的宝库，还专门设置有官府衙门、集市，在作塘的周边还设立了铁、木、细木、篷、索、缆、油漆等大小作坊，船厂建筑规模达到千余间，现场官员、匠丁、后勤杂役等达2万余人。日复一日，船厂内"锤、锯、斧、凿"叮当之声，搬运木材的号子声长久不息，响彻云霄。

龙江船厂初建时便占地4000多亩，拥有工匠3万余人，鼎盛时更招有杂役约7万人，共计10万余人在此造船。龙江船厂设工部司（督察）、提举司（总揽船务）、指挥厅（总调度）等机构进行生产管理，其下分设木、铁、油捻、帆布等各作坊，各司其职、协同合作。除此之外，在质量的管控和人员的管理上，宝船厂配备了一整套机构和完备的检查、监督体系，实施严格的责任制，不仅"船完之日，编为字号，次第验烙，仍将经造官匠姓名刻于船尾"，而且在一些运用了保密工艺的场所设置了森严的警卫，派士兵把守，配有朝廷颁发的特别通行证才可出入。

明朝船厂的管理、办公、采买、生产也都呈现出分工协作、精密对接的有序状态。据《龙江船厂志》记载，明朝船厂的督造官员，有五品的郎中，还有提举、帮工指挥等各类人员，层层分编，向下更有四厢十甲数个作坊，另有内官监匠、御马监匠、看料匠等各类职员。除了前文提到的船舶完工之日会在船尾刻字标明经造人之外，细致管理和严格的责任制贯穿于造船的每一道工序。从进料、领料，到加工构件，每一个环节和每一件木材都有档案记录，甚至在出土的造船工具、生活器皿上也标识着编号和尺寸的铭文，在这样的大协作生产管理之下造出的船只"体势巍然，巨无与敌"，能够经受惊涛骇浪的冲击。

永乐三年（1405年）七月十一日，明成祖朱棣下诏，命郑和率领240多艘海船、2.7万多名士兵与船员，从当时的京师（现南京）起航，由此拉开了郑和七下西洋这一盛举的帷幕。郑和七下西洋船队之所以能够远航亚非30多个国家和地区，除了拥有性能优良的船舶之外，还在于郑和率领的船员与其他人员之间分工周密、步调一致、各司其职，行动井然有序。这种按照船员岗位进行严密分工，明确各自技术操作责任的船员管理制度，对当时下西洋船队的安全远航起到了关键性的作用。

郑和的船队是当时世界上最大的特混舰队，也是最大的远洋船队，由 240 多艘不同船型的远洋海船组成。其中供指挥、使团居住并运载封赏和朝贡物品的海船通称"宝船"，再细分又有"宝石船""巨舶""海舶"等。按功能分，有各种不同尺寸型号的船：兼用于大型快速水战和运输的马船，主要用于运输粮食和后勤物资的粮船，负责护航安全和应对战斗的战船和座船；储存和运输淡水的水船……每次远航，这支超大的船队都配备了船师、水手、士兵、医生、厨师、翻译、占卜等各类专业人才，甚至为了解决船上两万多人员的理发问题，每次出使都会带上很多剃头匠。

要让这样一支巨型船队运转起来，需要配备同样庞大的人力资源。郑和几次下西洋，带出去的队伍都在 2.7 万人左右，要想管理好这样大的一个团队并不容易。但是，在历次航海中，整个船队的运转有条不紊、上下合作无间，这得益于团队分工的精细。据《前闻记》中记载，郑和下西洋船队的航行技术人员有"官校、旗军、火长、舵工、班碇手、水手、民稍、铁锚木舱搭材等匠"，其各有分工。其中，火长相当于现在的船长，是"驾船民稍中有经验惯下海者"，熟悉针经图式，负责全船领导及全船人员的安全航行。顾炎武在《日知录集释》中称其为掌罗盘者，因为其凭针路定向行船，或"夜对紫微星直上"，具有一定的航行经验，并对海洋气象、大海的潮汐规律都能预测推算。舵工在火长的指挥下负责操舵；班碇手专司船舶离靠码头，下锚停泊；水手、民稍负责升落帆篷、摇橹划桨；阴阳官负责测天定位，预测气象。铁锚、木念、搭材等人，则是随行的修船工匠。

正是这种团结合作、万众一心的探索精神，配合高效、合理的管理体系，促成了郑和七下西洋盛举的实现，成就了中国古代航海事业的不朽传奇。

2. 案例评析

郑和七次率领船队远渡重洋，这是一支由 240 多艘海船组成的联合船队，船队主体船舶包括宝船、马船、粮船、坐船和战船五类海船。宝船比一般船只大几倍，最大的宝船长四十四丈四尺，宽十八丈，载重量八百吨，这种船可容纳上千人，其铁舵要二三百人才能举动；马船长三十七丈，宽十五丈；粮船长二十八丈，宽十二丈；坐船长二十四丈，宽九丈四尺；战船长十八丈，宽六丈八尺。从郑和所率领船队的船只类型可以看出，这些船只有的用于载货，有的用于运粮，有的用于作战，有的用于居住。

郑和下西洋船队的船舶建造按照工序进行工种分类，分工极为细密。其中仅龙江船厂的分工就多达 32 种，有船木梭橹索匠、船木铁缆匠、舱匠与棕篷匠四类，各类又分为船木作、舱作、铁作、篷作、索作、油作等。同时，船厂还设立了船舶设计、原材料供应、造船核算、材料与船舶验收等各项管理制度，根据各种船舶的大小难易等情况确定用工定量，形成严格的工时定额及用工数量限价等管理经验，使造船生产过程秩序并然，所建造的宝船具有相当高的工艺水平，保证了郑和下西洋船队中各类船舶的建造质量符合长时间远洋航行的要求。

此外，设置专职的船舶建造技术监管。明朝政府专设造船提举司，由吏部选派本司主事一员，居住龙江船厂专理宝船等船舶的建造事务。船厂最高行政管理机构为提举，下设分司，管理全厂各工种的工匠。此外，在生产第一线设立督管造船的帮工、指挥千户与百户各一人。这些职务由兵部考选廉勤者充任。

就是依靠着这样一个严格协同和精干管理的体系，有效地组织起 32 个工种共 2000 多名工匠进行大规模生产和管理，才能严密把好远洋船的建造质量关。

首先，这样一个庞大的舰队最重要的是具有协作精神的领导团队：众所周知，郑和是船队的正使、总指挥。事实上，核心领导还有一人——王景弘。无论是航海技术还是外交水平，王景弘的表现也都可圈可点，甚至不亚于郑和。据说，郑和在第七次下西洋病逝于途中时，是王景弘顶起大梁，率队安全返回的。其次，船队中还有"特殊人才"：因为要与不同的国家进行交流和贸易，有一类人才不可缺少，那就是翻译。马欢、费信就是因为"善通番语"而被选入郑和船队的。他们跟随船队到多国访问，负责笔译、口译，是贸易和外交活动的"最强助攻"。更值得一提的是，一些翻译因为实地走访过许多国家，之后就把自己的见闻经历都记录下来，写成了游记，如马欢写有《瀛涯胜览》、费信写下了《星槎胜览》等。这些游记成为后人了解"下西洋"这一盛事的珍贵资料。此外，各类专业人才也是必不可少的：船上人员组织严密，分工明确。其中，数量最多的是军人，承担着保卫船队的任务；富有经验的水手是航行的保障；大量的工匠负责维修和生产；还有专门的医生队伍，负责上万人的健康；船上还设置了观测天文的阴阳官、活跃生活的乐队、专门管粮草的后勤等。

因此，要完成如此旷日持久的一次次远洋航行，离不开总指挥的筹谋调度，也离不开团队中每个工种的专业协作。正是因为有了他们的各司其职，才让这充满艰险的航行变得秩序井然。

3. 教学设计

明永乐三年（1405 年）六月，郑和第一次受命下西洋，此后至 1433 年（永乐三年至宣德八年）的 28 年中，郑和先后率领由 27500 多人、240 多艘船舶组成的船队远航西太平洋和印度洋 30 多个国家和地区，在我国航海史和对外关系史上写下了辉煌的篇章。在木帆船的年代，面对异常艰险的海洋航行，郑和船队创造了前人难以企及的成果，诚如《天妃灵应之记》碑所载:"观夫海洋,洪涛接天,巨浪如山,视诸夷城,迥隔于烟霞缥缈之间。而我之云帆高张,昼夜星驰,涉彼狂澜,若履通衢者……"

远洋航行对于木帆船的制造质量要求极高,对于大型船只的操控和管理同样要求极高。正是在郑和的督工之下,大小船只按照专业分工进行大规模协作,特混舰队上下合作无间,同时郑和组织和管理了一个高效、团结、合作的领导团队,才能保证28年间、7次下西洋的成功壮举。

因此,在课程教学方面,要引导同学们感受和学习郑和及其团队风雨同舟的团结协作精神和同舟共济、合作共赢的高尚品质。船厂和船队的技术人员正是凭借着艰苦奋斗、同舟共济的精神战胜了一个又一个自然和非自然的困难,最终完成了壮举。这群600多年前的造船人和航海人面对"变态无时"的海洋时,用无畏扩展着对未知世界的认知;用经验和智慧保证着船队的"云帆高张,昼夜星驰";还有,凭借勇毅,于惊涛骇浪之中,一次又一次地驶向星辰大海!可以在研讨课、导论课、设计和制造、生产管理等课程中引入该案例。

6.3 团队意识之近代部分

6.3.1 陈启沅组建研发团队 打造中国第一台缫丝机

1. 案例介绍

陈启沅(1834—1903年),字芷馨,号息心老人、息心居士,广东南海(今广东省佛山市南海区)人,中国近代民族机器缫丝工业第一人,曾在家乡西樵简村创办中国第一家民族资本开办的缫丝厂——继昌隆机器缫丝厂,提倡和传授西方机器缫丝技术,促使新式缫丝业在珠江三角洲迅速发展。

陈启沅1834年出生于一个清贫的"半农半儒"家庭,自幼聪明好学,希冀于科举功名,但两赴童试均不第,遂弃科举之途,随兄以农桑为业。

1854年,陈启沅随兄长陈启枢到安南(今越南)谋生,凭借敏锐的商业天赋,陈氏兄弟几次创业均获成功,从开杂货铺兼做钟表修理,到开酱园,再到丝绸贸易、当押铺、谷米行等多行业均有涉足,十余年间,兄弟俩已经成为当地的巨商。

富起来的陈启沅"未尝废农桑之心",开始把目光放在蚕丝生产行业上。作为法国殖民地,安南当时已经引入了以蒸汽为动力的缫丝机械。陈启沅惊讶地发现,使用机器缫丝后，蚕丝的产量和质量都有了大幅度提高，这让他兴奋不已，于是萌生了回乡办厂以改变家乡落后的手工缫丝业的想法。

陈启沅遇到的第一个难题便是机器问题。由于受诸多条件限制，设备难以引入中国。为攻克这一难关，陈启沅花费了六七年时间，多次进入法国人办的机器缫丝厂参观，细细比较其工艺与家乡手工缫丝工艺的异同，回家后再反复回忆，用图文记录下来。为了研究机械，他又自学了物理学、力学、蒸汽机原理、算学、绘图等专业知识。经过上百次的参观，陈启沅逐步画出了机器设备的草图，后又绘成可供正式生产的图纸。1872 年，陈启沅带着一套旧轮船机器（主要是蒸汽机）及两名年轻员工踏上了回国的道路。

经过多番考虑，陈启沅最终决定将厂址定在家乡西樵简村。他找到了位于广州十三行的陈联泰号机器厂，与陈澹浦商谈制造蒸汽缫丝机事宜，陈氏父子（二子陈濂川和六子陈桃川）对着图纸认真琢磨、研究、讨论后，才决定承做。陈澹浦唯恐一家之力不及，又得知温子绍精于机械，故而修书温子绍，邀其一同研究。设备的制造过程充满了挑战，部分零件还必须自行制造，在大家废寝

图 6.2　蒸汽缫丝机

忘食、协同配合下，经过八九个月的研制、调试，蒸汽缫丝机初步完成（见图 6.2）。

彼时中国丝织市场鱼龙混杂，随着西方先进"洋丝"的大量涌入，传统丝织行业受到了极大的冲击。在这种背景下，我国第一台自主研发的以蒸汽为动力的缫丝机问世，所产缫丝比传统土丝在色彩、捻度、条分、匀度、净度和装束上优势明显，较之英、法所产缫丝也丝毫不逊色，因而大受欢迎。

1873 年，继昌隆缫丝厂正式落成，这是中国第一家民族资本机器缫丝厂。没有相关管理经验的积累，这是陈启沅面临的又一个难题。于是他在引进西方先进管理经验的基础上，结合家乡的实际情况，有针对性地建立规章制度，如在奖惩方面，女工考核实行计件制，多劳多得，另设监督管理机制，分"明察"和"暗察"，严格监管，奖罚分明，既保证了产品质量，又能激励女工，确保工厂良性运转。

在大变革时代，陈启沅早早洞悉了世界发展的趋势，敏锐地抓住了时机，毅然返乡创业，还哺祖国。这位富有爱国思想和革新精神的民族企业家为中国缫丝业及社会经济的发展做出了杰出贡献。

2. 案例评析

蚕丝是中国的瑰宝，丝绸行业是我国的传统产业，至今已有 5500 余年的历史。蚕丝业是丝绸行业的基础和重要组成部分。缫丝机是缫制生丝的主要工艺设备。

我国的缫丝机经历了手工抽丝、简易的木制手摇缫丝车和脚踏式缫丝车、铁木结构的座缫车、立缫机和自动缫丝机等阶段。在第一台蒸汽缫丝机制造成功之前，我国主要采用脚踏缫丝车，效率低下，而第一台蒸汽缫丝机属于座缫车。蒸汽缫丝机的普遍推广，使我国的产丝量仍长期保持世界第一的位置，直至 1909 年。

第一台蒸汽缫丝机的研制属于典型的团队协作过程。图纸设计由陈启沅自己完成，并亲自"负责技术指导"；温子绍相当于技术专家，"自幼即留意艺学，于泰西机器制造之事，悉心考究"，负责解决研制过程中机械方面的相关难题；陈澹浦、陈濂川和陈桃川为主要技术工程师，是制造专家，负责机器的研制、改造、调试和安装工作。这样就形成了一个蒸汽缫丝机的设计制造协作团队，正是在这个设计制造团队的努力下，相互配合，经过近 1 年废寝忘食的工作，研发了中国历史上第一台以蒸汽为动力的缫丝机。

3. 教学设计

蒸汽缫丝机是以蒸汽为动力的缫丝机械，相比手摇缫丝车和脚踏式缫丝车，蚕丝的产量和质量都有了大幅度提高。

陈启沅率队打造中国第一台蒸汽缫丝机的案例很好地展现了机械产品研制过程中设计制造团队的协作配合，相关课程中引入该案例，让学生在了解我国近代民族企业家和民族机械工业发展情况的同时，学习体会在机械产品研制过程中不同工种、不同专业分工协作的团队精神和团队意识。在研讨、导论、机械制造、机械原理等课程授课时，均可引入该案例。

6.3.2 军民共筑革命后盾 特牛沟兵工厂保供应

1. 案例介绍

特牛沟兵工厂是晋绥根据地的第一座兵工厂，成立之初有工人 400 余人，设备有车、铣、刨、钻等机床 20 部，主要任务是制造步枪、掷弹筒、手榴弹等。1940 年 2 月，八路军一二〇师后勤部根据贺龙师长的指示，将一二〇师修械所与山西工人自卫旅修械所合并，组建晋绥军区后勤部修械厂，同年 5 月，修械厂迁到陕西佳县特牛沟，群众亲切地称它为"特牛沟兵工厂"（见图 6.3）。兵工厂的首长、战士和乡亲们肝胆相照，在共同生活、并肩战斗的 7 个年头里，书写了不计其数的传奇佳话，留下了许多可歌可泣的动人故事。在国家危难之际，在民族大义面前，战士们与牸牛沟人民团结一致，旗帜鲜明地为中国革命生产建设做出了重要贡献。

图 6.3　牸牛沟兵工厂旧址（子木／画）

在将修械厂迁到牸牛沟的渡河过程中，工人们不顾寒冬，纷纷下水，用扛、抬、拖、拉等方式把机器设备送上岸，然后又不顾劳累搀扶体弱多病的同志过河。等到了牸牛沟，村里的干部和群众又腾出窑洞、拿出粮食接待这群风尘仆仆的子弟兵，让同志们倍感温暖。

修械厂成立后，面临的最大问题就是粮食、水源、材料紧缺，为克服困难，工人们齐心协力、分工明确，任务稍轻的同志还承担着种植养殖、基础设施建设等任务，任务重的如锻工组的同志，干的都是重体力活，可为了及时给前线提供武器，大家都甘愿劳累。在工厂建设中，一些懂石、木技能的群众也主动前来参战，大家还一起开动脑筋，设计做了一个手摇架，在轴杆上套一木轮，用人力摇动运转建筑材料，大大提高了劳动效率。

晋绥军区的领导王震、甘泗淇等同志，每次从前线赴延安途经牸牛沟时，总要到兵工厂看看，及时解决生产和职工生活中出现的一些问题。当他们发现工厂劳动力缺乏时，又将 100 多名 17 岁以下的青年战士补充到工厂，得到这样一支生力军后，工厂的生产能力进一步发展壮大。

在武器生产中，为了研制一种新的掷弹筒，厂里发动全体职工进行讨论，献计献策。得知有了新的任务，大家奔走相告，各股工人纷纷跑到厂部，要求分配任务。掷弹筒由炮筒、接火、炮座和撑杆四大部件组成，制造首先需要好的钢材，由于材料紧缺，要由一些战士从敌占区拆铁轨获取（见图 6.4）。而这样获得的材料数量仍然非常有限，所以锻工组的同志们又建议用熟铁来代替，在经过认真的讨论后，技术人员认为这是可行的，就将生铁炒成熟铁的任务落在了老铁匠的手里。在锻造时，由于没有气锤，锻工组的工人们就用 24 磅（1 磅 ≈ 0.4536 kg）的大锤轮流锻打，经过千锤百炼后，将锻件交给机工股的同志去加工，然而在加工时却发现生产出来的产品有裂纹，机工股长检查发现原因是锻件太大，分三节打造，势必不够均匀，于是工务股长将试制小组的同志们召集在一起，经过几番争论，最后决定把制造的熟铁打成横条，用盘卷连接的方式制成炮筒。因为这种炮筒中间本身就是空的，所以省去了打孔这道工序，同时也克服了炮筒裂缝的问题，而且在炮弹发射时有伸缩性，耐热胀性能也好。与此同时，掷弹筒的其他配件和炮弹也试制出来了，使得人民军队有了稳定可靠的武器支援。

图 6.4　从敌占区拆铁轨作为原材料及试验武器

2. 案例评析

　　牮牛沟兵工厂从建厂到各种武器如步枪、掷弹筒、手榴弹等的制造方面无不体现了团队协作和团队精神，其中也大量体现了机械工程领域的团队意识。在建厂初期，军民团结一致、齐心协力、分工明确，克服了重重困难，解决了粮食、水源、材料紧缺等问题，为了更好地支持基础设施建设，还特别设计做了一个手摇架，在轴杆上套一木轮，使用简单机械"用人力摇动运转"大大提高了劳动效率。在武器研制方面，研制新掷弹筒属于典型的机械制造，全体职工献计献策、各尽所能地解决生产过程中的各种问题，例如：原材料问题——"从敌占区拆铁轨""生铁炒成熟铁"；加工设备问题——"24 磅的大锤轮流锻打"代替"气锤"；锻件太大、不均匀和炮筒裂缝的问题，应该属于工艺问题——"把制造的熟铁打成横条，用盘卷连接的方式制成炮筒"。正是在牮牛沟兵工厂同志们的团队协作、共同努力下，才完成了工厂的建立和各种武器的研制，保障了前线人民军队稳定的武器支持。

3. 教学设计

犇牛沟兵工厂案例是在困难时期，同志们团结一致、齐心协力克服重重困难解决武器研制过程中（即机械产品生产制造过程中）原材料、设备和工艺的典型机械制造案例，因此涉及材料、工艺等机械领域，可以在相关课程授课时引入该案例。

通过引入案例讲解步枪、掷弹筒、手榴弹等武器的工艺制造过程。自然引入犇牛沟兵工厂案例中在各种资源匮乏的条件下，同志们各尽所能、协调配合克服各种困难，解决原材料、加工设备和加工工艺等武器研制过程中的问题，研制出稳定支持前方人民军队战斗的各种武器，分享抗日战争时期我党后勤支援各部的团队协作和团队精神。

犇牛沟兵工厂案例也向同学们传递出团队意识或团队精神的内涵所在，即使在极端困难的条件下，只要在团队成员的齐心协力、团结一致、各尽所能、通力配合下，就能克服重重困难实现团队的共同目标，团队的凝聚力越强，效益也越高。让同学们认识到团结起来才能办成大事，才能实现我们的伟大目标，当然也能解决机械工程领域中遇到的各种难题。

6.3.3 研制首台国产机床　通力协作开创先河

1. 案例介绍

国产机床的商品化是机械制造水平提高的重要标志。1915年，上海荣锠泰机器厂制造出4英尺脚踏车床，成为第一家出售自制机床的机器厂。这种机床的研制离不开几个厂家的良好协作。其中，样机来自荣锠泰厂自家，而木样委托茂昌木模厂制造，坯件请邢永昌翻砂厂浇铸，车床平面委托俞宝昌机器厂用手摇刨床刨制，齿轮由公兴铁厂代铣，车削加工由荣锠泰厂自己完成。稳定的国内部件供应链使荣锠泰厂产能增加，到1924年，该厂已售出200余台车床。

由于形成了良好的示范，此后国内又形成了一些制造企业，如专营铣齿轮业务的工岳记机器厂；到1930年，制造机床的厂家逐渐增多，有的产品在市场上出售，有的产品用于装备自身。例如，1932—1935年，大隆机器厂设计和制造了16英尺龙门刨床、有4个铣头的龙门铣床等。到抗战前，中国机器厂已能生产皮带式车床、三角筋车床、牛头刨床、龙门刨床、立铣床、横铣床、立式钻床、横臂式钻床等。少数精密机器也能制造，如上海华生电器厂生产的自动螺丝制造机、上海华德灯泡厂生产的拉钨丝机，性能优良，价格也比进口货低得多，这都离不开国内其他部件供应商的支持配合。机床的国产自主化为后来的抗战事业及民族实业兴起奠定了重要的基础。

2. 案例评析

首台国产机床就是我国近代机械制造协同生产的典范，是在帝国主义技术垄断下，由几个团队通力协作完成的。茂昌木模厂制造木样，邢永昌翻砂厂浇铸坯件，俞宝昌机器厂刨制车床平面，公兴铁厂加工齿轮，荣锠泰厂自己完成车削加工。正是在各个子团队的齐心协力、通力协作下才完成了我国首台国产机床的研制。当时的机床相对于现代的机床，算是简单的机械装备，尚且需要多个团队协作完成，更何况少则几千个零部件多则几十万个零部件构成的复杂产品，如汽车、飞机、舰船等的研制更是由大量团队通力协作完成的。在这样的协作中，个人更是需要融入所属团队中，才能发挥出应有的作用。今天，在全球化的制造模式下更是要求团队之间和团队内部无间的协作配合，团队成员更是要具有强烈的向心力和凝聚力。

3. 教学设计

首台国产机床案例充分体现了团队之间的通力协作，是企业联盟或者敏捷制造的雏形，涉及机械工程领域的设计、分工、协同和工艺等方面，可以在相关课程授课时引入案例。

通过引入案例讲解大型机械工程研制过程中的协同制造，自然引入近代首台国产机床制造过程中木样、车床平面、齿轮和坯件等部件由各子团队的协同分工合作完成，再由上海荣锠泰机器厂进行统一协调，最终打造出我国首台机床，分享机床制造过程中的团队协作和团队精神。

首台国产机床案例也向同学们传递出在大型机械设备的研制过程中单靠个人的力量是不可能完成的，团队协作或团队精神是必不可少的。当今作为制造工厂的中国，在全球化竞争的背景下，要从制造大国转变为制造强国，各团队之间、团队内部的团队建设和团队意识建设更为重要。新时期机械领域的大学生将是我国机械制造的主力军，加强其团队意识的培养及团队意识的养成既是对机械制造人才培养的要求，也是构建社会主义和谐社会的需要。

6.3.4 组建工程技术团体 继往开来共谋大局

1. 案例介绍

19 世纪下半叶，清朝政府设立了制造局和船政局，陆续建设了织造厂、火柴厂、造纸厂等一批工厂，开发了煤矿，建造了铁路。从此，逐渐产生了中国的近代工业。随着外派的留学生学成回国，参加工程建设，尤其是自 1906 年詹天佑主持建设京张铁路工程起，才有了中国的近代工程技术人员。1911 年以后，中国教育改革引入西方工程技术教育，培养了一批工程人才；留学生回国人数也不断增加，形成了中国近代工程技术人员的队伍。为了适应工程技术人员的学术交流、切磋技术和提高水平的需要，我国近代工程技术人员的学术组织应运而生。

1912 年 1 月，詹天佑在广州发起成立了"中华工程师会"，之后颜德庆等人在上海发起成立了"中华工学会"，徐文炯等人在上海成立了铁路"路工同人共济会"。"三会"的宗旨相似，不久便合并成立了新的"中华工程师会"，詹天佑任会长，会址设在汉口，有会员 148 人。1914 年改名为"中华工程师学会"，并迁址于北京。

1918 年，20 余位留美学者和工程技术人员在美国康奈尔大学成立"中国工程学会"。以后迁往纽约，有会员 84 人，其中机械学科 11 人。数年后迁回国内，在上海建会。1923 年有会员 350 余人，1928 年分为机械等 5 个学组，1930 年会员增至 1500 余人。

1931 年，"中华工程师学会"和"中国工程学会"合并，成立"中国工程师学会"，并确定 1912 年 1 月 1 日为创始日，会址设在南京；将中国古代治水专家大禹的诞辰日 6 月 6 日定为"中国工程师节"；共有 50 余个地方分会，会员 2169 人；创立了《工程》杂志等学术刊物；有 15 个专门学会，其中包括中国机械工程学会。

1935 年 10 月 10 日，刘仙洲、王季绪、杨毅、李辑祥、庄前鼎、顾毓琇和王士倬等人联名发函，在机械工程界征求意见，倡导创建中国机械工程学会并征集发起人。信中称"中国已成立的学术团体其会员专业无所不包，学术交流需要多学科合作，又需要分专业研究才能深入。各学科的学者由分散而集合，再由集合而到按专业设置学术组织，是自然的规律。机械工程是各种工程的根基，其应用范围也比其他工程专业广泛，有成立机械专科学会的必要"。截至 12 月 10 日，征集到 50 名发起人，同意发起成立中国机械工程学会，并决定在发起人中，用信函的方式推举 5 人组成筹备委员会。时至 1936 年 1 月，已征集到发起人 152 名，在清华大学成立了筹委会。

1936 年 5 月 21 日，76 名发起人集合于杭州国立浙江大学文理学院（见图 6.5），

图 6.5　1936 年中国机械工程学会成立大会会址——国立浙江大学文理学院

借中国工程师学会召开年会之机，召开中国机械工程学会成立大会。黄伯樵任大会主席，中国工程师学会会长曾养甫等人列席会议，筹委会委员庄前鼎作报告。通过了会章，会章规定会员分为正会员、仲会员、赞助会员和名誉会员。选举黄伯樵为会长，庄前鼎为副会长，柴志明、陈广沅、王弼、周仁、胡嵩、程孝刚、杨毅、茅以新和吴清9人为董事，韦以黻、顾毓琇为候补董事。

1936年7月29日，在上海滨河大厦召开了第三次董事会会议。会议决定将刘仙洲先生编撰出版的《机械工程名词》一书的销售收入作为本会编辑部基金。拟定成立原动机组、自动机组、普通机械制造组、矿冶机械组、化工机械组、铁道机械组、兵器制造组、造船工程组、纺织机械组、农业机械组、航空机械组和卫生机械组12个学组。

1936年，中国机械工程学会开始出版会刊《机械工程》（季刊），杨毅为首任总编辑，有编辑30人，创刊号在北京印刷。

1941年，有会员480余人，团体会员20个，有7个分会。抗日战争时期，中国机械工程学会在重庆、昆明等地举办过一些学术会议。

1945年前后，由韦以黻任会长，刘仙洲任副会长。在1948年2月召开的学会第12次董事会会议上，推选程孝刚任代理会长，王树芳任总干事。决定在南京、上海、武汉、广东等地尽快建立分会，学会通信处定为南京铁路总机械厂。之后，用通信的方式选出程孝刚为会长，石志仁为副会长，顾毓琇、杨毅、欧阳仑、王树芳、钱昌祚、庄前鼎、杨继曾、柴志明和潘世宁9人为理事。

1947—1949年中国人民解放战争期间，中国机械工程学会基本停止活动。新中国成立后，百废待兴，开始酝酿成立学术组织。

1950年8月18日，在北京举行了第一次全国自然科学工作者代表会议。在这次会议上决定成立"中华全国自然科学专门学会联合会"和"中华全国科学普及协会"。

此后，由中国机械工程界前辈刘仙洲、石志仁、刘鼎、沈鸿和庄前鼎等人发起，重建中国机械工程学会。经过半年多酝酿，于1951年4月11日成立了筹备委员会。在1951年6月30日召开的筹委会扩大会议上，决定了召开全国会员代表大会的日期、代表名额和代表名额分配办法。

1950年冬至1951年8月，桂林、长沙、天津、杭州、南昌等地相继成立了中国机械工程学会的地方组织。

中华人民共和国成立后的第一次中国机械工程学会全国会员代表大会于1951年9月15—17日在北京召开。选举石志仁为理事长，刘仙洲为副理事长，孟少农为秘书长（1953年9月改由郭栋材担任秘书长）。此后，各大城市相继成立了分会，组织了综合性学术活动，编写了《机械工程名词》，翻译出版了《苏联机器制造百科全书》。1953 年，创刊《机械工程学报》。其后分别于 1954 年、1961 年在北京召开了中国机械工程学会第二次、第三次全国会员代表大会。

1962—1966 年，学会活动有很大发展，先后成立了铸造、锻压、热处理、焊接、粉末冶金、机械加工、理化检验、机械传动、汽车和透平与锅炉 10 个专业学会。召开了 17 次全国性学术会议，收到论文近 3000 篇，讨论了 70 个重大科技问题，有 5000 多人参加。开始组织编写《机修手册》等工具书。在这期间，有 27 个省（市、自治区）和 64 个大中城市成立了机械工程学会，地方学会达到 91 个。仅 1963 年和 1964 年的两年内，共组织了 68 次较大规模的学术活动。

改革开放以后，中国机械工程学会进入新的发展时期。

1981 年，中国机械工程学会在上海举行 30 周年年会和第四次全国会员代表大会，推选沈鸿为理事长。之后，全国会员代表大会每 5 年举行一次，修改会章，审议理事会工作报告和财务报告，选举产生新一届理事会。1987 年 8 月 13 日，中国机械工程学会第五届常务理事会执行委员会召开第三次会议。经研究，重新确定中国机械工程学会的创始年为 1936 年。

改革开放以来，中国机械工程学会在有关主管部门和广大科技工作者的支持下，步入了迅速发展时期。特别是近些年来，始终遵循"学术交流为本，会员服务为任，科经结合为纲，互利共赢为策，构筑精品为要，科学管理为基"的工作方向，锐意进取，开拓创新，努力建立和完善适应社会主义市场经济体制，符合科学技术和科技社团发展规律的组织体制、运行机制和工作方式，不断增强凝聚力、吸引力和影响力，不断增强学会工作的生机和活力，不断推进学会工作的新发展。

在党和国家的领导下及各级组织的支持下，中国机械工程学会将更加紧密和广泛地团结广大科技工作者，在振兴机械制造业、建设创新型国家与构筑和谐社会的进程中，不辱使命，不负重托，创造出无愧于时代、无愧于人民的新业绩。

2. 案例评析

中国机械工程学会成立于 1936 年，是中国成立较早、规模最大的工科学会之一。现已发展成为拥有 33 个专业分会、18 万名会员（其中有 3000 余名高级会员，500 余名海外和港澳台会员，还有 4000 余名团体会员）的超大型学术团体。学术交流是学会的基本职能，学会每年举办数以百计、丰富多彩的学术会议。特别是每年一度的中国机械工程学会年会，是集成各类专题活动的大型综合性会议。年会包括主旨报告大会、专题学术会议、科技进展发布、论坛、讲座、展示、颁奖等多项活动，内容丰富，在行业内外乃至全国都产生了巨大影响。

1935 年秋，庄前鼎、杨毅、顾毓琇、王士倬、王季绪、李辑祥、刘仙洲等人在清华大学发起筹备中国机械工程学会，并于 1936 年 5 月正式成立中国机械工程学会。当时，学会不仅联络会员研究纯技术问题，还讨论中国工程技术和工业落后的原因及发展前景，并呼吁应重视基础性技术和工业。在年会上，他们组织讨论重大工程问题，为国家发展献计献策；创办了中国最早的机械工程学术专刊《机械工程》；统一了机械工程专用名词术语等学术规范。这些团队协同工作，为我国工程领域的学术研究和技术发展起到了非常重要的作用，具有极为深远的意义。

中国机械工程学会是由从事机械工程及相关领域科研、设计、制造、教学、管理、服务、普及等工作的科学技术工作者和有关单位、团体自愿结成的全国性、学术性、非营利性社会组织。自成立以来，学会积极弘扬崇尚自主创新、恪守科学道德、追求和谐进步的科学思想，有效地调动了广大科技工作者的积极性和创造性。

3. 教学设计

在机械相关课程中，引入中国机械工程学会成立与发展的案例，重点介绍学会在 1936 年成立之时，以刘仙洲、王季绪、杨毅、李辑祥、庄前鼎、顾毓琇和王士倬等人为代表的科学家们共同努力、群策群力成立了中国机械工程学会，通过学术团队交流，研究机械相关学术问题，讨论中国工程技术和工业落后的原因及发展前景，呼吁应重视基础性技术和工业，创办了学术专刊《机械工程》；统一了机械工程专用名词术语等学术规范，对我国机械相关学科的发展起到了积极作用。可以在导论、设计与制造、综合实践等课程中引入该案例。

6.4 团队意识之现代部分

6.4.1 师生齐心研制飞机 "延安一号"成功首飞

1. 案例介绍

1958 年，西北工业大学飞机系师生开始研制我国第一架飞机——"延安一号"。师生们充分发挥聪明才智，克服重重困难，历时 150 天完成了从草图设计到除发动机以外的全部研发制造工作。1958 年 12 月，"延安一号"成功首飞。

1949 年，新中国刚刚成立，战争创伤还没有来得及医治，中央就下决心成立空军。1954 年，我国第一批飞机及其发动机试制成功。1956 年，我国首次成功研制了歼-5 喷气飞机，成为当时世界上少数几个能够生产喷气飞机的国家之一。

1958 年，中国出现了"全民办航空"的热潮。除航空工厂外，各航空院校也竞相设计制造飞机。身为航空院校的西北工业大学师生们深感使命重大，为了洗刷中国落后的百年耻辱，更有必要发愤图强。1958 年年初，西北工业大学飞机设计研究室的年轻教师们贴出了倡议书："我们也要造飞机。"在倡议书中，他们分析了学校自身的优势：有著名且历史悠久的三所高校（中央大学、交通大学、浙江大学）航空系的文化积淀，有多位著名的航空界老专家坐镇指导，有全校师生员工的干劲与通力合作，有中国人的志气和智慧，完全有条件依靠自己的力量造出飞机来。这个倡议得到了全校师生员工的热烈响应，纷纷表示支持。校领导研究决定，支持大家的要求，靠学校自己的力量造出"西航一号"（"延安一号"）飞机来。同年 4 月，经原第一机械工业部批准正式立项，设计和试制飞机。

随后，学校任命飞机系主任黄玉珊教授为总工程师，许玉赞教授为总设计师，杨彭基教授为总工艺师，李寿萱教授为副总工程师，以教师为骨干，带领 1958 届学生进行结构设计和工装设计、工艺准备，五系工厂和 1959 届学生作为生产力量的主体，1960 届学生为助手。同时，从飞机工艺专业抽调两名教师配合供应处跑设备和材料。从此，西北工业大学艰难地开始了自己的飞机研制工作。

当时正值 1958 届学生安排毕业实习，因此一边要开展"延安一号"的总体设计，一边要将学生安排到沈阳飞机工厂和南昌飞机工厂参加生产实践，分工负责参加设计与生产各环节的实践，学习各环节的操作，有序地开展设计与生产工作。在毕业实习结束后，专门留下 3 名学生在设计所的冷气组、座舱组、电气组参加"初教一"的设计工作，熟悉全部设计内容。飞机设计专业的学生回校后，在年轻教师的带领下分组开展设计工作，飞机工艺专业的学生回校后先抓紧时间做完毕业设计，然后陆续参加生产准备和工装设计，接着一起参加制造。

"延安一号"总体设计时，曾经提出了几种方案供比较选择。但是，鉴于当时国内还只能生产一种活塞式发动机，而且我国正缺小型多用途民用机，因而最后确定制造一种小型、单发、上单翼、既可载人又可农用的民用机。飞机质量 1400 kg，升限 3500 m，最大飞行速度 195 km/h，着陆速度 36 km/h，土跑道可以完成起降。

飞机设计之初，根本没有航空设备资料与标准件资料，只能参考现有的飞机资料，因为国家当时正生产雅克 –18 型初级教练机（原航空工业局从苏联购买的图纸），所以就拿它作参考。

飞机是一种高科技的综合性产品，生产出来不容易，要安全地在天上飞更不容易。从设计制造之初，大家就达成了共识，要确保所造飞机安全上天、媲美正规工程制造的飞机质量、保证实现设计使用要求，就必须遵循航空产品质量保证的要求进行设计制造。因此，尽管所要制造的飞机定位是既小型又简单，但从设计到制造都是严格按规程和要求进行的。如完成了初步设计后，须造出木质样机，经多方评审后，才能进入详细设计阶段。再如起落架减震器经计算后，加工出样品连同起落架要进行落震试验。又如电气系统比较简单，但除了原理设计图外，布线图与电缆图一份也不能省。

当时，我国的经济体制是计划经济，没有预先立项批准，连一根铆钉都拿不到。"巧妇难为无米之炊"，没材料怎么造飞机？怎么办？只能硬着头皮到各兄弟厂和空军后勤部求援，寻求支援一些材料和设备。虽然经历了很多艰辛，找来了大部分材料和设备，但还有许多欠缺。对实在找不到的材料和设备就想办法代替，甚至用手边现有的报废航空旧设备代用，将废物再利用，变废为宝。

学校毕竟不像航空工厂，很多专用设备根本没有，只能绞尽脑汁想出路，实在不行因陋就简，土法上马。如机身蒙皮的制造，学校没有大型滚床和庄（P3）机，就在木质模型上用手工敲打成形；又如冷气瓶装机前要进行加压试验，学校没有防爆容器，那就在空地上挖个深坑，这样仍然可以进行试验。

对这一批从来没有经历过实际设计和生产过程的年轻师生来说，困难重重，新设计的飞机在制造过程中不时会出现一些意想不到的问题。这时不是先追究责任，而是有关人员聚在一起群策群力，想办法、找原因，积极解决问题。如在落震试验中，减震器的功量图老是测不到，似乎减震器没起作用。经过大家的分析、排查，后来发现是因为轮胎在着地的一刹那没有滑动，所以减震器不起作用，于是就在地面铺上钢板，再在上面撒些沙子，终于测出了减震器的功量图。又如在飞机滑跑转弯过程中，老是感到尾轮转动不灵活，最初总以为是摩擦力太大影响了转动，大家就在减小摩擦力上下功夫，想了很多办法，但尝试了还是解决不了问题，一位工人师傅提出可能是力臂问题，经讨论确定将尾轮的倾斜度变小，问题随即得以解决。

在设计、生产、试验人员的通力合作下，"延安一号"终于总装完成。经过外场调试和滑行试验，于 1958 年 11 月开始外场试飞。试飞员评价飞机操纵性能和起降性能良好，可以进行下一步的性能试飞。飞机装载 1 台国产 M-11ΦP 活塞发动机，实现了主要以农用为主，也可用于跳伞、客货运、救护等方面，可载客 4 ~ 5 人的设计目标。通

过细致的性能试飞前准备，1958 年 12 月 3 日在西安市西郊机场举行了"延安一号"的正式试飞仪式，并取得了成功。飞机经陕西省政府批准正式命名为"延安一号"，且计划在性能试飞完成后再生产 10 架。《陕西日报》还在当天报纸的头版头条进行了大篇幅报道（见图 6.6）。

"延安一号"的试飞成功极大地鼓舞了全校师生和三秦人民的热情与信心，尽管飞机不大，内部设备也不复杂（见图 6.7），但在当时国家非常困难的时期，仅靠一所航空院校的师生员工就能在短时间内造出一架飞上天的飞机，就足以证明中国人有智慧和能力，能够靠自己的力量发展经济。

图 6.6 "延安一号"研制成功的新闻报道

图 6.7 "延安一号"飞机

1958 年，是飞机首飞上天最多的一年，但绝大多数飞机没有能够发展下去和交付使用。而刚成立不久的拥有飞机设计、飞机工艺等专业的飞机系师生通过创意设计、制造飞机，生产出中国第一架飞机——"延安一号"，体现了西工大人勇于争先、敢于担当、不落人后、拼搏向上的精神。从 3 月开始草图设计，在 150 天内完成了除发动机以外的全部设计、制造工作，到 12 月 3 日试飞成功。当时先后参加飞机设计的有教师 17 人、学生 118 人，先后参加试制工作的有教师 35 人、学生 303 人。虽然后来该型号飞机因为种种原因未能投入批量生产，但是通过"延安一号"设计、制造的全过程，积累了一些独立设计飞机的经验，真刀真枪地培养与锻炼了一大批脚踏实地干工程的师生们的技术与创新能力，培养了一批航空科研人才。

1958 年 10 月起，学校先后派出教师 20 多人带领 1959 届学生 80 多人，作为生力军参加哈尔滨飞机工厂的国内第一架中型民用客机 401 号的设计与生产准备工作，正是通过"延安一号"等的实践磨炼，使他们成为工作中的骨干和有生力量，获得了工厂的肯定和好评。这种理论联系实际的培养方式在教师中也再一次得到肯定而且深入人心，至今在人才培养讨论中仍然为人们所津津乐道。

2. 案例评析

"延安一号"飞机是在当时国家非常困难的时期，仅靠一所航空院校的师生员工在 150 天内完成了除发动机以外的全部设计制造工作，实现了从草图设计到试飞成功，尽管只研制了一架样机，但在西北工业大学师生的共同努力下，克服了设计、材料、设备、工艺、生产、试飞等重重困难，整个过程无不体现了"敢办事、办大事、办成事"的团队协作精神。

第一，确定目标。在"全面造飞机"的热潮下，西北工业大学提出靠学校自己的力量造出"西航一号"（"延安一号"）飞机来，并获得原第一机械工业部批准正式立项，设计和试制飞机，这就确定了明确的团队目标，大家就有了一个努力奋斗的方向。

第二，成立项目团队，明确任务分工。立项后，学校成立了"延安一号"飞机研制团队，成立了以总工程师、总设计师、总工艺师和副总工程师为领导团队，以学院专业教师为研究骨干，以 1958、1959、1960 三届学生为设计和生产主体的项目团队，并明确分配了各自的任务。

第三，组织中坚力量，群策群力攻克关键问题。参考雅克 -18 型初级教练机设计图纸解决当时"根本没有航空设备资料与标准件资料"的问题，原材料和设备问题"只能硬着头皮到各兄弟厂和空军后勤部求援""报废航空旧设备代用"等。在设计、生产、试验人员的通力合作下，"延安一号"终于总装完成。

第四，团队成员通力协作，不计个人得失，为实现目标无私奉献。先后参加飞机设计的有教师 17 人、学生 118 人，先后参加试制工作的有教师 35 人、学生 303 人。

3. 教学设计

"延安一号"研制试飞成功，展现了一所高校靠自力更生、艰苦奋斗、团结拼搏实现了独立研制飞机的梦想，书写了高校助力新中国航空事业发展的精彩华章。

通过案例的引入，让学生学习"延安一号"飞机研制试飞过程中"敢办事、办大事、办成事"的艰苦奋斗、团队协作精神，认识到要完成一项重大工程，团队所有成员必须围绕一个明确的目标，明确分工，各司其职，攻坚克难，要具有大力协作、无私奉献的团队意识。可以在导论、设计与制造、综合实践等课程中引入该案例。

6.4.2 "飞豹"精神永不磨灭　唱响航空报国乐章

1. 案例介绍

歼轰 –7（"飞豹"）是我国首次自主研发的超声速全天候战斗轰炸机，也是我国完全自主研发的国产战机之一，可实施对地、对海目标远程精确攻击和空中格斗。

"飞豹"战机是中国第一个完全自行设计的飞机型号，第一个自觉进行可靠性和维修性补充设计的机种，第一个地面试验和试飞试验规模最大、过程最全、试飞架次最多的机种，也是第一次用计算机辅助设计管理型号研制全过程的机种。"飞豹"战机设计中采用了大大小小数十项技术创新，保持了在经历十多年研制后的 2001 年，仍是一架相当于国际上 20 世纪 80 年代先进水平的飞机。它既解决了我国没有歼击轰炸机的问题，又使歼击轰炸机的设计创造了从零代一步跨到接近国外第三代的重大历史性跨越，是航空武器装备研制的新里程碑。"飞豹"战机研制涉及数以百计的科研单位和工厂，数以万计的科技人员、工人和干部。投资仅及美国相当机种 1/60 左右的经费。"飞豹"战机在部队的使用中创下了新机出勤率最高的国内纪录，得到部队的良好评价，正如外界评价的那样："'飞豹'是中国国产战斗轰炸机的鼻祖……将能弥补海军没有航空母舰的缺陷。"（见图 6.8）

图 6.8 "飞豹"战机

改进型歼轰 –7A 实现了无纸设计与制造。2000 年 1 月 20 日，"飞豹"战机获中国国家科技进步奖特等奖。2007 年首次远赴俄罗斯参加中俄"和平使命 2007"联合军事演习，得到外军同行的肯定。

中国航空工业集团第一飞机设计研究院（以下简称"一飞院"），是我国集歼击轰炸机、轰炸机、民用飞机、运输机和特种飞机设计研究于一体的大中型军民用飞机设计研究机构，是"飞豹"战机的总体研制单位。

1）研制背景

1974 年 1 月 19 日，中国海军在西沙海域对侵占我国西沙岛屿的越南进行了英勇的自卫反击作战，虽然最终中国海军取得了这次自卫反击战的胜利，但也暴露出我军远海作战缺乏空中支援的严重问题。因此，中央军委及空军和海军都迫切希望拥有一种既有空中作战能力，又兼有轰炸机性能的新型作战飞机。1976 年 6 月，第三机械工业部下属各单位的设计精英汇集北京，被要求在最短的时间内提出各自的设计方案。

1977 年 2 月，国务院、中央军委常规装备发展领导小组批准歼击轰炸机——"飞豹"立项，并下达了型号研制任务。当时"文革"刚结束不久，国家经济十分困难。尽管如此，国家还是拿出专项经费，用以研制这种在平时能起威慑作用，战时能取得局部战争胜利的"杀手锏"。然而，该项目启动不久，由于国家集中力量发展经济，军队装备建设处于"忍耐"阶段，因而飞机研制工作不能全面铺开，于是该项目只能"量力而行不断线"，主要是进行总体方案设计、布局和吹风试验等前期工作。

1982 年，英阿马岛之战创造了用小型导弹击沉大型水面舰艇的成功战例。阿根廷仅用 1 枚价值 20 万美元的 AM39 "飞鱼"导弹，一举击沉了英国造价 2.3 亿美元的最为先进的"谢菲尔德号"驱逐舰这一典型战例，引起了世界各国军方的广泛关注。马岛战争后，中国军方特别是海军也开始探讨轰炸机、水面舰只、潜艇三位一体的立体作战模式。于是，根据复杂的国际形势和严峻的国防安全需求，国务院、中央军委于 1982 年 11 月决定，"飞豹"战机研制计划全面启动。1983 年 4 月 19 日，邓小平同志亲自批复"飞豹"战机继续列入国家重点型号飞机，从而使"飞豹"战机的研制进入全面设计的新阶段。

2）立足高起点"一机两用"

根据中央军委常规装备发展领导小组的立项要求，新机种应作为当时部队现役装备轰 -5 的后继机，同时还是空军和海军共用的"通用型"飞机。对此，空军和海军依据自身所担负的作战任务，都对这种新机种提出了很高的指标要求。把歼击机和轰炸机两种属性合二为一，在我国航空业史上还没有先例，研制这样一个全新的机种无疑是在填补中国航空工业的一项空白，同时也预示着这必将是一条充满风险的艰难之路。

歼击机的优点是机动性很强，可用于空中拦截和空战格斗；轰炸机的优点是续航时间长、载弹量大，可以实施对远程目标的战术攻击和战略打击。把这两种飞机的优点整合在一架飞机上，不仅是一种优势互补，更是一种战略突破。因为在此之前，我国的各型战机都是防御型的，是我国多年来实行的"积极防御"方针的产物。以往贯彻"积极防御"方针，只侧重于"防御"，因而在飞机设计上也偏重于歼击机。随着我国军事战略的调整，在贯彻"积极防御"方针上则更强调"积极"的一面，因为有效的"进攻"就是最"积极"的防御。这一战略思想的转变，为我国研制具有一定攻击能力的新型战机奠定了基础。

对设计团队来说，设计"飞豹"战机既是一次历史机遇，更是一种充满高风险的挑战。在飞机整体设计上，要立足于高起点和多用途。高起点，就是一定要保证新设计的飞机在世界航空领域能站得住脚，同时在国内必须是最先进的。然而，在 20 世纪 80 年代初期，我国的航空工业技术水准只相当于西方发达国家 20 世纪 50 年代的水平，这就意味着我们要用落后世界 30 年的技术和手段来研制超前 30 年的先进飞机，其中的难度可想而知。多用途就是按军方的要求实现"一机两用"。设计的新型战机不但要具备空中格斗能力，而且要具备很强的低空突防能力，还可以携带多种机载武器对地、对海等目标实施远程打击。

3）全新设计理念

采用何种规范是设计飞机成败的关键。以往我国研制的飞机全部采用苏联的规范，尽管这种规范已经落后，但我国已经掌握并积累了按苏联规范设计飞机的经验。新型飞机的设计如果沿用苏联规范，无疑是最稳妥的，同时还可以有效避免设计风险。

然而，当中国代表团到西方发达国家考察后，发现国际上现行的军用飞机设计规范更为先进。在德国考察时，中国代表团发现德国的飞机设计规范摞起来竟有几人高，非常科学和严谨，而当时苏联的飞机设计规范仅仅是几本册子，相比之下显得非常简单和粗糙。为什么我们不能突破常规采用更先进的飞机设计规范？

在总设计师陈一坚牵头下，设计团队大胆提出了打破我国航空系统一直沿用的苏联飞机设计规范体系，而采用国际上先进的军用飞机设计规范体系作为"飞豹"战机的主要设计规范。为了避免"穿新鞋，走老路"的风险，设计团队一方面深入研究规范细则，并致力于吃透精神和消化吸收；另一方面，又组织设计人员对新老两种规范进行验算，然后再进行两相对照。这一做法，既证明了新规范的适用性，也充分展示了新规范的科学性和先进性，同时也消除了那些怀疑者和反对者的思想疑虑。另外，在具体实施中，还妥善解决了新规范在实施中的协调和配套问题，使新型飞机的载荷、飞行品质、结构强度和整机系统设计的水平等都跃上一个新台阶，不仅达到了国家下达的各项设计指标要求，还使飞机设计具有较大幅度的超前性，从而保证了飞机整体设计的先进性。选择了新的规范，飞机的设计计算能够更加精确，却非常费时，非得用计算机才行。因此，"飞豹"战机成为国内最早开展计算机辅助设计的机种之一。

在设计"飞豹"战机的过程中尽可能大量采用新技术、新工艺、新材料、新设备，以切实保证"飞豹"战机设计的超前性。然而，在新技术应用方面仍然具有很大的风险。国际上通行的做法是，新设计的飞机一般新技术的采用量不超过20%。另外，国际上的统计规律认为，当一架新设计飞机的新技术采用量如果超过了40%，那么这种飞机的成功率只有50%，甚至小于50%。而我们设计的"飞豹"战机所采用的新技术就达到了40%。

4）试飞环节险象环生

进入试飞阶段后，"飞豹"战机更是险象环生。在研发过程中，由于"飞豹"战机采用新技术和成品件所占的比重大，相对而言出现的问题也较多，但是并没有出现致命的、颠覆性的缺陷。可是在试飞时，"飞豹"战机却出现了一个严重的缺陷——只要飞机一飞到 0.95 ~ 1.05 马赫（1 马赫 = 340 m/s）数区间，方向舵就开始莫名地振动，结果导致全机出现抖振，最后振得飞行员连仪表都看不清楚。这个问题如果不彻底解决，那么就可能直接危及"飞豹"战机的命运。

飞机出现的抖振现象，是飞机在研制过程中都要面对的一个问题，同时这也是世界航空领域的技术难题。尽管地面的各项试验都已经达到设计要求，但是在真实的飞行状态下往往还会出现很大的变故，这也是试飞必须发现和解决的问题。为了解决这个问题，设计团队冒险在飞机垂尾上加装传感器，以在问题区间测量振动的频率、振幅和时间。但由于没有规定飞行时间，试飞中振动时间长了些，造成方向舵损坏，幸好由试飞员化险为夷。

在历时10年的试飞试验中，试飞员们先后经历了飞机振动、方向舵飞掉、空中漏油、首次实弹演习遭遇突然变故等重大故障和险情。面对巨大的政治压力和研制试飞中暴露出来的一系列问题，总设计师陈一坚没有丝毫的动摇和退缩，他始终坚持按科学和规范办事，以极大的热情组织科研人员奋勇攻关，直至问题彻底解决，从而一次次在危机中挽救了"飞豹"战机。

经过1603架次的试飞试验，"飞豹"战机终于完成了定型试飞，成为中国一个全新的机种，并填补了中国歼击轰炸机的空白。飞机的总重与携带东西的总重比就是"装载率"，我国第一次设计这种类型的飞机就具有很高的装载率，而当今世界上这一代同类型飞机也不过如此。"飞豹"战机的装载率比欧洲的"狂风"战机还强，其攻击能力也相当于西方的"美洲虎"、"狂风"、俄罗斯的苏 -24 等飞机。就整体性能而言，"飞豹"战机具有航程远、作战半径大、载弹量多、对地和对海攻击火力猛、低空突防能力强等优点，同时还具有很强的抗电子干扰能力。

"飞豹"战机的研制成功，标志着我国飞机的研制实现了从测绘仿制到完全自主研制的历史性跨越。

1998 年 11 月，"飞豹"战机首次在珠海国际航空航天博览会上亮相，引起了世界各国军方的高度关注。1999 年，"飞豹"战机荣获国家科技进步奖特等奖。1999 年 10 月 1 日，在北京举行的新中国成立 50 周年盛大阅兵中，由 6 架"飞豹"战机组成的空中梯队呈箭形编队整齐地飞越天安门广场上空，接受了党和人民的检阅。

2009 年 4 月 23 日下午，在纪念中国人民解放军海军成立 60 周年的青岛海上阅兵式中，5 架新型"飞豹"战机编队以全新阵容和箭形编队飞过海上阅兵空域，接受了党和国家领导人的检阅。当记者采访为"飞豹"战机倾注了大量心血的总设计师陈一坚对此的感想时，他谦虚地说："荣誉来自集体，来自大家，我只不过是研究所的代表。作为一名中国公民，作为'飞豹'型号的总设计师，我只不过做了我应该做的事。"

2. 案例评析

"报国、拼搏、求实、创新、团队"的"飞豹"精神已成为永不磨灭的精神丰碑。

"飞豹"战机的研制经历过几次生死攸关的考验。1977 年立项不久，国家财政紧缩，"飞豹"战机的研制由重点型号降为"量力而行"项目，经费削减、进度放慢、基建缓建，实际处于下马状态。然而，一飞院坚信中国需要这种先进的战机来捍卫自己的领空。广大干部职工顶着可能下马的巨大压力，自力更生，激情奋战。在设计上从难、从严，大胆采用国际先进设计规范和标准，以及新技术、新材料、新成品、新工艺，确保飞机研制的先进性。

以一飞院为龙头的 80 多个协作厂所，协调一致，攻坚克难，突破了新技术一般不超过 20% 的设计禁区，创造了我国飞机研制史上多个第一，并荣获国家科技进步奖特等奖。1998 年，中国人自行设计研制、完全拥有自主知识产权的中国第一代歼击轰炸机——"飞豹"战机首飞冲天！1999 年的国庆大阅兵上，6 架"飞豹"战机呈箭形编队米秒不差飞过天安门上空接受检阅；2009 年国庆大阅兵上，一飞院研制的两型飞机——新"飞豹"战机和空警 -2000 飞机飞过天安门上空，向全世界展示了中国自主创新的实力。

在"飞豹"战机的研制历程中，无数可歌可泣的事迹和艰难困苦的磨炼，孕育出不畏艰难的勇气、自强自立的骨气、敢为人先的豪气、永不服输的志气和言行必果的胆气所集中体现的"飞豹"精神。1999 年 8 月，相关单位经深入研究，总结提炼出具有鲜明特色的"飞豹"精神：献身航空的报国精神、百折不挠的拼搏精神、科学严谨的求实精神、敢为人先的创新精神。后来，一飞院在西安、上海两地整合，又给"飞豹"精神增加了"激情和谐的团队精神"，并以此作为"飞豹"文化的核心和精髓，构筑起研究院共同的价值观、经营理念和行为准则。

在"飞豹"战机的研制中，一飞院广大干部职工深刻认识到型号研制关系到国家安全、民族强盛和本院的生存发展，把它看作是"机遇工程""生存发展工程""强院富民工程"，以科学严谨的求实精神，定下"20 年不落后"的设计目标，锐意创新。设计人员在简陋的芦席棚、露天的运动场，夜以继日地开展国内飞机最庞大、最复杂的地面模拟试验。一飞院职工把"飞豹"战机看得比生命都重要，有的抛家舍妻离子，有的推迟婚期，有的带病坚持工作，有的甚至献出了宝贵的生命。正是以这种"舍小家，为大家"的团结奉献精神克服了重重困难，迎来了"飞豹"战机的一飞冲天。

3. 教学设计

飞机的研制是一项大的系统工程，是一个跨行业跨部门的大系统。在"飞豹"战机的研制过程中，以一飞院为总体研制单位的 80 多个协作厂所，协调一致，攻坚克难，战胜各种困难，"十年磨剑一朝成"。

因此，通过引入该案例，要引导同学们学习"飞豹"战机设计团队献身军工的报国精神、百折不挠的拼搏精神、科学严谨的求实精神、敢为人先的创新精神和激情和谐的团队精神。可以在导论、设计与制造、综合实践等课程中引入该案例。

6.4.3　突破高铁核心技术　成就协作攻关典范

1. 案例介绍

2010 年 1 月 27 日，时任美国总统奥巴马发表《国情咨文》时讲过这样一段话："美国一直在建设基础设施，与其他国家展开竞争。没有任何理由让欧洲、中国拥有全球速度最快的高速铁路……我无法接受美国成为二等国家。"

中国的一个产业出现在美国《国情咨文》里，是前所未有的事情，它表明我们的铁路产业获得了强大对手的尊重，更给中国以巨大的启示：中国的产业升级不一定要照搬西方技术，完全可以根据本国国情和世界发展的新局面，以我为主进行突破。

中国的高速铁路从一个不起眼的追赶者变成了世人关注的领跑者的过程，是以我为主进行技术突破的过程。其核心技术之一——CTCS-3 级列车控制系统（以下简称"C3系统"），则是中国高铁技术突破的典范。

1）C3 系统陆地飞行"保护神" 中国特色一大创举

高速铁路列车控制系统是铁路高端应用技术，在中国之前，世界上只有法国、日本和德国等少数几个发达国家拥有这一技术。建立中国铁路自己的列控核心技术和关键装备体系是中国高速铁路建设的关键之一，也是把"以安全适用的轨道交通控制系统技术服务于国内外用户"作为使命的中国铁路通信信号集团（以下简称"通号集团"）公司矢志不渝的追求。

在铁道部的领导和组织下，通号集团的列车控制系统开发经历了 4 个阶段：第 1 个阶段是二十世纪八九十年代，欧洲高铁技术开始发展时，通号集团就派人到外国学习观摩，并参与京沪高铁建设的技术准备、论证；第 2 个阶段是 2007 年铁路第六次大提速期间，通号集团运用自主研发的 CTCS-2 级列车控制系统，满足了六大干线时速 250 km 动车组列车的控车需求；第 3 个阶段是 2008 年，京津城际铁路建设后期，通号集团以系统集成的方式推出了 CTCS-3D 级列车控制系统，满足了时速 350 km 动车组列车的控车需求；第 4 个阶段是武广高铁建设后期，通号集团完成了研发世界一流的具有完全自主知识产权的 C3 系统的任务。

"C3 系统在武广高铁的成功运用，关键在于我们实现了两大创新：一是系统集成创新，二是引进消化吸收再创新。我们参照了国外的相关标准，但整个 C3 系统，包括标准规范体系、系统机构的研发、系统结果的测试、系统产品的制造、施工安装和联调联试等完全是由中国人自己完成的。"通号集团 C3 系统攻关实施组组长、研究设计院总工程师、集团副总工程师张苑阐述了"中国创造"4 个字。

C3 系统的核心技术在于应用无线传输方式控制列车运行。其中有两台关键设备，一台在地面，一台在车上。在地面的叫 RBC 系统，中文名字叫无线闭塞中心系统，功能是让列车"该走的时候走，该停的时候停"；在车上的叫 ATP 系统，中文名字叫列车超速防护系统，功能就是连续不间断地对列车实行速度监督，实现超速防护。

时速 350 km 的动车组列车如果刹车制动，需减速滑行 6500 m。武广高铁全线运营的高速列车在武汉调度中心的 RBC 系统监控下，通过 RBC 系统和车载 ATP 系统的控制，能确保列车自身不超速和前后两个列车之间保持安全行车距离。

因 C3 系统攻关被评为全国劳动模范的张苑说，C3 系统的创新主要有四大亮点：首次通过无线通信的方式实现了对长大距离内时速 350 km 动车组列车的安全可靠运行控制，完成了列车控制系统 C2/C3 控车模式集成，创建了全速、全景综合设计集成平台和一整套测试验证方案，构建了完整的技术标准体系。

武广高铁科技含量最高的技术是 C3 系统。在 1068.6 km 的线路上开行时速 350 km

的动车组列车，这在世界上尚属首次。C3系统攻关人员创造了世界铁路史上的奇迹。

2）生命线工程　举全集团之力誓把旗帜插向高地

2008年，正当通号集团承担的京津城际铁路通信信号系统集成任务进入最后冲刺阶段之时，中国高速铁路列车控制系统引进消化吸收再创新、列车控制产品国产化和武广高铁通信信号系统集成的重任历史性地落在了通号集团肩上。

铁道部对C3系统攻关高度重视，成立了C3系统攻关组，通号集团成立了C3系统攻关实施组。在引进消化吸收再创新过程中，在实现标准统一、安全认证评估和加快国产化等大政方针上，铁道部攻关组领导始终全程主导，把关定向，强调C3系统一定要兼容C2系统的功能，所有技术必须符合中国国情。

"C3系统研发和武广集成是决定集团前途命运的生命线工程，我们必须举全集团之力，坚持高标准、高起点，充分发挥后发优势，创造世界先进的列车控制系统，确保武广高铁按期开通，坚决完成好铁道部党组交给我们的神圣使命！"2008年4月中旬，在集团企业负责人会议上，通号集团总经理马骋向全集团职工发出了向C3系统的进军令。

集团迅速调配资源，从下属研究设计院、北京信号厂、上海通信厂和沈阳信号厂挑选100余人组成C3系统软、硬件攻关团队，下设系统及接口组、车载组、RBC组、实验室组、GSM-R接口组、国产化制造组等，各技术组配齐开发、集成、数据、测试调试和制造等专业技术人员。

同时，集团投入大量资金建立了C3系统攻关实验室、配套产品研发和生产基地，为C3系统攻关实施奠定了坚实的物质基础。研究设计院的列车控制所、研发中心、通信所、信号所、车站所和系统部等单位、部门的主要技术力量全部投入攻关工作；北京信号厂集中技术力量进行生产线技术改造和工艺流程再造，并加快培训操作人员，全力投入C3系统硬件国产化工作。

C3系统软、硬件攻关实施组成员平均年龄只有27岁，大部分是各个专业的技术尖子，每个人都有一口流利的英语，其中数十名是"海归"和清华大学等名校毕业的博士、硕士。他们以铁道部和通号集团为强大后盾，以舍我其谁、志在必得的豪迈气概，披肝沥胆，昼夜攻关，誓将梦想变成现实，誓将通号大旗插上世界高铁的最高点。

3）攻坚克难　自主创新节节突破　激情穿越梦幻时空

标准先行，有"法"可依。在铁道部的组织下，C3系统攻关实施组总工程师、通号集团研究设计院副总工程师罗松运用C2系统经验与技术人员一起讨论交流，为C3系统的搭建做了大量基础性工作，并通过不断优化和修正，形成了C3系统技术标准体系初步方案。铁道部 C3 系统攻关组多次组织专家对技术方案进行审核，并公开发布。这个技术标准体系囊括了 C3 系统研发、制造、安装、维护等各环节，成为指导中国高铁列车控制系统技术实施的准则。

2008 年 7 月，RBC 组攻关人员开始开发 RBC 接口适配软件。按照 C3 系统运营场景，应用武广高铁的工程数据，最终生成了可在武广高铁上运行的 RBC 应用软件。通过艰辛摸索，攻关人员开发了所有的接口适配软件。这些软件完全符合 C3 系统标准规范和 C3 系统运营场景的特殊需求。

高速列车的运行安全需要一套复杂的理论和精密的算法做保障，比如如何测定列车的速度、位置等，这是控制的依据。C3 系统攻关人员在动车组列车高速运行的条件下，经过反复试验，完成了重新修改其控制模型的创新。

原有系统中，列车发生故障只能制动停车，但频繁制动会导致铁路运输效率下降。技术人员通过潜心钻研，成功实现了 C3 系统对 C2 系统的兼容，这是整个 C3 系统集成创新的一大亮点。武广高铁运行中，如果 C3 系统出现问题，可以自动切换到 C2 系统降级运行，不影响运营效率和乘客的舒适度。这一创新也使这两个等级线路上的列车可以轻松跨线运行，实现了全路一张网统一规划的目标。

原有列车控制系统自身的监测系统不够完善，技术人员开发了新的监测系统，用来监测各个设备间的通信状态和控制信息，据此分析各个设备的故障。C3 系统车载组攻关人员在车载技术专家刘岭的带领下攻克了一道道难关。2008 年年底，新系统在京津城际铁路上试验成功。2009 年 4 月 1 日，新系统在胶济铁路客运专线正式投入运营。这是一个里程碑式的跨越。

实现 GSM-R 无线控车是一大难题。GSM-R 组组长邸士萍带领攻关人员反复摸索、研究、试验，终于使 GSM-R 无线车—地信息传输的功能逐步稳定下来。

一流的 C3 实验室同样体现了创新的亮点。"我们自己建的这个 C3 实验室规模大、功能强、技术含量高，整体技术已经超过了欧洲的水平。现在通过 C3 实验室对 C3 系统进行设备级、系统级和线路工程级测试后，节省了现场调试的时间，降低了现场测试工作的风险，大大提高了攻关效率，缩短了'四电'系统集成的工期。"通号集团研究设计院副总工程师、实验室组组长周暐自豪地向国内外参观者介绍。

4）软件攻关长驱直入　硬件国产化快速推进

C3 系统硬件组主要承担 C3 系统中 ATP 和 RBC 设备的国产化工作。在组长宗明的带领下，24 名来自集团 4 家信号设备制造企业的专业技术人员，在短短一个月内编写了全套国产化工艺文件。通过一年多的努力，工厂建立了符合国际标准的电子产品组装、调试、测试和检验生产线。

为攻克计算机主板双面回流焊接工艺难关，C3 系统硬件组成立 QC 攻关小组，经过反复试验，最终通过降低回流炉底部加热温度、改变传送带链速与风机频率等方法解决了双面回流存在的各种问题，成功完成了计算机主板双面回流焊接的试验和批量生产。

在车载 ATP 硬件国产化中，一线生产人员大胆创新。机柜生产厂家对不同型号的端子采用的是手工方式进行压接。但在批量生产中发现，工人在手工操作中需要消耗较多体力，而且稍有松懈就可能造成失误。为此，硬件组工艺部技术人员及时采纳生产人员的建议，采用机械方式压接，不仅降低了劳动强度，还大大提高了工效，并且显著提升了设备加工的一致性和端子压接质量的稳定性。

攻关过程中，广大科技人员深刻领悟到铁道部和集团领导强调的"后发优势"的内涵：我们建设高铁虽然在欧洲和日本之后，但可以站在前人的肩膀上，把人类最先进的技术集成起来，创造出更先进、更可靠的技术，用最小的代价、最短的时间，实现中国高铁之梦。

2. 案例评析

武广高铁 C3 系统的成功研制，是在团队领导的大力支持下，团队攻关成员及协作单位的无私奉献、通力合作、协同创新下完成的。

在 C3 系统攻关实施期间，负责具体实施的刘朝英副主任，深入武广高铁测试现场和 C3 实验室不下 30 次，常常带着攻关人员讨论技术方案。铁道部运输局基础部覃燕、马芳、袁湘鄂、莫志松等技术主管人员为 C3 系统攻关做了大量技术工作。"集团公司和设计院领导也倾注了大量的心血，尤其在攻关最困难的时候，集团主要领导和院主要领导随时跟我们联系，及时解决困难，并深入现场加油鼓劲。"C3 系统攻关实施组常务副组长陈锋华感慨地说。

C3 系统技术攻关两年时间，700 多个日日夜夜，年轻的攻关队员们废寝忘食，牺牲所有的休息时间，甚至在除夕这天都在攻关。他们有的推迟婚期，有的带病工作，有的累倒在实验室和测试现场。陈锋华是通号集团研究设计院副总工程师、列车控制研究所所长，主要负责 C3 系统的技术攻关和管理，包括沟通协调和合同执行等问题。他敏感睿智、判断准确、决策果断，善于解决 C3 系统实施中的硬骨头问题。陈锋华不仅以技术服众，更以苦干实干的拼命精神感动着大家。他每天都和团队同吃同住同奋战。白天上动车组测试，晚上分析测试问题，常常干到半夜，最紧张时，他平均每天只睡 3 h。RBC 组的江明、吴永、代萌、耿宏亮、李启翻、侯锡立，ATP 组的刘岭、崔俊峰、徐笑然、何祖涛、刘佳欣、马麟、高志辉、杨四辈等都是攻关勇士和功臣。他们用忠诚和激情，用心血、汗水和智慧，书写出崭新的 C3 系统攻关精神——科学求实，兼容并蓄，自主创新，赶超一流，忠诚祖国，拼搏奉献。

2009 年 12 月 26 日，武广高铁正式开通运营。几个月的实践证明，C3 系统技术已经远远超过了欧洲的水平。高铁技术被称为"大国技术"，对于中国高铁这一举世瞩目的成就，西方国家给予了高度评价。日本专家团在中国考察时惊讶地感叹："中国的高速铁路技术已经超过了日本，真是做梦也没想到！"GE 集团中国总裁兼首席执行官史威德说："铁道部领导下的中国公司所掌握的时速 350 km 及以上的高速铁路建设技术是目前世界上最成熟、最完善的。"时任美国商务部部长骆家辉表示："中国高速铁路发展近年来取得了举世瞩目的成就，美国在这一领域落后于中国。美方希望借鉴中方的先进技术来建设美国的高速铁路。"

3. 教学设计

高速铁路的大规模建设是中国铁路高速时代到来的标志之一，对工程设计、施工、机车车辆、通信信号、列车控制、调度指挥、旅客服务等重点领域的技术创新提出了新的更高要求。C3 系统是高铁的核心关键技术之一，其国产化自主成功研制，是"中国制造"核心技术突破的典范。该技术涉及软件、硬件等多方面的知识，是典型的机电产品，包含研发、工艺、制造、安装、维护等各生产环节。因此在机械、电子、自动控制、计算机等相关课程中可以引入。

通过引入该案例讲解高铁核心关键技术 C3 系统的攻关过程，从技术选型、引进、吸收、消化、再创新等方面展示核心技术的国产化全过程，突出研发团队齐心协力、团结一致克服这一过程中的各种难题，例如形成了 C3 系统技术标准体系、开发 RBC 接口适配软件、GSM-R 无线控车、攻克计算机主板双面回流焊接工艺难关等，分享中国高速铁路技术中的团队协作和团队精神。

6.4.4 齐心研制长征六号 "一箭 20 星"打破纪录

1. 案例介绍

长征六号运载火箭（CZ-6）是上海航天技术研究院（中国航天科技集团公司第八研究院）研制的新一代无毒无污染小型液体运载火箭。长征六号运载火箭为三级火箭，有 700 km 高度太阳同步轨道 500 kg 的运载能力。该火箭成本低、可靠性高、适应性强、安全性好，有许多新技术是在中国国内首次应用，研制难度很大。长征六号运载火箭于 2009 年获得国家正式批复立项，并于 2013 年 12 月在太原卫星发射中心完成场箭合练。

2015 年 9 月 20 日 7 时 01 分，长征六号运载火箭在太原卫星发射中心"一箭 20 星"首飞成功，不但标志着中国长征系列运载火箭家族再添新成员，而且创造了中国航天一箭多星发射的新纪录。这也是中国新一代运载火箭的首次发射。

图 6.9 为长征六号运载火箭。

图 6.9　长征六号运载火箭

自 2009 年批复立项至发射成功，长征六号运载火箭历时 6 年多的研制攻关，记录着我国新一代运载火箭从无到有、不断跨越的艰辛历程。

1）从零开始绘蓝图

自 1970 年长征一号运载火箭发射成功以来，我国先后成功研制了 15 个型号的运载火箭，组成了相对完备的现役运载火箭型谱，具备完整的独立进入空间能力。20 世纪 90 年代，航天强国开始了新型运载火箭的研制，提高可靠性、降低发射成本、提升运载能力成为新型火箭的发展趋势。我国也提出了发展新一代运载火箭的设想。

2008 年 7 月，中国航天科技集团明确，由上海航天技术研究院组织开展长征六号新型液体运载火箭的研制工作。

从事全新型号的研制是研制团队梦寐以求的事，但紧随而来的是前行路上的重重困难——全新的动力系统、更高的安全可靠性要求、低成本发射控制要求、短周期发射要求……新一代火箭与现役长征系列火箭有着巨大差异。在没有成熟经验参考的情况下，创新成为唯一的出路。

发动机自生增压系统、燃气滚控、"三平"测发、复合材料夹层共底贮箱、新型电气系统……一个个大胆的设想，在一次次通宵达旦的讨论中被提出。

经过反复研讨论证，研制团队仅用不到半年的时间就完成了火箭优化方案，解决了运载能力、测发流程、整体起竖可行性、火箭可控性、新型结构方案等难题，总体技术指标满足立项要求。

2）创新采用氧箱自生增压方案

参照国际运载火箭的发展方向，长征六号运载火箭的主要动力选用了新研制的高比冲、大推力、无毒无污染液氧煤油发动机。为保证火箭的运载能力和可靠性，优化总体构型，尽量简化系统就成为研制团队考虑的首要问题。

综合各种因素，设计师们提出在发动机增压输送系统中，采用含有一定杂质的氧箱自生增压技术，实现发动机氧箱的内部增压。此方案一经提出，即面临着各方的压力。

有专家建议采用氦气加温增压方案，但研制团队坚持采用更具创新性、技术性和经济性的自生增压方案。相较而言，自生增压方案可取消一整套氦气增压系统，优化火箭总装方案，同时有效提升火箭的运载能力。但自生增压气体中含有微量杂质气体，可能对阀门和发动机造成影响，当时世界上尚无可借鉴的成功案例，使得自生增压方案面临重重困难。

面对困难和质疑，研制团队没有动摇，迅速组织队伍开展自生增压技术攻关，详细分析杂质气体对增压输送系统的影响，开展消除措施的有效性验证。根据发动机试车数据及总体参数，他们进行了自增压方案论证、增压计算、对比分析，最终确定了设计方案。

2012年11月，长征六号运载火箭迎来了研制历程中最关键的考验——一子级热试车。这不仅考核火箭的增压输送系统和发动机，还考核控制系统、测量系统和附加系统，对火箭研制具有里程碑式的意义。伴随着震耳欲聋的轰鸣和蒸腾的烈焰，170 s试车过程中增压输送系统增压正常、控制系统按预定程序发出控制指令、伺服机构双向摆动顺利完成、燃气滚控按预定程序完成多次打开关闭，首次热试车圆满成功。

接下来，于2013年4月，二子级热试车试验成功；2013年7月，三子级热试车试验成功。三次热试车的圆满完成，充分验证了自增压技术的可行性，为长征六号运载火箭首飞奠定了坚实的基础。

3）拉开新一代运载火箭腾飞的序幕

2013年9月，长征六号运载火箭正式转入试样研制阶段；同时研制团队进驻太原卫星发射中心，开展整箭发射场合练，为最后的发射做准备。

这是长征六号运载火箭在基地首次亮相，新型号、新工位、新设备、新队伍、新流程、新状态、新技术……一切从头开始，有待仔细磨合。

推进剂加注是发射场合练试验中的重要考核项目之一。虽然基地在常规推进剂加注方面已经有成熟的经验，但液氧煤油加注系统是首次与运载火箭见面，每一个过程都要小心翼翼，须经过再三论证。2013年12月，合练任务圆满完成，为长征六号运载火箭的发射积累了一整套完备的数据和流程。

2015年7月，长征六号Y1箭产品正式出厂；9月20日，火箭发射圆满成功。长征六号运载火箭采用了与长征五号、长征七号运载火箭基本相同的动力系统和电气系统，其发射成功标志着我国在运载火箭现代化、推进剂无毒化方向迈出了坚实的一步，并将推动多星发射装置系列化、标准化的发展，也拉开了我国新一代运载火箭腾飞的序幕。

2. 案例评析

有这样一群人，他们是一群追梦者，白手起家，造中国新箭；他们是一群创业者，在事业发展顺风顺水之时，毅然肩负起探索未知领域的重任；他们是一群敢想敢为的人，只要树立了目标，则义无反顾，披荆斩棘到达彼岸。他们就是中国航天科技集团公司长征六号运载火箭研制团队（长六火箭研制团队）。

总设计师兼总指挥张卫东为人师表，率先垂范。"两总"系统是一支研制队伍的灵魂，他们不仅是技术带头人，也是队伍的"定海神针"。长征六号运载火箭"两总"系统中，总设计师兼总指挥张卫东，副总设计师周遇仁、李程刚、丁秀峰，以及副总指挥李军来自中国航天科技集团第八研究院，副总设计师刘红军及副总指挥王建设来自中国航天集团第六研究院。

在长征六号运载火箭研制过程中，他们互相配合，打出了漂亮的组合拳。

"办法总比困难多。"这是张卫东常挂在嘴边的一句话。当型号研制遇到挫折的时候，他也总是拿这句话来鼓励大家。"大气、睿智、冷静、谦和"，这是大家对张卫东的评价。研制一型全新火箭就是一场对未知领域的探索，当岔路出现的时候，选择走哪一条路既需要智慧，也需要魄力。

在长征六号运载火箭研制过程中，当不同的技术方案出现时，选择哪一种方案，这关系到火箭研制的成败与进度。张卫东总是毅然决然地选择技术更先进、探索难度更大的技术方案。

遇到挫折的时候，张卫东总是鼓励大家说："我是型号第一负责人，而型号研制必须靠大家，只要大家把工作做踏实、做充分了，出了问题是我的，成绩是大家的。"

"刚见面时感觉他比较严厉，接触久了发现他非常和善与睿智。"这是大多数人对周遇仁的印象。这位长征六号运载火箭副总设计师以创新大胆、技术扎实和亲力亲为而闻名。

2008年，长征六号运载火箭立项时，周遇仁带领研制队伍提出了一个个满足苛刻技术指标的解决方案；立项成功后，长征六号运载火箭确定了12项重大创新，90项关键技术创新。每一项关键技术能否被突破都决定着长六火箭的成败，周遇仁总是鼓励大家："我们要对型号负责，争取做到历史清楚、历史清白。"

"负责"是周遇仁的一大特点。在型号攻关、试验的时候，他率先垂范，在遇到危险情况的时候，他冲锋在前。有人说，周总的风格是，当他觉得一件事情可能给研制人员带来风险的时候，他也一定要陪着去。

在刘红军腰上绑着一条已经陪伴他几年的软腰带，在此之前，他身上绑着的是一条钢护腰带。由于长时间废寝忘食地工作，刘红军落下了腰椎间盘突出的毛病，疼痛来袭的时候，如同被电击一般。医生曾经叮嘱他，如果不注意休息，就有瘫痪的可能，但他经常将医生的叮嘱抛到九霄云外。有一次发动机在秦岭山沟里进行试验，因为不能长时间坐着，他便找司机拆掉了一个车座椅，躺着进山沟指导试验。

为了治疗，刘红军在腰上绑上了一条钢护腰带，这一绑就是8年。稍微好转以后，他才换上了这条软腰带。了解刘红军的人都说，他是个对技术有情结的人，对于技术问题，挑战越大、难度越大，他越感兴趣。刘红军说，液氧煤油发动机就像自己的孩子，他为之倾注了感情。

长征六号运载火箭研制团队是一支年轻而稳定的队伍。2008年队伍组建以来，尽管人数在不断增长，但核心人员一直比较稳定。

在研制团队中，不少人大学毕业后接触的第一个型号就是长征六号运载火箭，在进入发射场的109名研制人员中，第一次来发射场执行发射任务的占到了45%。这支以"80后"为主的队伍让人感到惊喜，在工作中，他们继承了老一辈航天人传承下来的航天精神，在生活中，他们是一群有趣的人。

长征六号运载火箭研制队伍氛围好离不开"两总"的鼓励。在工作中，张卫东以"民主作风"闻名，每次听取汇报的时候，他总是先认真耐心聆听，从不中途打断。"要让大家发表意见。"这是团队秉持的理念。

很多人说"怕"向丁秀峰汇报工作，因为她总是在思考型号的薄弱环节。就是这位让人"怕"的丁总，在工作中却不搞"独断专行"。她经常组织大家讨论，也乐得见到大家争得面红耳赤。在丁秀峰看来，争论越激烈，证明大家对技术的认识越深。

正是有了"两总"的率先垂范，才在长征六号运载火箭研制团队中形成了良好的工作氛围。

年轻而能担大任是长征六号运载火箭研制团队的一大特点。作为一个新研制型号，长征六号运载火箭需要攻克的技术难关数不胜数，大型试验一个接一个。但这些刚走出大学校门或才走上工作岗位的年轻人，发扬航天精神，攻克了一个个技术难关。每一项技术从构想到产品的实现，都凝聚着团队的泪水和汗水。对于他们而言，成功是最好的奖励与补偿。

在攻关过程中，每个人也收获了成长。例如，长征六号运载火箭测量团队是一支平均年龄不到 30 岁、平均型号经验仅 5 年的团队。伴随着长征六号运载火箭的研制，这支队伍不但具备了火箭测量系统的抓总研制和试验能力，而且在新型数字化、模块化、通用化箭上单机、变换装置设计和地面各类大型试验测量系统研制两大领域实现了工程经验的积累和专业平台的建设。

张卫东表示，比型号成功更重要的是人才队伍的培养，一支队伍既要有战斗力、凝聚力，又要有生命力，要能啃下型号攻关的硬骨头，也要保持队伍的可持续发展，要一代比一代强，永葆队伍的生命力。

3. 教学设计

长征六号运载火箭是新一代无毒无污染小型液体运载火箭，对火箭的设计和制造都提出了更高的要求，研发团队不畏艰难、勇于创新、协作拼搏，解决了运载能力、测发流程、整体起竖可行性、火箭可控性、新型结构设计等难题，从零开始绘制蓝图，创新采用氧箱自生增压方案，选用了新研制的高比冲、大推力、无毒无污染液氧煤油发动机，实现了我国新一代运载火箭的腾飞。

在教学过程中，通过引入长征六号运载火箭研发案例，通过介绍长征六号运载火箭从项目立项争取、火箭方案设计与制造、发射场合练试验到发射的协作过程，突出在整个过程中研制团队核心骨干的表率作用和努力及团队成员的奉献精神，让学生更深刻地认识到团队精神就是一种相互协作、相互配合的工作精神，团队协作更有利于个人的成长。

6.4.5　研制载人深海潜水器　协作奉献勇攀高峰

1. 案例介绍

2020 年 11 月 10 日，中国万米载人深潜器"奋斗者"号在西太平洋马里亚纳海沟创造了 10909 m 的中国载人深潜新纪录（见图 6.10）。随后，习近平总书记在贺信中说："'奋斗者'号研制及海试的成功，标志着我国具有了进入世界海洋最深处开展科学探索和研究的能力。"作为国家"十三五"规划中"深海关键技术与装备"的核心任务，"奋斗者"号于 2016 年立项，目标就是挑战全海深载人潜水器难以企及的万米深度。而在万米海底，成就"妙不可言"奋斗者的是一系列超高难度的国产核心技术。

图 6.10　"奋斗者"号万米载人深潜器

精心打造的高精尖大脑和灵巧双手。要想在地形环境高度复杂的万米海底实现作业，"奋斗者"号必须实现高精度航行控制，否则就可能有"触礁"的风险。为此，中国科学院沈阳自动化研究所为"奋斗者"号精心打造了一个高精尖的"大脑"，也就是它的控制系统。针对深渊的复杂环境，"奋斗者"号控制系统实现了基于数据与模型预测的在线智能故障诊断、基于在线控制分配的容错控制及海底自主避碰等功能，大大提高了潜水器的智能程度和安全性。同时还采用了基于神经网络优化的算法，实现了大惯量载体贴海底自动匹配地形巡航、定点航行及悬停定位等高精度控制功能。"奋斗者"号的水平面和垂直面航行控制性能指标已经达到国际先进水平。除了"控制大脑"，要想在万米深海实现精准的作业，一双灵活有力的"手"也是必不可少的。

"奋斗者"号的两套主从伺服液压机械手具有 7 个关节，可实现 6 自由度运动控制，持重能力超过 60 kg，能够覆盖采样篮及前部作业区域，具有强大的作业能力。依托这双机械手，"奋斗者"号在深渊海底顺利完成了岩石、生物抓取及沉积物取样器操作等精准作业任务，填补了我国应用全海深液压机械手开展万米作业的空白。

中国科学院是"奋斗者"号研制任务的攻坚队。作为人类历史上第 4 艘全海深载人潜水器，为实现万米海底作业的目标，"奋斗者"号在研制建造及海试电视直播过程中突破了一系列关键核心技术。中国科学院金属研究所、理化技术研究所、声学研究所、沈阳自动化研究所、力学研究所等单位与中国船舶集团第 702 研究所等单位密切配合、集智攻关，顺利完成了钛合金载人舱、固体浮力材料、高速数字水声通信系统、自动控制系统、机械手等关键技术的攻关工作，为"奋斗者"号总装集成提供了核心技术支撑，为实现"奋斗者"号关键技术国产化的目标做出了突出贡献。中国科学院深海科学与工程研究所、西安光学精密机械研究所、长春光学精密机械与物理研究所、中国科学技术大学、上海硅酸盐研究所等单位联合中央广播电视总台等单位，突破了全海深微光超高清相机、超高清视频实时低损耗压缩算法、透明保护罩和陶瓷耐压罐材料等关键技术，自主研制了"沧海号"着陆器和全海深视频直播系统，为万米载人深潜的电视直播提供了技术支撑。

中国科学院是"奋斗者"号海试任务的主力军。全海深载人潜水器海试是一项复杂的系统工程，是全面验证"奋斗者"号研制成功的关键步骤。在科技部、中国科学院和海南省的共同支持下，中国科学院深海科学与工程研究所团结、协调多方力量和资源，牵头组织开展并圆满完成了"奋斗者"号的海试任务。一是联合四川 1482 航空工业川西机器有限责任公司等单位，建成了用于载人球壳耐压测试的容积与工作压力技术指标最高的超大型深海超高压模拟试验装置；二是联合中国船舶集团等单位，建成完备的"奋斗者"号海试支持母船"探索一号"和保障母船"探索二号"万米海试水面支持保障条件；三是组建了专业化的载人深潜运维团队，积累了丰富的载人深潜作业经验及马里亚纳海沟海斗深渊区海洋环境数据；四是建立了安全高效的海试领导、组织、实施体系，形成了"只问岗位、不问单位"的跨系统、跨单位、跨部门团结协作的文化氛围；五是不断创新工作思路和机制，逐渐探索了"深海科学—工程技术—海上作业"交叉融合、协同发展的组织模式，构建了"小核心、大网络"的深渊科技研发体系。自 2020 年 7 月起，按照"由浅入深、循序渐进"的原则，"奋斗者"号先后在南海、西太平洋马里亚纳海沟海域分阶段进行了海试验证，顺利通过了现场验收，累计完成 30 次下潜，其中 8 次突破万米，标志着我国在大深度载人深潜领域达到了世界领先水平。

2. 案例评析

从"蛟龙号""深海勇士"号再到"奋斗者"号，几十个机构上千名科研人员十几年的辛勤工作，让我们终于有机会把人送到深海 1 万米，而这当然不仅仅是对自然边界的探索，更是对合金材料、对水声通信、对精密加工等底层技术的探索，而这一切的前提是一个足够激动人心的目标，进而激发出强大的创新精神、坚定的执行力及长期持续的资源投入，这就是把人送到深海 1 万米的意义。

深海是人类解决资源短缺、拓展生存发展空间的战略必争之地，然而，潜入数千米下压力极高的深海，对于深海装备的结构设计、材料制作、承压密封技术等有极高的要求，只有顶级技术强国才可以涉足这一领域。

深海装备不同于其他发明创造，它是一个系统而复杂的工程，包括总体、结构、电控、信息、液压等技术装备的研发生产和海上支持等多个环节，需要包含各学科的专业团队协作完成。以万米载人潜水器"深海勇士"号为例，它的研制任务就是由中国船舶集团第 702 所牵头，国内 94 家单位共同参与完成的。

团队工作需要协调配合，甚至在遇到问题时，有可能需要舍弃"小我"，成全"大我"。载人深潜精神，就有"团结协作"这四个字。"海龙Ⅲ"团队负责人——上海交通大学水下工程研究所所长葛彤曾说过，自己在接任所长时，副校长陈刚送给他一句忠言，即"秉持公心"，深海装备研发是一项国家使命，它并不是个人的一项成就或是晋升的资本，只有把团队的力量调动起来，勠力同心，才能到达成功的彼岸。"蛟龙号"潜水器项目第一副总设计师崔维成为了同团队更密切地配合，曾主动提出降职，请求不再担任中国船舶集团第 702 所所长，而是改任副所长，以便集中精力研制"蛟龙号"。正是这一个个秉公尽职、忘我奉献的科学工作者团结奋斗，我国深海装备才迎来了"百花齐放"的局面。

3. 教学设计

载人深海潜水器是海洋开发的前沿与制高点之一，其水平可以体现出一个国家材料、控制、海洋学等领域的综合科技实力，应用于水下观测、海上作业、救捞工程、水下安保等方面。载人深海潜水器是典型的复杂产品，涉及材料、机械、控制、电子、通信、海洋学等多个学科。

载人深海潜水器的研制就是我国近代众多大型工程研制的一个缩影，其成功研制完全离不开项目团队的大力协作和每一位成员的良好团队意识。"奋斗者"号在"蛟龙号""深海勇士"号载人潜水器研制与应用的良好基础上，历经 5 年艰苦攻关，拥有了诸多"高精尖"和"黑科技"，实现了多项重大技术突破，其背后是超过 20 家科研院所、13 所高校、60 余家企业，近千名科研人员共同攻关、大力协作的结果。

因此，在机械相关课程中引入该案例，引导同学们学习"严谨求实、团结协作、拼搏奉献、勇攀高峰"的中国载人深潜精神，从"奋斗者"号中汲取担当作为的动力、顽强拼搏的毅力和开拓进取的创新力，为全面建设社会主义现代化国家不懈奋斗。

参考文献

[1] 华冰.大学生团队精神培养研究 [D].长春：长春理工大学，2013.

[2] 李亚.当代大学生团队意识培育研究 [D].重庆：西南政法大学，2016.

[3] 王洪涛.加强国企科研院所团队精神建设的对策研究 [D].上海：华东师范大学，2013.

[4] 李海峰.团队精神的文化渊源与培养大学生团队精神的方法研究 [D].西安：西安科技大学，2003.

[5] 王章豹.中国古代机械工程技术的辉煌成就 [J].中国机械工程，2002, 13(7): 624-628.

[6] 戴吾三.论《考工记》的生产技术管理 [J].大自然探索，1996(1):119-124.

[7] 郭延龙，陈宇飞.《考工记》的工匠设计精神及其当代价值 [J].合肥工业大学学报（社会科学版），2018, 32(2):51-55, 65.

[8] 李民，王星光.略论《考工记》车的制造及工艺 [J].河南师范大学学报（哲学社会科学版），1985(2):66-72, 35.

[9] 王先泰.浅析《考工记》"车"制中的造物智慧 [J].中国包装，2020,40(6):62-64.

[10] 王蕾，韩澄.《考工记》对当代设计管理的启示 [J].河南教育学院学报（哲学社会科学版），2021, 40(2):83-85.

[11] 邓学忠，姚明万，邓红潮.《考工记》中的制车手工业标准化及对秦代的影响 [J].南阳师范学院学报，2012, 11(4):21-25.

[12] 王震宁.《墨子》城守诸篇军事工程技术研究 [D].西安：陕西师范大学，2014.

[13] 王京龙.墨子军事体育教育思想及其现代意义 [J].管子学刊，2013(2):80-84.

[14] 于然.墨家思想的现代管理价值探究 [D].哈尔滨：黑龙江大学，2018.

[15] 张恬.水运仪象台的数字化复现及其虚拟仿真系统优化研究 [D].哈尔滨：哈尔滨工业大学，2020.

[16] 王渝生.宰相科学家 大国工匠 格致诚正 治学求实求精 水运仪象台 本草图经 修齐治平 功颂千秋万载 [J].中国科技教育，2020(12):72-73.

[17] 张洁.试论水运仪象台研制的历史经验 [J].自然辩证法通讯，2008(3):75-79, 112.

[18] 王兴文.风光无尽意无穷：宋代社会文化造就了伟大的科学家苏颂 [J].温州大学学报（社会科学版），2007(1):101-107.

[19] 杨国栋."古代第一通才"苏颂 [J].福建理论学习，2015(12):34-37.

[20] 许娟.郑和下西洋与中国海事 [J].中国海事，2020(10):77-78.

[21] 吴鹏 . 中国明代造船基地的兴衰 [J]. 炎黄春秋 , 2021(2):94-96.

[22] 邢甲志 . 清末广东南海继昌隆缫丝厂创办人陈启沅 [J]. 中国商界 (上半月), 2009(6):
     216-217.

[23] 月珠 . 陈启沅 : 民族缫丝工业的引领者 [J]. 风流一代 , 2021(36):56-57.

[24] 崔春红 . 陈启沅 开启民族工业之门 [J]. 现代工业经济和信息化 , 2013(7):56-57.

[25] 刘亚莲 . 村寨故事 : 犇牛沟兵工厂 [M]. 西安 : 陕西人民出版社 , 2020.

[26] 张柏春 . 中国近代机械简史 [M]. 北京 : 北京理工大学出版社 , 1992.

[27] 中国通用机械工业协会 . 中国通用机械工业发展史 [M]. 北京 : 机械工业出版社 , 2018.

[28] 房正 . 中国工程师学会研究（1912—1950）[D]. 上海 : 复旦大学 , 2011.

[29] 陈小筑 , 汪劲松 . 西工大故事 [M]. 西安 : 西北工业大学出版社 , 2013.

[30] 陈一坚 . 中国新一代超音速歼击轰炸机 : "飞豹" [J]. 空军工程大学学报（自然科学
     版）, 2001, 2(5):1-3.

[31] 中国航空工业集团第一飞机设计研究院飞豹精神 : 唱响航空报国时代乐章 [J]. 国防
     科技工业 , 2013(8):26-28.

[32] 黄强 , 赵占春 . 托起 "飞豹" 为国扬威 : 六〇三所自力更生研制 "飞豹" 飞机纪实 [J].
     国防科技工业 , 2000(5):20-23.

[33] 徐秉君 . 新中国飞机研制的历史性跨越 : 记中国 "飞豹" 战机总设计师陈一坚院士 [J].
     科技创新与品牌 , 2010(5):16-19.

[34] 徐秉君 . 新中国飞机研制的历史性跨越 (续): 记中国 "飞豹" 战机总设计师陈一坚
     院士 [J]. 科技创新与品牌 , 2010(6):23-25.

[35] 杨光和 . 中国高铁核心技术突破的典范 : 中国铁路通信信号集团公司自主研发武广
     高铁 C7C5-3 级列控系统追踪 [N]. 人民铁道 , 2010-05-01(A2).

[36] 高红斌 , 杨光和 . 中国高铁核心技术突破的典范 : 中国铁路通信信号集团承担中国
     列控系统研发创造世界一流 C3 技术追踪 [J]. 世界轨道交通 , 2010(5):44-47.

[37] 陈龙 . 长征六号成功首飞 实现一箭 20 星 [J]. 中国航天 , 2015(10):8.

[38] 黄志澄 . 长征六号开启中国航天新征程 [J]. 太空探索 , 2015(11):10-11.

[39] 张美书 , 杨军 , 朱怡蓝 . 航天新动力 太空新征程 : 长征六号液氧煤油发动机的前世
     今生 [J]. 太空探索 , 2015(11):22-27.

[40] 付毅飞 . 新一代运载火箭诞生记 : 记长征六号研制历程 [N]. 科技日报 , 2015-09-
     22(1).

[41] 卢晨 . 创新深海装备需要合力攻坚 [N]. 中国海洋报 , 2019-05-23(2B).

[42] 吕月.坐底 10909 米！"奋斗者"号勇往直"潜"有哪些硬科技？[J].今日科技，2020(12): 39-41.

[43] 中国科学院为中国载人深潜科技创新树立了典范：从"蛟龙"、"深海勇士"到"奋斗者"[J].科技促进发展，2020, 16(12): 1482-1483.

[44] 陈瑜.一路"潜"行 中国万米深潜的光荣与梦想 [J].科学大观园，2021(7):30-35.

第7章 其他思考

7.1 面向未来的机械类专业课程思政案例思考

18世纪60年代，以蒸汽机的使用为主要标志的第一次工业革命，使英国成为世界上第一个工业化国家，也使整个19世纪成为"英国的世纪"；这次工业革命促进了机器生产替代手工生产，经济社会从以农业、手工业为基础转型到了以工业及机器生产带动经济发展的模式。英国通过此次工业革命，从占世界制造业份额的2%上升到了23%。

19世纪70年代发生的第二次工业革命，是以电力的大规模应用为代表，从这个时候开始，就可以进行流水线、大规模生产了。人类社会也从"蒸汽时代"跨入了"电气时代"。第二次工业革命推动了如美国、德国等一批新兴国家的崛起。到1938年，美国占世界制造业的份额提高到33%，而英国所占的份额下降到13%，国际政治经济格局从此改变。

20世纪中叶以来，以计算机和电子技术普及为代表的第三次工业革命将人类社会带入了科技时代。这次革命不仅极大地推动了人类社会经济、政治、文化领域的变革，还影响了人类的生活方式和思维方式，使人类社会生活和人的现代化向更高境界发展。美国借助第三次工业革命，进一步巩固了其世界强国的地位。

2010年后，德国和中国相继提出"工业4.0"和《中国制造2025》等概念，以物联网、大数据、机器人及人工智能等技术为驱动力的第四次工业革命正以前所未有的态势席卷全球。此次工业革命的核心是网络化、信息化与智能化的深度融合。全球经济面临一次深刻的产业变革，将导致人类社会的生产方式和生活方式发生革命性变化，世界经济将迎来一个新的产业发展周期。

近几个世纪以来，我国与世界科技革命和工业革命擦肩而过，延缓了工业化和现代化的进程。西方发达国家的产业演进轨迹和新的发展趋势给我们带来了深深的启迪，我们需要把握住第四次工业革命这一新的发展机遇。这场新工业革命以新科技革命和新产业变革为主要特征，但是对人类文明的冲击还未完全爆发，真正能够影响工业化发展方向和人类文明进程的新科技、新产品、新业态仍在形成过程中，其核心技术的研发、应用呈现机会均等的特征，这为中国从核心技术上真正转变为工业强国提供了难得的契机。

新工业革命以制造智能化为基础，建立在新网络和新能源、新材料相结合的基础上。因此，作为制造业的基础性和支柱性人才，高素质机械人才就成为新工业革命人才培养的核心。但是新工业革命中的智能制造呈现明显的网络化、数字化、智能化特点，与传统的制造技术有较大不同。因此，相应的课程思政案例也应该充分考虑上述特点进行挑选、挖掘。

同时，新工业革命时代国际格局发生了深刻变化，我国的综合实力和国际影响力持续增强，中国需要更加积极地参与全球治理体系的改革和建设，推动构建人类命运共同体，不断为人类文明进步贡献力量。其中一项重要任务是培养一大批熟悉党和国家政策、了解我国国情、具有全球视野、通晓国际规则的高级机械专业人才，培养更多能够直接参与制造领域国际组织和国际机制运行的复合型人才。因此，相应的课程思政案例也要聚焦国际视野和全球治理，进行挑选和挖掘。

可以看出，机械工业的新特点和国家发展的新需求都要求专业课程思政教学目标与内容有所变化，而对应的教学案例也应该有针对性地进行补充和完善。总体来看，应该以新技术的特点和面向全球的拓展为抓手，寻找和发现在智能制造时代课程思政元素中的变与不变，从而有针对性地进行案例的总结和内涵的挖掘，例如科学精神不变，但面向人工智能应用的工程伦理则可能发生变化，创新意识和团队意识不变，而家国情怀会增加"全球"概念的内涵。

7.2　如何把握机械类专业课程思政教学之"度"

专业课教师不仅要有过硬的专业能力，还要具备"政治要强、情怀要深、思维要新、视野要广、自律要严、人格要正"的思政基本功，关键是要把握好课程思政教学之"度"，才能更好地成为学生健康成长的指导者和引路人。同时，中国悠久、坎坷而又令人振奋的机械文明发展之路是专业课程思政教学案例的宝库，蕴藏了大量鲜活、生动、富有教育意义的典型案例，如何正确运用课程思政教学案例，使其能够充分发挥作用，也需要把握住案例教学的"度"。建议从以下几个方面把握课程思政教学之"度"并开展工作：

一要有高度。专业课程思政是思政课程的完善和补充，虽然以机械专业知识为载体，但也必须具有鲜明的意识形态属性，要旗帜鲜明地讲政治，有政治站位的高度。也就是要恰当选择典型案例，并从案例的时代背景、历史渊源中挖掘中国共产党为什么"能"、马克思主义为什么"行"、中国特色社会主义为什么"好"的内涵，从培养中国特色社会主义事业建设者和接班人、培养中国机械工业领域的引领者和贡献者的角度，为国家复兴、制造强国建设培养机械人才。

二要有深度。大学生已经具备了基本的道德素养和精神追求，简单的、浅层的说教对于学生来讲并不合适，专业课程思政教学必须层层剖析、直指根源，具有能够与精神层面共鸣的深度。也就是说，要发现案例细节与机械专业课程的关联关系，深入分析案例蕴含思政要素的成因、作用，客观地看待案例蕴含的思政要素，不夸大、不护短，使学生能够在客观思考和批判中明辨是非，从内心深处认同案例的思政元素。

三要有广度。机械专业课程思政内容涉及的知识领域广泛，思政的内容需要在时间上和空间上足够广，才能通过比较和分析取得更加丰富的收获。也就是说，要在机械技术进化对比中分析案例技术的演进和变化，体现时代的发展和创新的力量；在机械发展历史对比中分析案例的时代背景，体现国家制度和社会发展道路的必然性和优越性；在机械文明国际对比中分析案例的独特和不足之处，既要培养文化自信，也要避免盲目自大。

四要有精度。专业课程思政内容的讲解要聚焦机械专业素养，要精准对接，既不能随意发挥，也不能以偏概全。典型案例的讲解要有针对性，就其最生动、最深刻的内容进行精准讲解，最好是要有事件的细节和精准的数据，不要为了省事而囫囵吞枣。不仅要做到对案例知其然，还要做到知其所以然，要实事求是、客观分析和讲解，并讲准、讲活、讲透。

五要有态度。专业课程思政教育要引导和帮助广大学生树立和养成正确的三观，教师必须把"四个自信"内化为自身的底气，光明正大、理直气壮地开展专业课程思政教学。也就是说，要敢于将典型案例中蕴藏的思政要素明明白白讲出来，向学生明确无误地表明正确的世界观、人生观和价值观要求，同时还要及时纠正学生的各种不良思想倾向和意识，使学生真正学有所获。有底气才有正气，才能引领风气。

六要有气度。正值心理成长成熟关键期的大学生有自己的想法和尊严，不可避免地与教师有思想上的不一致和认识上的差别。因此，教师既要能够讲出真知灼见，也要能够接受学生的质疑和争辩。这要求教师充分熟悉案例蕴含的思政内涵，能理解学生有不同的认知，能以大度、豁达、坦诚的方式进行充分的讨论，才能让学生更加深刻地理解并认同思政内容，这对于教师也是一种思维的拓展和理解的加深。

七要有活度。专业课程思政教学面对的是学生的心灵，与学生成长相关、能够引起共鸣的案例教学，才具备温暖学生心灵的温度，冷冰冰的案例堆砌难以得到学生的理解和认同。也就是要选择恰当的案例，从恰当的角度切入，进行讲解和论述，能够将其人、其事、其情融入学生所思、所行的相关方面，使学生能够对其产生兴趣、感同身受，并愿意认同和发扬其蕴含的精神内涵。

八要有尺度。专业课程思政教学必须依托专业课程开展，因此必须把握教学案例应用的尺度，既不能喧宾夺主，也不能敷衍塞责。案例应用宜精不宜多，不要过多占用专业课程教学的时间。在需要进行课程思政教学的地方浓墨重彩精心讲解精选的案例，在没有必要进行思政教学的地方要专心讲解专业内容。

7.3 机械类专业课程思政教学应从案例走向体系

机械类专业课程思政教学涉及的范围广，内容丰富，应该是一项系统性、全面性的工程，但是目前专业课程思政教学工作以零散的案例教学为主，对于有效的、明确的、系统性的专业课程思政教学要求来讲还存在一些问题，主要表现在以下几个方面：

第一是培养目标不明确。目前针对机械专业的课程思政教学，尚缺少明确的培养目标，即关于专业课程思政教学将使学生的综合素养发生何种变化的明确表述。对于课程思政的要求目前存在多种表述，例如教育部在《高等学校课程思政建设指导纲要》中指出，"工学类专业课程，要注重强化学生工程伦理教育，培养学生精益求精的大国工匠精神，激发学生科技报国的家国情怀和使命担当"。陕西省教育厅在《全面推进高等学校课程思政建设工作方案》中指出"理学、工学类专业课程，要在课程教学中把马克思主义立场观点方法的教育与科学精神的培养结合起来，提高学生正确认识问题、分析问题和解决问题的能力"。

实际上针对不同的专业类型，其课程思政的教学目标也应该有所不同。"要根据不同学科专业的特色和优势，深入研究不同专业的育人目标，深度挖掘提炼专业知识体系中所蕴含的思想价值和精神内涵，科学合理地拓展专业课程的广度、深度和温度，从课程所涉专业、行业、国家、国际、文化、历史等角度增加课程的知识性、人文性，提升引领性、时代性和开放性。"因此，要针对机械类专业，进行深入分析和凝练，设计出符合专业特点和要求的专业课程思政教学目标，从而为开展教学指出方向。而目前采用案例式的零散教学，尚未总结出明确的培养目标。

第二是教学目标不清晰。课程思政教学既然是一种重要的教学活动，就应该有明确的教学目标。但是目前基于案例的零散教学活动，尚无法形成清晰、规范的教学目标，也就无法将教学要求下沉到各门课程之中，从而不能全面支撑培养目标的达成。实际上，目前的机械类专业课程教学目标更多侧重于知识和能力的培养，对于综合素养的养成来讲，也存在不明确、难以考核等情况。虽然通过工程教育专业认证进行了完善，注重了管理、团队等方面的培养，但是距离思政要求仍有不小的差距。因此，应该依据专业课程思政培养目标，制定合理的教学目标，并将其分解到各门课程的教学大纲中，从而再自底向上实现课程思政培养的目标。

第三是缺少必要的方法和规范。课程思政教学虽然重点是提升学生的综合素养，以德育为主，但是有些思政要素最终要依赖正确的方法和规范来体现。比如创新思维虽然注重精神层面的倾向性，但是如果掌握了正确的方法或者思维模式，就能够更好地开展创新工作，反过来进一步促进创新思维的养成。再比如工程伦理，虽然侧重于道德层面，但是具体有哪些方面的伦理，这些伦理应该遵从的规范或者要求又是什么，如果这些内容不够明确的话，学生对于工程伦理的认知就会流于表层，在实际应用中也会无所适从。但是目标仅仅依靠典型案例，是无法将这些方法和规范讲清楚的。

因此，单纯依靠典型案例的引入和讲解尚无法有效解决上述几个方面的问题。基于案例的专业课程思政教学模式应该进一步系统化，先从顶层进行专业课程思政培养目标的设计，然后将其分解为不同的、对应的教学内容，进而将教学内容分解到不同课程的教学目标中，构建较为完整的专业课程思政教学体系。然后还要有针对性地进行相应课程的补充，以弥补典型案例教学的不足之处，将创新方法、工程伦理规范等以较为系统化的方式进行教学。最终构建一个由"专业课程＋典型案例＋专业素养课程"构成的系统化的专业课程思政教学体系，满足系统化教学的要求。

参考文献

[1] 耿俊浩,齐乐华,田锡天,等.世界一流机械工程专业培养方案分析与启示 [J]. 高等工程教育研究,2021(1):81-89.

[2] 赵昌文,等.新工业革命的中国战略 [M].北京：中国发展出版社,2018.

[3] 谢伏瞻.论新工业革命加速拓展与全球治理变革方向 [J].经济研究,2019,54(7):4-13.

[4] 任福义.讲好思政课把握十个"度"[N/OL].(2019-07-23）[2022-03-27]. https://epa-per.gmw.cn/gmrb/html/2019-07/23/nw.D110000gmrb_20190723_3-14.htm.

[5] 习近平.在党史学习教育动员大会上的讲话 [EB/OL].(2021-03-31)[2022-03-27]. https://www.gov.cn/xinwen/2021-03-31/coxtent_5597017.htm.

[6] 中华人民共和国教育部 . 教育部关于印发《高等学校课程思政建设指导纲要》的通知 [EB/OL].(2020-06-01)[2022-06-29].http://www.moe.gov.cn/srcsite/A08/s7056/202006/t20200603_462437.html?eqid=a2f7cqf80002888f0000000364269908.

[7] 陕西省教育厅 . 中共陕西省教育工委 陕西省教育厅关于印发《全面推进高等学校课程思政建设工作方案》的通知 [EB/OL].(2020-07-31)[2022-06-29].http://jyt.shaanxi.gov.cn/news/gongweiwenjian/202007/31/17361.html.

A.1 远古时期：机械技术的萌芽

A.1.1 西侯度遗址石器：三棱大尖状器

时间：距今 243 万年的旧石器时代。

说明：西侯度遗址的文化遗物共发现了石制品 32 件，包括石核、石片和经过加工的石器。石器原料多为石英岩，打片采用了锤击、砸击和碰撞 3 种方法。小型的漏斗状石核和有棱脊台面的石片反映出石器工艺达到了一定的水平。石器用石片加工，有砍斫器、刮削器、三棱大尖状器等类型。三棱大尖状器是利用一块三棱形石英岩砾石在一端向一面加工而成的，可以观察到 5 块修理疤，其长、宽分别为 62.6 mm × 43.3 mm、51.6 mm × 44.8 mm、34.2 mm × 35.3 mm、41.2 mm × 36.2 mm、7.5 mm × 14.2 mm，其中后 3 块修理疤是重叠产生的（见图 A.1）。

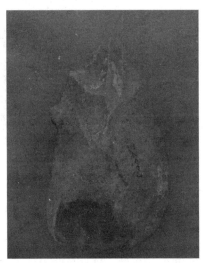

图 A.1 西侯度遗址出土的三棱大尖状器

A.1.2 北京人遗址石器：砍砸器、刮削器、尖状器等

时间：距今 70 万年至 20 万年之间的旧石器时代中期。

说明：北京人洞穴遗址发现了 10 万多件石器，类型丰富，工艺多样，原料有脉石英、绿砂石、石英岩、燧石和水晶，制法有锤击法、碰砧法和砸击法，有砍砸器、刮削器、尖状器等不同类型（见图 A.2）。砍砸器一般是扁圆的鹅卵石，一面或两面打出刃口，主要用来砍伐木柴或狩猎，其次是用来砸击较大野兽的肢骨以使其断裂，食其骨髓或骨

---

① 本成果简史仅列出有实物或者有照片的典型成果，并尽量与正文中已列出的相关案例不重复。这里列出的仅为大量成果中的一小部分，仅供参考。

骼连接处的筋肉。刮削器根据石片加工后刃口的形状可分为直刃、凸刃、凹刃、多边刃和盘形等，一般用来割兽皮、切兽肉、刮树皮。尖状器一般是先从石块上打下石片，再沿石片边缘将石块一头修制成尖状，其可能用于割剥兽皮、剔剜兽骨、挖取树虫或挖掘地下块根。

图 A.2　北京人使用的石器

A.1.3　峙峪遗址石器：石箭镞

时间：距今 2.8 万年的旧石器时代晚期。

说明：峙峪遗址以细小石制品为主要特征，出土的石器有：尖状器、雕刻器、刮削器等 2 万余件。这些石器标志着典型的细石器雏形和复合工具的诞生。尤为值得一提的是，在峙峪遗址中，发现了我国迄今所知时代最早的石箭镞（见图 A.3）。可以推断，峙峪人已发明了弓箭，这是人类前所未有的武器，等于把手延长了几十米，在当时来说是最有威力的狩猎工具。弓箭扩大了狩猎的范围，提高了捕猎的效率，是人类改进工具增强征服自然能力的重要标志，从而促进了当时社会生产力的发展。峙峪石箭镞以燧石为原料，用非常薄的长石片制成，前锋锐利；一侧边缘经过精细的加工，另一侧保持石片原有的锋利刃缘，只在靠近尖端的部分稍加修理，以使尖端更为周正；与尖端相对的底端左右两侧均经加工而变窄，状似短短的镞铤。如此典型、精致的石箭镞，在我国旧石器时代晚期文化遗存中尚属首例。

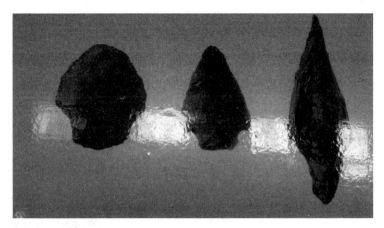

图 A.3　山西峙峪石箭镞

A.1.4　裴李岗遗址石器：石磨盘和石镰

时间：距今约 8000 年的新石器时代。

说明：在裴李岗遗址中，出现了大量经过磨制的石器，磨制石器的出现，是新石器时代的主要标志之一。器物有磨盘、磨棒、铲、镰、刀、斧、弹丸等，其中以磨盘、磨棒、铲、镰最为典型。磨盘、磨棒均用黄砂岩石琢磨而成。磨盘平面呈鞋底状，前宽后窄，凹腰，边沿较薄，中间较厚，下接四个矮柱足，盘上有加工谷物的磨损痕迹。磨棒呈扁圆柱状，两端较粗，有的长达 38 cm。磨盘琢制得形状规整，使用面平整光滑，与光滑圆润的磨棒配套使用。石磨盘仅在裴李岗一处就出土了 40 多件，从侧面反映了七八千年前裴李岗先民原始农业已发展到一个相当高的水平，谷物加工技术也相当发达。石镰通体磨光，制作工艺精湛，弓背内曲，背面略厚，向下渐薄，刃部有平直细小的锯齿。石镰前端较窄，柄部较宽，柄上翘，下部有两个系绳用的缺口。此镰面上布满青、白两色分明的较均匀的小斑点（见图 A.4）。

图 A.4　石磨盘和石镰

A.1.5　仰韶文化石器：双孔石斧

时间： 距今 5000 年左右的新石器时代。

说明： 仰韶文化是代表我国新石器时代晚期的典型文化遗址。1921 年，这一遗址在河南渑池县仰韶村首次被发现，根据考古学上的惯例——以最先发现的地点来命名同一系统的文化，所以，黄河流域许多性质相同的遗址被称作仰韶文化。仰韶文化时期的居民已过着定居农业生活。在经营农业的同时，狩猎、捕鱼也是很重要的生产活动。随着农业和其他生产活动的发展，原始的手工业也跟着兴起。在制造工具的过程中，磨制技术已广泛应用，制造出的工具细致平滑，便于使用，具有较高的工艺水平。工具的种类较多，已经发现了大量用途不同而器形相异的磨制石器：有砍伐用的石斧、掘土用的石锄、翻土用的大型磨光石铲和数量相当多的用于收割谷物的长方形石刀或陶刀。该双孔石斧斧柄部较窄，柄端略平，中部较厚，两侧平直，中间有一大圆孔，孔的上端有一小圆孔，均为两面钻孔，孔面呈喇叭状，内有弦纹；刃部较宽，呈弧状，较锋利；有使用痕迹（见图 A.5）。

图 A.5　双孔石斧

A.1.6　马家窑文化遗址青铜器：青铜刀

时间： 距今 5000 年的新石器时代。

说明： 马家窑文化是黄河上游新石器时代晚期文化。因最早发现于马家窑遗址而得名，年代为公元前 4200—前 3300 年。甘肃地区有色金属矿产丰富，现有 200 多处 10 种有色金属矿床，马家窑文化出土铜器的遗址大多位于这些矿藏所在的地区，包括铜矿、铅矿、锡矿等。因此甘肃地区出现早期青铜器在资源条件上是可能的。马家窑遗址出土的"天下第一刀"——青铜刀是我国迄今为止最早的一件青铜器（见图 A.6），由两块范浇铸而成，刃部经轻微冷锻或戗磨，以增加锋利度；刀身厚薄均匀，表面平整，有较厚的深灰绿色锈；短柄长刃，刀尖圆钝，微上翘，弧背，刃部前端因使用磨损而凹入；柄端上下内收而较窄，并有明显的镶嵌木把的痕迹；通长 12.5 cm、宽 2.4 cm。这说明我国在公元前 3000 年，就已经基本掌握了铸铜技术。

图 A.6　青铜刀

A.2 夏、商、西周时期：传统机械技术的开端

A.2.1 夏朝青铜礼器：网格纹青铜鼎

时间： 公元前 1750—前 1500 年（相当于夏朝）。

说明： 网格纹青铜鼎 1987 年出土于偃师二里头遗址，是目前发现的年代最早的青铜鼎，号称"华夏第一鼎"，堪称国之重宝（见图 A.7）。网格纹青铜鼎通高 20 cm、口径 15.3 cm、底径 10 cm，收口、圆腹、平底、锥状三足，腹饰不规整的方格纹，口沿上有两个半环状耳，腹部饰以很不规整的带状阳线网格纹，其造型和纹饰风格与中原龙山文化晚期的陶鼎几乎一致，但材质是当时罕见的贵金属——青铜。该鼎为合抱模铸风格，端庄规整，纹饰朴素，外形虽略显稚拙粗糙，却暗含高贵之意，正如华夏文明初创时的真实写照。

图 A.7 网格纹青铜鼎

A.2.2 商朝青铜兵器：兽面纹铜钺

时间： 公元前 1600—前 1046 年。

说明： 钺是用于劈杀的兵器，由铜钺首与长木柄组成，功用与战斧相似。钺首形似梯形，弧刃，平肩，以直内纳入木柄中，以钺身中部、肩部或内部穿孔缚于木柄。商朝后期还出现了有銎钺，以銎安柄。青铜钺主要流行于商朝至西周时期，之后较为少见。

图 A.8 兽面纹铜钺

商朝兽面纹铜钺 1965 年出土于山东省益都市（今青州市）苏埠屯，长 31.7 cm、宽 35.8 cm，质量 4.9 kg，其形体巨大、雕刻精美、两面均透雕，为张口怒目的人面形，钺正背口部两侧各有铭文"亚醜"二字（见图 A.8）。与铜钺同时出土的还有铜鼎、刜、爵、矛、戈、镞、斧、锛等。其中，在一件铜爵和铜锛残片上，铸有"亚醜"铭文。苏埠屯村屡次出土带有"亚醜"铭文的青铜器，据推测，这里可能是"亚醜"族的墓地。

A.2.3　商朝青铜礼器：商后母戊鼎

时间：公元前 1600—前 1046 年。

说明：商后母戊鼎高 133 cm、口长 110 cm、口宽 79 cm，质量 832.84 kg；器厚立耳，折沿，腹部呈长方形，下承四柱足。商后母戊鼎，形制巨大，雄伟庄严，工艺精巧；鼎身四周铸有精巧的盘龙纹和饕餮纹，足上铸有蝉纹，腹内壁铸有"后母戊"三字（见图 A.9）。商后母戊鼎是已知中国古代最重的青铜器。商后母戊鼎的铸造，充分说明了商朝后期的青铜铸造不仅规模宏大，而且组织严密，分工细致，足以代表高度发达的商朝青铜文化，被国家文物局作为国家一级文物列入首批禁止出境展览文物目录。

图 A.9　商后母戊鼎

A.2.4　商朝青铜礼器：四羊方尊

时间：公元前 1600—前 1046 年。

说明：四羊方尊是商朝晚期青铜礼器，祭祀用品。1938 年出土于湖南宁乡县黄材镇（今湖南省宁乡市黄材镇）月山铺转耳仑的山腰上。四羊方尊是中国仍存商朝青铜方尊中最大的一件，其每边边长 52.4 cm、高 58.3 cm，质量 34.5 kg，长颈，高圈足，颈部高耸，四边装饰有蕉叶纹、三角夔纹和兽面纹，尊的中部是器之重心所在，尊四角各塑一羊，肩部四角是 4 只卷角羊头（见图 A.10）。四羊方尊是用两次分铸技术铸造的，即先将羊角与龙头单个铸好，然后将其分别配置在外范内，再进行整体浇铸。整个器物用块范法浇铸，一气呵成，巧夺天工。四羊方尊集线雕、浮雕、圆雕于一器，把平面纹饰与立体雕塑融会贯通，把器皿和动物形状结合起来，恰到好处，以异常高超的铸造工艺制成。后四羊方尊在随湖南省银行内迁沅陵的途中，车队遭到日机轰炸，运载四羊方尊的车辆不幸中弹，四羊方尊被炸成了 20 多块。新中国成立后，后经过将近一年的时间才把破碎的四羊方尊修复，经过战火洗礼的四羊方尊得以

图 A.10　四羊方尊

重新面世，并成为国家特级文物。

A.2.5 西周青铜盛水器：虢季子白盘

时间： 公元前 1046—前 771 年。

说明： 虢季子白盘被列为中华人民共和国首批禁止出国（境）展览文物，商周时期盛水器，长 137.2 cm、宽 86.5 cm、高 39.5 cm，质量 215.3 kg。盘形制奇特，似一大浴缸，为圆角长方形，四曲尺形足，口大底小，略呈放射形，四壁各有两只衔环兽首耳，口沿饰一圈窃曲纹，下为波带纹（见图 A.11）。虢季子白盘原本在道光年间出土于陕西宝鸡的虢川司，为时任眉县县令的徐燮所得，至太平天国时期，虢季子白盘又易手成了长洲护王陈坤书的珍藏。清同治三年（公元 1864 年），时任直隶提督的淮军将领刘铭传拿下常州城，闻声自马厩中发现了被用作马槽的虢季子白盘，后刘家为避免军阀、日寇、国民党官吏索要该宝之胁迫，不得不把盘埋于深土，举家出逸。1949 年新中国成立，刘铭传第四代孙刘肃曾将盘挖出，献给国家。盘内底部有铭文 111 字，讲述了虢国的子白奉命出战，荣立战功，周王为其设宴庆功，并赐弓马之物，虢季子白因而作盘以为纪念。

图 A.11　虢季子白盘

A.2.6 西周兵器：玉柄铁剑

时间： 公元前 1046—前 771 年。

说明： 西周玉柄铁剑，距今 2800 年，通长 34.2 cm，柄长 12.2 cm，剑身长 22 cm，叶宽 3.8 cm，玉剑茎最大径 1.8 cm，剑首底端为 2.7 cm×2.31 cm。剑身插在精心制作的牛皮鞘内，剑外有丝织品包裹的痕迹，剑柄由和田青玉制成，仿佛一株破土而出的竹子（竹在中国传统文化里代表君子），竹节分明，玉质细腻，温润光滑。剑柄中空，里面插有铜制的芯，连接剑身和剑柄（见图 A.12）。由于埋藏久远，剑身已断为两截，鞘身也因锈蚀与剑身粘在一起，无法剥离。专家研究发现，这柄剑竟然是一块炼渗碳钢，而炼渗碳钢就是由块炼铁经过长时间渗碳，反复锻打而成的，所铸器物也因此更锐利、坚韧。玉柄铁剑制作精美，集铁、铜、玉三种材质于一体，是中国考古发掘中出土的时代最早的一件人工冶铁制品。它的出土，将中国人工冶铁的年代提前了近两个世纪，因此被誉为"中华第一剑"。考古学将漫长的人类社会划分为石器时代、青铜器时代、铁器时代三个阶段，分别对应于历史学上的原始社会、奴隶社会、封建社会三种社会形态。玉柄铁剑玉柄、铜芯、铁身，集昨天、今天、明天于一剑，它的发现，标志着作为社会生产力新代表的铁器已经萌芽，预示着我国的青铜时代行将过去，宣告了铁器时代，也就是封建社会，即将来临。

图 A.12　玉柄铁剑

A.3　春秋战国时期：传统机械技术的初步形成

A.3.1　春秋时期兵器：越王勾践剑

时间：大约公元前 496—前 494 年。

说明：1965 年越王勾践剑出土于湖北江陵望山一号墓，其出土时依然锋利且寒光凛冽，历时两千余年，竟然毫无锈蚀的痕迹。越王勾践剑长 55.7 cm，柄长 8.4 cm，剑宽 4.6 cm，剑首外翻卷成圆箍形，内铸有间隔只有 0.2 mm 的 11 道同心圆，剑身上布满了规则的黑色菱形暗格花纹，正面近格处有"越王鸠（勾）浅（践）自作用剑"的鸟篆铭文，剑格正面镶有蓝色玻璃，背面镶有绿松石（见图 A.13）。春秋越王勾践剑体现了当时短兵器制造的最高水平，被誉为"天下第一剑"，出土时千年不锈。质子射线荧光对春秋越王勾践剑的成分和表面装饰进行分析的结果证明春秋越王勾践剑主要用锡青铜铸成，含有少量的铝和微量的镍，灰黑色的菱形花纹及黑色的剑柄、剑格都含有硫。春秋越王勾践剑为青铜武器中的珍品，对研究越国历史和了解中国古代青铜铸造工艺与文字有着重要价值。

图 A.13　越王勾践剑

A.3.2 战国时期乐器：曾侯乙编钟

时间：战国（公元前 475—前 221 年）。

说明：曾侯乙编钟，1978 年在湖北随县（今随州）擂鼓墩曾侯乙墓出土，成于战国早期，是目前已知全世界最大、最重、音乐性能最完好的青铜礼乐器，为中国首批禁止出国（境）展览文物。编钟是中国古代的大型打击乐器，兴起于西周，盛于春秋战国直至秦汉。它用青铜铸成，由大小不同的扁圆钟按照音调高低次序排列起来，悬挂在一个巨大的钟架上，用丁字形的木槌和长形的棒分别敲打铜钟，能发出不同的乐音，因为每个钟的音调不同，按照音谱敲打，可以演奏出美妙的乐曲。全套编钟重 5 t，共 65 件钟，分三层八组悬挂在呈曲尺形的铜木结构钟架上，最大钟通高 152.3 cm，质量 203.6 kg，其音域跨 5 个半八度，12 个半音齐备，只比现代的钢琴少一个最高音和一个最低音（见图 A.14）。它高超的铸造技术和良好的音乐性能改写了世界音乐史，被中外专家、学者称为"稀世珍宝"。

图 A.14　曾侯乙编钟

A.3.3 战国时期兵器：双矢并射连发弩

时间：战国（公元前 475—前 221 年）。

说明：战国双矢并射连发弩，1986 年出土于湖北省江陵县秦家咀 47 号楚墓中，由矢匣和机体两部分组成。矢匣为木质，机体为铜质，呈长方形，长 29 cm，最宽处 17.3 cm。矢匣用桶木雕制，呈长方形，前端下缘有两个并列的半圆形发射孔。匣内有三个储矢的槽，两侧为竖槽，储矢 9 支，中间为水平槽，并列放置 2 矢。拉满木弓，扣动扳机，水平槽内的 2 矢即由前端的发射孔射出。与此同时，两侧的储矢自动跳至水平槽内供继续射击用。弩机上还设有勾弦用的"牙"、瞄准用的"望山"、扳机用的"悬刀"。矢匣可装 20 箭，一次可并发 2 箭，且能连发 10 次，射程在 20 ~ 25 m，设计巧妙，机关复杂，比文献记载中的"诸葛连弩"早了 300 多年（见图 A.15）。弩机是一种在弓箭的基础上发展起来的射击兵器，因其具有连发功能，近距离杀伤力优于弓箭。因其小巧，形似如今的手枪，故被人们誉为是"手枪鼻祖"。连发弩机始于何时，是谁发明的，文献没有明确记载，有人认为出现于黄帝时期，也

图 A.15　连发弩机和矢

有说是春秋战国时期。从目前考古发掘的资料来看，战国时期楚墓出土弩机已有多次，但仅该件并射连发弩机遗存最为完好，是一件极为珍贵的古代兵器藏品。

A.3.4　战国时期衡器：楚木衡和铜环权

时间：战国（公元前 475—前 221 年）。

说明：楚木衡和铜环权，1954 年出土于湖南长沙左家公山，木衡杆长 27 cm、铜盘直径 4 cm，木衡（木制的衡器）相当于我们现在所使用的天平，而铜环权（铜制的环形权）则相当于砝码（见图 A.16）。这是完整的一套权衡器。木衡杆作扁条形，杆正中钻一孔，孔内穿丝线作为提纽。杆两端内侧 0.7 cm 处各有一穿孔，内穿丝线以系铜盘。系盘丝线长 9 cm，铜盘两个，底略

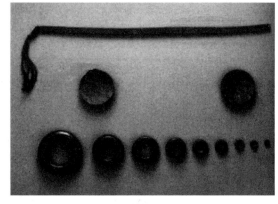

图 A.16　楚木衡和铜环权

圆，边缘有四个对称的小孔，用以系线。环权重量大体以倍数递增，分别为一铢、二铢、三铢、六铢、十二铢、一两、二两、四两、半斤。以半斤权推算，一斤合 250 g。战国时期，楚国使用的货币是铜贝和金钣，推测这种小型衡器用于称量黄金。

A.3.5　战国时期酒器：铜冰鉴

时间：战国（公元前 475—前 221 年）。

说明：战国铜冰鉴，青铜酒器，1977 年出土于湖北省随州市擂鼓墩曾侯乙墓，被称为"世界上最早的冰箱"（见图 A.17）。战国铜冰鉴长宽均为 76 cm、高 63.2 cm，是一件

图 A.17　铜冰鉴

双层方形的青铜盛酒器，由一个方鉴和一件方尊缶组成，鉴为方体，像一个方口的大盆，腹深，平底，四个兽足。鉴口四角及四边中部分别有方形或曲尺形附饰，与口沿上相应的榫眼套接。鉴的支脚由四只龙首兽身的怪兽组成，龙头向外伸张，兽身的后肢匍匐蹲地。鉴身的四面和四棱上共有八个拱曲的龙形耳钮，龙形呈拱曲攀伏状，每条龙的头顶承接 8 块接檐式铜饰，钮尾均有小龙缠绕，又有两朵五瓣小花立于尾上。鉴内中部有方孔，鉴内之缶口颈即从方孔中露出，盖之四面各有一兽面衔环，以便启闭鉴盖。盖上浮雕变形蟠纹，鉴体上多浮雕蟠螭纹，下腹饰蕉叶纹。鉴体铭刻"曾侯乙作持用终"。铜缶亦为方体，小口，斜肩，腹瘦深，平底，圈足。缶盖平顶，上置四个圆环钮。盖沿内折，与缶口以子母榫相扣合。缶肩有四个圆环钮。缶上饰 T 形勾连纹、菱形带纹、斜三角纹、勾连云雷纹、蕉叶纹、涡纹和浮雕变形螭纹，盖内刻铭与鉴铭相同。方尊缶置于方鉴内，鉴作外套，缶在其中，缶的外壁和鉴的内壁之间有很大的空间，具有冰镇、加温酒浆的双重功能。其底部一侧有两个长方形榫眼，另一侧有一个长方形榫眼，安装时，把这三个榫眼与方鉴内底的三个弯钩扣合，其中一个弯钩的活动倒钩自动倒下后，可把方壶固定在方鉴里而不晃动。该鉴出土时带有长柄的铜勺，是舀酒的用具。战国铜冰鉴的主体部分由器物本身、装饰附件、镂空附饰三部分组成，三个部分各使用了不同的铸造工艺。器物本身使用浑铸法（一次整体铸成），装饰附件使用分铸法（分别铸就），镂空附饰则用失蜡法熔模铸造。战国铜冰鉴为后人展示了中国古代青铜铸造的高超技法和先进水平，不仅成为研究古代历史的重要证物，更是青铜铸造史上的典范之作，堪称青铜时代的巅峰作品之一。

A.4　秦汉、隋唐时期：传统机械技术的发展成熟

A.4.1　秦朝车辆：秦始皇陵铜车马

时间： 秦朝（公元前 221—前 206 年）。

说明： 秦始皇陵铜车马，是 1980 年于秦始皇陵封土西侧 20 m 处发掘出土的一组两乘大型彩绘铜车马——高车和安车，是迄今中国发现的体型最大、结构最复杂、系驾关

系最完整的古代铜车马，被誉为"青铜之冠"（见图 A.18）。铜马车的大小约为真实马车的 1/2，车、马、御手全用青铜铸造，通体彩绘，车马器和部分装饰则用金银制作。1 号车通长 225 cm，高 152 cm，重 1061 kg。辕长 183.4 cm，舆广 74 cm，进深 48.5 cm。舆的前、左、右三面立有栏板，前端有轼，后面有车门。舆内立十字形伞座，座上插一长柄铜伞，铜御官俑立于伞下。车上备有铜弩、铜箭、铜盾等兵器。1 号车的车舆呈横长方形，前边两个转角处呈抹角弧形。其基本结构是以舆底四周四条较粗的軨为基础，在軨间纵向设木光作为舆底，在轮上面立有车阑，构成整个车舆。在车舆之内有一车伞，由伞座、伞柄、伞盖等部分组成。2 号车的车舆与 1 号车迥然不同，1 号车是敞篷的，2 号车却是密闭的车舆。1 号车属立乘，乘员一般是站着的，2 号车车舆平面呈凸字形状，通长 1.24 m，分为前后两室，前室是御手坐的地方，面积狭小，有跽坐俑一个；后室是主人乘坐的地方，平面近似方形，广 78 cm，进深 88 cm，车舆上部有一椭圆形的篷盖，把前后两室罩于篷盖之下。前室的舆、底同样有四軨，其左右两侧和前面立有栏板。秦始皇陵铜车马制作工艺复杂，结构合理，比例准确，铸造精致，综合使用了铸造、焊接、嵌铸、镶嵌及多种多样的机械连接等工艺技术，凝聚着两千多年前金属制造工艺方面的辉煌成就，在中国和世界冶金史与金属工艺史上占有非常重要的地位。

图 A.18　秦始皇陵铜车马

A.4.2　汉朝量具：铜卡尺

时间：汉朝（公元前 206—公元 220 年）。

说明：铜卡尺于 1992 年 5 月在扬州市西北 8 km 的邗江县甘泉乡（今邗江区甘泉镇）东汉墓出土。铜卡尺由固定尺和活动尺等部件构成，固定尺通长 13.3 cm，固定卡爪长 5.2 cm、宽 0.9 cm、厚 0.5 cm。固定尺上端有鱼形柄，长 13 cm，中间开一导槽，槽内置一能旋转调节的导销，循着导槽左右移动。在活动尺和活动卡爪间接一环形拉手，便

图 A.19　铜卡尺

于系绳或抓握。两个爪相并时，固定尺与活动尺等长。使用时，左手握住鱼形柄，右手牵动环形拉手，左右拉动，以测工件（见图 A.19）。用此量具既可测器物的直径，又可测其深度及长、宽、厚，均较直尺方便和精确。可惜因年代久远，其固定尺和活动尺上的计量刻度和纪年铭文已锈蚀，难以辨认。青铜卡尺与现代游标卡尺相比较，二者有惊人的相似之处。现代游标卡尺主要由主尺、固定卡爪、游标架、活动卡爪、游标尺、千分螺丝、滑块等部分组成，而铜卡尺是由固定尺、固定卡爪、鱼形柄、导槽、导销、组合套、活动尺、活动卡爪、拉手等部分组成。从组成的主要构件来看，铜卡尺的固定尺和活动尺即是现代游标卡尺的主尺和副尺；铜卡尺的组合套、导槽和导销即是游标架。其主要差距在于：现代游标卡尺应用微分原理，通过对齐主尺和副尺的两条刻线，能精确地标出本尺所能测出的精密度，而铜卡尺只能借助指示线，靠目测估出长度单位"分"以下的数据。它是全世界发现最早的卡尺，制造于公元 9 年，可以称之为现代游标卡尺的"鼻祖"。与我国相比，国外在卡尺领域的发明晚了 1000 多年，最早的是英国的"卡钳尺"，外形酷似游标卡尺，但是与铜卡尺一样，也仅仅是一把刻线卡尺，精度和使用范围都较低。

A.4.3　唐朝生活用具：被中香炉

时间：唐朝（618—907 年）。

说明：被中香炉是中国古代盛香料熏被褥的球形小炉，又称"香熏球""卧褥香炉""熏球""香囊"。香囊在当时是一种熏香用器，其钵内放置香料，点燃后香气从镂空处外飘，以改善室内的空气。它的球形外壳和位于中心的半球形炉体之间有两层或三层同心圆环。炉体在径向两端各有短轴，支承在内环的两个径向孔内，能自由转动。同样，内环支承在外环上，外环支承在球形外壳的内壁上。炉体、内环、外环和外壳内壁的支承轴线依次互相垂直。炉体由于重力作用，无论球如何滚转，炉口总是保持水平状态。1987 年法门寺出土的鎏金双蛾纹银香囊为足银打制，直径 128 mm，盂径 72 mm、盂深 23 mm，重 547 g，系唐朝香囊存世品中迄今发现的最大一枚。香囊囊盖、囊身各作半球状，上下对称，以子母口相扣合，一侧以铰链连接，另一侧则以勾环相连。香囊外壁錾饰十二簇分布均匀的团花，团花内分饰四只或两只飞蛾，纹饰鎏金，香囊内有一个钵状香盂及两个平衡环，香盂用短轴铆接，内、外平衡环间也以短轴铆接，在圆球滚动时，内、外平衡环也随之转动而香盂的重心始终不变，使香盂面始终保持平衡状态（见图 A.20）。被中香炉不但是一件艺术珍品，而且从机构学的观点看，它的作用原理与现代航空陀螺仪的三自由度万向支架相同，也是一项重要创造。这种陀螺仪原理，欧洲人直到 16 世纪才掌握，而我们的祖先早在 8 世纪之前，已熟练运用了这种技术。

图 A.20 花鸟纹鎏金银熏球（香囊）

A.5 宋、元时期：传统机械技术的全面发展

A.5.1 北宋木构机械：飞天藏

时间：北宋（960—1127 年）。

说明：四川省江油市窦圌山风景区云岩寺的西配殿内现存的我国唯一的宋朝道教转轮经藏——飞天藏，其实就是藏经书的转楼。该飞天藏是根据宋朝李明仲所著《营造法式》中的小木作转轮经藏而建造的。整个飞天藏中间立有一根直径为 0.5 m 的大圆柱，圆柱的下端固定于地坑中，形如铁鹅台桶子的六角藏针上（名叫"寿山佛海"），上端则包在梁架之中。圆柱上再加以木枋，并装上木板，便形成了八棱八方四层的巨型木塔。整个藏身高 10.8 m，直径 7.5 m，没用一颗铁钉，即使是在几百年后的今天，整个飞天藏仍可以在人的推动下转动（见图 A.21）。飞天藏巧妙地利用了力学、机械学

图 A.21 飞天藏

的原理，将全部重量承载于中轴之上，即使因磨损而消磨下陷，也是整体下移，始终处于相对平衡状态。此外，它还运用了动量矩原理，人在台上绕轴走动时，轮藏会反向运动，展现了中国古代工匠丰富的物理学知识。

A.5.2　南宋船舶：泉州海船

时间：南宋（1127—1279 年）。

说明：该海船发现于后渚西南海滩的一条小港道边缘，于 1974 年发掘。海船出土时仅存底部，上部结构已损毁无存，残长 24.2 m，残宽 9.15 m。海船平面近似椭圆状，头尖尾方，船身扁阔，尖底，底有两段由松木料接合而成的龙骨，全长 17.65 m，连接龙骨的艏柱用樟木制成，长约 4.5 m。船板用柳杉制成，连接方法有搭接式和平接式两种。舷侧板为三重木板结构，总厚度为 18 cm。船板大多用榫合的办法相接，以麻丝、竹茹、桐油灰塞填缝隙，再用铁钉钉牢。船的舱室为水密舱，用 12 道隔板隔成 13 个船舱，舱深 1.50 ～ 1.98 m。船上原竖有桅杆，现仅存前桅和中桅的底座。船尾安舵，现仅存装置尾舵的洞孔（见图 A.22）。船中还出土了一些构件和附属工具，例如绞盘、桨等。据推算船原长应为 30 m，甲板宽 10.5 m，排水量 454 t。宋朝的造船技术和航运技术都居于世界领先地位，比如广泛应用水密隔舱、发明船坞、使用船模放样法建造船体、普及帆船、普及指南针、出海要携带小船（即救生艇）等。虽然泉州湾宋朝海船出土时仅残存底部，但它的尖底船型、多重壳板、水密隔舱和合理用材及造船工艺等方面的特点，都表明了南宋泉州造船业的先进技术水平，显示了我国宋朝造船业在世界造船史上的领先地位。比如，船身扁阔，长宽比较小，保证了船舶的稳定性；船底尖，配合瘦削的线型，有利于增加船舶的快速性。船的横剖面呈 V 形，斜剖线较平缓，有利于改善船舶的耐波性，底尖吃水深，抗横漂的能力强，具有较好的适航性。泉州湾宋船的船型设计，从

图 A.22　泉州海船

现代船舶设计理论的角度来评论，也是值得称道的。又如水密隔舱及其安装形式，同近代铆接钢船上的水密舱壁的结构和周边角钢的装配形式十分相似。这就表明，我国宋朝造船的水密舱壁和肋骨的装置技术至今还为现代造船工业所沿用，当年这种技术的先进性就不言而喻了。

A.5.3　元朝火器：铜火铳

时间：元朝（1206—1368 年）。

说明：内蒙古蒙元文化博物馆收藏的一件"元大德二年"铜火铳为迄今所发现的我国最早的有明确纪年的铜火铳，也是迄今所知世界上最早的火炮。这个铳为铜质，铸造而成，铜色紫，表面略有绿锈。铳体坚固，重 6210 g，全长 34.7 cm，保存完好。铳身竖刻有两行八思巴字铭文，这一文字为元朝官方文字。经专家初步认定，这件铳制造时间为"元大德二年"（1298 年），由编号"数整八十"可知当时火铳的制造和使用都有了一定规模（见图 A.23）。2004 年经过中国社会科学院考古研究所、中国人民解放军军事科学院战略部历代战争和战略研究室、内蒙古大学蒙古学研究中心的有关学者共同认定为世界上最早的火炮。现在中西学界普遍认为中国元朝的铜火铳是世界上最早的金属管型射击火器，元朝的手持火铳和安放在架子上发射的碗口铳分别是金属管型射击火器枪和炮的鼻祖。火铳的发明是世界战争史从冷兵器时代向火器时代过渡的标志。

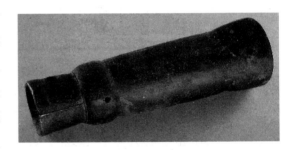

图 A.23　铜火铳

A.5.4　元天文仪器：简仪

时间：元朝（1206—1368 年）。

说明：简仪，元朝天文学家郭守敬于公元 1276 年创制的一种测量天体位置的仪器。因将结构繁复的唐宋浑仪加以革新简化而成，故称简仪。它包括相互独立的赤道装置和地平装置，以地球环绕太阳公转一周的时间 365.2425 日分度。简仪的赤道装置用于测量天体的去极度和入宿度（赤道坐标），与现代望远镜中广泛应用的天图式赤道装置的基本结构相同。它由北高南低两个支架托着正南北方向的极轴，围绕极轴旋转的是四游双环，四游环上的窥管两端安有十字丝，这是后世望远镜中十字丝的鼻祖。极轴南端重叠放置固定的百刻环和游旋的赤道环。为了减小百刻环与赤道环之间的摩擦，郭守敬在两环之间安装了四个小圆柱体,这种结构与近代"滚柱轴承"减小摩擦阻力的原理相同。简仪的地平装置称为立运仪,它与近代的地平经纬仪基本相似,包括一个固定的阴纬环和一个直立的、可以绕铅垂线旋转的立运环,并有窥管和界衡各一。这个装置可以测量天体的地平方位和地平高度。简仪的底座架中装有正方案,用来校正仪器的南北方向,在明制简仪中正方案改为日晷。简仪的创制,是我国天文仪器制造史上的一大飞跃,是当时世界上的一项先进技术。欧洲直到 300 多年之后的 1598 年才由丹麦天文学家第谷发明了与之类似的装置。

郭守敬创制的简仪,在清康熙五十四年(1715 年)被传教士纪理安当作废铜熔化。现在保存在南京紫金山天文台的简仪是明朝正统二年到七年(1437—1422 年)间的复制品(见图 A.24)。1900 年八国联军入侵,德国于 12 月 12 日把简仪拆卸运往位于东交民巷的法国外交使馆收藏,至 1902 年迫于世界舆论压力才归还给清政府。1933 年 6 月,简仪因逃避战火南迁至南京,于 1934 年 2 月初安顿在紫金山天文台,但历经风吹雨打、受腐蚀剥落以致 20 世纪 80 年代初已近乎被毁,南京市政府于 1988 年花了 11 个月对该简仪进行维修,现于南京紫金山天文台露天陈列展览。

图 A.24 简仪

A.6 明、清、民国时期:西方机械技术的传入

A.6.1 明朝火器:火绳枪和虎蹲炮

时间:明朝(1368—1644 年)。

说明:明朝兵器有很大的发展,其主要冷兵器有长柄刀、枪、短柄长刀、腰刀及各种杂式兵器如锐钯、马叉、狼筅等。除了继承传统的兵器品种外,明朝的火器发展到鼎盛时期,其品种颇多,形式复杂。明朝的火器主要有两大类:第一类是用手持点放的火铳和鸟铳（火绳枪），第二类是安装在架座上发射的口径和形体较大的火炮（如虎蹲炮）（见图 A.25）。火绳枪长二至三尺，外直，内有管，由金属制成；内部贯通，底端封闭；一侧有曲杆，为通火之路。火绳枪的结构是，枪上有一金属弯钩，弯钩的一端固定在枪上，并可绕轴旋转，另一端夹持一燃烧的火绳，士兵发射时，用手将金属弯钩往火门里推压，使火绳点燃黑火药，进而将枪膛内装的弹丸发射出去。由于火绳是一根麻绳或捻紧的布条，放在硝酸钾或其他盐类溶液中浸泡后晾干的，能缓慢燃烧，燃速 80 ~ 120 mm/h，这样，士兵将金属弯钩压进火门后，便可单手或双手持枪，眼睛始终盯准目标。据史料记载，训练有素的射手每分钟可发射 2 ~ 3 发子弹，长管枪射程为 100 ~ 200 m。虎蹲炮是明朝的一种轻型前装火炮，长度约为二尺，炮头部分有两支铁爪用于支撑，形似猛虎蹲坐而得名。这种炮身短体轻，在发射之前，士兵需要在炮身内装填五钱重的铅弹，以及若干鹅卵石，最后再塞上一枚三十两重的铅弹或石弹。在发射时，大大小小的子弹同时被击发，虽然射程不远，但是杀伤面大，机动性好，十分适合东南沿海河网交错地区的作战。因为它是前装大仰角发射，很适合山地作战。明朝设置神机营，是明朝军队中专门掌管火器的特殊部队，开启了世界上火器部队的先河。

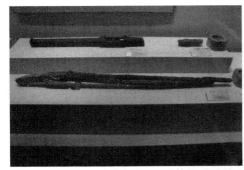

图 A.25 明朝时期的火绳枪、虎蹲炮

A.6.2 清朝钟表：铜镀金珐琅转花鹿驮钟

时间：清朝（1616—1911 年）。

说明：在清朝，钟表业获得前所未有的大发展。钟表厂在北京、广州、福建、南京、苏州、扬州及其他主要城市开始迅速建立，形成三大钟表生产基地，分别制造苏钟、广钟、宫廷钟。经过仿制学习、积累了自己的经验，这些钟表制作中心各自形成了地方特点。如清乾隆时期广州生产的铜镀金珐琅转花鹿驮钟，高 90 cm，宽 51 cm，厚 33 cm。钟共分三层，底层里面是活动玩意装置。正面是布景箱，舞台上云朵间有一条行龙口衔水法作吐水状，其左边立一只凤凰，右边有翻杠人。二层正中是活动门，机械每启动一次，门自动开关四次，里边变换塔、人、刀架等物。一、二层左右两侧开光处镶椭圆形珐琅片，上绘花卉蝴蝶。三层双鹿驮着三针钟，钟顶一枝转花，朵花随花梗转动时还各自旋转。启动后，下层布景箱里，龙吐水，凤凰扭动身子展翅翩翩起舞，翻杠人在杠上上下翻动。二层的门自动开启四次，里面随之变换物件。同时，转柱、转花，一派祥和热烈的气氛（见图 A.26）。

A.6.3 民国汽车：民生牌 75 型 2.5 t 载货汽车

时间：民国（1912—1949 年）。

说明：民国时期，由于中国长期处于战乱和分裂状态，加之工业基础薄弱，中国工业极为落后。该时期的机械制造主要是仿制西方机械。1931 年，辽宁迫击炮厂民生工厂聘请了美籍技师麦尔斯为总工程师，以国内外大学和专科毕业的技术人员组成技术团队，研制人员广泛汲取福特、通用、万国、斯蒂贝克等世界汽车大厂的技术，经过了两年多的不懈努力，

图 A.26 铜镀金珐琅转花鹿驮钟

于 1931 年 5 月 31 日制成我国第一辆汽车——民生牌 75 型 2.5 t 载货汽车（见图 A.27）。该车载重量 1.82 t，采用六缸水冷汽油发动机，65 马力，前后轮距 4.7 m，最高车速为

图 A.27 民生牌 75 型 2.5 t 载货汽车

40 km/h。由于当时缺乏设备和原材料，将发动机、后轴、电气装置和轮胎等汽车部件的设计图纸交由外国厂家委托生产，其他零部件均在本厂生产。在全车 666 种零件中，有 464 种是自制的，202 种是进口的，"国产化"率达 70%。首辆民生牌汽车在国内引起了极大反响，民生工厂曾经有批量生产汽车的计划，计划每年生产 75 型汽车 100 辆，100 型汽车 50 辆。在第一辆汽车试制成功时，工厂已准备好 50 辆左右的零部件。然而因"九一八事变"爆发，刚刚萌芽的中国民族汽车制造工业亦惨遭扼杀。之后的民国时期，中国再也没有研发或者制造过汽车，所用汽车均以进口为主。

A.7　新中国成立到改革开放前：建立现代制造业体系

A.7.1　7ESDZ75/160 型船用柴油机

时间：1957 年。

说明：1957 年 8 月 26 日，第一机械工业部、交通部联合发布的通知中指出：在"二五"计划期间建造首批远洋船，其中 8000 马力柴油机由沪东造船厂制造，并责成工厂尽快提出低速柴油机试造措施方案。1958 年，联合设计组在完成 6ESDZ43/82 型机设计后，于同年 9 月又进一步充实力量，新中动力机厂也派人员参加。由李渤仲、王永良、孔广泰主持设计，沈岳瑞为技术指导，着手 7ESDZ75/160 型柴油机的设计工作，仅用 2 个月的时间即完成设计任务。同年 11 月开工投产，至 1960 年 9 月，完成毛坯制造、机件加工和装配动车。在制造该型机的同时，单缸试验机也开始制造，1959 年 12 月动车，1960 年 3 月起进行试验，为 7ESDZ75/160 型柴油机提供了技术准备。对原材料及外协件，如合金钢、大型锻钢件、合金钢铸件、大型铸钢件等均通过全国大协作解决。1960 年 9 月，7ESDZ75/160 型柴油机动车，先后经过了性能、增压、耐久等试验。为消除增压器与排气系统不匹配，铸造曲轴有发痕及链条断裂等故障，1964 年将机器拆开，进行全面检查、分析，共进行 109 项改进修正工作。1965 年 6 月 1 日，试验成功，累计运转 636 h，其中全负荷 442 h（见图 A.28）。

图 A.28　7ESDZ75/160 型船用柴油机

该机全部完成国家平台鉴定试验大纲的规定项目，结构基本可靠，性能参数达到设计指标，主要部件磨损基本良好，1965 年 6 月，国家鉴定工作组同意该机出厂。8 月，安装在江南造船厂建造的"东风号"货船上作为主机。主要性能参数：单排，直立，二冲程，直接喷射，可逆转，废气涡轮增压器串联扫气泵二级增压。气缸数 7，气缸直径 750 mm，活塞行程 1600 mm，额定功率 6478 kW，额定转速 115 r/min，平均有效压力 0.647 ～ 0.687 MPa，最高燃烧压力 5.886 MPa。1965 年 6 月，我国首台万匹低速柴油机正式装配到第一艘万吨级远洋船"东风号"上。

A.7.2　长征一号火箭和"东方红一号"卫星

时间： 1970 年。

说明： 长征一号（CZ-1）是为发射中国第一颗人造卫星而研制的三级运载火箭，全长 29.46 m，最大直径 2.25 m，起飞质量 81.5 t，近地轨道运载能力为 300 kg。长征一号火箭共进行了两次发射，第一次是在 1970 年 4 月 24 日，成功将"东方红一号"卫星送入预定轨道；第二次是在 1971 年 3 月 3 日，成功把实践一号科学试验卫星准确送入轨道。目前，长征一号火箭已经退役。长征一号火箭于 1965 年开始研制，初期由中国第七机械工业部第八研究院（以下简称"第八研究院"）负责总体设计，1967 年 11 月改由第七机械工业部第一研究院（以下简称"第一研究院"）研制。长征一号火箭的研制成功，拉开了我国航天活动的序幕。从总体布局看，长征一号火箭分为三级，采取串联布局，从箭尾至箭顶依次为一子级 、二子级和整流罩（内含三子级）。一子级为圆柱壳，自上至下分别为级间段、杆系、氧化剂贮箱、箱间段、燃料贮箱和尾段。液体火箭发动机通过机架与燃料贮箱后过渡段相连。尾段下部装有燃气舵，外侧对称固定安装 4 个稳定尾翼。二子级为"锥－柱"壳，锥壳半锥角 9°。上部是锥形仪器舱（上、下舱总高 1.75 m），舱内安装有一、二级动力段和滑行段控制、测量及安全自毁设备。中部是共底贮箱，上贮箱装燃料，下贮箱装氧化剂。下部是高 1.9 m 的尾段。液体火箭发动机通过机架与贮箱锥形后底连接。尾段内装有电池及外弹道测量跟踪系统的雷达应答机。4 个燃气舵安装在尾段的燃气舵舵圈上。整流罩为"锥－柱"壳，半锥角 25°。三子级主体为直径 0.7 m 的固体火箭发动机，其上部是仪器架，架中央的弹射器用来固定、支持有效载荷（卫星）。三子级通过锥裙与二子级相连。长征一号火箭各级之间及有效载荷与三子级之间均用爆炸螺栓连接。一、二子级采用热分离，二、三子级采用冷分离。整流罩与三子级之间解锁后，由火药弹射筒平抛离开箭体。卫星则依靠三子级上的弹射器分离。长征一号飞行分为第一、二级动力飞行，第二级滑行和第三级加速飞行三个阶段。除第三级加速的火箭自旋稳定，箭上仅靠时间指令装置控制外，其余都由装在二子级火箭上的全惯性控制系统控制。长征一号火箭由结构系统、推进系统、制导和控制系统、跟踪遥测系统、自毁系统和电源配电系统等部分组成。20世纪70年代初中国发射的第一颗人造地球卫星——"东方红一号"卫星于1958年提出设想计划，1965年开始研制工作，于1970年4月24日在酒泉卫星发射中心成功发射。"东方红一号"卫星重173 kg，由长征一号运载火箭送入近地点441 kg、远地点2368 kg、倾角68.44°的椭圆轨道，进行了轨道测控和《东方红》乐曲的播送。"东方红一号"卫星工作了28天（设计寿命20天），于5月14日停止发射信号，但"东方红一号"卫星仍在空间轨道上运行（见图A.29）。"东方红一号"卫星发射成功，开创了中国航天史的新纪元，使中国成为继苏、美、法、日之后世界上第五个独立研制并发射人造地球卫星的国家。

图A.29　搭载"东方红一号"卫星的长征一号火箭和"东方红一号"卫星总装

A.7.3　4200 mm 特厚板轧机

时间： 1974年。

说明： 河南舞阳钢铁公司4200 mm特厚板轧机由第二重机厂、太原重机厂、洛阳矿山机器厂、天津电气传动设计研究所等单位设计制造。4200 mm特厚板轧机的设计于1964年年底正式开始。经过两年半的时间基本上完成了主要设备的施工设计，1967年陆续投产，1974年制造完成（见图A.30）。全套机械设备为108项，196台，17768 t（内有7个液压站和5个自动润滑油库）。4200 mm特厚板轧机用来生产宽3.9 m、厚8～250 mm、长18 m的普碳钢板和高强度合金钢板，如造船钢板、坦克钢板、潜艇钢板、高压锅炉钢板、原子能不锈钢板等特殊钢板。该轧机1978年9月8日进行了试轧，获得一次试轧成功。试轧的钢板最薄7.3 mm，最厚达250 mm，达到了设计要求，最宽达到3730 mm，最长达到26.2 m。

图 A.30　4200 mm 特厚板轧机

A.7.4　运-8 运输机

时间：1974 年。

说明：运-8 是中国陕西飞机制造公司研制的四发涡轮螺桨中程多用途运输机，具有空投、空降、空运、救生及海上作业等多种用途。1960 年开始由西安飞机工业公司设计，1974 年 12 月 25 日 01 号机首次试飞成功，之后西安飞机工业公司将 02 号、03 号两架飞机散装件及技术资料和专用部分工艺装备等转至陕西飞机制造公司继续试制。该机动力装置为 4 台 WJ6 型涡轮螺桨发动机，配用 J17-G13 自动顺桨变距螺旋桨；可运送 96 名全副武装的士兵或 82 名伞兵，或 60 副担架重伤员和 23 名轻伤员加 3 名医护人员；主要机载设备包括短波和超短波通信设备、多普勒导航系统、无线电罗盘、无线电高度表、自动领航仪等，可保证飞机昼夜安全飞行。尺寸数据为：翼展 38.0 m，机长 34.02 m，机高 11.16 m，展弦比 11.85，机翼面各 121.86 m^2，货舱（长 × 宽 × 高）13.5 m × 3.5 m × 2.6 m。重量及载荷数据为：空机质量 35488 kg，最大起飞质量 61000 kg，最大着陆质量 58000 kg，最大载油量 22909 kg，最大有效载量 20000 kg。性能数据为：最大平飞速度 662 km/h，巡航速度 550 km/h，起飞离地速度 238 km/h，着陆速度 240 km/h，起飞滑跑距离 1270 m，着陆滑跑距离 1050 m，海平面爬升率 10 m/s，升限 10400 m，最大续航时间 10.5 h，航程 5620 km。运-8 自服役以来一直都是中国空军的主力运输机，并发展出预警机、电子机等多种变型机（见图 A.31）。

图 A.31　运 -8 运输机

A.8　改革开放到 2010 年：成为全球制造业第一大国

A.8.1　SCC9000 型 900 t 履带起重机

时间： 2008 年。

说明： 2008 年 1 月 18 日，被誉为"亚洲第一吊"的三一 SCC9000 型 900 t 履带式起重机在三一昆山产业园成功问世，SCC9000 型履带起重机是上海三一科技有限公司和昆山三一机械有限公司完全自主研发的超大吨位的履带起重机，拥有卓越的起重性能和整机稳定性（见图 A.32）。SCC9000 型履带起重机最大额定起重量为 900 t，最大额定起重力矩为 13500 t·m，最长臂架组合为 96 m+96 m，是当时亚洲吨位最大、技术最新、最先进的履带起重机。SCC9000 型履带起重机总质量为 1480 t，在带超起 42 m 主臂、10 m 半径的情况下可以起吊 900 t，其主臂设计长度为 30 ~ 120 m（标配长度 90 m），主臂工作角度 25° ~ 87°，副臂设计长度为 30 ~ 96 m（标配长度 72 m），副臂工作角度 20° ~ 77°，塔式工况最长臂组合为 96 m+96 m，超起桅杆长度为 42 m，主卷扬绳速 0 ~ 130 m/min，副卷扬绳速 0 ~ 115 m/min，主变幅绳速 0 ~ 60×2 m/min，副变幅绳速 0 ~ 120 m/min，超起变幅绳速 0 ~ 120 m/min，回转速度 0 ~ 1.0 r/min、0 ~ 0.45 r/min，行走速度为低速 0.4 km/h、高速 1.0 km/h，爬坡能力（带基本臂、司机室朝后）15%。该机器结构上增加了过渡平台，解决了单件运输重量和运输高度问题，增加了中央动力平台，方便了组装与维修，设计了重型短副臂，扩大了应用范围，液压上所有主系统均采用闭式回路，并根据复合动作的合理性采用切换方式简化原件总量。电控上增加了接地比压实时显示、主要动作出现故障的应急操作系统、避雷系统、远程监控及黑匣子功能。另外还有自由滑转功能和防爆管功能等。

图 A.32 SCC9000 型履带起重机正在吊装重 143 t、高 11 m、直径 37 m 的福建宁德核电站机组核岛穹顶至 52m 就位高度

A.8.2 长征二号 F 型运载火箭和神舟七号飞船

时间：2008 年。

说明：9 月 25 日 21 时 10 分，长征二号 F 型运载火箭点火，神舟七号飞船在酒泉卫星发射中心升空。长征二号 F 型运载火箭是在长征二号 E 型火箭的基础上，按照发射载人飞船的要求，以提高可靠性确保安全性为目标研制的运载火箭。火箭由四个液体助推器、芯一级火箭、芯二级火箭、整流罩和逃逸塔组成。运载火箭有箭体结构、控制系统、动力装置、故障检测处理系统、逃逸系统、遥测系统、外测安全系统、推进剂利用系统、附加系统、地面设备十个分系统，为兼顾卫星的发射，保留了有效载荷调姿定向系统的接口和安装位置。故障检测处理系统和逃逸系统是为确保航天员的安全而增加的，其作用是在飞船入轨前，监测运载火箭的状态，若发生重大故障，可使载有航天员的飞船安全脱离危险区。助推器、芯级第一级、芯级第二级、整流罩、逃逸塔等箭体结构组成了火箭的"身体"。助推发动机、一级发动机、二级发动机是火箭的"动力和心脏"。控制系统是火箭的"大脑和神经"。为了更加充分有效地利用火箭装载的燃料，火箭上还设计了推进剂利用系统，能够保证二级火箭的氧化剂和燃烧剂同时燃烧完毕。火箭全长 58.3 m，起飞质量 479.8 t，是 21 世纪初期中国研制的火箭中最高、最重的。长征二号 F 型运载火箭的芯级直径 3.35 m，助推器直径 2.25 m，整流罩直径 3.8 m，火箭最大横截面直径 10.2 m。火箭芯级和助推器均使用四氧化二氮和偏二甲肼推进剂，一级加注推进剂约 186.6 t，二级加注推进剂约 84.8 t，助推器加注推进剂约 41.5 t，火箭加注质量 481.9 t。在近地点高度 200 km，远地点高度 350 km，轨道倾角 42.4° 时，运载能力大于

7.8 t。神舟七号飞船共有四个部分组成，分别为气闸舱、轨道舱、返回舱、推进舱。轨道舱位于飞船前段，通过舱口与后面的返回舱相通，外形呈圆柱形，是航天员在太空飞行期间的生活舱、试验舱和货舱，比返回舱宽敞，可以放置大量实验仪器和生活物资，是航天员进行科学实验、生活起居的空间。返回舱直径达 2.5 m，位于飞船中部，是飞船的控制中心，因而必不可少。通常采用无翼的大钝头旋转体，这种简单外形具有结构简单、工程上易于实现等特点，其为密闭结构，前端有舱门，供航天员进出轨道舱使用。舱内设置了可供 3 名航天员斜躺的座椅，座椅前下方设有仪表盘和控制手柄、光学瞄准镜，还装有通信设备等必需的设备。推进舱紧接在返回舱后面，通常安装推进系统、电源、气瓶和水箱等设备，起保障和服务作用，即为飞船提供动力，进行姿态控制、变轨和制动，并为航天员提供氧气和水。推进舱的两侧还装有超过 20 m³ 的主太阳能电池翼。过渡段位于飞船顶部，用于与其他航天器对接或空间探测。图 A.33 为长征二号 F 型运载火箭与神舟七号航天员出舱活动。

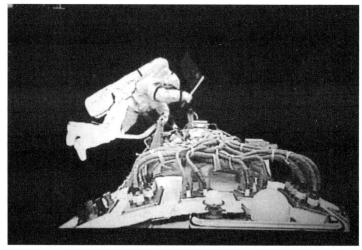

图 A.33　长征二号 F 型运载火箭与神舟七号航天员出舱活动

A.8.3　30 万 t 海上浮式生产储油船

时间：2009 年。

说明：2009 年 3 月 12 日，船体由上海外高桥造船有限公司建造的 30 万 t 海上浮式生产储油船（FPSO）"海洋石油 117 号"，在蓬莱 19-3 油田成功就位（见图 A.34）。该船船体为双底双壳结构，船长 323 m，型宽 63 m，相当于 3 个标准足球场的面积。从船底到烟囱 71 m，相当于 24 层楼高。可日加工 19 万桶合格原油，储油能力可达 200 万桶原油，配有 140 人工作居住的上层建筑及直升机平台。该船设计寿命 25 年，通过安装在船舶的软刚臂单点系泊装置，长期系泊于固定海域，25年不脱卸，可抵御百年一遇的海况。"海洋石油117号"是我国第一艘完全自主设计并建造的30万吨级FPSO，也是截至当时我国完成的最大海洋工程建造项目。该FPSO总长超过323 m，型宽超过63 m，储油能力达200万桶，原油日处理量可达19万桶，年处理量1000万 m^3。

图A.34　30万t海上浮式生产储油船

A.8.4　DL250多功能超重型卧式镗车床

时间：2009年。

说明：2009年5月，武汉重型机床集团有限公司为中国二重制造的"十一五"国家重点项目关键设备——DL250型5 m数控超重型卧式镗车床整机交付使用，经过4个月的运行，反应状况良好（见图A.35）。该装备的成功研制和投入使用对提升我国装备制造业的水平，加强我国的国防安全和产业安全具有重要的意义。DL250型5 m数控超重型卧式镗车床是武重集团自主研发制造、具有完全自主知识产权的重大技术装备，是迄今为止世界上最大规格的超重型数控卧式车床，可广泛应用于水电、核电、船舶和航天等行业。该机床总重达1450 t，主轴箱重177 t，主轴端面跳动和径向跳动均在0.008 mm之内。最大回转直径5 m，过刀架最大加工直径4.5 m，最大加工长度20 m，最大镗孔直径3.5 m，镗孔深度可达8 m，最大承重500 t。该机床床身长45 m，导轨达到任意1 m长度内误差不超过0.015 mm，任意20 m长度内误差不超过0.16 mm，全长45 m长度内误差不超过0.27 mm。DL250型5 m数控重型卧车采用双工作组和三通道方式，保证两个车刀架和镗刀架可完全独立控制与进给，提高了加工效率，操作也更为便捷。该装备除具备重型卧式车床的基本功能外，还可以进行锥面、曲面、台阶轴、槽及螺纹的数控加工。配置不同的附件，可以进行铣削、磨削、镗孔及曲轴的加工，并具有深孔镗、自动对刀及自动测量工件尺寸的功能。

图 A.35 DL250 多功能超重型卧式镗车床

A.9 2010 年至今：走向世界制造强国

A.9.1 五代战斗机歼 -20

时间： 2011 年首飞。

说明： 歼 -20 战斗机是中国人民解放军第四代（按照中国、欧美战斗机划分标准为第四代，按照俄罗斯战斗机代次划分标准则为第五代）双发重型隐形战斗机，用于接替歼 -10、歼 -11 等第四代空中优势战机，该机将担负中国未来对空、对海的主权维护任务。歼 -20 的机身长 21.2 m，高 4.69 m，翼展 13.01 m，最大飞行速度达到 2.0 马赫，采用单座、双发、全动双垂尾、DSI 鼓包式进气道、上反鸭翼带尖拱边条的鸭式气动布局，机头、机身呈菱形，垂直尾翼向外倾斜，起落架舱门为锯齿边设计，配备中国国内最先进的新型格斗导弹，采用捷联惯导 / 卫星组合 + 主动雷达末制导等组合制导方式，并具有双向数据链修正能力（见图 A.36）。2017 年，歼 -20 战斗机正式进入空军序列。

图 A.36 歼 -20 战斗机

A.9.2　大型运输机运 -20

时间： 2013 年首飞。

说明： 运 -20 运输机是中国自主研发的新一代喷气式重型军用运输机，机长 47 m，翼展 45 m，高 15 m，采用常规布局，悬臂式上单翼、前缘后掠、无翼梢小翼，最大时速超过 800 km。该机最大起飞质量约为 220 t，载重量约为 60 t，如果加满油可在 1.3 万 m 高空以时速 700 km 连续飞行 8000 km，可在复杂气象条件下执行各种物资和人员的长距离航空运输任务，拥有高延伸性、高可靠性和安全性。运 -20 在执行国际维和、人道主义救援特别是在进行战略投送方面可以大幅提升空军作为战略性军种的地位和作用（见图 A.37）。2016 年列装部队。

图 A.37　运 -20 运输机

A.9.3　500 米口径球面射电望远镜

时间： 2016 年。

说明： 500 米口径球面射电望远镜（five-hundred-meter aperture spherical radio telescope，FAST），位于贵州省黔南布依族苗族自治州平塘县克度镇大窝凼的喀斯特洼坑中，工程为国家重大科技基础设施，"天眼"工程由主动反射面系统、馈源支撑系统、测量与控制系统、接收机与终端及观测基地等部分构成。从预研究到建成历时 22 年，我国老中青三代科技工作者克服了关键技术无先例可循、关键材料急需攻关、核心技术遭遇封锁等困难，在射电望远镜口径、灵敏度、分辨率、巡星速度等关键指标上全面超越国际先进水平。500 米口径球面射电望远镜被誉为"中国天眼"，由中国天文学家南仁东于 1994 年提出构想，历时 22 年建成，于 2016 年 9 月 25 日落成启用（见图 A.38）。它是由中国科学院国家天文台主导建设，具有我国自主知识产权、世界最大单口径、最灵敏的射电望远镜。其综合性能是著名的射电望远镜阿雷西博的 10 倍。2020 年 1 月 11

日，500 米口径球面射电望远镜通过国家验收，正式投入运行。截至 2021 年 3 月 29 日，500 米口径球面射电望远镜已发现 300 余颗脉冲星。2021 年 3 月 31 日起，"中国天眼"向全世界天文学家征集观测申请。

图 A.38　500 米口径球面射电望远镜

A.9.4　重型自航绞吸挖泥船——"天鲲号"

时间： 2019 年。

说明： 2019 年 3 月 12 日，亚洲最大的重型自航绞吸船"天鲲号"完成通关手续，从江苏连云港开启首航之旅，标志着完全由我国自主研发、建造的疏浚重器"天鲲号"正式投产首航。"天鲲号"是我国首艘自主研发拥有完全自主知识产权、远程输送能力世界第一的重型自航绞吸挖泥船（见图 A.39）。"天鲲号"融合了当前世界最新科技，为双桨、双转动导流管、全电力驱动的自航绞吸挖泥船，全船布置柔性钢桩台车系统等技术国际先进，三缆定位系统、航行视线问题解决等技术国际领先。"天鲲号"装备了

图 A.39　重型自航绞吸挖泥船——"天鲲号"

亚洲最强大的挖掘系统、最大功率的输送系统，配置通用、黏土、挖岩及重型挖岩 4 种不同类型的绞刀，不仅可以疏浚黏土、密实砂质土、砾石、珊瑚礁，还可以开挖单侧抗压强度 50 MPa 以内的中弱风化岩石。泥泵输送功率达到 17000 kW，为目前世界上最高功率配置，可根据输送距离的不同选择单泵工作、双泵串联工作和三泵串联工作等多种施工组合模式。最大排泥距离 15000 m，泥泵远程输送能力居世界首位。"天鲲号"装备了当前国际最先进的自动控制系统，并具有全球无限航区的航行能力和装驳功能，可实现自动挖泥、监控及无人操控，将极大提高作业效率，适用于沿海及深远海港口航道疏浚等工程。"天鲲号"船长 140 m，型宽 27.8 m，型深 9 m，设计吃水 6.5 m，挖深范围 6.5 ~ 35 m，总装机功率 25843 kW，设计挖泥 6000 m³/h，绞刀额定功率 6600 kW，设计航速 12 节。

A.9.5 "复兴号"智能动车组

时间： 2020 年。

说明： 2020 年 12 月 30 日，北京至张家口高速铁路（以下简称"京张高铁"）开通运营，使用时速 350 km 的"复兴号"智能动车组，为 2022 年北京冬奥会提供交通运营服务保障。"复兴号"智能动车组奔驰在世界首条采用北斗卫星导航系统的智能京张高铁上，编组形式为"4 动 +4 拖"，列车总长 211.3 m，车体采用铝合金材质（见图 A.40）。"复兴号"智能动车组在世界上首次实现自动驾驶，进一步提升了我国高铁领跑全球的优势。"有人值守的自动驾驶"是该列车的最大亮点之一，列车按照地面调度中心预先规划的运行计划，精准控制发车、加速、减速、停车，实现到点自动开车、区间自动运行、到站自动停车、停车自动开门等。"复兴号"智能动车组车身安装有数千个传感器，安全监控

图 A.40 "复兴号"智能动车组

系统对列车状态进行实时监控，保障列车运行中故障自诊断、导向安全自决策。"复兴号"智能动车组车厢内的服务设施进行了智能化升级，进入隧道时，列车可智能控制车内压力，提前调节灯光、车窗颜色等。全列覆盖免费高速 Wi-Fi，旅客在旅行途中可以随时使用电脑办公、手机娱乐。车厢内设有大件行李存放处、无障碍卫生间等设施，并在残疾人座位区配备轮椅固定装置、SOS 按钮等。

A.9.6　长征五号遥四运载火箭和天问一号火星探测器

时间： 2020 年。

说明： 长征五号是我国推力最大的新一代运载火箭，起飞推力超过 1000 t，运载能力接近 25 t，使我国现役火箭的运载能力提升了 2.5 倍。首次采用了 5 m 直径箭体结构，全长约 57 m，起飞质量约 870 t，装配 8 台全新研制的 120 t 液氧煤油发动机，单台发动机可以产生 500 倍大气压，比其他长征系列运载火箭的体型大得多，也因此有了"胖五"的称呼。天问一号是由中国航天科技集团公司下属的中国空间技术研究院总研制的探测器，负责执行中国第一次自主火星探测任务。天问一号于 2020 年 7 月 23 日在文昌航天发射场由长征五号遥四运载火箭发射升空，并成功进入预定轨道（见图 A.41）。截至 2021 年 2 月 3 日，天问一号探测器总飞行里程已超过 4.5 亿 km，距地球约 1.7 亿 km。2 月 10 日，天问一号进行近火制动，开启环绕火星之旅。2 月 5 日 20 时，天问一号探测器发动机点火工作，顺利完成地火转移段第四次轨道中途修正，以确保按计划实施火星捕获。国家航天局同步公布了天问一号传回的首幅火星图像。2 月 10 日 19 时 52 分，天问一号探测器成功进入火星轨道。2 月 24 日 6 时 29 分，天问一号探测器成功实施近火制动，进入火星停泊轨道。3 月 4 日，国家航天局发布了 3 幅由我国首次执行火星探

 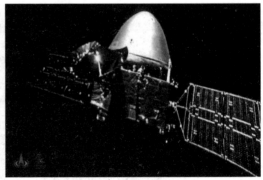

图 A.41　长征五号遥四运载火箭发射与天问一号深空自拍

测任务的天问一号探测器拍摄的高清火星影像图，包括 2 幅黑白图像和 1 幅彩色图像。3 月 26 日，国家航天局发布 2 幅南、北半球火星侧身影像。2021 年 5 月 15 日，着陆巡视器与环绕器分离，软着陆火星表面，火星车驶离着陆平台，开展巡视探测等工作，对火星的表面形貌、土壤特性、物质成分、水冰、大气、电离层、磁场等进行科学探测，实现中国在深空探测领域的技术跨越。

附录 B　中国制造业（含机械工业）发展现状

B.1　中国制造业发展的当前成就

2021 年 3 月 1 日，工业和信息化部发布相关数据，数据显示我国工业增加值由 23.5 万亿元增加到 31.3 万亿元，连续 11 年成为世界上最大的制造业国家。

制造业的突飞猛进，是我国改革开放 40 多年解放生产力最重要的成果之一，奠定了我国经济快速成长的底盘。现今的中国拥有 41 个工业大类、207 个工业中类、666 个工业小类，是全世界唯一拥有联合国产业分类中所列全部工业门类的国家。

B.1.1　高端制造有力支撑制造强国建设

全球最大、钻井深度最深的半潜式海上钻井平台"蓝鲸 1 号""蓝鲸 2 号"完成了南海神狐海域可燃冰试采任务，"复兴号"动车组实现了 350 km 时速运营，使我国再次成为高铁商业运营速度最高的国家，目前世界在建的最大水电站白鹤滩水电站地下厂房全线封顶，新能源汽车产销量连续 5 年位居全球第一，工业机器人消费量连续 7 年位居全球第一，首台（套）年产 120 万 t 乙烯装置创造了乙烯三机投料首次开车速度最快的世界纪录……这一连串的世界之"最"，展现了"十三五"期间我国高端制造领域取得的举世瞩目的成就，挺起了中国工业的"脊梁"，有力地支撑了制造强国建设。

航空装备具有技术复杂度高、价值量高的特点，"十三五"期间，我国航空装备制造业已步入发展的快车道。C919 飞机于 2017 年 5 月成功实现首飞，目前已完成 6 架试飞飞机的制造，正在全面开展试验试飞工作；ARJ21 飞机 2016 年正式投入商业运营，截至 2020 年 9 月底已累计交付中航集团、东航集团、南航集团等 7 家客户共 34 架，安全运行超 4 万 h，运送旅客超 120 万人次；大型灭火 / 水上救援水陆两栖飞机 AG600 成功实现陆上、水上、海上首飞；中法联合研制的涡轴 -16 发动机取得中国民航局颁发的型号合格证；消费级民用无人机产品占据全球 70% 以上的市场份额，且 80% 以上出口欧美国家。

通过数控机床科技重大专项的实施，我国重塑了机床产业创新生态，中国机床装备已整体进入数控时代，五年来，我国持续推进研发和产业化攻关，高档数控机床"平均故障间隔时间"（MTBF）实现了从 500 h 到 1600 h 的艰难跨越，部分达到国际先进的 2000 h，精度整体提高 20%；国产高档数控系统国内市场占有率提高到 20% 以上；大型重载滚珠丝杠精度达到国外先进水平。五轴镜像铣机床、1.5 万 t 充液拉伸装备等 40 余种主机产品达到国际领先或先进水平。飞机结构件加工自动化生产线、运载火箭高效加工、大型结构焊接等关键制造装备实现突破，国内首个轿车动力总成关键装备验证平台解决了汽车领域国产机床验证难题。

在船舶领域，全球最大、钻井深度最深的半潜式海上钻井平台"蓝鲸 1 号""蓝鲸 2 号"完成了南海神狐海域可燃冰试采任务。这两座"巨无霸"在制造工艺等方面实现了重大创新及突破，最大钻井深度均超过 15000 m，代表了世界海工装备领域的中国深度，使我国跻身世界海工装备的高端领域。国产首艘自主建造的极地破冰科考船"雪龙 2"号、大功率绞吸式疏浚船舶"天鲲号""新海旭"等交付使用，全球首艘超大型智能矿砂船、超大型智能油船和超大型智能集装箱船交付营运，国产大型邮轮进入实质性建造，国产极地探险邮轮成功交付并完成南极首航。

电力行业是关系国计民生的支柱产业，电力装备制造业须不断自我完善，以满足电网经济可靠的运维方式。在电力装备领域，昌吉—古泉 ±1100 kV 特高压直流输电线路成功实现全压送电，三门核电站、海阳核电站 AP1000 项目已完成装料并网发电，"华龙一号"海外首堆热试成功，目前世界在建的最大水电站白鹤滩水电站地下厂房全线封顶。

石油石化装备也在向高端化迈进，2400 t 沸腾床渣油锻焊加氢反应器实现突破，首台（套）年产 120 万 t 乙烯装置创造乙烯三机投料首次开车速度最快的世界纪录，10 万标准立方米级大型空分成套装置、日处理煤高达 3500 t 的干煤粉气化炉等相继研制成功。

一直以来，高端医疗装备都是由外资品牌主导，中国企业想要立足这个行业困难重重。通过攻坚克难，我国 1.5T 和 3.0T 磁共振的超导磁体、射频/谱仪等关键部件打破了国外垄断；第三代心脏支架、重离子治疗系统等一批高端医疗装备实现了突破，北京天智航研制的骨科手术机器人等达到国际先进水平；上海联影研制的全球首台全景动态 2 m PET/CT 已在美国医学科研机构装机使用。我国企业生产的 CT、磁共振和直线加速器等产品已销往全球 110 多个国家和地区的 10000 多家医疗机构。

一批重大技术装备再上台阶，工程机械市场实现高速增长。产业规模从 2015 年的 4570 亿元增长到 2019 年的 6681 亿元，年均增长 10%，海外业务收入占比达 30% 左右。实现了 15 m 以上超大直径泥水盾构和超小直径（≤4.5 m）盾构施工应用，诞生了百吨级以上超大型液压挖掘机，4000 吨级履带起重机在国际吊装市场成功应用，2 m 及以上大型全液压旋挖钻机实现批量制造，特种工程机械包括全地形工程车、超高层建筑破拆消防救援车、极地等特殊环境工程机械、多功能抢险救援车、扫雪除冰设备、雪场压雪车等取得了较好的应用效果。

在新能源汽车领域，2015年以来我国新能源汽车产销量连续5年位居全球第一，累计推广量超过450万辆，占全球的50%以上；电池、电机、电控三大核心技术基本实现自主研发，动力电池技术水平全球领先，单体能量密度达270 W/kg。

在农机装备领域，我国逐步从跟随模仿转向自主创新，初步掌握了动力换挡、免耕播种、高速播种等关键技术。260马力拖拉机实现量产，高性能插秧机整机基本实现国产，自主品牌联合收获机成为谷物收获的主导机型。北斗导航、大数据、5G通信等新一代信息技术在农机装备领域应用，具备自动驾驶及导航、作业状态实时监测和远程运维能力的智能农机快速发展，可以降低农药和化肥使用30%以上，提升作业效率50%以上。仅2020年上半年我国累计销售各类自动驾驶农机装备和系统1.17万台（套），同比增长达到213%。截至目前，全国主要农作物耕、种、收综合机械化水平已经达到70%。

"十三五"期间，在工业机器人领域，我国机器人产量由2015年的3.3万台增长到2019年的17.7万台，年均增速达到52.2%，2019年工业机器人消费量达到14.3万台，连续7年位居全球第一。轻盈小巧的机器人在狭小的空间中灵活自如地挥动着手臂工作，用户还可以通过App对机器人进行简单的动作标定。这是上海节卡机器人科技有限公司推出的小助系列无线协作机器人，全新设计了移动终端App与机器人无线协作的控制系统，具有良好的通用性、柔性，可应用于各行各业，并满足不同生产场景的需求。节卡机器人开创了九大核心技术，其中"无线示教、图形化编程和视觉安全防护"三项技术属行业首创，使产品在同类产品中脱颖而出。沈阳新松机器人自动化股份有限公司自主研发的柔性复合机器人由车体和车载机械手两部分构成，真正实现了机器人"手脚并用"的工业应用，大幅度简化了现场应用过程，极大地提升了使用的经济性，可满足企业智能化数字车间对整个机械结构运动精度的苛刻要求。层出不穷的机器人创新性应用拉近了机器人与人的距离，实现了真正的人机协作。

2020年7月31日，北斗三号全球卫星导航系统正式开通。令人欣慰的是，通过攻克关键核心技术，北斗三号卫星核心器部件国产化率达到100%，北斗芯片28 nm工艺芯片已经量产，22 nm工艺芯片即将量产，我国已经构建起集芯片、模块、板卡、终端和运营服务为一体的北斗完整产业链。10年来，我国卫星导航与位置服务产业总体产值年均增长20%以上，2019年达到3450亿元，2020年有望超过4000亿元。北斗产业链的成功实践是我国电子信息制造业发展成就的一个窗口。"十三五"期间，电子信息制造业主营业务收入2016年达9.8万亿元，2019年达11.4万亿元，4年累计增长 16.3%。电子信息制造业占规上工业企业营业收入的比重基本稳定在 11%。为推动经济高质量发展，满足人民对美好生活的需求，全面建成小康社会提供了有力支撑和保障。

B.1.2 中国工业企业成为全球工业的重要力量

北京时间 2020 年 8 月 10 日《财富》全球同步发布了最新的世界 500 强排行榜。2020 年排行榜最引人注目的变化无疑是中国大陆公司实现了历史性跨越：“2020 年，中国大陆（含香港）公司数量达到 124 家，历史上第一次超过美国（121 家）。”加上台湾地区的企业，中国共有 133 家公司上榜（见表 B.1），其中有 90 家与制造相关的工业企业。

改革开放以来，中国企业规模和大公司的数量不断增加，这是中国整体经济规模发展壮大的结果。1995 年，《财富》杂志第一次发布“世界 500 强”排行榜时，世界贸易组织刚刚建立。中国开始深化改革扩大开放。到 1997 年，中国大陆只有 4 家企业进入这个排行榜。2001 年中国加入世界贸易组织那一年，进入排行榜的中国企业为 12 家，以后逐年迅速增加。

2008 年以来，中国企业在排行榜中的数量快速增加，先是超过了德国、法国和英国，后来超越了日本。在 2020 年的排行榜中，中国大陆超过了美国，上榜企业数量位列第一。

自 1995 年《财富》杂志发布世界 500 强排行榜以来，还没有任何一个别的国家或地区的企业在排行榜中的数量能够如此迅速地增长。

表 B.1　2020 年《财富》世界 500 强榜单上的 133 家中国公司排名

排名	公司名称	营业收入/百万美元	总部所在地
2	中国石油化工集团公司（SINOPEC GROUP）	407008.8	北京
3	国家电网公司（STATE GRID）	383906	北京
4	中国石油天然气集团公司（CHINA NATIONAL PETROLEUM）	379130.2	北京
18	中国建筑集团有限公司（CHINA STATE CONSTRUCTION ENGINEERING）	205839.4	北京
21	中国平安保险（集团）股份有限公司（PING AN INSURANCE）	184280.3	深圳
24	中国工商银行（INDUSTRIAL & COMMERCIAL BANK OF CHINA）	177068.8	北京
26	鸿海精密工业股份有限公司（HON HAI PRECISION INDUSTRY）	172868.5	新北

续表

排名	公司名称	营业收入 / 百万美元	总部 所在地
30	中国建设银行（CHINA CONSTRUCTION BANK）	158884.3	北京
35	中国农业银行（AGRICULTURAL BANK OF CHINA）	147313.1	北京
43	中国银行（BANK OF CHINA）	135091.4	北京
45	中国人寿保险（集团）公司（CHINA LIFE INSURANCE）	131243.7	北京
49	华为投资控股有限公司（HUAWEI INVESTMENT & HOLDING）	124316.3	深圳
50	中国铁路工程集团有限公司（CHINA RAILWAY ENGINEERING GROUP）	123324	北京
52	上海汽车集团股份有限公司（SAIC MOTOR）	122071.4	上海
54	中国铁道建筑集团有限公司（CHINA RAILWAY CONSTRUCTION）	120302.2	北京
64	中国海洋石油总公司（CHINA NATIONAL OFFSHORE OIL）	108686.8	北京
65	中国移动通信集团公司（CHINA MOBILE COMMUNICATIONS）	108527.3	北京
75	太平洋建设集团（PACIFIC CONSTRUCTION GROUP）	97536.4	乌鲁木齐
78	中国交通建设集团有限公司（CHINA COMMUNICATIONS CONSTRUCTION）	95096.2	北京
79	中国华润有限公司（CHINA RESOURCES）	94757.8	香港
89	中国第一汽车集团公司（CHINA FAW GROUP）	89417.1	长春
90	中国邮政集团公司（CHINA POST GROUP）	89346.8	北京
91	正威国际集团（AMER INTERNATIONAL GROUP）	88862.1	深圳
92	中国五矿集团有限公司（CHINA MINMETALS）	88357.4	北京
100	东风汽车公司（DONGFENG MOTOR）	84048.5	武汉
102	京东集团（JD.COM）	83504.8	北京
105	中国南方电网有限责任公司（CHINA SOUTHERN POWER GRID）	81978.1	广州
107	恒力集团（HENGLI GROUP）	80588.3	苏州
108	国家能源投资集团（CHINA ENERGY INVESTMENT）	80498	北京
109	中国中化集团公司（SINOCHEM GROUP）	80376.2	北京
111	中国宝武钢铁集团（CHINA BAOWU STEEL GROUP）	79932	上海
112	中国人民保险集团股份有限公司（PEOPLE'S INSURANCE CO. OF CHINA）	79788.1	北京
126	中国中信集团有限公司（CITIC GROUP）	75115.4	北京
132	阿里巴巴集团（ALIBABA GROUP HOLDING）	73165.9	杭州
134	北京汽车集团（BEIJING AUTOMOTIVE GROUP）	72553.6	北京

排名	公司名称	营业收入／百万美元	总部所在地
136	中粮集团有限公司（COFCO）	72148.8	北京
145	中国医药集团（SINOPHARM）	70689.5	北京
147	碧桂园控股有限公司（COUNTRY GARDEN HOLDINGS）	70335.3	佛山
152	中国恒大集团（CHINA EVERGRANDE GROUP）	69127.1	深圳
154	中国兵器工业集团公司（CHINA NORTH INDUSTRIES GROUP）	68714.4	北京
157	中国电力建设集团有限公司（POWERCHINA）	67371.2	北京
158	中国电信集团公司（CHINA TELECOMMUNICATIONS）	67365.3	北京
162	交通银行（BANK OF COMMUNICATIONS）	66564.4	上海
163	中国航空工业集团公司（AVIATION INDUSTRY CORP. OF CHINA）	65909	北京
164	中国化工集团公司（CHEMCHINA）	65766.7	北京
176	绿地控股集团有限公司（GREENLAND HOLDING GROUP）	61965.1	上海
187	中国建材集团（CHINA NATIONAL BUILDING MATERIAL GROUP）	57625.6	北京
189	招商银行（CHINA MERCHANTS BANK）	57252.1	深圳
191	中国保利集团（CHINA POLY GROUP）	57147.4	北京
193	中国太平洋保险（集团）公司（CHINA PACIFIC INSURANCE（GROUP））	55799.6	上海
197	腾讯控股有限公司（TENCENT HOLDINGS）	54612.7	深圳
206	广州汽车工业集团（GUANGZHOU AUTOMOBILE INDUSTRY GROUP）	53662.1	广州
208	万科企业股份有限公司（CHINA VANKE）	53252.7	深圳
210	物产中大集团（WUCHAN ZHONGDA GROUP）	51954.1	杭州
212	山东能源集团有限公司（SHANDONG ENERGY GROUP）	51892.5	济南
217	中国铝业公司（ALUMINUM CORP. OF CHINA）	51649.4	北京
218	河钢集团（HBIS GROUP）	51345.1	石家庄
220	上海浦东发展银行（SHANGHAI PUDONG DEVELOPMENT BANK）	51313.4	上海
222	兴业银行（INDUSTRIAL BANK）	50945.1	福州
224	联想集团（LENOVO GROUP）	50716.3	香港
234	厦门建发集团有限公司（XIAMEN C&D）	49170.2	厦门
235	招商局集团（CHINA MERCHANTS GROUP）	49126	香港
239	中国民生银行（CHINA MINSHENG BANKING）	48528.3	北京
243	浙江吉利控股集团（ZHEJIANG GEELY HOLDING GROUP）	47885.9	杭州

排名	公司名称	营业收入/百万美元	总部所在地
250	友邦保险集团（AIA GROUP）	47242	香港
253	中国光大集团（CHINA EVERBRIGHT GROUP）	46957	北京
264	中国远洋海运集团有限公司（CHINA COSCO SHIPPING）	44655.1	上海
265	陕西延长石油（集团）公司（SHAANXI YANCHANG PETROLEUM（GROUP））	44564.4	西安
266	中国华能集团公司（CHINA HUANENG GROUP）	44501.9	北京
269	和硕（PEGATRON）	44206.7	台北
273	陕西煤业化工集团（SHAANXI COAL & CHEMICAL INDUSTRY）	43797.8	西安
281	中国机械工业集团有限公司（SINOMACH）	43122.2	北京
284	厦门国贸控股集团有限公司（XIAMEN ITG HOLDING GROUP）	42790.1	厦门
290	中国联合网络通信股份有限公司（CHINA UNITED NETWORK COMMUNICATIONS）	42052.1	北京
295	兖矿集团（YANKUANG GROUP）	41323.4	邹城
296	雪松控股集团（CEDAR HOLDINGS GROUP）	41276.7	广州
298	象屿集团（XMXYG）	41135.4	厦门
301	怡和集团（JARDINE MATHESON）	40922	香港
305	中国航空油料集团公司（CHINA NATIONAL AVIATION FUEL GROUP）	40487.2	北京
307	美的集团股份有限公司（MIDEA GROUP）	40440.4	佛山
308	山东魏桥创业集团（SHANDONG WEIQIAO PIONEERING GROUP）	40426	滨州
316	国家电力投资集团公司（STATE POWER INVESTMENT）	39406.8	北京
324	苏宁易购集团（SUNING.COM GROUP）	38971	南京
328	长江和记实业有限公司（CK HUTCHISON HOLDINGS）	38165.5	香港
329	青山控股集团（TSINGSHAN HOLDING GROUP）	38011.7	温州
332	中国航天科工集团公司（CHINA AEROSPACE SCIENCE & INDUSTRY）	37604.3	北京
343	江西铜业集团公司（JIANGXI COPPER）	36979.7	贵溪
351	江苏沙钢集团（JIANGSU SHAGANG GROUP）	36488.3	张家港
352	中国航天科技集团公司（CHINA AEROSPACE SCIENCE & TECHNOLOGY）	36208.6	北京
353	中国能源建设集团（CHINA ENERGY ENGINEERING GROUP）	36110.5	北京

续表

排名	公司名称	营业收入／百万美元	总部所在地
354	阳光龙净集团有限公司（YANGO LONGKING GROUP）	35909.4	福州
361	中国中车集团（CRRC GROUP）	34704.2	北京
362	台积公司（TAIWAN SEMICONDUCTOR MANUFACTURING）	34619.7	新竹
367	安徽海螺集团（ANHUI CONCH GROUP）	33916.4	芜湖
369	金川集团（JINCHUAN GROUP）	33824.4	金昌
370	中国华电集团公司（CHINA HUADIAN）	33808.4	北京
374	国泰金融控股股份有限公司（CATHAY FINANCIAL HOLDING）	33510.9	台北
377	广达电脑公司（QUANTA COMPUTER）	33313.4	桃园
381	中国电子科技集团公司（CHINA ELECTRONICS TECHNOLOGY GROUP）	32948.4	北京
386	中国电子信息产业集团有限公司（CHINA ELECTRONICS）	32447.1	北京
392	中国太平保险集团有限责任公司（CHINA TAIPING INSURANCE GROUP）	31912	香港
396	仁宝电脑（COMPAL ELECTRONICS）	31722.5	台北
401	鞍钢集团公司（ANSTEEL GROUP）	31468.7	鞍山
403	富邦金融控股股份有限公司（FUBON FINANCIAL HOLDING）	31012.6	台北
406	冀中能源集团（JIZHONG ENERGY GROUP）	30666.1	邢台
409	台湾中油股份有限公司（CPC）	30545.9	高雄
422	小米集团（XIAOMI）	29795.2	北京
423	上海建工集团股份有限公司（SHANGHAI CONSTRUCTION GROUP）	29745.7	上海
424	泰康保险集团（TAIKANG INSURANCE GROUP）	29502.1	北京
429	首钢集团（SHOUGANG GROUP）	29273.6	北京
434	中国兵器装备集团公司（CHINA SOUTH INDUSTRIES GROUP）	29063	北京
435	海尔智家股份有限公司（HAIER SMART HOME）	29060.4	青岛
436	珠海格力电器股份有限公司（GREE ELECTRIC APPLIANCES）	29023.6	珠海
442	深圳市投资控股有限公司（SHENZHEN INVESTMENT HOLDINGS）	28854.5	深圳
443	新疆广汇实业投资（集团）有限责任公司（XINJIANG GUANGHUI INDUSTRY INVESTMENT）	28710.9	乌鲁木齐

排名	公司名称	营业收入/百万美元	总部所在地
449	华夏保险公司（HUAXIA LIFE INSURANCE）	28494.2	北京
452	纬创集团（WISTRON）	28416.2	台北
455	盛虹控股集团有限公司（SHENGHONG HOLDING GROUP）	27869.6	苏州
456	铜陵有色金属集团（TONGLING NONFERROUS METALS GROUP）	27819.4	铜陵
459	山东钢铁集团有限公司（SHANDONG IRON & STEEL GROUP）	27754.7	济南
463	大同煤矿集团有限责任公司（DATONG COAL MINE GROUP）	27556.6	大同
465	中国大唐集团公司（CHINA DATANG）	27464	北京
468	海亮集团有限公司（HAILIANG GROUP）	27209.1	杭州
473	上海医药集团股份有限公司（SHANGHAI PHARMACEUTICALS HOLDING）	27005.4	上海
477	中国通用技术（集团）控股有限责任公司（CHINA GENERAL TECHNOLOGY）	26558.8	北京
485	山西焦煤集团有限责任公司（SHANXI COKING COAL GROUP）	26178.9	太原
486	河南能源化工集团（HENAN ENERGY & CHEMICAL）	26162.5	郑州
489	山西潞安集团（SHANXI LUAN MINING GROUP）	26077.6	长治
490	广西投资集团有限公司（GUANGXI INVESTMENT GROUP）	26059.8	南宁
493	中国核工业集团有限公司（CHINA NATIONAL NUCLEAR）	25974.9	北京
496	中国中煤能源集团有限公司（CHINA NATIONAL COAL GROUP）	25846.4	北京
499	山西阳泉煤业（集团）有限责任公司（YANGQUAN COAL INDUSTRY GROUP）	25490.8	阳泉
500	山西晋城无烟煤矿业集团（SHANXI JINCHENG ANTHRACITE COAL MINING GROUP）	25385.6	晋城

B.2 中国制造业发展所面临的困难

B.2.1 中国制造业仍面临工业基础薄弱的问题

目前来看，中国虽是制造业大国，却仍然不是制造业强国，大而不强的局面亟待改观。就整体技术水平和在全球产业链条上的地位而言，"中国制造"仍处于全球中等水平，低端产品过剩、中高端产品不足。尤其是高端产业、核心技术领域，与美、欧、日等发达经济体仍有不小的差距。例如，由于技术含量不足等因素，导致中国企业盈利能力不足，2020 年《财富》世界 500 强排行榜中，美国全球五百强公司的平均利润率是 8.61%，中国是 5.33%，中国相当于美国的 61.9%。其中美国有 75 家企业利润率超过 5%，中国仅有 31 家，差距十分明显。

全球制造业目前已基本形成四个梯队的发展格局：第一梯队是以美国为主的全球科技创新中心；第二梯队是高端高配置制造业国家，包括英国、德国等欧盟国家和日本；第三梯队是中低端制造领域，主要是一些新兴国家，其中就包括中国；第四梯队主要是资源输出国，包括 OPEC、非洲、拉美等国。能否由"中国制造"升级为"中国创造"和"中国智造"，是摆在我们面前的历史性考验。

改革开放 40 多年来，中国的科学技术取得了长足进步，这些举世瞩目的成绩当然值得肯定，但是我们更应该看到差距和不足。在制造业方面，我们在关键基础零部件、元器件，关键基础材料，先进基础工艺及相应的产业技术基础（包括工业软件）（简称"四基"）等方面还有较大差距。"四基"已经成为制约我国工业由大变强的关键，也是制约我国提高技术创新能力和全球竞争力的瓶颈所在，主要体现在以下几个方面：

（1）自主创新能力弱，研发投入少，科技创新对国家经济发展的贡献率低。国际上普遍认可的创新型国家的主要指标包括：企业研发投入要大于 2%，科技创新对经济发展的贡献率要大于 70%，技术对外依存度要小于 30%。我们 2019 年的研发投入占 GDP 的比重为 2.19%，科技创新对经济的贡献率是 59.5%，对外依存度是 40% ~ 60%。

（2）核心基础零部件、关键基础材料、先进基础工艺、工业软件尚不能完全自主可控。比如，大型盾构机的刀盘主轴承、齿轮箱密封直径超大、工况复杂，主轴承合金元素、杂质含量控制、锻件滚子热处理技术，超大直径密封结构设计、制造及表面处理技术等尚未解决。工业机器人用控制器、减速机、专用伺服电机国外企业在中国伺服市场的份额约为 80%，其中日本约为 40%。

（3）缺乏工业基础核心技术，产品寿命短、可靠性差，短板问题较为突出。比如我国的涡喷、涡扇发动机轴承寿命仅为国际先进水平的 1/10；模具产品寿命较国外低 30% ~ 50%，精冲模寿命只有国外的 1/3；通用零部件产品寿命一般为国外同类产品寿命的 30% ~ 60%。

（4）基础工艺薄弱、质量基础不完善，阻碍产业迈向中高端。比如同样型号的高端数控装备，由于工艺稳定性、可靠性差等原因，航空、汽车等行业仍愿花 3 倍的价格从国外进口。现有的质量技术基础不能满足工业发展的需要，直接影响我国制造业的整体质量水平和国际竞争力。

为尽快提升工业基础关键技术，加大创新力度，努力实现工业和信息化更高质量、更有效率、更加公平、更可持续、更为安全的发展，工业和信息化部将开展如下工作：

（1）要科技自立自强，提升产业链的创新能力。这方面主要是聚焦一些新的领域，如集成电路、关键软件、关键新材料、重大装备、工业互联网等重点领域，着力解决"卡脖子"技术及与此相关的制造环节，加快构建以国家制造业创新中心为核心节点的制造业创新中心网络体系，强化企业创新的主体地位，促进新技术的产业化、规模化应用，形成新的制造优势。

（2）要保持完整的产业链体系，打好产业基础高级化和产业链现代化攻坚战。实施制造业的强链、补链行动和产业基础再造，聚焦核心基础零部件、关键基础元器件、先进基础的制造工艺和装备、关键基础材料、工业软件。全面加大科技创新的力度，持续增强产业链的韧性和弹性，确保不"掉链子"。

（3）扩大内需，畅通国民经济循环，加快提升制造业供给体系质量。立足扩大内需，中国市场非常大，潜力也很大，根据内需的需求，深入开展质量提升行动，努力增品种、提品质、创品牌，巩固提升信息消费，进一步扩大制造业装备的更新和技术改造，使得高端化、智能化、绿色化发展成体系，满足市场需要。

（4）国内国际双循环相互促进，进一步提升工业和信息化对外开放水平。全面开放一般制造业，有序放开电信领域的外资准入限制，吸引更多的外资高端制造业项目落地。鼓励有实力的国内企业提高国际化经营水平，深度融入国际产业链、价值链、供应链、创新链。经济全球化、产业链国际分工是不可逆的大趋势。依托共建"一带一路"，推动产业链的国际合作，推动国内国际双循环高效联动、相互促进。

B.2.2　制造业强国对中国高新技术出口的限制

目前以美国为代表的一些国家在高科技上加大与中国"脱钩"的力度，对中国的高科技企业进行极限施压，我们在芯片、航空发动机等高精尖产品与技术方面被人"卡脖子"的被动局面已经异常鲜明，给中国制造业向高端突破带来重重制约与困难。可以确定的是，中国无法像之前那样依靠比较优势在中高端制造业领域获得长足进展的机遇。美国自1950年朝鲜战争爆发以来，就一直强化对华出口限制。美国的出口管制体系可以分为两类：第一类是美国国内单边实施的出口管制体系；第二类是以美国为主导的多边出口管制体系。

美国单边出口管制体系比较复杂，由几个不同的政府部门负责，并且相关法规一直在不断更新中。总的来说，常见的美国出口管制体系包括以下三种：第一，美国商业部工业和安全司（Department of Commerce's Bureau of Industry and Security）主要负责出口管理条例（Export Administration Regulations，EAR）的实施，对非军用（Dual Use，包括民用）的产品和技术实行出口管制；第二，美国财政部海外资产控制办公室（The Office of Foreign Assets Control of the US Department of the Treasury）制定了一个庞大的指定制裁名单，用于具体实施美国的各类经济制裁；第三，美国外交部的国防贸易控制署根据《美国国际军火交易条例》（International Traffic in Arms Regulations，ITAR）针对军用产品和技术实行出口管制。

美国出口管制的内容大概可以分为两类：用于军事和防务目的的产品和技术；军民"两用"产品和技术。因此，美国的出口管制制度主要由两个联邦行政部门负责：美国国务院（相当于外交部）负责用于军事和防务目的的产品与技术的出口管制；美国商务部负责军民"两用"产品和技术的出口管制。

美国多边管制体系主要由"对共产党国家出口管制统筹委员会"、《瓦森纳协定》等几个方面构成。

美国于 1949 年 11 月组建了"对共产党国家出口管制统筹委员会"，因总部位于法国巴黎，所以又称为"巴黎统筹委员会"，简称"巴统"，由对社会主义国家经济管制的单边行为变为集体行动，实行对社会主义国家禁运政策。共有 17 个成员国，约 30 个国家成为其禁运对象。原子能清单、军品清单和工业清单是"巴统"的三份主要控制清单，其中列示了包括机械、电子设备与武器军火等上万种产品。当成员国想要向受限制的国家出口清单产品时，必须征得全体成员国的一致同意。朝鲜战争爆发后，中国被列入受限制国家名单，之后该组织对中国出口产品管制越来越严格。

1994 年，随着"冷战"的结束及之后新的国际矛盾与问题的出现，"巴统"解散。美国随后与西方多国签署了《瓦森纳协定》（The Wassenaar Arrangement，WA），继续严格控制敏感技术出口，构建多边出口管制体系。发展至今，瓦森纳成员国数量达到 42 个，包括原来"巴统"组织的 17 个国家、协定的 16 个其他发起国，以及 2017 年加入的印度。《瓦森纳协定》共包括两份清单：一份为军民两用商品和技术清单（List of Dual-Use Goods and Technologies），另一份为军品清单（Munitions List）。军民两用商品与技术清单列示了九大领域，军品清单则涵盖了 22 类。2019 年，《瓦森纳协定》对两份清单所列示的内容进行了调整与修改。

除了"巴统"与《瓦森纳协定》，美国还参与了其他国际多边出口管制组织，包括澳大利亚集团（The Australia Group）、核供应国集团（Nuclear Suppliers Group，NSG）和导弹及其技术控制制度（Missile Technology Control Regime，MTCR）等。

当然，随着制造业的快速发展，我国也具备了制定出口管制清单和法案的实力。2020年10月17日第十三届全国人民代表大会常务委员会第二十二次会议通过了《中华人民共和国出口管制法》，并配套了《两用物项和技术出口许可证管理目录》《核出口管制清单》《军品出口管制清单》等。

2020年8月28日，商务部、科技部调整发布《中国禁止出口限制出口技术目录》，根据我国技术发展情况新增了23项限制出口的技术条目，其中3D打印技术、工程机械的应用技术、机床产业基础共性技术、大型高速风洞建设技术、大型振动平台设计建设技术、石油装备核心部件设计制造技术、大型石化设备基础工艺技术、重型机械行业战略性新产品设计技术、海上岛礁利用和安全保障装备技术、航空/航天轴承技术、无人机技术、大型电力设备设计技术等与机械制造直接相关。

B.3 中国制造强国发展指数分析

2020年12月25日，中国工程院在北京发布《2020中国制造强国发展指数报告》（以下简称《报告》）。综合历年发展指数变化情况，中国成为整体提升最快的国家，但从制造业核心竞争力来看，我国仍未迈入"制造强国第二阵列"，高质量转型发展之路任重道远。《报告》显示，2012—2019年各国发展指数总体呈增长态势。中国工程院院士朱高峰介绍，相较于2018年，新一届制造强国发展指数排名未发生变化，美国以168.71的指数值处于第一阵列，德国、日本分别以125.65和117.16的指数值位居第二阵列。处于第三阵列之首的中国指数值为110.84，同属第三阵列的韩国、法国、英国指数值分别为73.95、70.07和63.03（见图B.1）。

为何中国的指数值更接近德国和日本，却与韩国、法国和英国同处第三阵列？具体原因为："制造强国发展指数"下设4个一级分项指标，即"规模发展""质量效益""结构优化""持续发展"。其中，除规模发展外，其余三项是衡量制造强国的主要标志，是发达国家与发展中国家的主要差距所在，而中国在这三项指标的排名中并不靠前。

2019年，中国的"规模发展"分项数值整体增加最明显，这一指标是中国制造强国进程中的主要支撑力。但在另外三项指标的合计值排名中，中国位列第六，居于全球制造强国第三阵列，与美国、德国和日本仍有较大差距（见图B.2）。

阵列	第一阵列	第二阵列		第三阵列				其他	
国家	美国	德国	日本	中国	韩国	法国	英国	印度	巴西
指数值	168.71	125.65	117.16	110.84	73.95	70.07	63.03	43.50	28.69

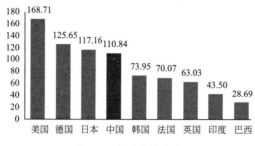

图 B.1　各国发展指数

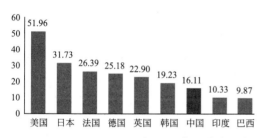 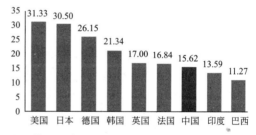

图 B.2　各国质量效益分项数值和持续发展分项数值

虽然中国是各国中唯一实现"质量效益"分项数值持续增加的国家，但因绝对差距明显且提升幅度较小，质量效益在长时间内仍是我国制造业的最大弱项。当前，我国制造强国建设进程稳中向好，按照预定目标推进发展，与发达国家的差距一直在缩小，"规模发展"在未来相当长一段时间里还会起到拉动作用，但在转型、产品质量提升和结构改善等方面仍要加强。

《中国制造业重点领域技术创新绿皮书——技术路线图（2019）》显示，预计到2025 年，我国通信设备、先进轨道交通装备、输变电装备、纺织技术与装备、家电产业五个优先发展方向将整体步入世界领先行列，成为技术创新的引导者；航天装备、新能源汽车、发电装备、建材等大部分优先发展方向将整体步入世界先进行列；集成电路及专用设备、操作系统与工业软件、航空发动机、农业装备四个优先发展方向与世界强国仍有较大差距。